Dictionnaire humoristique de la chasse

Le parler chasse de A à Z

Édition augmentée
350 NOUVELLES ENTRÉES

À celle qui est partie,

—

À celle qui est restée,

—

À celle qui reviendra,

—

À Suzy, Frédérique, Diane-Florence,

—

À ma mère, à ma femme, à ma fille,

—

Aux femmes de ma vie.

—

Du même auteur

1984 – *Les Témoins de saint-Hubert*, L'Hermès.
1985 – *Le Catalogue Phœbus 1985-1986, Chasse et nature*, Labor.
1986 – *Le Catalogue Phœbus 1986-1987, Chasse et nature*, Labor.
1992 – *Le Journal de mes chasses* (en collaboration), Le Pigache et La Maison de Phœbus.
1998 – *L'Affût au mirador*, éditions du Gerfaut.
2000 – *Le Couple et l'artifice*, L'Hermès.
2008 – *Le Lièvre et le Lapin, cuisine et saveurs* (en collaboration), Montbel.
2009 – *Gibiers de poche, cuisine et saveurs* (en collaboration), Montbel.
2018 - *Dictionnaire humoristique de la chasse*, 1ere édition, Éditions du Gerfaut.

René-Miguel Roland

Dictionnaire humoristique de la chasse

Le parler chasse de A à Z

Préface de Willy Schraen,
président de la Fédération nationale des chasseurs

GERFAUT

PRÉFACE

de Willy Schraen, Président de la Fédération nationale des chasseurs

Quand, au détour d'une conversation, les éditions du Gerfaut m'ont proposé de préfacer *Le Dictionnaire humoristique de la chasse,* c'est avec un plaisir non dissimulé que j'ai accepté. Quoi de plus logique pour moi que d'ouvrir la lecture de cet ouvrage, qui, avec légèreté et humour, rend hommage « au parler chasse » ? Un « parler » qui diffère en fonction des régions, des terroirs, des us et coutumes. Je suis un amoureux des territoires, un passionné des campagnes, comme vous le savez peut-être. En tant que président de la Fédération nationale des chasseurs, j'ai maintes occasions de me frotter aux expressions du « cru ». Lors des réunions de travail, la fédération étant constituée des différents représentants de la chasse française, mais aussi lors de mes pérégrinations de terrain qui me mènent au-delà de mon « Nord » natal, en pays de Savoie, en plaine briarde, en marais poitevin, ou bien ailleurs. Ici, là, partout, le chasseur façonne « ses » mots, son langage et laisse une trace indélébile au patrimoine culturel français. Quel plaisir alors de m'atteler à commencer votre lecture de ce dictionnaire ! Quel honneur de vous conduire à apprécier ces écrits autant que moi j'ai eu plaisir à les lire.

Je suis également un bon vivant, un amoureux des tournures « qui font rire ». Et c'est avec une ingéniosité digne de Pierre Desproges que René-Miguel Roland a su définir « nos » mots. Car René-Miguel fait partie lui aussi de la grande famille des chasseurs. Il a suivi ses parents, comme moi les miens. Il les a écoutés lui raconter la folie douce, l'appel de la nature, celle qui conduit à boire un café les matins de chasse, emmitouflés, dehors, par grand gel. Les mots de nos parents, leurs mots, ce sont ceux qui nous ont convaincus d'aller vaincre la pluie, le froid, le vent, la neige, pour un vol de perdreaux, une levée de lièvres. Ce sont par eux que nous avons commencé la chasse, avant de pouvoir fièrement décrocher le fusil, souvent donné par notre paternel, et mettre « nos » mots sur notre passion naissante. Aujourd'hui, je raconte la chasse. Je la raconte à mes propres enfants. Je la partage avec mes amis. Par ma casquette de président, je la décris à celles et à ceux qui ont oublié justement ces jolis mots de chasse.

Au-delà des mots, ce sont aussi nos expériences, nos déconvenues et nos souvenirs mémorables qui sont contés là. On sent, au travers de ces définitions, la passion qui anime l'auteur. René-Miguel n'a pas cherché à réaliser un ouvrage linguistique « scientifique ». C'est une leçon du cœur qu'il nous livre, loin des terminologies pointilleuses mais tellement proches de ce que tout un chacun vit à la chasse !

Prenez, par exemple, la définition donnée par

l'auteur, qui m'a vraiment fait sourire : « l'anti-chasse ». Il s'agit, dixit, d'un « individu ayant pété les plombs ». Mon cher René-Miguel, si je peux me permettre, avez-vous lu dans mes pensées? Que j'aime cette liberté, cette fraîcheur à se détacher de la bienséance pour écrire ce qui est juste et ce qui va droit aux tripes. Merci! Merci mille fois de nous offrir là une leçon de vie : et si nous mettions encore plus d'humour dans notre passion? Encore plus de joie dans ce qui nous définit? Alors, moi je dis : « Oui »? « Oui à l'humour »!

Ce dictionnaire, il se pioche, se décortique, se savoure, autour d'une table en famille, entre amis chasseurs lors d'une pause méritée, ou au contraire avec ceux qui ne connaissent en rien notre milieu. D'ailleurs ceux qui y verront une œuvre dédiée aux chasseurs se trompent! Il s'agit ici d'un livre à offrir d'urgence à un non-chasseur. Car il y a urgence à rappeler ce qu'est notre passion à ceux qui ne l'ont jamais vécue.

Et, comme disait le linguiste Émile Benveniste : « C'est dans et par le langage que l'homme se constitue comme sujet ». Si tel est le cas, je suis fier que *Le Dictionnaire humoristique de la chasse* puisse nous aider à nous définir comme des chasseurs... tout simplement.

Willy Schraen

SOMMAIRE

INTRODUCTION
Les bons mots sont ceux pour qui on s'est donné bien du mal...

J'ai eu un joli cadeau de Noël en fin d'année 2020 : un coup de fil des éditions du Gerfaut m'annonçait que le *Dictionnaire humoristique de la chasse*, sorti en septembre 2018, était épuisé ! Christophe Savouré, le directeur de la maison, me contactait en m'indiquant qu'il souhaitait réimprimer l'ouvrage, mais que, à cette occasion, il était possible, si tel était mon souhait, non pas de se contenter d'un simple retirage, mais d'envisager une nouvelle édition... Cela supposait de revisiter le manuscrit dans ses défauts et ses insuffisances, de le remanier, de le compléter, bref, de lui donner un souffle nouveau. L'enjeu était de taille : l'humour est un drôle de cadeau empoisonné pour celui qui le manie, un peu comme les apothicaires quand ils préparaient autrefois leurs breuvages magiques : il ne faut pas se tromper de dose, il faut mélanger les ingrédients avec finesse, n'en faire ni trop, ni trop peu. Le sujet de la chasse est vaste et en même temps, tout le vocabulaire ne se prête pas aux jeux de mots. Il faut pourtant être le plus complet possible, c'est le rôle d'un dictionnaire, et trouver un angle d'attaque pour être crédible avec une logique d'ensemble.

J'avais déjà fait cet effort de lucidité et d'honnêteté au moment de la rédaction initiale car l'objectif était de convaincre qu'un tel dictionnaire humoristique avait sa place dans le monde éditorial contemporain et qu'il pouvait rencontrer un large public d'amateurs. Il s'agissait de raconter la chasse autrement... de manière plus amusante et moins académique : oser l'humour, raconter et faire découvrir « le parler chasse » ! Une langue n'est rien, si elle n'est pas vivante, si l'on n'en exprime pas l'accent, les passions, le tumulte des mots, qui font battre le cœur de celui qui les prononce. J'ai admiré la liberté de penser et l'autodérision avec lesquelles certains auteurs avaient su dépeindre cet univers, particulièrement les caricaturistes. Comme tout loisir, la chasse a son langage d'adeptes, et ce, depuis la nuit des temps. Il est le reflet des procédés de capture des animaux, des régionalismes, des époques. La vénerie, la fauconnerie, la louveterie, le piégeage, plus tard, la chasse à tir, ont enrichi un vocabulaire déjà fourni et bien français ; là encore, notre pays peut s'enorgueillir d'un capital linguistique très riche. L'objectif poursuivi dans cet opus n'était pas de lister avec complétude les mots référents dans le domaine cynégétique : ils sont plus nombreux que ceux retenus ici, toutes éditions confondues. À la relecture, il nous était soudain apparu que le seul commentaire humoristique pouvait paraître hermétique au lecteur non averti ou au chasseur sans expérience, c'est pourquoi nous avions doublé chaque définition d'une explication sur le sens du mot ou sur la signification du jeu de mots.

Je m'étais arrêté là, faute d'idées, avec quelques « munitions » en réserve pour une réédition éventuelle, mais – je dois l'avouer – un peu à bout de souffle, pensant avoir fait le tour de la question. En me remettant à l'ouvrage (au sens propre comme au sens figuré), les vieux réflexes sont vite revenus, plus encore que je l'aurais imaginé, et un nouveau texte abondant est né, qu'il a bien fallu canaliser. Merci à l'éditeur d'avoir accepté près de trois cent cinquante nouvelles entrées, complétant les huit cent soixante déjà imprimées, et acceptant la modification de quarante entrées existantes mais profondément repensées. Plus qu'une réédition, c'est presque un nouveau livre enrichi de nombreuses pages totalement inédites, le tout dans une maquette innovante et résolument moderne.

Voici une brève présentation des « petits nouveaux » qui trouvent toute leur place dans les pages qui suivent :

Il y a les mots oubliés, ceux qui auraient dû faire partie de la première vague, parce que connus de tous et fortement évocateurs du monde de la chasse, comme balle, brocard, culasse, faon, piéter, piqueux, rapporter, sonneur, viandard, zone humide, etc.

Il y a les mots d'actualité, ceux qui sont dans l'air du temps, et qui doivent aussi se prêter à un peu de légèreté dans un monde bouleversé par les changements climatiques, les mouvements sociaux, les revendications minoritaires et les pandémies : antispéciste, bouc émissaire, Internet, routard, etc.

Il y a les mots étrangers, sans équivalent en langue française, et évoquant des pratiques cynégétiques passionnantes : *brace, beagling, drücken, fox hunting, Glorious Twelfth,* inch, *moors, stalking, swing,* talkie-walkie, tour operator, etc.

Comment avais-je pu oublier autant d'espèces domestiques ou sauvages, de mammifères ou d'oiseaux, que le chasseur est amené à côtoyer un jour ou l'autre, en France ou à l'étranger ? Bélier, brebis, cane, cheval, perroquet, mais aussi étourneau, éterle, éterlou, grouse, moineau, maral, martre, renne, sika, tourterelle, etc., et les plus exotiques, éléphant, raton laveur, etc. ? Quant aux plus fantastiques, elles devaient également prendre place : licorne, loup-garou, mammouth, etc.

Notre société, de plus en plus complexifiée, aux administrations centrales et internationales de plus en plus puissantes, aime à recourir aux sigles et aux acronymes en matière environnementale, il ne fallait pas les passer sous silence non plus : CITES, EEE, ESOD, FACE, IGN, NAC, PMA, etc.

La chasse est aussi faite de personnages célèbres, où l'histoire naturelle côtoie les aventuriers voyageurs, les écrivains cynégétiques, les artistes animaliers, les savants en tous genres, eux aussi avaient leur place dans ces pages : Audubon, le curé de Chapaize, le docteur Couturier, Darwin, Walt Disney, Alexandre Dumas, Brillat-Savarin, le général Journée, Linné, Jack London, Alfred Nobel, Marco Polo, Hemingway, Lamotte ou Wilhelm Brenneke, etc.

Le régionalisme et les noms vernaculaires qui se prêtaient à l'exercice devaient aussi figurer en bonne place comme arlequin, bécot, calleuse, charlot, chichon, cornichons, doré, martyrs, pénard ou sotte, etc.

La technique et les équipements ne pouvaient être passés sous silence : boussole, cage, chaufferette, kevlar, loden, Barbour, tire-botte, buttolo, etc.

Il fallait aussi enrichir les secteurs déjà prospectés comme celui de l'armement (balle, culasse, platines, sertissage, tombac, etc.), de la cynophilie (apportable, basset, bâtard, pointer, setter, tatouage, niche, etc.), de la gastronomie et de la cuisine (oreiller de la belle Aurore, cuisinier, cuisseau, soupe, terrine, etc.), des milieux et des biotopes (campagne, étang, forêt, massif, plaine, chemin, taillis, zone humide, etc.), du vocabulaire juridique (assermenter, tatouage, chasse en cours, etc.), mais aussi des mots associés, de près ou de loin et qui se prêtaient au clin d'œil : gladiateur, Tarzan, Cro-Magnon, peur, pourboire, trou ou zigzag !

Comme si la nouveauté ne suffisait pas, il fallut encore actualiser les anciennes définitions, en complétant, par exemple, l'identité des noms propres, en envisageant la pluralité des sens d'un même mot, en changeant ou en additionnant les jeux de mots et en explicitant plus encore les définitions dans le texte explicatif.

Il n'y a pas mieux que le rire pour tuer le temps, au moins, il ne blesse pas et sa pratique est sans danger ! Qu'enfin, ceux qui, après lecture, pourraient penser que ce recueil est anti-chasse, vendent chiens et fusils, cartouches et carniers, car alors c'est qu'ils n'auront rien compris à l'exercice. Ces pages sont d'abord et avant tout une déclaration d'amour aux Dianes et Artémis de tout temps.

Je me suis donné bien du mal, et du plaisir tout autant, pour tous ces mots, et j'ose croire que leur lecture ne vous laissera pas indifférents et qu'ils vous témoigneront, plus encore qu'avant, la passion immodérée que je peux trouver dans une transmission du savoir, conviviale et didactique. Partez en quête...

R.-M. Roland, Les Périchons, le 6 avril 2021.

A

ABATS
Don d'organes (involontaire) qui finit dans l'assiette. Alimentent bien des conversations chez les amateurs de grand gibier.

Gastronomie
Cœur et foie constituent des morceaux très appréciés en cuisine. Attention cependant, pour ce dernier organe, qui concentre de nombreuses toxines et maladies en tous genres. En tout état de cause, l'examen des viscères est obligatoire lors de la préparation du gibier. Il témoigne de l'état de santé de la bête.

Voir aussi : grand gibier, recettes, table.

ABATTU
Terme proscrit pour désigner le gibier mort. Curieusement employé dans l'expression « il l'a abattu comme un chien » et pour désigner le chasseur fatigué et bredouille en fin de journée. Heureusement, en France, on n'abat plus que les arbres et le bétail.

Sociologie
On touche ici à une certaine forme de pudeur et de précaution de langage qui consiste à envisager la chasse, dans sa finalité, comme tout autre chose qu'une mise à mort ou qu'une exécution. « Abattre » reste un mot violent et sans appel – tout le contraire de la philosophie qui devrait habiter tout porteur de fusil. L'aléa d'une journée, avec carnier rempli ou non, justifie que ce verbe soit banni du vocabulaire spécialisé.

Voir aussi : mort prélèvement, tableau.

ABOIEMENT
Chien voulant imiter un chevreuil et vice versa, les aigus en moins.

Chiens – Grand gibier
Le mot « aboiement » est utilisé indifféremment pour désigner le cri du chien comme celui du chevreuil. Les raisons d'être de ces manifestations sonores sont quand même bien différentes d'un animal à l'autre. Le chien va aboyer de joie, d'excitation ou parce qu'il est perdu ; le chevreuil ne va aboyer que pour exprimer une forme de mécontentement chaque fois qu'il est dérangé, comme pour faire bien entendre qu'il n'est pas dupe. C'est l'homme qui déclenche la plupart du temps ces aboiements courroucés : ils sont rauques, puissants, saccadés, répétitifs et accélérés quand l'animal court en même temps. Celui qui n'a jamais entendu un chevreuil est loin de se douter que ce cri assez guttural et puissant provient d'une si noble et fragile créature.

Voir aussi : aboyer, chevreuil, chien (tout court).

ABOIS
Chienne de vie racontée en gueulant.

Chiens – Chasse à courre – Grande Chasse
Les abois sont réservés aux chiens de vénerie qui ont réussi, au terme d'une chasse à courre, à immobiliser l'animal convoité. Ils l'entourent et l'empêchent de s'enfuir en gueulant comme des fous. On dit alors que l'animal est mis aux abois.

Voir aussi : chien courant, ferme, vénerie.

À BON VENT
Ce n'est pas que le chasseur sente mauvais, mais le gibier ne peut pas sentir l'homme. Alors, mieux vaut, pour le prendre dans le bon sens du poil, l'approcher à bon vent.

Chiens – Chasse à courre – Grande chasse
Le vent peut être un allié précieux ou un ennemi redoutable pour le chasseur de grand gibier. Ce dernier est obligé de composer avec lui. L'odeur de l'homme est particulièrement forte pour les grands animaux convoités. Qu'il s'agisse de battue ou d'approche, de chasse à l'arc ou d'affût, être à bon vent, c'est-à-dire faire en sorte

que le vent ne porte pas votre odeur jusqu'au gibier, fait partie du b.a-ba. Il faut contrôler la direction du vent régulièrement car elle peut changer. Cette attention de tous les instants est une clé de la réussite.

Voir aussi : approche, *pirsch*, vent, sentiments.

ABOYER

Langage universel chez le chien (et parfois chez l'homme, quelle que soit sa race).

Chiens – Grande chasse – Petite chasse

Quand un homme est particulièrement de mauvaise humeur et qu'il l'exprime avec virulence, on dit qu'il « aboie ». C'est peu aimable pour le chien, car celui-ci n'exprime pas forcément des sentiments négatifs, tout au contraire.

Voir aussi : aboiement, chevreuil, chien (tout court).

ABRI

Gîte rural beaucoup plus confortable pour le chasseur que pour le chassé.

Territoire – Aménagements

L'abri désigne un toit en dur pour le chasseur, et c'est bien souvent le rendez-vous de chasse ou la cabane qui font office de haut lieu de rencontre, avant et après la chasse. Le gibier qui s'abrite le fait surtout pour se mettre au sec et profite du relief ou de la végétation pour lutter contre les basses températures, la neige, le vent ou la pluie. Chez lui, rien n'est construit, à part le nid ou le terrier – et encore, de façon relativement éphémère.

Voir aussi : cabane, gîte, nid, pavillon, tente, rendez-vous.

ABREUVOIR

Qui a dit point d'eau ? Au contraire, beaucoup d'eau !

Aménagements – Territoire

L'eau est aussi importante pour le gibier que la nourriture ou la tranquillité. Le chasseur qui aménage son territoire doit veiller à la présence de l'eau sous différentes formes en fonction de la nature du terrain : mares, étangs, et surtout abreuvoirs auprès des volières. Le petit gibier pourra s'y désaltérer et les grands animaux s'y bauger à volonté.

Voir aussi : bauge, eaux, mare, souille.

ABROUTISSEMENT

Cervidés ayant fait le plein d'essences (forestières).

Grand gibier – Territoire – Flore

Le grand gibier est gourmand, et parfois même gourmet, comme c'est le cas du chevreuil. L'appétence pour certaines plantes ou certaines jeunes pousses d'arbres, associée à une territorialité affirmée, expliquent que les animaux créent parfois, sans le vouloir, des zones où la végétation semble frappée de nanisme. Les feuillus comme les chênes, saules, vernes, hêtres, etc., sont les plus menacés, mais ils résistent assez bien à la consommation régulière de leurs extrémités – feuilles et branches. Ce comportement est particulièrement fort et régulier au printemps, lorsque la sève est montante, et parfois aussi durant l'hiver, en période de disette. On ne doit pas confondre les marquages alimentaires que sont les abroutissements, avec les marquages territoriaux qui, eux, sont essentiellement olfactifs et servent également à débarrasser les bois des cervidés de leur velours, au printemps.

Voir aussi : affouragement, agrainage, essences, feuilles, boutis, vermillis.

ACCA

Association communale de chasse agréée. Chasseurs en société mais non associés, unis malgré eux pour le meilleur et pour le pire.

Organisation, réglementation, sécurité – Territoire

Depuis la célèbre loi de 1964, dite loi « Verdeille », relative aux ACCA et AICA (Association communale de chasse agréée et Association intercommunale de chasse agréée), tout propriétaire terrien possédant une certaine surface, variable selon les régions (de vingt à soixante hectares), est obligé d'apporter son territoire à une association de chasse. En retour, il en devient membre de droit et peut chasser sur tout le territoire de l'association, c'est-à-dire de la commune. Ce regroupement a permis, sur des secteurs bien déterminés – une trentaine de départements français –, d'éviter un morcellement des zones et une pression de chasse excessive. D'excellents exemples de gestion du gibier s'y déroulent depuis lors et cette mise en communauté forcée constitue un modèle typiquement français.

Les membres d'une association ne sont pas appelés « associés » mais « sociétaires ». Les associés sont quant à eux les membres d'une société. Mais, quand on parle de société de chasse, on désigne la plupart du temps une association.

Voir aussi : actionnaire, adjudication, sigle, territoire, Verdeille, zident.

ACCIDENT

Conséquence pour le chasseur de ne pas respecter la liste des espèces protégées.

Organisation, réglementation, sécurité

On ne le dira jamais assez : la chasse est un sport dangereux qui, par miracle, tue moins de vingt personnes chaque année en moyenne. Ce nombre, bien que non négligeable, est dérisoire, ramené d'une part au nombre de chasseurs, mais aussi comparé aux accidents de la route, de ski ou de glissade au bord des piscines ! La sécurité des personnes, comme la gestion des espèces, sont les deux socles sur lesquels s'appuie le chasseur moderne. De grands efforts ont été menés avec succès par tous les partenaires associatifs et institutionnels pour réduire les risques : port de gilets fluorescents en battue, consignes de tir, respect des angles de tir, encouragement des postes en hauteur, formation des jeunes chasseurs, panneaux de prévention des chasses en cours pour les promeneurs, responsabilisation des présidents de chasse... Une erreur de tir peut aussi être qualifiée d'« accident » quand le chasseur vient, intentionnellement ou non, à tirer un gibier qui n'est pas au plan de chasse ou dont la récolte est interdite. On parle encore d'« incident », plus que d'accident, quand c'est le gibier – et non l'humain – qui est menacé.

Voir aussi : acouphènes, angle, assurance, casque antibruit, sécurité, téléphone portable.

ACOUPHÈNES

Le chasseur n'en croit pas ses oreilles. Lui permettent, sans talent d'acteur, de jouer les malades imaginaires.

Maladies

Le sujet est plus sérieux qu'il n'y paraît. La répétition des traumatismes de l'oreille liés aux coups de feu peut engendrer deux types de troubles dont le chasseur sera atteint à un moment ou à un autre de sa vie : les acouphènes, puis la surdité. Ceux-ci se caractérisent par des sifflements, des bourdonnements entendus uniquement par la personne qui les subit. Ce sont des bruits perturbants complètement imaginaires mais vécus comme bien réels. Il n'y a pas de traitement sauf appareillage après l'apparition des troubles, c'est pourquoi il faut se protéger en portant des bouchons de protection ou des casques antibruit lorsque l'on va à la chasse. Peut rendre la vie totalement impossible...

Voir aussi : audition, bruit, casque antibruit, oreilles, sourd, tir.

ACTE

Quand le chasseur passe à l'acte, il réduit le gibier en pièces (de théâtre).

Sociologie

Le passage à l'acte, quel que soit cet acte, n'est jamais anodin ; il est le témoin d'une volonté, il atteste d'une conscience. Passer à l'acte, c'est accepter de tuer et finalement transformer un sujet en objet... Ne pas tirer est aussi un acte de chasse tout aussi méritant.

Voir aussi : éthique, mort, remords, tuer.

ACTÉON

Chasseur s'étant donné un mal de chien pour ne pas finir en gibier.

Histoire – Personnages célèbres

Les amateurs de mythologie chercheront dans un dictionnaire traditionnel la formidable histoire de ce personnage qui mérite plus que quelques lignes dans cet ouvrage. Actéon est un habile chasseur qui surprend Artémis au bain. Furieuse, elle le transforme en cerf, que ses propres chiens dévorent. Actéon, c'est aussi aujourd'hui en France une structure qui pilote les chasseurs à la découverte de modes de chasse et de gibiers qu'ils n'ont pas toujours l'habitude de chasser. Acteur incontournable du développement durable et de la découverte de la ruralité authentique sous toutes ses formes, cette association loi de 1901 est une belle réussite pour la protection et la gestion des territoires naturels.

Voir aussi : Artémis, Diane, Nemrod, territoire.

ACTIONNAIRE

Chasseur qui ne gagne pas d'argent, mais qui en dépense pour pouvoir chasser. Chasseur que l'on n'épargne pas et qui n'épargne pas.

Organisation, réglementation, sécurité – Territoire

À la différence des marchés boursiers, où l'actionnaire est un capitaliste dont la vocation est de s'enrichir en profitant du développement de l'entreprise dans laquelle il a souscrit des actions, l'actionnaire d'une société de chasse ne paie qu'un droit d'usage saisonnier correspondant à un certain nombre de sorties sur le terrain.

Voir aussi : ACCA, adjudication, concession, bail zident.

ADJUDICATION

Chasse qui tombe fréquemment à lots (à l'eau).

Organisation, réglementation, sécurité – Territoire

Le chasseur qui a aujourd'hui la chance de chasser sur le territoire dont il est propriétaire se fait de plus en plus rare. Être invité, c'est bien, mais pas suffisant et surtout assez frustrant, car il faut pouvoir rendre l'invitation. Alors, pour tous les chasseurs qui ne relèvent pas d'une ACCA ou qui souhaitent plus d'autonomie de gestion, et qui en ont les moyens, le système des adjudications permet de se rendre locataires pour le temps d'un bail de chasse d'un lot de forêt domaniale, par exemple, et d'y organiser – dans le respect souvent contraignant du cahier des charges de l'ONF – sa saison entre amis. Le système des adjudications par lots est assez prisé en France, mais relève encore du parcours du combattant.

Voir aussi : ACCA, actionnaire, bail, concession zident.

AFFOURAGEMENT

Restos du cœur pour grandes pattes n'arrivant plus à joindre les deux bouts. Tous les chasseurs devraient en prendre de la graine et ne pas en faire tout un foin.

Aménagements – Territoire – Grand gibier

Apporter un complément alimentaire hivernal lors de périodes climatiques rigoureuses est primordial pour la survie des populations et la dynamique du cheptel. Ce sont les cervidés qui paient le plus lourd tribut au froid persistant, qui rend souvent impropre à la consommation la maigre pitance qui reste à proximité. Le chasseur connaît les rigueurs implacables du gel, de l'enneigement, de la froidure sous toutes ses formes et il essaie, tant bien que mal, d'y apporter un début de réponse... pour le plaisir de voir gambader tout son petit monde au retour du printemps.

Voir aussi : abroutissement, agrainage, boutis, râtelier, vermillis.

AFFÛT

Attendre que le temps passe ou que le gibier trépasse. Il y a les chasses par actions et les chasses par... inaction ! Elles n'en sont pas moins coûteuses.

Modes de chasse

L'affût n'est pas une chasse de traître qui attend le passage de sa victime, mais celle d'un chasseur patient qui partage une tranche de vie avec son gibier. Être à l'affût, c'est d'abord être à l'écoute et Dieu sait si l'homme est peu féru de silence. Seul au milieu de la nature, il va prendre conscience de la chance immense de pouvoir rentrer chez lui ce soir, dormir au chaud et manger à heures fixes ! Il apprendra au poste le prix du temps qui passe.

Voir aussi : approche, battue, gabion, hutte, hutteau, mirador.

AFRIQUE

Terrain de chasse où le chasseur doit d'abord s'armer de patience.

Géographie – Chasse à l'étranger – Grande chasse

De Tintin au Congo*, en passant par* Les Vertes Collines d'Afrique *de Hemingway, avec un petit saut de puce par* Les Mines du roi Salomon *ou* Mogambo*, le continent noir est celui qui reste aux yeux de tous les chasseurs le symbole des grands espaces, des bêtes dangereuses, de la liberté et de la découverte d'animaux exotiques. Pour devenir un Africain blanc, il faut de nos jours beaucoup de moyens, un peu plus de temps encore et surtout la chance des rencontres avec des guides passionnés qui vous font entrer dans leur univers secret. Celui qui ne connaît pas l'Afrique ne peut prétendre connaître la chasse.*

Voir aussi : antilope, *big five*, chasses coloniales, ivoire, safari, Selous.

AGENT

À tout prendre, il vaut mieux qu'il soit de police que pathogène.

Maladies – Organisation, réglementation, sécurité

La police de la chasse est assurée par les agents ou gardes de l'ONCFS. Quant aux maladies que peut attraper le chasseur au contact du gibier, elles sont souvent véhiculées par des agents dits pathogènes, terme générique qui cache de nombreuses pathologies. Pourquoi devient-on agent ? La réponse ne se trouve ni dans l'uniforme ni dans l'éprouvette. Il faut croire alors que certains naissent agents et d'autres pas, et c'est heureux comme cela. En tout cas, une chose est sûre : l'agent ne fait pas le bonheur.

Voir aussi : garde, képi, virus.

AGRAINAGE

Faire du gibier fermier.

Aménagements – Territoire

Le fait de nourrir le gibier est très décrié par ceux qui le chassent comme par ceux qui entendent le protéger. On y voit une entorse à la sauvagerie qui ne devrait jamais quitter la victime en puissance. Mais de nos jours, on peut quand même donner un petit coup de pouce à la nature, sans pour autant être mis à l'index. Et puis un faisan d'élevage n'aura jamais le goût d'un poulet de Bresse.

Voir aussi : abroutissement, affouragement, boutis, vermillis.

AIGLE

Oiseau à œil de lynx. Parfaitement au poing, avec son aiglier.

Faune sauvage

La réputation de l'excellente vision des rapaces n'est plus à faire. On doit quand même préciser que le lynx a plutôt meilleure ouïe que meilleure vue, même si, comme tous les félins, sa vision de nuit est particulièrement redoutable et en fait un chasseur très efficace. La chasse au vol (fauconnerie pour le haut vol et autourserie pour le bas vol) nous enseigne que l'homme peut avoir le dessus sur un super prédateur comme l'aigle – qu'il peut dresser (on dit « affaiter ») – et lui commander de chasser à la demande, jusqu'au loup. Pour cela, nul n'est besoin de porter le poing sur la table, il suffit de porter l'aigle sur le poing – avec la prudence d'une main gantée, tout de même.

Voir aussi : aire, buse, chaperon, fauconnerie, gerfaut, vol.

AIGRETTE

Blanche comme neige, même si elle a quelques poissons sur la conscience.

Faune sauvage

Ce héron blanc a laissé plus que quelques plumes dans les chapeaux des dames des siècles passés. Ainsi, ce n'est pas pour son appétit, certes piscivore, qu'elle fut quasiment décimée, mais pour le seul bénéfice de l'industrie plumassière.

Voir aussi : espèces protégées, héron.

AILE

Vole au secours des oiseaux, l'air de rien.

Chasse au vol – Faune sauvage – Gibier d'eau – Petit gibier

Il n'est pas question ici de l'aile des avions ou de l'aile se retrouvant dans votre assiette, mais bien de l'aile des charmants volatiles gibiers que nous essayons d'attraper au vol avec force de plombs (ou de grenaille d'acier, voire de bismuth) et d'adresse. Cet ingénieux outil qui remplace les bras chez les oiseaux reste leur atout numéro un pour survivre en volant : survivre en migrant sous des climats meilleurs afin de fuir le froid et de se reproduire dans des zones riches en ressources alimentaires, survivre en échappant d'un coup d'aile au moindre prédateur, humain ou non, en échappant à sa vue ou en se retrouvant très rapidement hors de portée de tir. Il suffit de quelques plumes soigneusement entretenues, d'os creux et légers, d'une musculature puissante et d'un sens inné du déplacement pour aller où bon vous semble au bon moment. Ne dit-on pas « libre comme l'air » ? Cet air, si précieux, qui apporte la portance, après que l'oiseau lui-même a fourni la poussée. L'aviation s'est inspirée très largement de ces deux lois de la nature, poussée et portance, pour faire voler les plus lourds de nos avions.

Voir aussi : pennes, rectrices, rémiges.

AIMER

Qui aime bien châtie bien... Mais le gibier s'en passerait bien.

Sociologie

Quand on aime, on ne compte pas... Le gibier préférerait sans doute qu'il en fût autrement. Mais « aimer » n'est jamais raisonnable et c'est pour cela que l'homme continue à aimer beaucoup de choses, qu'il ne chasse pas toutes – heureusement pour elles.

Voir aussi : amour (de la chasse), Cupidon, chasseur.

AIRE

Chez les rapaces, nids bien à œufs.

Faune sauvage

Le nid du rapace reçoit le nom d'« aire ». Ne pas confondre avec l'aire de répartition qui est le secteur où l'on peut trouver une espèce animale.

Voir aussi : aigle, autour, buse, gerfaut, milan, vautour.

À LA HOU

Autre qualificatif du sanglier courant.

Grand gibier – Grande chasse

Il aurait été plus simple de crier : « Au sanglier » comme d'autres crient : « Au loup » en voyant la bête noire. Ceux qui en ont le souffle coupé vocifèrent : « Cochon... cochon ! » et les autres : « À la hou », comme pour masquer d'une formule littéraire le sang qui vient de se retourner dans leurs veines à la vue de la bête.

Voir aussi : battue, cochon, sanglier, vénerie, vlôo.

ALLAITES

Toujours en « taite » lorsqu'il s'agit de jouer les cochonnes.

Faune sauvage – Grand gibier

Les mamelles du sanglier femelle s'appellent les allaites (autrefois, celles de la louve également). On comprend pourquoi : elles participent à l'allaitement des marcassins qui peuvent ainsi téter leur mère. Curieusement, le mot « allaites » semble réservé au cochon (donc par précision du sexe, à la cochonne), sauvage plus que domestique (utilisé rarement pour la truie), et ne pas être employé pour les cervidés, où « mamelles » reste le générique. On remarquera une curiosité amusante de notre belle langue française, puisque la femelle du sanglier est la laie. Du lait à la laie, il n'y a qu'un pas, ou plutôt une lettre. On trouve les deux écritures, « alaites » et « allaites », l'orthographe de ce dernier mot étant la plus commune et la plus moderne.

Voir aussi : cochon, cochonnes, laie suitée, marcassin, sanglier.

ALLURE(S)

Marche à pied(s), à toute vitesse.

Chasse à courre – Faune sauvage – Grand gibier

L'allure désigne aussi bien la vitesse de déplacement que les modalités du déplacement. Pour les véhicules automobiles, c'est le sens premier qui prime. On l'utilise couramment en équitation pour qualifier le comportement d'un cheval au travail. En matière de chasse, c'est le sens second qui prime, à savoir comment se déplace le gibier. Le mot n'est guère employé qu'en vénerie, quelquefois, à l'occasion d'une chasse aux chiens courants, mais ne concerne que le grand gibier, et plus encore, le cerf. Les meilleurs piqueux sont capables de lire le sol, d'interpréter les empreintes laissées par les grands animaux et sans les avoir vus, de déterminer leur sexe, leur âge, et à l'écartement du pied, à la superposition ou non des traces ainsi qu'à leur positionnement, la rapidité, la tranquillité, la régularité du passage. Une bête tranquille, une bête traquée, une bête malade, une bête prête à mettre bas ne laissent pas les mêmes indices au sol. « Juger » le pied, c'est ainsi en déterminer les tenants et les aboutissants sur les habitudes de celui qui en porte quatre. Rappelons enfin que la tâche est facilitée par le fait que les animaux en question possèdent des antérieurs et des postérieurs différents, qui marquent par conséquent différemment.

Voir aussi : biche, cerf, pied.

ALOUETTE

Oiselle dont la capture n'est pas souvent dans la poche. Le procès du miroir lui va si bien. Suit le laboureur, fuit le chasseur. Le plus petit de nos gibiers méritant la plus grande attention.

Faune sauvage – Petite chasse

L'alouette fait partie des gibiers de poche les plus méconnus et malheureusement les plus méprisés des chasseurs. Beaucoup sont ceux qui ne distinguent pas une alouette d'un moineau ou d'un autre petit passereau. Son tir est difficile et sa cuisine passionnante. Très rares sont ceux qui la chassent encore à l'aide d'un miroir l'attirant irrésistiblement au-dessus du poste, mais cette pratique a laissé en héritage une expression encore usitée, le « miroir aux alouettes ». Son vol est irrégulier, singulier, fantasque parfois, et nombre de gerbes de plombs ne font que lui chatouiller les ailes. Elle est de chez nous et elle est d'ailleurs.

Voir aussi : chaume, labour, migrateurs, miroir.

ALPES

Il n'y a pas une montagne de gibier, mais chamois et coqs s'y méritent.

Géographie – Chasse en montagne

Les Alpes n'attirent pas que les skieurs ou les alpinistes, mais aussi des chasseurs d'abord amoureux du grand air et du gibier difficile. Il y a ceux qui viennent de la vallée et qui y montent par tradition, et il y a ceux qui viennent de loin – pire, de la ville – y chercher une parcelle de vérité. Tout y est compliqué et demande un effort : l'accès, la montée, la descente, la recherche de l'oiseau quand on y chasse le tétras, ou la quête du bouc quand on vient y prélever un chamois sans âge. Ici, on ne cherche pas la quantité, ni même la qualité du gibier, mais on y trouve l'occasion : l'occasion de tir, l'occasion d'un temps clément, ou celle d'un temps de camaraderie intense... toutes occasions qui font de vous un larron, mais un larron des Alpes.

Voir aussi : bouquetin, chamois, montagnes, marmotte, mouflon, tétras.

ALPINUS

Chasseur ayant atteint des sommets.

Personnages célèbres – Chasse en montagne

Sans tout vous dire sur cet écrivain du XIXe siècle connu des seuls chasseurs de chamois dans les Alpes du Nord, on peut tout de même vous révéler qu'il s'agit du pseudonyme d'un certain Monsieur Faige-Blanc. À notre humble avis, sa réputation, aussi bien littéraire que cynégétique, n'arrivait pas au genou d'un autre pourtant moins connu et plus proche de nous, le docteur Couturier, qui aurait quant à lui mérité l'appellation de Homo montagnus magnificus.

Voir aussi : Alpes, chamois, montagnes, petit coq.

ALSACE

Pays où le gibier en a plein les Rhin (haut et bas).

Géographie

L'Alsace est une région de l'est de la France constituée des départements du Haut-Rhin (Mulhouse, Colmar) et du Bas-Rhin (Strasbourg), sans oublier le Territoire de Belfort. Elle abrite beaucoup de gibiers, grands et petits, gérés selon un modèle plutôt germanique, du fait des invasions et des occupations successives du pays pendant les différentes guerres frontalières avec la Prusse puis l'Allemagne. Depuis la plaine alsacienne, le Ried – où abondent les lièvres –, en passant par les contreforts des Vosges gréseuses, sangliers, cerfs et chevreuils y trouvent un territoire de prédilection. Région d'origine du plan de chasse qualitatif, hérité des principes cynégétiques en application dans le Grand Reich.

Voir aussi : Bourgogne, Camargue, Sologne.

AMAZONE

Femme qui, à la chasse, ne savait plus à quel sein se vouer. Pas chrétienne pour autant.

Histoire – Personnages célèbres

La légende antique voulait que ces guerrières particulièrement belliqueuses se coupent un sein pour mieux pouvoir tirer à l'arc et à cheval. La chasse est-elle à ce prix ? Sans doute pas ! Rassurons toutes les candidates au permis de chasser.

Voir aussi : arc, femmes.

ÂME

Les canons de fusil ont une âme. Ce n'est pas une question de religion, mais de vocabulaire.

Armes, munitions, balistique – Sociologie

L'âme est le terme technique qui désigne l'intérieur du canon d'une arme. On peut ainsi considérer dès lors, sans exagération, que tous les canons de fusil ont bien une âme.

Voir aussi : canon, carabine, fusil, rayures.

AMORCE

Pour brûler d'impatience quand on est une cartouche de chasse.

Armes, munitions, balistique

L'amorce est cette petite capsule située au centre du culot de toute cartouche et qui permet, une fois percutée, d'enflammer la poudre qui, à son tour, en explosant, poussera hors de la douille, ou de l'étui, plombs et balles.

Voir aussi : cartouche, culot, poudre.

AMOUR (de la chasse)

Qui aime bien châtie bien : la maxime est un peu excessive en matière de chasse sans doute, surtout lorsqu'il s'agit du gibier.

Sociologie

On accordera aux détracteurs de la chasse que cette forme d'amour s'apparente à un amour vache ! Par définition, l'amour est excessif, il est passionnel et aussi inexplicable, un peu comme la chasse.

Voir aussi : aimer, chasser, chasseur.

ANDOUILLERS

Contrairement à l'andouille, ne se consomme qu'en trophées.

Grand gibier

Les andouillers ou cors sont les ramifications des bois des cervidés. Contrairement aux cornes, qui poussent régulièrement (avec une petite pause en saison hivernale), les bois tombent et repoussent chaque année, et ne sont portés que par les mâles. Les andouillers sont rattachés au merrain, branche principale du bois. Chez le cerf, les andouillers portent des noms évocateurs comme andouiller de massacre ou andouiller d'œil, surandouiller, trochure, enfourchure, empaumure... Chez le chevreuil, le vocabulaire est plus réduit : on parlera d'un « grand six » (pour grand six-cors).

Voir aussi : bois, cor, empaumure, enfourchure, merrain, trochure.

ÂNE

Se dit d'un chasseur qui n'a rien vu venir (cf. *La Barbe bleue* : « Anne, ma sœur Anne, ne vois-tu rien venir ? »).

Animaux domestiques – Sociologie – Personnages célèbres

Se faire traiter d'âne n'est pas nouveau, puisque même à l'école, autrefois, les mauvais élèves devaient porter le fameux « bonnet d'âne ». À la chasse, il en va de même, mais ce terme désigne, en terme courtois, celui qui, distrait, a raté une belle occasion de tir. De là à rapprocher le mot du conte de La Barbe bleue, *il n'y a qu'un pas... À vos livres d'enfant !*

Voir aussi : espèces protégées, zèbre.

ANGLE

Voir la chasse sous un certain angle est une question de degrés.

Organisation, réglementation, sécurité

Tous les chasseurs connaissent désormais le fameux angle des trente degrés qu'il est obligatoire de respecter pour ne pas être dangereux en battue. La question de la sécurité fait partie des enjeux fondamentaux pour que la chasse soit considérée par le plus grand nombre comme une activité sportive comme les autres. Pour respecter cet angle de sécurité, il existe des angulateurs de tir, dont le plus pratique et le plus fiable est le picaillon.

Voir aussi : accident, assurance, picaillon, sécurité.

ANNONCES

Sonnette d'alarme qui ne fait fuir que le gibier. Grandes ou petites, elles tiennent sur une ligne.

Organisation, réglementation, sécurité – Grand gibier – Grande chasse

Chaque chasseur de grand gibier en battue doit être muni d'une petite trompe, ou pibole (on dit encore trompette) qui lui sert à informer les autres participants par un code sonore préétabli lorsqu'un gibier est vu rentrant ou sortant de l'enceinte ou abattu. Dans ce dernier cas, la sonnerie est suivie d'un « rigodon », série de petits coups brefs qui matérialisent la mort de l'animal et symbolisent la joie de l'heureux tireur. En fin de compte, il y a peu de sonneries et elles ne sont pas encore homologuées de la même façon par toutes les sociétés de chasse. Par exemple : deux coups pour le renard, trois coups pour le chevreuil, quatre coups pour le sanglier, cinq coups pour le cerf, six coups pour la biche, sept coups pour un animal interdit. Il est d'usage de répéter l'annonce quand on l'entend sur la ligne afin de faire circuler l'information jusqu'au capitaine de chasse et aux traqueurs. En vénerie, les musiques de chasse qui racontent le déroulement de la journée, l'animal chassé ou encore la vie de l'équipage s'appellent « fanfares ou circonstances d'animaux ». Elles sont sonnées à l'aide de trompes, improprement baptisées cors de chasse.

Voir aussi : circonstances, fanfares, pibole, rigodon, sonneries, trompe.

ANOPHÈLE

Piqueur et piqueux tropical sans foi ni loi, mais qui a foie en lui.

Maladies – Faune sauvage

L'anophèle appartient à une famille de moustiques particulièrement dangereuse pour l'homme car elle transmet, entre autres, le paludisme, auquel tout chasseur de safari est exposé à un moment ou à un autre de ses pérégrinations en Afrique ou en Asie. À l'étranger, le danger vient toujours du plus petit, rarement du plus grand.

Voir aussi : moustique, palu, safari, virus.

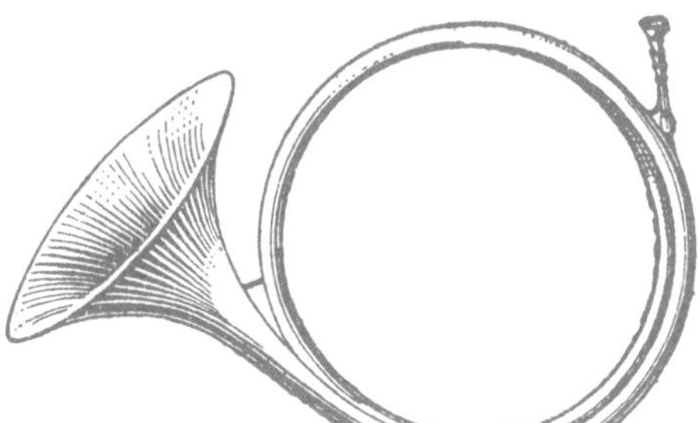

ANOURE

N'empêche pas les cervidés de se retrouver à la queue leu leu.

Faune sauvage

Se dit d'un animal qui n'a pas de queue naturellement, ou si peu, ce qui est le cas des cervidés. Aller à la queue leu leu consiste pour une harde à fuir dans un ordre de marche organisée, les uns derrière les autres, guidés le plus souvent par une vieille femelle.

Voir aussi : chien (tout court), harde.

ANSCHUSS

À ne pas confondre avec *Anschluss*. Ici, on ne parle pas d'annexion, mais de point d'impact.

Grand gibier – Armes, munitions, balistique – Territoire

Voilà un mot qui est entré dans le langage courant des chasseurs de grand gibier. Il désigne l'endroit, plus ou moins précis, où le tireur estime avoir touché sa cible. L'Anschuss ne concerne pas la zone où la balle a atteint l'animal sur le corps. C'est un point de départ pour la recherche du grand gibier blessé pour les conducteurs de chiens de sang agréés. Sur place, on y relève les traces et les indices qui permettront de remonter la piste.

Pour les oublieux de l'histoire de la Seconde Guerre mondiale, l'Anschluss, c'est-à-dire l'annexion par l'Allemagne de l'Autriche, est un fait marquant de cette terrible période. Anschuss et Anschluss sont tous deux de consonance germanique, voisins au niveau de la prononciation, mais bien différents dans leur signification.

Voir aussi : indices, rouge, sang.

ANTICHASSE

Individu ayant pété les plombs.

Sociologie

On peut être pour ou contre toute activité, mais être « anti » est toujours excessif.

Voir aussi : Brigitte Bardot, écologiste, intégriste.

ANTILOPE

Mammifère aimant les pays chauds comme les pays froids, puisque chez nous, le chamois en est une.

Faune sauvage

On croit toujours que les antilopes vivent exclusivement en Afrique. Rien n'est plus faux. Il en existe en Amérique du Nord (le pronghorn), en Amérique du Sud (l'antilope cervicapre), en Russie (le saïga), en Orient… Et en Afrique, les gnous sont, contre toute attente, des antilopes. Si toutes les gazelles sont des antilopes, toutes les antilopes ne sont pas des gazelles.

Voir aussi : Afrique, antilope, chasses coloniales, cornes, safari, Selous.

ANTISPÉCISTE

Espèce unique en son genre !

Gastronomie – Sociologie

Pour les néophilosophes « verts », les écologistes intégristes du XXIe siècle, il n'y a pas lieu de distinguer entre les espèces, il n'y a même qu'une seule et même espèce, celle appartenant au vivant et méritant un traitement identique et un respect absolu. Ainsi, du papillon au cochon d'Inde, du bonobo à l'homme, du serpent à la baleine, chacun a droit au respect absolu de la vie. S'ensuivent des conséquences particulièrement pesantes pour qui choisit ce mode de pensée : pas de chasse ni de pêche, pas d'insecticide, pas d'élevage d'animaux domestiques, pas de viande dans l'assiette et pas de cuir côté sac ou côté chaussures. La liste serait encore longue des interdictions portées par ce mouvement poussant à son paroxysme la notion d'individu, au détriment de celle d'espèce. Mais ne mettons pas tout le monde dans le même panier : les végétariens, les végétaliens, les végans ne sont pas tous des antispécistes convaincus. Ils peuvent être simplement désireux d'une alimentation différente et condamner la maltraitance animale dont sont victimes beaucoup de bêtes d'élevage.

Voir aussi : écologiste, vert.

AOÛTAT

Si seulement cet insecte ne se rencontrait qu'au mois d'août, comme son nom le suggère. Mais non, ça le démange toute la saison de venir servir de poil à gratter sur la peau du chasseur. Généralement mal placé, il devrait en rougir de honte, comme ça, on serait deux.

Maladies

Petit parasite très commun à redouter plus que beaucoup d'autres. Moins dangereux cependant que la tique qui, elle, est relativement indolore et transmet la maladie de Lyme ou borréliose. L'aoûtat provoque des démangeaisons et des rougeurs dont on a du mal à se débarrasser.

Voir aussi : anophèle, mouche, moustique, pou, tique.

APPÂT

Sert à attirer, pas toujours à tirer. Mode de chasse très « dépouillé ».

Chasse à l'étranger – Faune sauvage – Modes de chasse – Piégeage – Techniques

L'appât est presque toujours une nourriture appétissante pour l'animal que l'on cherche à attirer, mais selon les cas, la viande, quand il s'agit d'appât carné, peut être fraîche ou totalement avariée. N'importe quelle dépouille fera l'affaire. La technique de l'appât est privilégiée en matière de piégeage, mais aussi pour certaines chasses d'affût aux grands prédateurs. L'ours noir au Québec, le léopard en Afrique, et plus près de nous, le renard attiré au charnier ou au tas de fumier, illustrent cette pratique. L'objectif est d'habituer le gibier à venir visiter les places ainsi amorcées, et d'être en mesure de le chasser à ce moment-là. Les archers, qui ont besoin de placer leur flèche à courte distance, doivent leurrer leur cible et peuvent recourir à ce subterfuge. Certains considèrent encore qu'agrainer, c'est aussi appâter...

Voir aussi : agrainage, piège, piégeage, viande.

APPEAU

Imitateur qui copie pour avoir de bonnes notes. Instrument à utiliser sur le chant. Transforme tout chasseur en maître chanteur.

Techniques – Grande chasse – Petite chasse

Objet fabriqué par l'homme imitant le cri du gibier que l'on entend chasser. Parfois sous forme de sifflet porté à la bouche, dont on module les notes pour reconstituer la mélodie des oiseaux, et parfois actionné à la main, comme une poire que l'on gonfle et dégonfle pour le chevreuil (connu sous le nom de buttolo). En Afrique, on utilise des appeaux pour faire venir le lion : il s'agit d'une sorte de grand cornet acoustique qui imite un rugissement puissant. En Amérique et au Canada, la chasse au call ou à l'appel a recours aux appeaux pour le wapiti ou l'orignal. Procédé très efficace pour faire venir à soi les grands mâles en période de rut ou pour faire se percher les oiseaux à proximité de l'affût dans le cas d'une chasse au poste.

Voir aussi : appelant, forme, oisellerie, sifflet.

APPELANT

Espèce de traître malgré lui. Oiseau choisi pour ses qualités remarquables de maître chanteur.

Faune sauvage – Gibier d'eau – Petit gibier – Petite chasse

Nombreux sont ceux qui confondent appeau et appelant. L'appeau est un outil imitant l'oiseau, l'appelant est l'oiseau vivant, réduit à l'état de semi-domesticité, dont le rôle est non pas d'imiter, mais de tromper ses congénères pour les mettre à portée de tir du chasseur. On ne parle d'appelant que pour la chasse des oiseaux et particulièrement des canards et des palombes.

Voir aussi : appeau, forme, oisellerie, sifflet.

APPORTABLE

Jouet (pour chien) qui rapporte.

Équipement – Chiens – Élevage – Gibier d'eau – Modes de chasse – Petit gibier

S'agissant du dressage des jeunes chiens de chasse, et plus particulièrement des retrievers, il est très important de leur inculquer à ramener le gibier, mort ou blessé, comme de leur apprendre à ne pas avoir la dent trop dure. Plutôt que de leur jeter un bâton qu'ils doivent aller chercher, il existe auprès des magasins spécialisés toute une gamme de formes, imitant ou non le gibier, dans différentes matières, qui sont autant de jouets, mais aussi de véritables accessoires de travail pour le maître. Il existe même des propulseurs – sorte de fusil miniature – pour lancer la forme. Cet apprentissage ludique entraînera votre compagnon qui sera fin prêt à l'ouverture, grâce à ces apportables, car tel est leur nom...

Voir aussi : apporte, chien, retriever.

APPORTE

Ordre gueulé. Mise en bouche du chien d'abord, du chasseur ensuite. Toute la nuance est dans l'air (« R ») de le prononcer. « Apporte » ou « rapporte » n'a pas tout à fait le même sens. Apporter, c'est supposer que le gibier est retrouvable; rapporter, c'est affirmer qu'il est retrouvé. Comme quoi, rien ne vaut le grand air (« R »).

Chiens

Avec « cherche », c'est le second mot magique qui remplit d'excitation le chasseur de petit gibier au chien d'arrêt. Et quand il s'agit d'un coq de bruyère ou d'une bécasse, alors là, c'est le top du top! On oublie trop souvent que le chien ne sert pas uniquement à trouver le gibier vivant mais – et c'est essentiel – à trouver le gibier blessé ou mort, souvent dissimulé dans une végétation dense, au milieu de l'eau ou au fond d'un ravin.

Voir aussi : cherche, chien (tout court), *down*, labrador, rapport (de dressage), retriever.

APPROCHE

Technique silencieuse de chasse dans le vent et qui commence à faire beaucoup de bruit. Voir sans être vu permet de regarder ou de tirer. Tromper pour ne pas se tromper sans fanfare ni trompette. Avec une telle approche, le gibier n'a qu'à bien se tenir – ou fuir.

Techniques – Modes de chasse – Grand gibier – Grande chasse

L'approche est sans aucun doute le mode de chasse le plus respectueux du gibier. Attention cependant au dérangement : on croit trop souvent que parce que l'on n'a rien vu lors d'une sortie, il n'y a rien à voir; or, tout le contraire est vrai! Et à force de sorties répétées sur une même place, on arrive à un dérangement chronique et préjudiciable pour l'espèce.

Voir aussi : affût, bâton de *pirsch*, billebaude, battue, modes, *pirsch*.

ARBALÈTE

Engin qui bande d'un trait.

Armes, munitions, balistique

Peu utilisée à la chasse, beaucoup plus à la guerre... mais c'était il y a longtemps et il faut bien reconnaître que depuis l'invention de l'arme à feu, les armes de jet sont quelque peu tombées en désuétude.

Voir aussi : arme blanche, arc, flèche.

ARC

La chasse moderne nous rappelle que les Indiens sont parmi nous. De quoi nous laisser... carquois.

Armes, munitions, balistique

On peut toujours dire que les chasseurs ne sont pas des flèches... En tout cas, il leur arrive d'avoir des arcs !

Voir aussi : arbalète, arme blanche, flèche.

ARÈNE

Endroit enchanteur où les coqs prennent le taureau par les cornes et savent se voler dans les plumes.

Chasse en montagne – Faune sauvage

Le petit tétras, au printemps, juste à la fonte des neiges, est très actif pour sa reproduction. Ses danses nuptiales se déroulent sur des places précises, à terre et en pleine montagne, où s'affrontent les mâles qui, tout gonflés de leur plus beau plumage, s'épuisent à séduire les poules. Ce lieu précis est appelé une arène.

Voir aussi : chant, petit coq, grand coq, parade, place de chant, tétras.

ARLEQUIN

Chevalier qui sait vous mener en bateau.

Équipement – Gibier d'eau – Modes de chasse – Personnages célèbres

Dans la famille des chevaliers, l'arlequin, ou sentinelle des marais, fait partie des quatre espèces d'échassiers chassables avec le chevalier aboyeur, le chevalier combattant et le chevalier gambette. Certains considèrent que le qualificatif d'« arlequin » viendrait de l'extrême diversité dont fait preuve son plumage entre l'hiver et l'été. D'autres trouvent une explication étymologique, en faisant dériver « arlequin » du vieux français « hellequin » qui signifie mauvais génie. Il se trouve que l'on désigne également, sous le vocable d'arlequin, une embarcation de chasse. Ce petit bateau à fond plat n'emporte en principe qu'une personne, couchée de tout son long, et glisse sur l'eau le plus silencieusement possible pour arriver à portée des canards stationnés loin du bord. Pourquoi donner le même nom à un oiseau et à un bateau ? L'explication la plus plausible réside dans l'excessive instabilité de l'un comme de l'autre et qui rappellerait ainsi le célèbre personnage qui se contorsionnait à l'envi.

Voir aussi : barque, chevaliers, gambette.

ARMÉ

Sanglier jusqu'aux dents. Quand un sanglier est armé, le chasseur l'est aussi, mais ce dernier reste quand même sans défense.

Grand gibier

Un sanglier armé est généralement un mâle avec de fortes canines qui dépassent de la mâchoire et avec lesquelles il peut occasionner de graves blessures aux chiens ou au chasseur. Les canines du haut, les grès, servent de table d'aiguisage aux canines du bas, les défenses, légèrement recourbées et qui font office de poignards ou de rasoir en cas de contact avec l'adversaire au corps à corps.

Voir aussi : défenses, miré, sanglier.

ARME BLANCHE

Expression à couteaux tirés. Que le chasseur ne cherche pas l'arme noire, elle n'existe pas.

Équipement – Armes, munitions, balistique

Les couteaux sont considérés comme des armes blanches tandis que les fusils et carabines, en opposition, sont appelés armes à feu. Il existe également des fusils à poudre noire, qui enfument méthodiquement le tireur et qui étaient l'apanage des chasseurs jusqu'à l'apparition des poudres pyroxylées et des fusils sans chien ou hammerless.

Voir aussi : arc, arbalète, couteau.

ARMEVILLE

Passée par les armes, mais ville canon. Saint-Étienne est arrivée à un stade où les verts tirent à balles réelles.

Histoire – Organisation, réglementation, sécurité

Nom que porta la ville de Saint-Étienne au moment de la Révolution française. La capitale du département de la Loire reste encore aujourd'hui un terroir d'artisans au savoir-faire important en matière de fabrication d'armes de chasse et en matière de gravure et de sculpture. L'armée y a fabriqué très longtemps ses fusils, dont le fameux FAMAS, qui équipe nos soldats, et qui signifie « Fusil d'assaut de la manufacture d'armes de Saint-Étienne ». Saint-Étienne est aussi très connue pour son équipe de football (les « Verts »), dont l'épopée n'est plus à conter.

Voir aussi : armurier, Chambord, fête de la chasse, *Game Fair*, Manufrance, Rambouillet.

ARMURE

Pour les durs à cuire qui en ont plein le dos. Ne fait pas pour autant du sanglier un chevalier.

Équipement – Faune sauvage

Il n'y a pas que les soldats et les chevaliers du Moyen Âge qui portaient une armure. Le sanglier en porte une également. C'est en tout cas le qualificatif qui désigne le haut de son dos, particulièrement renforcé. Attention, rien à voir avec l'expression « un sanglier armé » (voir ce mot).

Voir aussi : armé, sanglier.

ARMURIER

Marchand d'armes mais pas compagnon d'armes.

Armes, munitions, balistique

On utilisait autrefois le mot d'arquebusier pour désigner un tel maître d'armes, dépositaire d'un réel savoir. De nos jours, les armuriers ne sont plus toujours chasseurs et vendent parfois plus d'armes qu'ils n'en fabriquent ou n'en réparent...

Voir aussi : carabine, fusil.

ARRÊT

À ce petit jeu, on ne sait s'il est préférable que ce soit le chasseur ou le chien qui arrête. Position du chien en odeur de sainteté.

Chiens

Un chasseur qui arrête est un chasseur qui abandonne la chasse ; un chien qui arrête est un chien en pleine action de chasse puisque, grâce à son odorat, il bloque le gibier à courte distance en attendant que son maître puisse le tirer.

Voir aussi : apporte, cherche, chien (tout court), *down*.

ARROSOIR

Pluie d'oiseaux qu'il vaut mieux ne pas voir tomber.

Sociologie – Expressions populaires

Expression familière des chasseurs quand, une fois postés, il se trouve que beaucoup de gibiers passent à portée de tir. On dit alors que le chasseur était « sous l'arrosoir ».

Voir aussi : prélèvement, tableau.

ARTÉMIS

Déesse n'ayant pas réussi à chasser toutes ses idées noires puisqu'elle fait tuer Actéon qui avait eu l'outrecuidance de la regarder se baigner nue.

Histoire – Personnages célèbres

Les femmes remarquables ne sont dangereuses que dans les récits mythologiques. Remarquées sur le terrain, elles donnent le bon exemple.

Voir aussi : Actéon, amazone, Diane, femme.

ASSASSIN

Brocard ayant la réputation de n'avoir tué personne.

Faune sauvage – Gestion – Grand gibier

Les bois du chevreuil sont généralement ramifiés pour porter six pointes au total. Il arrive que le merrain ne se ramifie plus et vienne à former comme une grande dague. Cela peut arriver avec l'âge ou encore sur certains mâles blessés. Le comportement de ces derniers, au moment du rut notamment, peut s'avérer singulier, car ils donnent l'impression de vouloir se servir de leurs bois comme on le ferait avec une arme blanche, un couteau par exemple, et embrocher tout ce qui bouge. On les qualifie aussi bien d'assassin à la seule observation de leur ramure, également. Attention, ne confondons pas avec le jeune chevreuil qui portera d'abord deux dagues simples dans sa prime jeunesse. Celui-ci est abusivement traité par les néophytes de « petit assassin », sans grande raison. Voilà une des meilleures illustrations du délit de faciès en milieu naturel ! En réalité, les morts au combat sont rares et ces brocards traînent une réputation de mauvais garçon qu'ils sont loin d'être. La plupart du temps, ils sont simplement trop vieux. Ces animaux rentrent dans les critères du tir de sélection du chevreuil, en été, à l'approche ou au mirador.

Voir aussi : brocard, chevreuil, rut.

ASSERMENTER

Mettre en garde! Quand jurer n'est pas un gros mot...

Gestion – Organisation, réglementation, sécurité – Territoire

Tout propriétaire terrien peut faire garder et surveiller sa propriété en confiant à un garde-chasse particulier le soin de relever les infractions dont il sera témoin au travers de procès-verbaux en bonne et due forme. Pour ce faire, le garde devra être assermenté, c'est-à-dire prêter serment devant le tribunal d'instance. Cette formalité l'oblige à une certaine déontologie. Il jure de faire respecter la loi et rien que la loi, mais il contracte aussi une obligation de discrétion et de réserve. Cette fonction peut être bénévole et est strictement circonscrite à un territoire donné. Le garde-chasse particulier n'est pas armé. En revanche, s'il est titulaire d'un permis de chasser validé, il pourra porter son fusil.

Voir aussi : braconnier, garde, lieutenant de louveterie, PV.

ASSIETTE

Se déguste en porcelaine et déguste en argile. En être le pigeon n'est pas de tout repos.

Armes, munitions, balistique – Gastronomie

Pour le commun des mortels, l'assiette est une pièce de vaisselle, plus ou moins grande, plus ou moins plate ou creuse, de forme ronde la plupart du temps. Céramique à base de kaolin, la porcelaine est la matière de prédilection de la vaisselle. Solide, décorative, elle reste la pièce centrale d'une bonne table dressée, avec les verres et les couverts. On y savourera son repas, mais aussi les recettes les plus délicates... à base de gibier bien sûr, comme le pigeon aux petits pois dont je vous recommande la dégustation ! Au ball-trap, les pigeons d'argile sont aussi de petits plats qu'on appelle plateaux, mais aussi « assiettes ».

Voir aussi : ball-trap, fosse, pigeons d'argile.

ASSOMMOIR

Ne pas tomber dans le piège de croire cet engin ennuyeux, il n'est qu'assommant, et encore. L'ennui, c'est plutôt lorsqu'il n'assomme pas. Capture sans prendre le temps de captiver.

Faune sauvage – Gestion – Modes de chasse – Piégeage – Techniques

Piège servant à la capture des petits puants (fouine, putois, etc.). Le procédé est simple : une pierre plate maintenue en équilibre se retrouve au cœur du dispositif. En dessous, on amorce la place avec un appât bien appétissant pour l'animal convoité. Le piège est placé sur le chemin emprunté par la bête qui, au passage, en visitant le piège, va déclencher l'effondrement sur elle du lourd bloc. Ainsi, l'animal va se trouver assommé; en fait, le choc va le tuer. Très en vogue autrefois, cet engin ne permet cependant pas un piégeage sélectif, puisque tout visiteur est pris, même si ce n'est pas celui désiré, c'est pourquoi il faut parler d'un procédé ancien qui ne correspond plus à la réglementation ni à l'éthique moderne du piégeage. On dit encore de quelqu'un qui a une conversation répétitive ou inintéressante qu'il est assommant...

Voir aussi : appâts, fouine, piège, piégeage, puants, putois.

ASSURANCE

Pratique pour les chasseurs n'ayant pas de plomb dans la cervelle mais susceptibles d'en mettre dans la cervelle des autres. Le chasseur en prend sur le terrain... et avec son permis.

Sociologie – Organisation, réglementation, sécurité

On s'assure toujours pour la survenue d'un risque hypothétique. Quand on fait le ratio entre le nombre de morts survenues par accidents de chasse (moins d'une vingtaine par an) et le nombre de chasseurs, la marge est grande. Il y a plus de décès sur les pistes de ski ou en mer. S'assurer ne permet pas de faire n'importe quoi, mais de prévenir le pire. En matière de chasse, la formation au permis de chasse et la pédagogie sécuritaire relayée par les associations nationales permettent de réduire sensiblement les situations limites. Avec l'explosion des populations de grand gibier en France, plus que l'assurance obligatoire, il faudrait des stages de sécurité obligatoires avec période probatoire.

Voir aussi : accident, permis, sécurité.

ATTAGAS

Grouse naturalisée française. Lagopède restant d'Écosse tout de même.

Chasse à l'étranger – Chasse en montagne – Faune sauvage – Petit gibier

Tétras et perdrix forment une grande famille. Parmi eux, les lagopèdes sont relativement ignorés, et leur nom scientifique couramment passé sous silence. Qui sait que notre belle perdrix blanche est en fait un lagopède des Alpes ou que la grouse des Britanniques est un lagopède d'Écosse ? Même les Scandinaves ont leur lagopède, le lagopède des saules. Quant aux Africains, ils ont leur lagopède des sables ! Depuis que la France et les chasseurs français ont découvert ce merveilleux oiseau, la fameuse « grouse », ils ne la désignent plus que sous son nom d'origine, sans traduction. Mais au XIXe siècle, dans le nouveau dictionnaire des chasses paru en 1885, l'auteur, A. Pairault, emploie encore le vocable « attagas » pour désigner l'oiseau. Déjà chez le grand Buffon, dans son Histoire naturelle*, le mot désigne les lagopèdes en général, les coqs de bruyère, et même jusqu'à la grande famille des francolins. Cette traduction semble s'être perdue au fil du temps, mais cette naturalisation « à la française » nous a semblé amusante à rappeler.*

Voir aussi : *Glorious Twelfth*, tétras.

ATTAQUER

Comme les chasseurs ne font rien à moitié, et qu'ils exagèrent toujours un peu, le simple fait de commencer s'enrichit du qualificatif « attaquer ». Terme guerrier quelque peu abusif parfois lors de certains départs de chasse.

Sociologie – Expressions populaires – Grande chasse

Attaquer n'a aucune connotation militaire, ni dans le sens stratégique ni, encore moins, dans le sens belliqueux que pourrait revêtir ce verbe. Le chasseur ne part pas pour agresser le gibier, comme le ferait une bande de petits malfrats en quête d'une bijouterie à dévaliser. Il ne s'apparente pas non plus à un poilu de la guerre de 1914-1918 chargeant baïonnette au canon, pour perforer un ventre prussien peu respectueux des frontières. Par « attaquer », il faut comprendre « démarrer » réellement l'action de chasse, qu'il s'agisse des chasseurs eux-mêmes ou de leurs chiens. Très utilisé pour la chasse du grand gibier et fort apprécié en vénerie – d'où il tire ses origines –, il s'agit là d'un mot technique et ancien.

Voir aussi : battue, traque, vénerie.

ATTELAGE

Appelants en formation. Permet de créer un lien entre le sauvaginier et ses canards.

Équipement – Gibier d'eau – Modes de chasse – Techniques

Pour les chasseurs de gibier d'eau, le plus souvent à la hutte, au gabion ou à la tonne, les appelants vivants ou encore les formes, positionnés autour du poste d'affût, destinés à leurrer leurs congénères sauvages et à les amener à se poser sur la mare, forment un attelage (groupe ou formation d'oiseaux flottants). Plusieurs systèmes d'attache cohabitent selon les régions. Le principal reste celui dit du « va-et-vient ». Dans ce cas, les appelants sont effectivement attelés, comme des chiens le seraient sur un traîneau, ou des chevaux à un chariot, c'est-à-dire qu'ils seront reliés ensemble par le biais d'un système à poulie, manœuvré à distance par le sauvaginier pour tenir compte du vent et du comportement des oiseaux. Plus généralement, on emploie aussi le terme d'attelage, même si les appelants ne sont pas attachés entre eux, mais simplement lestés individuellement par un gros plomb qui joue le rôle d'ancre, comme pour un bateau. Dans un troisième cas de figure, on permet aussi à l'oiseau de se reposer sur une plaquette, pour qu'il n'ait pas à nager tout le temps. Atteler est tout un art, et le chasseur devra connaître aussi bien les canards sauvages que les canards domestiqués (les appelants).

Voir aussi : appelant, canard, cane, forme, gabion, hutte, sauvaginier, tonne.

ATTILA

Tête (ou bête) de Turc du chasseur de sanglier.

Chasse à l'étranger – Faune sauvage – Grand gibier – Grande chasse

Sus scrofa est le nom scientifique donné au sanglier d'Europe. Dans le Caucase, en Turquie ou au Tadjikistan, on trouve une sous-espèce de porc sauvage géante, beaucoup plus lourde et excessivement mieux armée qu'à l'Ouest. On la dénomme Sus crofa attila. *Attila est un prénom turc très répandu aujourd'hui. Attila était aussi le chef des Huns au Ve siècle, qui sema la terreur sur une grande partie de l'Empire romain. Tout chasseur de sanglier et tout amateur de grand trophée rêve un jour d'aller conquérir ce bel et noble animal dans son milieu semi-montagnard et parfois sous la neige, à l'approche. Là-bas, on y laisse vieillir les grands mâles, avec d'autant plus de facilité que la religion musulmane, majoritaire dans ses contrées, en interdit la consommation et que les territoires sont immenses, difficiles d'accès, denses et très peu chassés. Le sanglier y trouve là tous les ingrédients de son développement. Paradoxalement, « Attila », dans sa langue d'origine, signifie « petit père », alors que l'Attila dont nous vantons les mérites ici, ce sanglier mythique, est un gros père voire un gros pépère !*

Voir aussi : défenses, sanglier.

AUBE

Moment où le chasseur peut tuer le temps sans tirer un seul coup de feu.

Moment

Tuer le temps, c'est ne pas le voir passer, et l'aube fait partie de ces moments magiques et rares où le jour prend une intensité lumineuse si progressive et douce que l'on ne sait pas vraiment quand la nuit a rendu l'âme. Le calme de l'aube se respecte, et le coup de feu qui déchirera ce sanctuaire de quiétude doit être délivré à bon escient. Rares sont les détonations inutiles à cette heure, comme si un pacte de non-agression avait été conclu tacitement entre le chasseur et sa proie. Peu de chasseurs sont sur le terrain à ces heures matinales, puisque l'heure légale de la chasse, en général, se situe par grand jour; cependant, les chasseurs de gibier d'eau, à la passe ou bien à la hutte, les chasseurs à l'approche pendant l'été en quête d'un beau brocard, connaissent l'intensité de ce silence à nul autre pareil.

Voir aussi : crépuscule, pass(é)e.

AUDITION

Ne pas confondre les chasseurs sourds avec ceux à qui il est difficile de faire entendre raison. Le chasseur respectueux d'une certaine éthique, et lui seul, peut dormir sur ses deux oreilles.

Sociologie

Le lot de nombreux chasseurs est de finir plus ou moins sourd, du fait des traumatismes répétés nés des coups de feu. C'est de moins en moins vrai, pour deux raisons : d'une part, on tire moins de cartouches qu'autrefois, et d'autre part, on se protège davantage les oreilles, au moins quand on pratique le ball-trap. À côté des chasseurs atteints de surdité objective, il y a ceux qui ne veulent rien entendre : sur les conseils de prudence, sur la réglementation, sur les consignes à respecter... Ceux qui font la sourde oreille ne sont pas dignes de devenir sourds pour de bon.

Voir aussi : acouphènes, bruit, casque antibruit, oreilles, sourd.

AUDUBON (Jean-Jacques)

Artiste chasseur ayant su tirer le portrait (et pas que) aux oiseaux d'Amérique.

Faune sauvage – Histoire – Personnages célèbres

Jean-Jacques ou John James (1785-1851) a deux passions, la nature et la peinture, et surtout une attirance profonde pour l'aventure. Avec le commandant Cousteau, c'est le Français le plus connu aux États-Unis car il a été le premier à s'attaquer au travail colossal de la description des oiseaux d'Amérique du Nord. Pour ce faire, il quitte une vie sédentaire de confort pour parcourir les étendues sauvages et bien souvent inexplorées qui l'amènent à traverser tout le continent, sans grands moyens, pour récolter les spécimens utiles à son œuvre. Pour cela, il chasse et passera des années à chasser, en prenant garde à ne pas abîmer son gibier en le tirant, en prélevant autant d'oiseaux qu'il le peut, mâles, femelles et juvéniles, pour les naturaliser sommairement et les décrire avec une précision inouïe. Ses planches de dessins restent d'une actualité extraordinaire; il replace l'oiseau dans son biotope avec force de détails et de vie. Ses 435 études à l'aquarelle, publiées sous la forme de quatre volumes, paraîtront entre 1827 et 1838. Il passera sa courte vie à publier sur l'ornithologie, mais aussi sur les mammifères pour échapper à l'enrôlement dans les armes napoléoniennes. Curieusement, personne ne s'est plaint de ses talents de chasseur pour arriver à un tel degré de réalisme, et aujourd'hui, les nombreuses sociétés qui portent son nom se consacrent à la protection de la nature !

Voir aussi : Ouest.

AUTOMATIQUE

Arme sans avenir, ni pour le chasseur ni pour le gibier.

Armes, munitions, balistique

Un « automatique » n'a pu naître que du génie d'un armurier non-chasseur et ne peut être utilisé par un chasseur digne de ce nom. Il y a encore quelques décennies, un fusil automatique de chasse pouvait contenir cinq cartouches, ce qui n'est plus le cas aujourd'hui, où le maximum est de trois. Quand on sait qu'une arme traditionnelle en comporte deux, on ne voit pas vraiment l'intérêt de la munition supplémentaire. Ceux qui aiment tirer en rafale devraient se contenter d'aller à la vogue ou s'engager dans l'armée. Si le deuxième coup est celui qui laisse sa chance au chasseur, le troisième est celui de la malchance du gibier.

Voir aussi : carabine, fusil.

AUTOUR

L'autour n'est pas un vautour qui aurait été privé de son « V », même si tous les deux sont des oiseaux de proie. A donné son nom à la chasse de bas vol, ou autourserie. L'autour n'est pas pour autant noble malgré sa particule qui le désigne comme autour des palombes.

Faune sauvage

Les rapaces ont été, à tort, considérés pendant très longtemps comme ennemis jurés des gardes particuliers parce qu'ils prélevaient sans compter dans la nature une somme de gibiers non négligeable. Beaucoup sont charognards, mais d'autres, comme les faucons et les autours, sont de remarquables chasseurs de proies vives. C'est encore oublier un peu vite que beaucoup de rongeurs et de serpents forment également la base du régime alimentaire de certains d'entre eux et que s'attaquer aux uns, c'est laisser proliférer les autres. L'autour des palombes est peu connu – en tout cas peu reconnu quand on le croise – et on le confond parfois avec l'épervier ou le faucon. Son vol en sous-bois est inégalé et les autoursiers l'ont bien compris.

Voir aussi : aigle, aire, buse, chaperon, fauconnerie, gerfaut.

AUTRUCHE

Animal dont la politique inspire la plupart de nos dirigeants. Très complexé d'avoir perdu ses cheveux à la naissance.

Faune sauvage – Sociologie

Pour m'être retrouvé nez à nez avec un mâle d'autruche défendant son territoire au moment de la couvaison, je puis vous assurer que cet animal n'a rien d'un oiseau. Comme la bécasse, l'autruche jouit d'une fausse réputation de bêtise. C'est tout le contraire qui la caractérise. Ceux qui n'ont jamais chassé en Afrique ne savent pas le danger qu'elle représente. C'est un animal puissant, courageux, persévérant, rapide et il vaut mieux ne pas se retrouver face à lui, à pied, à l'intérieur de son périmètre de susceptibilité. Quant à la politique de l'autruche, celle qui consiste à s'enfouir la tête dans le sable, elle est sans fondement, l'oiseau étant tout le temps sur le qui-vive. Bien sûr, il lui arrive de porter son long cou vers le sol, et c'est sans doute cette habitude qui explique cette expression populaire.

Voir aussi : Afrique, Chasses coloniales, colonies, safari, Selous.

AUTRUI

Quand on chasse chez lui, c'est que l'on n'y est pas invité.

Territoire – Sociologie – Organisation, réglementation, sécurité

Voilà un mot bien utile pour un mal bien réel : le manque de respect de la propriété ou du droit de chasse. Nous sommes tous des « autrui » en puissance.

Voir aussi : divagation, voisin.

AVANTAGE

Permet d'épauler sans inconvénient.

Armes, munitions, balistique

Acheter une arme comporte certains inconvénients, à commencer par celui de n'être pas familiarisé avec elle. L'armurier (et non pas le commerçant vendeur d'armes) est là pour transformer cet inconvénient en avantage, au sens propre comme au sens figuré (ou technique). On réduit souvent l'efficacité d'une arme de chasse à des facteurs, certes importants, comme le calibre, la munition, le réglage, l'adresse du tireur, en oubliant le plus fréquemment l'adaptation de l'arme à son chasseur. L'arme doit vite et bien monter à l'épaule, l'alignement des organes de visée, de l'œil au guidon doit se faire naturellement sans que le corps cherche un axe imaginaire. Cela s'appelle la mise à conformité, la recherche du meilleur « avantage » en fonction de la morphologie du tireur. Une arme n'est pas réglée en soi, elle est réglée en fonction de celui qui l'utilise. Cette déviation latérale de la crosse permet d'épauler efficacement et de tirer avec plus de précision et de rapidité.

Voir aussi : armurier, carabine, cible, fusil.

AVENIR

Le chasseur n'en a que si le gibier en a.

Sociologie

Beaucoup de chasseurs oublient que sans gibier, il n'y a plus de chasse. Que seul le gibier sauvage a un sens. Cela paraît une évidence, mais cette affirmation se révèle nécessaire pour tous ceux qui tirent encore sur tout ce qui bouge, le dimanche, pour le plaisir d'un tir ou pour tromper l'ennui. La chasse n'a d'avenir que si l'on gère la faune sauvage, migratrice ou sédentaire, et que l'on adapte judicieusement les prélèvements en fonction de la reproduction, des capacités d'accueil des milieux et des conditions climatiques.

Voir aussi : demain, éthique.

AVEUX (aux)

Passage dont se passerait volontiers le chasseur, surtout lorsqu'il est en faute.

Sociologie – Organisation, réglementation, sécurité

Allons, ne soyons pas modestes ou hypocrites : nous avons tous, un jour ou l'autre, été hors la loi, tant la loi est complexe et la chasse est intense. Cela ne fait pas de nous des braconniers, des irresponsables ou des assassins, cela fait de nous des passionnés... autant l'avouer tout de suite !

Voir aussi : dangers, éthique, sécurité.

À VOUS !

Droit de rater le premier le gibier que votre voisin ne peut pas tirer.

Sociologie – Armes, munitions, balistique

Voilà une expression qui appartient fondamentalement au monde cynégétique. Soit on veut faire plaisir à ses invités en les plaçant bien et ils ne voient pas le gibier, soit on ne peut tirer soi-même ou l'on a déjà manqué le tir et on indique au chasseur le plus proche qu'il rate là une occasion. Loin d'être une formule de courtoisie, « À vous » se rapproche plutôt d'un aveu d'impuissance ou d'une excitation à ne pas être en condition de tirer un gibier que l'on voit pourtant bien !

Voir aussi : tir, voisin.

B

BADINAGE

À la chasse, ce n'est pas avec l'amour que l'on ne badine pas, mais avec les canards. Musset qui s'en dédit.

Techniques – Modes de chasse – Gibier d'eau

Le badinage est un vieux mode de chasse au gibier d'eau, à l'abandon aujourd'hui, qui consistait à rassembler et à rapatrier les canards posés sur une pièce d'eau sans les faire décoller, à un endroit précis de l'étang, par un chien ayant plus ou moins l'apparence du renard, et de récupérer le tout dans une volière appropriée, servant de nasse aux oiseaux. On ne badine pas avec l'amour *(1834) est une pièce de théâtre d'Alfred de Musset (1810-1857).*

Voir aussi : canard, modes, sauvaginier.

BAGAGES

Le chasseur les porte souvent sous les yeux le matin : on les appelle alors des valises.

Sociologie

Aucun chasseur ne voyage léger. On dirait que pour chaque week-end, chaque séjour, il part pour une expédition lointaine de longue durée ! Mais ce qu'il a de plus lourd à porter au petit jour, ce sont sans conteste les valises sous les yeux, qui trahissent ses fréquentes nuits sans grand sommeil : non pas que le remords d'une tuerie à venir lui taraude l'âme, mais c'est bien la fièvre de la chasse qui taille à la hache ses nuits. Quant aux autres, ceux qui sont dans le même état au moment du départ parce qu'ils ont fait la fête la veille, ceux-là ne sont pas dignes d'être qualifiés de chasseurs, mais de bringueurs. La chasse est une discipline trop sérieuse pour que l'on tarde à gagner le lit : c'est en se couchant avec les poules que l'on se réveille avec les coqs !

Voir aussi : voyages, safari, week-end.

BAGUE

Il n'y a qu'à la chasse qu'un bracelet peut également être une bague.

Organisation, réglementation, sécurité – Grand gibier – Grande chasse – Équipement

À la chasse, bague et bracelet sont synonymes. Pourtant, la bague se passe au doigt et le bracelet au poignet... Seulement voilà, en matière de plan de chasse, bague et bracelet ne sont pas des bijoux, mais des dispositifs de marquage du gibier prélevé (fixés à mi-patte), conformément à un quota attribué. On retrouvera une certaine logique en considérant tout de même que les mammifères, comme les oiseaux, ont bien seulement des pattes ou des sabots, et non pas des mains. La curiosité de la langue française va plus loin encore : il ne viendrait à personne l'idée de « braceletiser » avec une bague, alors qu'il convient à tous de baguer, avec un bracelet, de surcroît ! L'égalité des sexes est respectée jusque dans la mort, où mâles et femelles portent alors les mêmes attributs.

Voir aussi : *bag limit*, bracelet, plan de chasse, tableau.

BAGUETTE

Arme de sorcier et de sourcier, non de chasseur... Et pourtant...

Armes, munitions, balistique – Équipement – Techniques

La baguette est aussi un outil bien utile au chasseur pour nettoyer son arme, tout du moins jusqu'à une période récente. Celle dont il est question est constituée d'un manche en bois, se vissant en deux ou trois parties, s'emboîtant les unes dans les autres, et muni d'une tige filetée à son extrémité. Cette dernière reçoit un jeu d'écouvillons adaptés au calibre, composés de brosse souple, de brosse dure et d'une espèce de feutre permettant, au dernier passage, d'huiler l'âme pour éviter sa corrosion. L'ensemble permet, lorsqu'il est régulièrement utilisé, d'enlever les résidus de poudre, les particules et impuretés qui pourraient se trouver dans les canons après leur utilisation. Depuis peu de temps, et en provenance des pays anglo-saxons – d'où son nom –, est apparu le boresnake, *qui tend à remplacer notre baguette traditionnelle, encombrante et peu pratique, qui n'a plus rien de magique. La voilà remplacée par ce fameux cordon de nettoyage (on dit aussi « cordette »), sorte de serpentin souple, d'un seul tenant, plombé d'un côté et qui, par va-et-vient successifs à l'intérieur du canon, fait merveille pour conserver au plus propre nos fusils et carabines.*

Voir aussi : âme, carabine, fusil.

BAG LIMIT

Pour chasseur au petit trop (PMA).

Organisation, réglementation, sécurité – Petit gibier – Petite chasse

En France, de plus en plus d'espèces de gibiers ne sont chassables, pendant la saison, qu'avec un quota de tir, soit annuel (c'est le plan de chasse applicable pour le grand gibier), soit journalier afin de limiter l'impact de la chasse sur un phénomène migratoire (c'est le cas de la bécasse ou du gibier d'eau, par exemple) ou pour permettre à tous sur un seul territoire de pouvoir prélever un gibier au statut fragile (exemple : quota mis en place par une association de montagne pour gérer une population de coqs de bruyère). Cette histoire de quotas, plus connue pour les oiseaux sous le nom de PMA ou Prélèvement Maximal Autorisé, est depuis bien longtemps pratiquée dans les pays anglo-saxons et en Amérique, c'est le bag limit. *Cette mesure conservatoire permet une gestion des populations sauvages dont on veut assurer le maintien des effectifs par anticipation. À titre d'illustration, un grand coup de froid va déclencher de forts passages de canards au même moment, ce n'est pas pour autant qu'il faut profiter de l'aubaine pour faire des tableaux excessifs – quoique tentants pour beaucoup. Cette mesure introduit un peu de sagesse dans la pratique d'une passion qui en manque parfois devant une quantité inattendue d'oiseaux passant à portée de tir.*

Voir aussi : bracelet, plan de chasse, prélèvement, tableau.

BAIE DU MONT-SAINT-MICHEL

Pays où les chasseurs sont toujours en grève.

Géographie – Gibier d'eau

La baie du Mont-Saint-Michel, dont on ne sait pas encore si elle est en Bretagne ou en Normandie, est restée non seulement un sanctuaire d'oiseaux, mais aussi un paradis pour les sauvaginiers. Ses prés salés, ses vasières, l'important mouvement des eaux qui s'y croisent régulièrement ont favorisé l'installation de gabions qui permettent aux chasseurs de canards d'y passer la nuit et d'apprécier cet axe migratoire pour la diversité de son avifaune et la beauté sauvage et envoûtante du site. La grève, cette partie de terre délaissée entre deux marées, constitue un garde-manger assez unique pour beaucoup de petits échassiers à la recherche de nourriture que l'on peut observer et chasser en grand nombre.

Voir aussi : gabion, grève, sauvagine, sauvaginier.

BAIES

Permet(tent) d'avoir un noyau de chasse, en bord de terre ou en bord de mer.

Aménagements – Faune sauvage – Flore – Géographie – Gibier d'eau – Petit gibier

Les baies sont des fruits peu charnus, à gros noyaux, qui poussent dans nos haies et en sous-bois, constituant une attraction alimentaire remarquable pour nos petits oiseaux migrateurs comme les grives, mais aussi pour nos sédentaires comme les merles et quelques mammifères qui sont loin de les dédaigner : martre, fouine, hérisson, renard – même l'ours en est friand. Qu'il s'agisse des mûres, des fruits d'aubépine, d'églantine, de lierre et de nombreuses autres baies, leurs rôles ne sont plus à démontrer, y compris dans la dispersion des graines, comme en témoignent les crottes qui constituent autant d'indices de présence de certains animaux discrets comme les mustélidés. Mais les baies ne sont pas que des fruits ni des appâts à oiseaux, ce sont aussi des zones humides d'importance capitale pour la migration des canards et des places de chasse exceptionnelles pour les sauvaginiers : baie du Mont-Saint-Michel, baie d'Authie, baie des Veys, etc. On le voit, autant de « baies des Anges » en perspective.

Voir aussi : haie, baie du Mont-Saint-Michel, puants, sauvaginier.

BAIL

À défaut d'être bailleur (sauf quand il baye aux corneilles), le chasseur est toujours preneur.

Organisation, réglementation, sécurité

Tous les chasseurs ne sont pas propriétaires de leur territoire de chasse. La majorité d'entre eux en sont locataires. Le contrat de location, ou bail, intervient alors entre le bailleur (le propriétaire) et le preneur (le locataire). Quand la location porte sur le domaine public, on parle d'adjudication (pour un lot de forêt domaniale, avec un adjudicataire) ou d'amodiation (pour le domaine public fluvial ou maritime, avec un amodiataire).

Voir aussi : actionnaire, adjudication, concession.

BALLE

Fait douiller le gibier au coup par coup. Donne un sacré coup de pouce au chasseur qui, sans elle, serait mis à l'index. Coup de foudre malheureux pour le gibier.

Armes, munitions, balistique

On confond imprudemment balle, cartouche et munition, cette dernière étant le générique des premières. La balle n'est qu'une composante de la munition, techniquement appelée ogive. Toute munition se compose d'une douille, d'une amorce, de poudre, d'une bourre et, soit d'une ogive, soit d'une charge de plombs. Le chasseur utilise deux doigts en priorité : les pouces qui vont aider à l'ouverture et à la fermeture du fusil ainsi qu'au maintien de l'arme en position de tir, et l'index qui est le doigt qui presse la détente.

Voir aussi : Brenneke, cartouche, index, plombs.

BALLIÈRE

Ceinture le chasseur. Le gibier est loin d'être dans la poche quand les balles y sont encore.

Armes, munitions, balistique

Poche amovible, portée au ceinturon, en cuir ou en polyester, destinée à recevoir, en vrac ou en compartiments, les munitions.

Voir aussi : balle, cartouchière.

BALL-TRAP

Tir aux pigeons agiles.

Armes, munitions, balistique

Le ball-trap est la version anglaise du tir sur cible mouvante que les Français désignaient autrefois sous le vocable de « tir aux pigeons ». Tandis que le ball-trap moderne connaît des disciplines sportives strictes, comme la fosse, le skeet ou le parcours de chasse, le tir aux pigeons tel que nos grands-parents l'ont connu était historiquement considéré comme un amusement et comme un entraînement en vue de chasser. Aujourd'hui, on peut être tireur sans être chasseur, ce qui paraissait inconcevable autrefois. Jusqu'à leur interdiction au milieu du siècle dernier, les tirs aux pigeons étaient d'abord des tirs aux pigeons vivants (Vichy, Monaco et Madrid avaient une grande réputation en la matière). Ce n'est que progressivement que les oiseaux ont été remplacés par des plateaux de couleur, fabriqués en argile au départ.

Voir aussi : cible, fosse, pigeon d'argile, sanglier courant, tir, tireur.

BAMBI

Faon parlant pour ne rien dire.

Faune sauvage – Personnages célèbres

Walt Disney a fait beaucoup de bien aux enfants et beaucoup de mal aux chasseurs ! Par le biais de ses dessins animés, tous les animaux, et particulièrement certains gibiers comme le cerf (Bambi), l'ours (Baloo), la panthère (Baghera), ou encore le lion (Simba) et le phacochère (Pumbaa) prennent visage humain, parlent comme vous et moi et il leur arrive même d'être pourchassés par le méchant chasseur, ce qui est le cas de Bambi. Que les lecteurs se rassurent : Bambi est un faon, c'est-à-dire un cervidé âgé de 6 mois au plus et sa chasse a toujours été interdite.

Voir aussi : cerf, chevreuil.

BANCS

Banc d'épreuve ou banc d'essai, le chasseur ne peut s'asseoir dessus. Ces étapes obligées dans la mise en circulation d'une arme constituent une sécurité absolue lors de son utilisation.

Armes, munitions, balistique

Les tests de sécurité pour les armes sont appelés des épreuves et ils sont passés par des organismes habilités qui portent le nom de banc d'épreuve ou banc d'essai. Aucun fusil ni carabine ne saurait être mis sur le marché sans ces précautions préalables. Les canons portent alors un poinçon indélébile qui atteste que l'arme a passé avec succès ces épreuves et qu'elle peut être utilisée sans danger.

Voir aussi : carabine, épreuves, fusil, liège.

BANDE

Au ciel ou au bois, vous fera tourner la tête. Parfois harde.

Faune sauvage – Moment

Une bande est un groupe d'êtres vivants. Le concept fait peur à la ville, car on pense tout de suite à une bande de voyous, mais il provoque l'émerveillement en campagne : au ciel, il s'agira de vols ou de voiliers d'oiseaux, au bois ou en plaine, de compagnies de sangliers ou de hardes de cervidés, en montagne, de chevrées de chamois... Dans tous les cas, voir le gibier convoité en grand nombre provoque toujours une émotion particulière, une griserie liée à la quantité observée. Le mouvement des animaux, le bruit presque irréel des ailes entre elles, des sabots sur les feuilles, des branches cassées, des pierres qui roulent et le souvenir sera impérissable. Souvent tétanisé, le chasseur regarde, plus qu'il ne tire, soit parce qu'il ne sait plus où tirer, soit parce qu'il reste fasciné par ce monde sauvage surgi de nulle part en quelques instants et disparu presque aussitôt après. Certains se demandent même s'ils n'ont pas rêvé. Pourquoi pas ?

Voir aussi : compagnie, harde, voilier, vol.

BANDEROLES

Sans slogan manifeste mais avec la revendication de canaliser la fuite du gibier.

Techniques – Modes de chasse – Grand gibier – Grande chasse

Dans les grandes chasses royales ou présidentielles, on avait coutume de fermer une partie de l'enceinte par des banderoles faites de cordage supportant à espace régulier un petit drapeau de couleur. Le gibier étant effrayé par ce faux obstacle refoulait dans la traque et cela permettait de ne pas garder une partie du périmètre quand celui-ci était trop grand ou quand il n'y avait pas assez de tireurs postés. Cette technique de banderoles pour canaliser le gibier est encore bien utilisée pour reprendre les animaux vivants. On réduit progressivement l'espace dans lequel ils évoluent puis on les guide vers les cages de transport.

Voir aussi : battue, enceinte, traque.

BARBECUE (BBQ)

Pour mettre le gibier à nouveau sur le gril(l).

Gastronomie – Techniques – Sociologie

On l'ignore parfois, mais le critère pour définir une espèce gibier reste sa comestibilité. Historiquement, on ne chasse pas pour le plaisir, mais pour se nourrir. Or l'homme est le seul prédateur carnassier à cuire ses aliments et à y trouver un grand raffinement, lié aux modes et aux temps de cuisson, à la température des mets, à leur assaisonnement, à leur mariage dans l'assiette avec des sauces et des légumes divers et variés. Tandis que le XXe siècle a été, en cuisine, le siècle des fours et des appareils de cuisson en tous genres, on assiste ces dernières années à un renouveau de la cuisine en plein air et des grills sous différentes appellations : barbecue (ou BBQ) bien sûr, « plancha », assurément.

L'orthographe du mot « gril » elle-même a évolué sous la pression de l'utilisation croissante de la langue anglaise : gril ne devrait prendre qu'un « l » quand il désigne l'ustensile de cuisson et conserver son deuxième « l » quand il indique un restaurant ou l'on déguste des grillades.

Voir aussi : casse-croûte, cuissot, croûtons, filet, gigue, sel.

BARBES

Au poil pour protéger les plumes.

Faune sauvage – Expressions populaires – Gibier d'eau – Petit gibier – Sociologie

De même que l'épaisse fourrure ou le sous-poil des mammifères les protègent efficacement contre les morsures du froid, les plumes, avec leur duvet et l'air qui crée un vide isolant entre certaines couches, jouent un rôle primordial pour lutter contre les intempéries et la régulation thermique interne des oiseaux. Les plumes remplissent plus de rôles encore que les poils : elles servent au vol et à la migration, à l'alimentation, à la reproduction, etc. Et elles partagent un mot commun avec les poils : la barbe ! Eh bien, oui, les plumes ont aussi des barbes et des barbules, voire des barbicelles ! Toute plume se compose d'un axe, d'un tuteur appelé rachis et sur lequel vient s'ancrer une structure souple, compacte, résistante, soyeuse qui va lui donner son aspect final, les barbes.

Voir aussi : fourrure, plumes, poil.

BARBOUR

Imper et passe.

Chasse à l'étranger – Équipement – Expressions populaires

De même que Frigidaire n'est plus une marque, mais est devenu le nom générique de réfrigérateur, Barbour est devenu le synonyme d'imper (imperméable) ou veste en coton huilé. Fondée en 1894 en Angleterre par John Barbour, la marque deviendra « J. Barbour and sons » et sera célèbre dans le monde des chasseurs et des pêcheurs comme fabricant de vêtements étanches, confortables et résistants à une utilisation sportive ou rustique. Le procédé de base est simple : il s'agit d'imperméabiliser un coton égyptien, au début avec de l'huile puis, par la suite, avec de la cire. Destinée aux marins et aux dockers, ces vestes obtinrent un franc succès chez les militaires, les motocyclistes, les cavaliers et les randonneurs, faisant souffler un style gentleman-farmer, décontracté, chic et sobre dans nos campagnes. Il manquait à la marque d'apparaître au cinéma, d'être reconnue par la famille royale et d'être portée par les femmes. De Steve McQueen à Daniel Craig (James Bond), en passant par le héros de Outlander (Sam Heughan), les vestes désormais doublées de tartan font fureur sur petit et grand écran. La princesse Diana ouvre la voie de la mixité à ce vêtement. Enfin, les Windsor délivrent les trois royal warrants, signes de reconnaissance se trouvant sous le col intérieur de la célèbre doublure. Il ne manque plus à la wax jacket que de sortir un coton real tree, ou « camo », avec une petite pointe d'orangé pour la sécurité, pour élargir encore plus son jeune public. Barbour n'a jamais fait de mauvais pari au sein de l'entreprise depuis sa création. Tous les virages commerciaux ont été menés à bien sans échec. On est loin de la roulette du casino, où on joue à impaire et passe. Barbour, lui, a su réussir le 100 % dans imper et passe.

Voir aussi : camo, fluo, loden.

BARDOT (Brigitte)

Animal de fondation qui a été à poil, mais qui sait se servir d'une plume.

Personnages célèbres – Sociologie

BB ? Les initiales suffisent ! Sujet délicat... Adversaire incontestable des chasseurs, Brigitte Bardot a réussi, grâce à sa notoriété et à la fondation qui porte son nom, à lancer le débat antichasse et à obliger les chasseurs à se mobiliser pour se justifier. Sans elle, peut-être ne disposerions-nous pas d'outils de comptage, de suivi des populations, de permis de chasser, de plan de chasse ? Il faut être honnête, elle a fait avancer la cause des chasseurs en la caricaturant à l'extrême. C'est en se remettant en question que l'on fait avancer sa cause, pas en s'y enfermant au nom de la tradition.

Voir aussi : antichasse, écologiste, femmes.

BARGES

Ce n'est pas parce qu'elles font la grève qu'elles sont barges ! Ces charmants échassiers de nos côtes, élégants picoreurs des vasières à marée basse, méritent qu'on les regarde travailler.

Faune sauvage – Gibier d'eau

Les barges sont des limicoles de bord de mer assez hautes sur pattes, au bec droit et à l'allure discrète que l'on rencontre sur les côtes et qui sont beaucoup moins connues que les courlis ou les huîtriers pie avec qui elles partagent le même territoire. Tandis que le fou de Bassan mérite bien son nom, car il se laisse tomber comme une pierre pour pêcher, les barges apparaissent tout à fait normales dans leur comportement alimentaire ou lors de leur déplacement en bande. Deux espèces sont visibles chez nous : la barge à queue rousse et la barge à queue noire.

Voir aussi : bécasseau, bécassine, chevaliers, courlis, grève.

BARQUE

À ne pas confondre avec galère. Tous les chasseurs ne sont pas dans la même barque. La barque est utilisée pour les chasseurs de gibier d'eau, la galère est universelle pour tout le monde, puisque sur le terrain, on est tous dans la même galère, même sans eau. Grâce à elle, le chasseur est sauvé des eaux et séché des os. De bien jolis noms lui sont attribués selon les régions : yole, punt, pédalo...

Sociologie – Équipement – Gibier d'eau

Tous les chasseurs de gibiers d'eau, ou presque, utilisent à un moment ou à un autre une embarcation, soit pour attendre le gibier ou l'approcher, soit pour le ramasser. Il arrive aussi que l'on gagne le poste d'affût en naviguant. Si les bateaux à moteurs sont interdits en action de chasse, les bateaux à rames sont d'une utilisation totalement légale. Il s'agit la plupart du temps de bateaux à fond plat permettant de naviguer dans de faibles profondeurs d'eau et d'être plus dissimulé à la vue des oiseaux. Ces barques sont souvent instables et leur maniement demande une grande dextérité. On utilise des rames mais aussi de longues perches pour battre les étangs et marais afin d'en faire décoller les canards dissimulés dans la végétation aquatique.

Voir aussi : punt, sauvaginier.

BARTAVELLE

Perdrix glorifiée.

Petit gibier

Celui qui a le mieux parlé des bartavelles, ces belles perdrix de montagne, c'est Marcel Pagnol dans La Gloire de mon père. *Ces oiseaux peu connus des chasseurs le sont plus des lecteurs de cette chère Provence.*

Voir aussi : montagnes, perdreau.

BASCULE

Met le fusil en pièces mais sans lui enlever de sa cohérence.

Armes, munitions, balistique

La bascule est la partie mécanique du fusil, de l'express ou du drilling *de chasse qui permet d'ouvrir par le milieu l'arme – on dit encore de la « casser » – sans pour autant en séparer les différentes parties. Si le mécanisme des armes basculantes offre un grand confort de sécurité, de facilité et de rapidité de rechargement et de manipulation, il crée une fragilité liée à l'usure et aux départs de feu de certains calibres dont les munitions exercent de fortes pressions. Le savoir-faire de nos armuriers est là pour compenser ce handicap en ajustant avec grande précision et en usinant savamment ces armes qui nous vont si bien.*

Voir aussi : carabine, *drilling*, express, fusil, Kipplauf, mixte.

BASSET

Ses pattes en disent long sur son nez. Chien souvent pris de courre.

Chasse à courre – Chiens – Grande chasse – Modes de chasse

Le basset désigne plusieurs races de chiens, tous bas sur pattes et utilisés principalement à la chasse aux chiens courants, le plus souvent officiant en petite meute. Fin limier, d'origine française, on ne connaît de lui aujourd'hui que le basset hound (la version anglaise), mais nos races locales restent très populaires, du basset fauve de Bretagne au petit basset griffon vendéen, en passant par le bassin bleu de Gascogne. Rapide, tenace, fidèle, d'un bon caractère, il est très polyvalent et passe-partout. Court de pattes, mais long de nez, ainsi va la vie des bassets, pour le plus grand plaisir de leur maître.

Voir aussi : chien, chien courant, meute.

BÂTARD

Chien deux races. Unique en son genre. Sans famille, mais non sans maître. Sans origines certaines, mais certainement original.

Animaux domestiques – Chiens – Modes de chasse

Osons la provocation sémantique : tous les chiens de race sont des bâtards, ou plutôt, leurs ancêtres l'ont été avant eux. Effectivement, pour créer une nouvelle race de chiens, il faut croiser des espèces parfois fort différentes et ensuite, selon le résultat obtenu, fixer la lignée pour en faire une nouvelle race. Le fruit des amours défendues entre chiens consentants, mais dont les maîtres sont tenus dans l'ignorance, aboutit à ce qualificatif, somme toute très péjoratif, de bâtard. S'abâtardir, c'est régresser, alors que là, c'est tout le contraire. Le bâtard, baptisé encore le corniaud, est souvent le plus intelligent et le plus fidèle des chiens de chasse, un chien de braconnier, qui forme un véritable couple avec son maître. Toujours excellent pour la chasse du petit gibier au chien d'arrêt, c'est souvent un chien buissonnier.

Voir aussi : chien, chien courant, meute.

BÂTON

Nul n'est besoin au chasseur ou au traqueur d'en porter pour battre ou se faire battre.

Sociologie – Équipement

Le bâton est l'accessoire d'instinct de celui qui marche : randonneur, ramasseur de champignons, rabatteur. Un bout de bois fera l'affaire et s'il résiste la journée, il y a fort à parier qu'il deviendra un objet fétiche utilisé à chaque sortie sur le terrain. C'est vrai qu'il ne présente que des avantages : il est un point d'appui, il permet de fouiller le sol sans se baisser, de taper sur les buissons, d'ouvrir les fourrés, de franchir les barbelés sans se piquer, de mesurer la profondeur d'eau des fossés, voire de transporter le gibier! Et plus encore... Non, décidément, pas question de s'en passer!

Voir aussi : bâton de *pirsch*, *pirsch*, rabatteur.

BÂTON DE PIRSCH

Juste pour tirer juste.

Équipement – Grande chasse

On dit aussi canne de Pirsch, stick ou pied selon l'humeur et les origines de chacun. Ce qui est sûr, c'est qu'il permet au chasseur de grand gibier à l'approche d'assurer plus efficacement son tir en prenant un appui supplémentaire, ce qui fait gagner en précision. Ce bâton peut être à une, deux ou trois branches, en bois ou en alliage léger. Le mieux reste le « trois-branches » qui permet de bien caler la carabine, que l'on fabrique soi-même dans de jeunes pousses de noisetier et que l'on assemble avec une vieille chambre à air.

Voir aussi : approche, bâton, Kipplauf, *pirsch*.

BAT-L'EAU

Expression bateau pour cerf au mouillage.

Chasse à courre – Grand gibier

Langage propre à la vénerie et à la grande vénerie à cheval. Essentiellement retenu pour la chasse à courre du cerf. Lorsque l'animal a été lancé, puis chassé, est sur ses fins, il arrive fréquemment qu'il se réfugie dans l'eau, soit pour traverser un étang soit pour faire face aux chiens, dans une rivière ou une mare. Il est alors temps de sonner « le bat-l'eau » bien sûr, avant « l'hallali sur pied » et d'abréger au plus vite les souffrances de l'animal qui s'est rendu.

Voir aussi : achever, cerf, chien courant, meute, équipage, servir, vénerie.

BATTERIE

Se charge du chasseur et de son armement, bref se charge de tout.

Armes, munitions, balistique

En armurerie, on désigne par « batterie » l'ensemble des pièces mécaniques internes de l'arme de chasse permettant la percussion et par conséquent son bon fonctionnement. On évoquera, pour mémoire, le dernier sens du mot « batterie », appliqué à l'art cynégétique et qui concerne l'espace aménagé par le piégeur pour disposer ses pièges avec appâts (plus guère employé). Aucun rapport avec une source électrique.

Voir aussi : carabine, fusil.

BATTUE

Expulsion de locataires souvent à poils, quels que soient les aléas climatiques. Le bruit court que plus on en fait et plus on a de résultats. Si le chasseur se retrouve parfois marron, il est dans tous les cas orange et dans toutes les hypothèses habillé pour l'hiver.

Modes de chasse – Grande chasse – Grand gibier

Avec l'affût et l'approche, la battue participe à la trilogie des chasses du grand gibier. Elle est la seule à être collective et à mobiliser beaucoup de monde, tant du côté des chiens et des traqueurs que du côté des chasseurs postés. Elle reste sans doute encore le plus dangereux mode de chasse, c'est pourquoi d'importantes mesures de sécurité doivent être respectées à chaque fois, dont le port de vêtements de couleur vive qui permettent de bien distinguer les participants. Contrairement à ce que l'on pourrait croire, la battue n'est pas forcément le mode de chasse le plus perturbant pour le gibier quand elle n'est pas répétée à outrance. La chasse à l'approche où le chasseur se fait éventer par son gibier alors que l'animal se croyait en sécurité pour manger ou se reproduire est également fort dérangeante pour qui en abuse sans grande connaissance.

Voir aussi : modes, pancartes, pied, rabatteur, traque, ventre au bois.

BAUGE

Il n'y a pas que les femmes (de chasseur ou non) qui ont droit au bain de boue. Mais le sanglier est plus économe, il y dort.

Grand gibier

Ces trous plus ou moins humides et qui servent au sanglier à se déparasiter en se roulant dedans sont d'une grande utilité pour tenir une population de cochons sauvages. En regardant tout autour, on observera la taille des animaux par la place occupée et les frottements sur les arbres avoisinants (housures).

Voir aussi : boue, eaux, housures, mare, souille, sanglier.

BEAGLING

Chasse à course du lièvre. Lièvre mis aux courants ; chasseurs mis à pied.

Chasse à courre – Chasse à l'étranger – Petite chasse

De la poursuite du lièvre (et parfois même du lapin) aux champs, à pied et avec des chiens créancés sur sa seule piste, les beagles, voilà un mode de chasse totalement britannique. Malheureusement, l'interdiction de toutes les chasses à l'aide de meutes de chiens courants a porté un sérieux coup d'arrêt à cette pratique. Restent les entraînements, toujours nombreux et très populaires et le lobbying pour faire revivre légalement ce mode de chasse qui reste un authentique mode de vie. Cette pratique ne va pas sans rappeler ce que nous connaissons en France sous le nom de petite vénerie.

Voir aussi : *coursing, fox hunting, pig sticking, stalking.*

BEAUF

Chasseur qui croit encore que les autruches ne volent pas pour ne pas casser leurs œufs et que le canari jaune a raté sa teinture chez son coiffeur.

Sociologie

À la chasse comme au football ou ailleurs, le bon chasseur n'est pas à l'abri de croiser le mauvais chasseur ; on doit même reconnaître que les seconds sont plus nombreux que les premiers ! Le beauf est à éviter absolument : son tir est plus dangereux pour ses voisins que pour le gibier, sa conversation est insipide, son ignorance et sa mauvaise éducation devraient le tenir loin des grandes chasses. Malheureusement, le beauf est souvent fortuné, d'une fortune qui fait qu'on ne lui refuse pas d'entrée dans le capital des beaux territoires. À éviter à tout prix, quitte à chasser ailleurs. Espèce à fuir par tous temps. Dommage qu'elle soit protégée par le législateur, cela ferait un sacré tableau en fin de saison !

Voir aussi : chasseur.

BEC

Plus facile à clouer chez le chasseur que chez l'oiseau.

Faune sauvage – Sociologie

Plus encore que les ailes ou les plumes, je trouve que l'examen du bec d'un oiseau apporte de grandes connaissances sur ses mœurs, son âge, son activité. Le bec est un « tout en un » : il permet de respirer, de manger, de fabriquer le nid, de nourrir les petits, de participer au chant, de se battre, de se défendre. Bref, on se demande pourquoi nous n'en avons pas !

Voir aussi : bec-de-lièvre, bec-en-cuillère.

BÉCASSE

Nom indigne pour un oiseau aussi intelligent, croulant sous les éloges.

Petit gibier

La croule se déroule en mars et désigne la période de reproduction de l'oiseau. Un oiseau bien mystérieux que cette migratrice des bois, belle à croquer, délicieuse à consommer et si difficile à tirer. Sans chien, et surtout sans chien d'arrêt spécialisé, vous ne risquez même pas de la lever alors que vous passerez à côté d'elle. C'est incontestablement la reine des petits gibiers à plumes, soumise aux caprices de la météo et d'une silhouette si surprenante tant au sol qu'en vol. Un grand bec, mais de courtes pattes, des ailes râblées et puissantes qui lui autorisent toutes les audaces et en font un volatile à nul autre pareil. Les chasseurs la traquent en Irlande, en Europe de l'Est et même au Québec, où sa cousine américaine procure également bien des émotions. En France, elle est présente un peu partout, mais elle n'est pas toujours recherchée dans les grands massifs forestiers où cerfs et sangliers occupent l'esprit des chasseurs. Cela lui permet de prendre des vacances bien méritées et de ne pas toujours finir dans l'assiette. Nous ne répéterons jamais assez que la bécasse est douée d'une intelligence rare, adepte de toutes les ruses, capable de se poser un emplâtre pour se réparer une patte cassée, de jouer la surprise en décollant au dernier moment à la verticale sous votre nez, en choisissant l'itinéraire le plus perspicace pour échapper aux plombs qu'elle lui sait destiner. Dans « bécasse », il y a « bec », et l'on ne retiendra que cette explication pour justifier son nom. Celui-ci est à la mordorée ce que le nez était à Cyrano de Bergerac : un appendice qu'elle a su exploiter avec talent et qui, malgré sa démesure, l'a rendue séduisante à souhait.

Voir aussi : bécassier, croule, miroir, mordorée, pairon, plume du peintre.

BÉCASSEAU

Ni bécasse, ni bécassine, il serait bécasson de le considérer comme tel.

Gibier d'eau

Les bécasseaux sont des limicoles du littoral appartenant à plusieurs espèces en France, dont une seule reste chassable : le bécasseau maubèche, qui est le plus gros. Les chasseurs doivent se contenter d'admirer les autres dont le bécasseau variable, le cocorli, le Temminck, le sanderling, le violet ou le minute. Si la bécassine est également un petit échassier, elle en est très éloignée sur le plan de la filiation, tout comme la bécasse qui est un oiseau de sous-bois. Le bécasson est une autre appellation de la bécassine sourde. Heureusement qu'il y a des appellations scientifiques pour les distinguer sans ambiguïté ! La racine du mot « bec » explique que l'on a créé historiquement une confusion entre ces oiseaux, dotés, il est vrai, d'un bec plus long que les autres.

Voir aussi : barges, bécassine, chevaliers, courlis, grève, sauvaginier.

BÉCASSIER

Fusil, chien ou chasseur qui ne se consacrent qu'à une quête, celle de la Dame des bois. L'homme se fait plumer plus d'une fois en voulant mener à bien cette mission.

Petite chasse – Armes, munitions, balistique – Chiens

La bécasse est généreuse et suscite bien des engouements : un fusil à canons plus courts, plus maniable en sous-bois, et le voici baptisé de « bécassier » ; un chien qui ne pense qu'à elle, le voilà également « bécassier » ; quant à cet homme qui ne veut rien d'autre que la tenir au creux de sa main, encore un « bécassier » ! Mais n'est pas bécassier qui veut. La belle se mérite. Être bécassier, que l'on soit à deux canons, à quatre pattes ou sur deux pieds, c'est toujours l'assurance d'appartenir à une confrérie rare, pour laquelle les effluves automnaux suffisent au bonheur fugace de la chasse en solitaire.

Voir aussi : bécasse, croule, miroir, mordorée, pairon, plume du peintre.

BÉCASSINE

Cousine du chasseur (« Bécassine, c'est ma cousine... »).

Gibier d'eau – Personnages célèbres

Le personnage de bande dessiné l'a rendu populaire, comme la chanson du même nom. Comme la bécasse, la bécassine ne mérite pas d'être affublée d'un nom laissant supposer que l'oiseau fait preuve de grande bêtise ; ce n'est pas parce qu'elle peut décoller dans vos bottes au marais que le fusil la cueillera aussitôt. Ses « zigs » et ses « zags » valent tous les crochets du droit ou du gauche des meilleurs boxeurs et laissent souvent le chasseur K.-O. À défaut de nombreux cousins, elle a de nombreuses cousines, sourdes ou doubles. La bécassine double (ou royale) est entièrement protégée. La bécassine commune (ou des marais) et la bécassine sourde sont quant à elles inscrites sur la liste des espèces de gibier.

Voir aussi : bécasseau, chevaliers, Sauvaginier.

BÉCOT

Bécassine à Gilbert (Bécaud) sachant faire la sourde oreille. Bécassine à poi(d)s plume.

Faune sauvage – Gibier d'eau – Petite chasse

Nos chasseurs métropolitains peuvent rencontrer trois espèces de bécassines, deux sont chassables et assez communes (la bécassine ordinaire ou bécassine des marais, et la bécassine sourde). En revanche, la plus rare et aussi la plus protégée est la troisième, la bécassine double (depuis 1981).

La bécassine sourde, ou bécot, beaucoup plus petite (de 30 à 70 g) attend le dernier moment pour s'envoler, à croire qu'elle fait la sourde oreille. C'est au contraire une stratégie de l'oiselle qui met à profit la surprise, sa faible taille et l'économie d'énergie d'un vol inutile. Précisons que Gilbert Bécaud, qui portait toujours une cravate à pois, n'était pas sourd, même s'il aimait se tenir l'oreille en chantant...

Voir aussi : bécassine, sauvagine, sauvaginier.

BEC-DE-LIÈVRE

Les lièvres n'en ont pas, les chasseurs peuvent en être affublés. Rappelons que le bec-de-lièvre ne se chasse pas d'un revers de manche.

Sociologie – Petit gibier

Déformation physique du bas du visage chez les humains, ayant peu de rapport avec l'esthétique du lièvre qui, s'il avait plutôt quelque chose à se reprocher, devrait se trouver affublé de trop grandes oreilles ou d'yeux très globuleux; mais la nature est ainsi faite, ce qui est disgracieux chez l'homme est ô combien gracieux chez l'animal.

Voir aussi : bec, bec-en-cuillère.

BEC-EN-CUILLÈRE

Canard qui aime le couvert, même s'il mange sans couteau ni fourchette.

Gibier d'eau – Expressions populaires

Autre nom du souchet, ce canard de surface, barboteur inconditionnel, que l'on trouve inesthétique à cause de la forme de son bec et que l'on nomme encore louchard, palot ou rouge de rivière. Il ne manque ni de grâce ni de couleurs vives. Bien sûr, sa spatule nasale surprend au premier abord, mais elle constitue un outil de filtration de l'eau très efficace pour se nourrir. Cette caractéristique permet de ne pas le confondre avec un autre canard, ce qui est bien pratique en cas de faible luminosité. Petit, râblé, rapide, c'est un oiseau de chasse qui affectionne hiverner en Camargue. On le lève « au cul levé », ou il tient bien à l'arrêt du chien.

Voir aussi : bec, bec-de-lièvre, canard.

BELETTE

Fouine un peu partout. Ne saurait être jugée pour sa cousine, l'hermine.

Faune sauvage – Modes de chasse

Plus petit de nos mustélidés, confondue avec l'hermine, mais piégée avec la même ardeur par les piégeurs de tous poils, avec un excès pour tous ceux qui habitent loin des élevages et des fermes. Fait plus de mal aux petits oiseaux du jardin qu'aux oiseaux gibiers. Appartient à la même famille que la fouine, la martre et le putois, tous mis dans le même panier des prédateurs farouches, qualifiés de « puants ». Rares sont les chasseurs qui l'auront au bout du fusil. On n'observe la belette qu'une fois prise au piège. C'est un « oiseau de nuit » ! Beaucoup plus utile qu'elle n'y paraît puisqu'une majorité de rongeurs composent son bol alimentaire. Certains de nos voisins l'ont bien compris, faisant d'elle une espèce protégée (Italie, Suisse ou Luxembourg). N'a pas eu le même succès vestimentaire que l'hermine dont les queues ornaient les robes de nos magistrats.

Voir aussi : hermine, fouine, putois, piégeage, puants.

BÉLIER

Seigneur des agneaux. Perd la tête en montagne.

Chasse à l'étranger – Chasse en montagne – Expressions populaires – Grand gibier

Le mâle des moutons sauvages (mouflons, bighorn, argalis, Marco Polo, etc.) porte le nom générique de bélier, en référence au mouton domestique. Les mouflons portent un trophée imposant, que convoitent beaucoup de chasseurs de montagne, particulièrement les mouflons d'Asie et d'Amérique, et la plupart de ceux-ci sont montés en cape, c'est-à-dire la tête entière, et pas seulement le massacre (os frontal uniquement). Leur conquête nécessite beaucoup d'endurance sur le toit du monde.

Voir aussi : bouc, brebis, chèvre, mouflon, Marco Polo.

BELLE AURORE (oreiller de la)

Gibiers sur oreiller, pas sur canapé. Plein de gibiers. Gibiers en couches.

Gastronomie – Personnages célèbres

Peut-on encore qualifier cette pièce de charcuterie hors normes de pâté en croûte ? Avec ses 30 kg dans la recette originale et ses 60 cm au carré, ce joyau de la gastronomie française n'existerait pas sans la multitude de viandes de gibier qui entrent dans sa composition. Popularisé par Brillat-Savarin qui, en hommage à sa mère, grande cuisinière, lui donna son nom (elle se prénommait Claudine-Aurore Récamier), ou encore bien nommé par un proche de la famille, amoureux transis de ladite dame, toujours est-il que « la belle Aurore » est le plus célèbre, le plus réussi, le plus extraordinaire des pâtés de chasse. Certains font remonter la recette au XIVe siècle ; à l'époque c'étaient les pâtissiers, et non pas les charcutiers, qui avaient en charge cette tourte, un temps ronde, dont on ne consommait pas la croûte. La diversité des espèces gibiers qui forgent son goût unique a évolué au fil du temps (au départ elle comptait plus de quinze viandes différentes), selon la liste des espèces chassables, l'adaptation par les grands chefs qui, tous, ont voulu y aller d'une touche créative, pas toujours respectueuse de la farce d'origine. On ne met plus de piverts ou de bécasses, mais encore du faisan, de la perdrix, bécassine, caille, lièvre, canard. On y trouve parfois aussi de la grouse, du pigeon, de la biche, selon le panier de saison. Toutes les audaces sont autorisées car la recette n'est réussie que si elle est démesurée. Bien sûr, comme pour beaucoup de pâtés de cet acabit, on agrémente le tout de foie gras, de champignons – quand il s'agit de truffes noires c'est encore mieux –, et puis de veau, porc, poulet, pintade, moelle de bœuf, sans oublier les foies, qui sont aussi les bienvenus, tout comme les pistaches, ou un bon porto. On le trouve de manière traditionnelle en Rhône-Alpes au moment de Noël et sur la table de nombreux chefs lyonnais. Ce pâté est tout aussi beau à regarder une fois tranché que bon à sentir dans l'assiette. Le plus surprenant, c'est l'assemblage en bouche, tout en finesse.

Voir aussi : Brillat-Savarin, Dumas Alexandre, gibier.

BELLUAIRE

Homme de cirque et chasseurs d'arènes (gladiateurs).

Histoire – Sociologie

Il ne faudrait pas oublier que du temps de l'Empire romain, l'homme lui-même a été un gibier de choix, une brute puissante que l'on confrontait aux fauves les plus féroces dans les arènes pour le plaisir de tous. Ce gladiateur était aussi désigné sous le vocable de « belluaire ». Heureusement, le statut de l'homme gibier a disparu, seules quelques rares tribus cannibales perpétuent la tradition, et beaucoup plus pour des raisons alimentaires ou rituelles, que de divertissement. Les belluaires ont disparu même si on désignait aussi par ce mot les dresseurs et soigneurs d'animaux dans les cirques, puisque les cirques, eux aussi, sont en voie de disparition.

Voir aussi : cannibale, gladiateur.

BESOIN

Un chasseur dans le besoin le satisfait toujours.

Sociologie

Les émotions fortes comme les attentes prolongées font naître parfois des besoins pressants que le chasseur comble au grand air avec une satisfaction très proche du marquage de territoire. Si le désir du prélèvement n'est pas toujours réalisé, le chasseur, chanceux ou non, ne reste jamais dans la merde, même s'il est sans papier !

Voir aussi : excréments, fientes, fumées, laissées, merde, moquettes.

BESTIAIRE

Gibiers de littérature. Animaux tombés sous la plume, et pas sous le plomb. Évite au chasseur de perdre connaissance(s). Toutes les lignes parcourues le maintiennent à la page.

Faune sauvage – Histoire – Sociologie

Les bestiaires sont des livres anciens, pour la plupart datant du Moyen Âge, compilant les

représentations visuelles d'animaux fantastiques et souvent imaginaires. Avec le temps, l'iconographie s'est accompagnée d'une description textuelle, et la littérature, scientifique ou romanesque, s'est emparée il n'y a pas si longtemps de cette dénomination pour raconter des histoires d'animaux ou converser sur la faune sauvage, de manière plus réaliste. À côté des licornes, phénix, griffons, dragons et autres chimères, plus près de nous, Maurice Genevoix s'est très largement illustré dans ce genre : Tendre bestiaire, Bestiaire enchanté *ou* Bestiaire sans oubli, *mais aussi Paul Léautaud (*Bestiaire*), Guillaume Apollinaire (*Le Bestiaire, ou Cortège d'Orphée*), ou encore le dessinateur Claude Serre (*Le Bestiaire*) ou Maurice Parent (*Bestiaire de nos forêts*), pour ne citer qu'eux. Curieusement, à notre connaissance et à l'heure où sont rédigées ces lignes, aucun bestiaire de chasse, à proprement parler, n'a vu le jour.*
Nous ne nous attarderons pas sous l'autre sens du mot « bestiaire », au sens de « belluaire », qui désigne les gladiateurs romains opposés dans l'arène, non pas à d'autres hommes, mais à des bêtes fauves, ou encore les soignants ou les dompteurs dans les premiers cirques de l'Antiquité.

Voir aussi : belluaire, dahu, dragon, gladiateur, licorne.

BÊTE

Il y a des mâles, il y a des femelles, mais le plus important c'est que le féminin (la bête) l'emporte sur le masculin (être bête).

Faune sauvage – Sociologie

Tout être vivant, y compris l'homme, peut être qualifié de « bête », et cela n'est ni une question d'intelligence, ni une question de sexe. Il y a de la sauvagerie dans le naturel bestial, et la force l'emporte sur la ruse dans bien des cas. Rien ne remplace la « bête », à part, bien sûr, la belle, et sur ce point, Jean Cocteau comme Walt Disney l'ont bien compris. Tout cela n'est en définitive que du cinéma !

Voir aussi : bête de compagnie, bête noire, bête rousse.

BÊTE DE COMPAGNIE

N'est pas vraiment un animal de compagnie, sinon elle serait à la maison et non au bois. Elle tient d'abord compagnie à ses congénères et à sa fratrie.

Grand gibier

La bête de compagnie est un jeune sanglier dans sa deuxième année qui fait partie, avec ses frères et sœurs, d'une bande d'inséparables dans l'apprentissage du quotidien, auprès de sa mère. Un principe simple de gestion cynégétique consiste, quand on veut stabiliser les effectifs d'une population de sangliers, à prélever en priorité ces animaux. De zéro à six mois, le sanglier est marcassin ; de six mois à un an, il est bête rousse. Dans le langage commun, un animal de compagnie désigne un animal domestique, et non un animal sauvage.

Voir aussi : bête, bête noire, bête rousse, sanglier.

BÊTE DU GÉVAUDAN

Loup fort loupé.

Grande chasse – Histoire – Personnages célèbres – Sociologie

Soyons honnêtes : personne ne sait vraiment quelle espèce animale ravagea l'actuel département de la Lozère et les communes limitrophes de Haute-Loire, du Cantal et de l'Aveyron pendant des années au XVIIIe siècle. On suppose que c'était un loup, doté d'une corpulence et d'une audace exceptionnelles, mais d'autres hypothèses ont été admises, dont celle d'un animal plus exotique comme un genre de hyène, ou encore d'un couple homme-animal. Entre juin 1764 et juin 1767, la bête attaqua et tua entre 80 et 120 personnes selon les témoignages. Très vite, on chercha à circonscrire le mal et à éradiquer de cette belle province française du Gévaudan le mangeur d'hommes, de femmes et d'enfants. Tous les chasseurs, les piégeurs du pays et les meilleurs limiers du royaume se mirent à sa poursuite sans grand succès. On fit moult battues, on tua des centaines de loups, mais les attaques continuaient jusqu'au jour où elles cessèrent d'elles-mêmes, non pas après la capture de la bête par François Antoine, porte-arquebuse du roi, en 1765 (version officielle du loup naturalisé et présenté à Versailles au roi et à la cour), mais après la prise d'un second animal ressemblant à un loup, en 1767, par le sieur Jean Chastel. Le débat n'est toujours pas réglé aujourd'hui et la légende de la bête du Gévaudan perdure.

Voir aussi : loup, bête.

BÊTE NOIRE

Sanglier qui ne dit pas son nom mais qui ne dit pas non plus son dernier mot.

Grand gibier

Dès l'âge adulte, tout sanglier peut se faire appeler « bête noire ». Sa couleur y est pour beaucoup dans cette expression qui a traversé les siècles. La « bête noire » s'oppose au gibier rouge (les cervidés), que l'on qualifiait autrefois, et encore en vénerie, de « bête fauve » (par opposition des robes). Actuellement, les fauves font plus penser aux lions d'Afrique, ou aux nuisibles à quatre pattes (du renard à la fouine). Devenir la « bête noire » de quelqu'un signifie que vous lui êtes devenu insupportable, qu'il pense à vous de manière obsessionnelle. Il faut bien reconnaître qu'avec l'explosion des populations de sangliers dans notre pays, le sanglier est devenu pour beaucoup de chasseurs « la bête noire », mais aussi la poule aux œufs d'or.

Voir aussi : bête, bête de compagnie, bête rousse, sanglier.

BÊTE ROUSSE

Sanglier ayant trop séjourné en Irlande. Parfois ayant trop bu de bière George Killian's.

Grand gibier

À six mois, le marcassin devient pour le reste de sa première année une « bête rousse », en quittant sa livrée rayée. Il n'a pas encore vraiment sa robe d'adulte, faite de soies noires ou grises. Précisons que l'Irlande n'est pas une terre de sangliers.

Voir aussi : bête, bête de compagnie, bête noire, marcassin.

BICHAILLE

Forme comestible mais indéterminée de cervidé qui n'a rien sur la tête pour un chasseur n'ayant rien dans la tête.

Grand gibier – Expressions populaires

Cette expression, que l'on trouve notamment en Bourgogne, appartient au vocabulaire des chasseurs peu compétents en matière de grand gibier mais qui le chassent quand même en battue. Une bichaille a de grandes pattes, et ce qui est sûr, c'est qu'elle n'est pas un cerf. Biche, bichette, hère entrent dans cette catégorie fourre-tout. Le chevreuil en est exclu. On ne peut pas vraiment considérer qu'il s'agit d'un nom vernaculaire, mais on pardonnera plus facilement aux chasseurs locaux de l'employer.

Voir aussi : biche, cerf, daguet, hère, grandes pattes.

BICHE

Ne s'use que si l'on s'en cerf.

Grand gibier

Femelle du cerf, qu'il soit élaphe ou non. Il y a encore trop de chasseurs et de gardes particuliers qui appellent « biche » la chevrette (femelle du chevreuil). Cela s'explique dans toutes les régions de France, où il n'y avait pas de chevreuils, et encore moins de grands cervidés, et où ce petit cervidé a conquis de nouveaux territoires.

Voir aussi : bichaille, cerf, hère, meneuse.

BIDE

Le chasseur en prend, même sans abdomen.

Sociologie

Un bide témoigne de l'insuccès du chasseur. Indépendamment de ce sens populaire, il en est un autre qui s'applique particulièrement au Nemrod qui déjeune de bel appétit les dimanches de chasse.

Voir aussi : bredouille, carreau, raté, tir.

BIDON

Avec un tel équipement, le gibier devrait en prendre de la graine. Pas bidon pour un sou quand il s'agit d'aide alimentaire.

Aménagements – Gibier d'eau – Grand gibier – Petit gibier – Techniques

Les nourrisseurs pour le gibier portent bien des noms : agrainoirs, mais aussi bidon d'agrainage. Les bidons sont la plupart du temps issus de recyclage, particulièrement de bidons de condiments (cornichons ou olives, en provenance d'Inde ou de Grèce). On récupère le bidon, on le surélève avec quelques piquets, on le perce dessous en lui mettant un genre de ressort souple et le tour est joué. Dès que le gibier s'approche du dispositif, il secoue le ressort avec son bec, son museau ou son groin, et fait tomber le grain par terre pour le consommer. Juste la dose utile, sans gaspillage et en silence. Cette méthode est la plus économique et la plus écologique par rapport aux agrainoirs sophistiqués, théoriquement conçus tout spécialement pour telle ou telle espèce, équipés ou non de batterie, solaire ou non, de système de distribution automatique, calculant la quantité et l'horaire. Ces belles machines ne font que tomber en panne ou sont vandalisées... Quant à l'agrainoir-mangeoire, posé le long d'un arbre ou tenu par un piquet, le grain germe le plus souvent parce que l'entrée est exposée à la pluie et les animaux gourmands comme le sanglier le vident en un ou deux passages... Pour en revenir à notre propos liminaire, vive les bidons !

Voir aussi : agrainage, avoine, maïs.

BIG FIVE

Famille recomposée à l'africaine pour chasseurs de safaris. Éléphant, panthère, buffle, lion et rhinocéros se retrouvent frères d'armes.

Chasse à l'étranger – Grand gibier

Les big five, signifiant littéralement les « cinq grands » en anglais, désignent en fait les gibiers d'Afrique les plus dangereux. Tout amateur de safari a rêvé, un jour ou l'autre, de les affronter. Cela devient de plus en plus difficile car, outre le prix astronomique qu'il faut y mettre, encore faut-il trouver le pays qui les abrite. Ils sont peu en Afrique à pouvoir revendiquer de les rencontrer sur un même territoire : Centrafrique, Tanzanie, Mozambique, Botswana restent emblématiques de ce point de vue. Cela ne veut pas dire qu'il existe des quotas de tir pour tous.

Voir aussi : Afrique, lion, *Macnab*, safari, Selous.

BILLEBAUDE

Mode de chasse à la portée du premier chasseur venu, où la quête appartient au porteur de fusil. En bref, chasse au petit bonheur la chance, sans équipage, sans équipier, presque sans équipement.

Modes de chasse – Petite chasse

La billebaude est, par définition, une balade avec fusil sous le bras. Aller à la billebaude, c'est profiter de la nature et saisir les opportunités, cynégétiques ou non, qu'elle procure, en laissant au hasard le soin de vous surprendre agréablement.

Voir aussi : affût, approche, battue, modes, *pirsch*.

BIOTOPE

L'emprise du milieu. Endroit à préserver envers et contre tout.

Territoire

La connaissance, l'aménagement, la préservation des milieux font partie de la gestion d'un territoire de chasse. Une zone humide, une forêt, un bocage, un alpage sont autant de biotopes, fragiles, complexes et riches sur le plan de la biodiversité. Plus qu'un paysage, moins qu'un écosystème, cet espace minéral, végétal et animal possède ses caractéristiques et a du caractère. À l'homme en général, et au chasseur en particulier, de veiller à la dynamique des êtres qui le peuplent. L'emprise du milieu est une référence à l'empire du Milieu (qui désignait autrefois la Chine, comme le centre du monde). À défaut d'être le centre du monde, le biotope du chasseur est limité à son monde à lui qui, il est vrai, constitue le centre de ses préoccupations de terrain.

Voir aussi : territoire, chaume, domaine, futaie, friche, haie, labour.

BISET

Pigeon d'opérette.

Petit gibier

Le pigeon biset est avec le pigeon colombin et le pigeon ramier – ou palombe – l'une des trois espèces de colombidés chassables en France, sans oublier les tourterelles qui appartiennent à la même famille (tourterelle des bois et tourterelle turque). Le biset est le représentant le plus commun des pigeons domestiques, de campagne comme de ville, mais il a une tendance à s'accoupler avec le ramier, devenu de plus en plus sédentaire dans certaines régions de France, et il peut lui arriver de se retrouver au tableau de chasse. Georges Bizet (1838-1875), le compositeur, célèbre pour son œuvre Carmen, aurait pu lui donner son nom. Malheureusement, ce n'est pas le cas... On y trouve tout de même le chant « L'amour est un oiseau rebelle... » Biset vient de « bis ou bise » qui signifie « de couleur grise ». Le biset reste sans conteste un oiseau d'opérette car le qualifier de gibier sauvage serait plus qu'excessif.

Voir aussi : palombe, pigeon, ramier.

BISON

S'est fait beaucoup de bile à cause d'un certain Buffalo.

Faune sauvage – Grand gibier – Personnages célèbres

Il existe deux espèces de bison, l'une nord-américaine, l'autre européenne.
William Frederick Cody, dit Buffalo Bill (1846-1917) a été le plus grand assassin de bisons du Nouveau Monde – car on ne peut qualifier de chasse les massacres qu'il a perpétrés dans l'Ouest américain à la fin du XIXe siècle. On connaît moins son surnom sioux « Pahaska ». Cet aventurier, qui finit comme acteur de cirque et de cinéma, en se mettant en scène lui-même, connut un succès considérable. Ravitailleur en viande pour la compagnie des chemins de fer Kansas Pacific, c'est à cette occasion qu'il réalisa des tableaux remarquables. La légende colporte qu'au terme d'un pari où il aurait tué soixante-neuf bisons contre les quarante-huit de son adversaire, en une seule journée, il aurait conquis son surnom, qui ne devait jamais le quitter. Il est également à l'origine de la petite ville de Cody, dans le Wyoming. Il aurait tué à lui tout seul près de six mille quatre cents bisons en l'espace de dix-huit mois dans le cadre de ses fonctions. En moins d'un siècle, les colons américains ont décimé

presque la totalité des soixante-dix millions de têtes, entre autres pour affamer les tribus indiennes.

Voir aussi : cornes, Ouest.

BIZARDE

En tête des trophées sélectifs. Mâle curieux qui se donne bien du mal. Crâne pour rien.

Grand gibier

Une tête bizarde concerne les malformations des bois (plus rarement des cornes) chez les ongulés. Cette irrégularité dans la pousse ou la conformation des trophées peut avoir une origine accidentelle lors de la repousse du velours, ou une origine génétique. Les chasseurs de grand gibier, soucieux d'une bonne gestion de leur territoire, prélèvent en priorité les animaux qui leur paraissent déficients ou anormaux. Ces trophées surprenants sont assez recherchés car ils sortent de l'ordinaire. Chez les cervidés, et notamment chez le chevreuil, la meilleure illustration du phénomène se trouve chez les jeunes mâles aux bois quasi inexistants, baptisés « brocards à boutons », et chez les vieux mâles qui ravalent. Chez le cerf, les déficiences de jeunesse sont plus rares.

Voir aussi : massacre, perruque, tête, trophée.

BIZUTAGE

Baptême du feu. Pas de quoi se faire du mauvais sang.

Moment – Sociologie

Lorsqu'un jeune chasseur (pas en âge, mais en ancienneté dans la pratique) obtient son premier trophée de grand gibier ou tire son premier sanglier, il est d'usage de le baptiser « au sang » de celui-ci lors de la remise des brisées pendant la présentation du tableau final au soir de la battue. Cette forme de bizutage lui permet de rentrer dans la confrérie des chasseurs assumant leurs prélèvements. Bien sûr, cela ne se fait pas partout, il s'agit là d'une pratique très populaire, réservée aux chasses collectives aux chiens courants dans la majeure partie des cas, mais cela tend à devenir une tradition, étant donné l'explosion des populations de grand gibier en France depuis vingt ans, particulièrement de ces satanés « cochons ». Le récipiendaire se voit badigeonné du sang de son animal, généralement sur le visage. Cette cérémonie d'initiation est beaucoup moins barbare que celle réservée généralement aux élèves intégrant de grandes écoles, aux classes dites préparatoires, à certaines écoles professionnelles ou pratiquée chez les militaires. Ce n'est pas une brimade, il n'y a pas de mauvais traitements, ni de comportement vexatoire.

BLAIREAU

Triste sort pour ce triste sire que d'avoir le privilège d'être déterré de son vivant. Partage avec le renard le peu envié titre d'ennemi numéro un. Rase plus souvent maîtres que chiens. Tiré d'affaire quand on le prend avec des pincettes. D'une humeur massacrante quand on le colle au trou. Prisonnier d'abord de lui-même.

Faune sauvage

Le blaireau est plus qu'un mammifère, plus qu'un pinceau à barbe, et il arrive à l'homme d'être un vieux blaireau, quand il fait preuve d'une méchante humeur et d'un goût prononcé pour la solitude. L'animal est discret, nocturne, dispose de pattes ayant une puissance redoutable et se chasse principalement par déterrage. Il est, avec le renard, la cible et la raison d'être de la vénerie sous terre, spécificité cynégétique bien française. Il faut des chiens fort courageux et des pelles solides pour arriver jusqu'à lui et alors… gare à son dérangement.

Voir aussi : déterrer, donjon, fauves, fox, tesson, terrier.

BLETTES

Il faut savoir y mettre les formes. Orthographe canardée. Ni belette, ni bette...

Gibier d'eau – Modes de chasse – Petit gibier

Les blettes (ou muettes) sont l'autre nom, plus local et populaire, donné aux formes d'oiseaux destinées à attirer leurs congénères sauvages. Essentiellement utilisées par les sauvaginiers, les blettes sont des formes (de canards ou de limicoles), c'est-à-dire des silhouettes de gibier, en plastique ou en bois, peintes ou non, piquées ou flottantes. L'origine du mot « blet » remonterait au francique bleitjan *qui signifie « abîmé, fripé, passé, pâle ». Effectivement, ces leurres, quand ils sont artisanaux, sont souvent sommaires, faits maison, subissant les assauts du temps, se retrouvant dans la boue, bref perdant vite tout éclat. En aucun cas, il ne faut les confondre avec des appelants (oiseaux vivants apprivoisés) ou des appeaux (sifflets imitateurs utilisés par l'homme), même si l'objectif est commun. Les Américains sont les champions de ces faux appelants et on trouve dans le commerce des oiseaux insubmersibles, d'un réalisme saisissant, beaucoup plus dignes de figurer sur les rayons d'une bibliothèque au titre d'œuvre d'art, que de patauger au fin fond d'un marais !*

Sur le plan orthographique, le mot revêt une grande importance, de même que sa prononciation : on passe facilement de blette à belette (petit mustélidé voisin de l'hermine), et de blette à bette (légume proche de la betterave accompagnant avec délice nos meilleurs repas). Cette dernière se fait aussi parfois appeler blette !

Voir aussi : appeau, appelant, belette, forme.

BLEU

Toujours haut en couleur, qu'il s'agisse de la peur, de la fièvre ou du merle.

Faune sauvage – Sociologie

Le bleu n'est pas la couleur de prédilection des chasseurs, qui préfèrent le kaki, l'orange ou le camo. Cependant, le bleu fait partie intégrante de l'univers de la chasse : l'émotion, très présente, le danger, parfois, provoque une « peur bleue », pas une peur kaki ou orange. Aucun autre qualificatif ne saurait mieux convenir. Quant à la « fièvre », qui s'empare des chasseurs de palombes du Sud-Ouest lors des grandes migrations, là encore, le bleu lui va si bien : allons-y pour la « fièvre bleue », chaque paloumayre s'y reconnaîtra. Enfin, il y a le merle, le merle qui, quand il n'est pas noir, ne peut être que bleu, et rarissime.

Pour l'anecdote, le chasseur adore les chiens « bleus » (même si ce n'est pas vraiment leur couleur) : le petit bleu de Gascogne ou le bleu d'Auvergne sont d'authentiques chiens de chasse, qui ne sont pas des fromages, mais bien nos auxiliaires sur le terrain.

Voir aussi : merle, palombe, peur.

BŒUF MUSQUÉ

Gibier tiré par les cheveux.

Chasse à l'étranger – Grande chasse

Qui pourrait penser que le bœuf est encore un gibier ? L'auroch, oui, mais il a disparu, et le buffle, il faut aller plus loin et changer de continent ! Pourtant, contre toute attente, le bœuf musqué est bien un authentique gibier, bien que son aspect sauvage soit peu affirmé dans son nom. On le chasse à l'approche au nord, particulièrement au Groenland ou au Canada, où son épaisse toison lui permet de résister aux froids et aux vents les plus polaires. Ses poils (sorte de crins qu'on appelle des jards), comme de longs cheveux, lui donnent un look d'un autre âge. Cette laine, semblable au cachemire, particulièrement drue du sommet du crâne jusqu'au bout des pattes, est huit fois plus chaude que la laine de mouton. Son aspect massif voisin du bœuf et son cornage expliquent pourquoi il porte ce nom. En fait, du point de vue zoologique, il n'appartient pas à la famille des bovins, mais à celle des caprins, c'est-à-dire des chèvres sauvages ! Là, on respire mieux quand on est chasseur de trophée... Il est d'ailleurs le seul représentant de son espèce, cela lui donne « un genre », et un seul ! Réintroduit avec succès en Scandinavie, en Russie et en Alaska. Chez les Inuits, gibier de choix, comme le bison l'était aux Indiens des plaines américaines, à l'origine de nombreuses légendes. On le dit musqué, par l'odeur qu'il dégage qui, il est vrai, peut incommoder ceux qui n'ont jamais été à son contact ; c'est ainsi qu'il fut qualifié de la sorte par le premier Français l'ayant observé de près dans son élément, Nicolas Jérémie, dit Lamontagne, en poste au Québec entre 1694 et 1714.

Voir aussi : nord.

BOIS

Font toujours la tête sans pour autant le faire exprès. Poussent sans qu'on les plante. Tombent sans qu'on les coupe. Font le mâle pour le plus grand bien des femelles.

Grand gibier

Les bois sont des excroissances osseuses, qui repoussent chaque année, à l'âge adulte, chez les cervidés mâles. Ils sont protégés lors de leur formation par une peau appelée « velours », fortement vascularisée. Les bois ne sont pas en bois ! Ils chutent naturellement à l'automne chez le chevreuil, plutôt au printemps chez le cerf, et ce qu'il en reste au sol s'appelle une mue. Il y a des chasseurs de cerfs, mais il y a aussi des chasseurs de mues... Les deux font... la paire (pourtant rare à trouver).

Voir aussi : andouillers, empaumure, enfourchure, merrain, mue, trochure.

BOÎTE

Pas cadeau pour la sauvagine.

Faune sauvage – Gestion – Modes de chasse – Piégeage – Techniques

Une boîte est un contenant pratique pour emballer une foule d'objets. Mais la boîte désigne encore un piège destiné à prendre, sans blessure, différents nuisibles à quatre pattes, comme la sauvagine, l'autre nom des mustélidés. Le principe en est simple : on place sur la coulée une sorte de tunnel, en bois ou grillagé, dont l'entrée et la sortie sont constituées de panneaux amovibles déclenchés par pression du poids de l'animal à son passage. Cette boîte reçoit encore le nom de boîte à fauves ou de cage-piège. Le piégeur peut ainsi visiter ses pièges non compressifs et libérer les animaux sans dommage lorsque l'intrus n'est pas désiré. Une autre version de boîte existe, la boîte tombante, qui est une autre version du piège, ressemblant à un chapeau carré tenu en équilibre et que l'animal fait retomber sur lui en allant sur un appât.

Voir aussi : piégeage, puants, sauvagine.

BOLO

Pour cravater les chasseurs, et pour une fois, pas le gibier.

Chasse à courre – Chasse à l'étranger – Équipement

Une cravate se met autour du cou. Elle constitue une note de distinction allant avec un costume, à la ville ou en campagne. Les Anglais, eux, chassent encore avec une cravate dans les grands domaines renommés et les veneurs, partout en France, portent également une cravate, dont l'aspect, certes, est fort différent. Les deux peuvent être maintenues par une épingle de cravate, avec un élément décoratif rappelant le monde de la chasse, par exemple un bijou constitué par des dents de cerf. Mais pour beaucoup d'autres, à commencer par les peuples germaniques, puis, plus récemment par les cow-boys américains, la cravate est une simple cordelette de cuir sur laquelle coulisse un écusson représentatif d'un animal ou d'un emblème cynégétique. Dans ce cas, la cravate porte le nom de bolo.

Les chasseurs de grand gibier en sont friands, et ces bolos sont plus discrets, plus confortables, presque plus modernes que les cravates traditionnelles s'apparentant plus au nœud papillon qu'au foulard! En portant de tels signes distinctifs, on fait acte de savoir-vivre, mais aussi d'affirmation de soi.
« Cravater » s'emploie aussi pour dire que l'on a attrapé par le cou un animal, c'est le cas du braconnier qui pose ses collets et récupère ses lapins en les cravatant, c'est-à-dire en les soustrayant au propriétaire des lieux.
Nous précisons au lecteur que nous passons sous silence le sens argotique et banlieusard de « bolos » qui désigne un individu faible dont on peut abuser de sa naïveté, se moquer, une sorte de « pigeon » ou de « dindon de la farce », expression très en vogue dans les cités malfamées et passé dans le langage adolescent d'aujourd'hui avec un moindre mal.

Voir aussi : braconnier, tenue.

BOMBE

Les porteurs ne sont fort heureusement pas les poseurs. Mais voilà un propos bien cavalier!

Chasse à courre – Équipement

Une bombe est un casque qui ne dit pas son nom, destiné à protéger la tête des cavaliers en cas de chute. Les veneurs n'aiment pas ce mot, qui a une connotation révolutionnaire, et lui préfèrent le mot « toque ». Le port de ce couvre-chef, au-delà d'un signe distinctif ou d'un accessoire de mode, est un véritable dispositif de sécurité dans l'hypothèse d'un accident de cheval. Les cavaliers et les cavalières qui sont engagés dans un concours équestre ont l'obligation d'en porter, avec des modèles aux normes agréées. Les porteurs de bombes ne sont dangereux que pour eux-mêmes, tandis que les poseurs de bombes le sont... pour les autres!

Voir aussi : cape, casquette, chapeau, képi, lampion, toque, veneur.

BOMBONNEL (Charles)

Chasseur de panthères sans talons aiguilles ni rouge à lèvres.

Personnages célèbres

On connaît plus Tartarin de Tarascon que Charles Bombonnel (1816-1890), chasseur pourtant illustre d'Afrique du Nord et spécialisé en panthères de tous genres. Terrain de prédilection : l'Algérie. Il suffit de parcourir ses récits d'aventure pour juger sur pièces... L'homme raconte ses exploits dans un livre d'anthologie, paru en 1860, Bombonnel, le tueur de panthères – Ses chasses écrites par lui-même. *Un autre siècle... Alphonse Daudet se serait inspiré de ses récits pour ses « tartarinades ». Les spécimens de panthères d'Algérie tuées par Bombonnel sont visibles au musée de Dijon, ville où il a également sa rue.*

Voir aussi : écrivain cynégétique, Selous, Tartarin.

BONDE

Au service discret de sa majesté l'étang. Joue le thou pour le thou.

Aménagements – Gibier d'eau – Techniques

Chacun connaît le célèbre agent secret britannique, James Bond (sans « e »), au service de sa majesté, qui joue toujours le tout pour le tout pour sauver son pays. La bonde est la pièce maîtresse d'un étang, car il s'agit là d'un ouvrage permettant sa vidange. Les étangs, contrairement aux marais, sont des zones humides artificielles, créées de la main de l'homme, particulièrement au Moyen Âge, à l'époque des croisades et des grandes famines. Il permet de combiner agriculture, pâturage, pisciculture et chasse. Utilisant le vallonnement naturel des territoires, les ressources en eaux et la présence de sols argileux, les communautés religieuses, aidées de la paysannerie et des seigneurs, ont créé une grande quantité d'étangs, riches en poissons. La bonde ressemble à une sorte de gros tuyau situé au point le plus profond de la pièce d'eau et muni d'un bouchon vertical permettant de libérer l'eau par le fond sans descendre dans l'étang. Cette canalisation était à l'origine un tronc d'arbre creusé en son cœur. La bonde connaît aussi une autre variante, le « moine », appelé « thou », en Dombes, composée de deux murs de planches amovibles, ayant l'avantage de vider par le haut et non par le bas, et de contrôler le niveau d'eau et le rythme de vidange. Pour le commun des mortels, bonde, moine et thou sont synonymes. Le nom de « moine » vient du système ingénieux développé par les moines cisterciens il y a près d'un millénaire.

Voir aussi : marais, moine, thou.

BOONE AND CROCKETT CLUB

Trophées, cotés américains.

Faune sauvage – Chasse à l'étranger – Grand gibier – Organisation, réglementation – Personnages célèbres

Ce célèbre club de chasseurs américains (fondé en 1887 par Theodore Roosevelt) est l'équivalent du Rowland Ward, mais uniquement pour les gibiers endémiques aux Amériques. Il enregistre les cotations de trophées selon son propre système de mensurations (depuis 1950) et catalogue ceux-ci périodiquement dans une édition connue et attendue depuis 1932 : le « Records of North American Big Game ». Le nom de cette association, fortement investie par ailleurs pour l'environnement et le suivi de la faune sauvage continentale, est un hommage à deux pionniers de la chasse aux États-Unis : Daniel Boone et Davy Crockett.

Voir aussi : mensurations, Rowland Ward, trophées.

BOSQUETTE

Balle sans poudre aux yeux. Munition très en vogue.

Armes, munitions, balistique

La bosquette est une balle de calibre 22, c'est-à-dire de calibre 5,56 mm, calibre inventé aux États-Unis en 1887. Sa caractéristique est d'être une munition à percussion annulaire sans poudre, propulsée exclusivement par son amorce. Cela permet un tir non dangereux à courte distance (10 à 20 m). Cette munition est largement utilisée dans les vogues et foires pour les tirs forains, mais se révèle très utile pour achever les nuisibles pris dans les pièges, ou encore le tir sportif, voire l'élimination des petits prédateurs ou les indésirables surnuméraires autour des maisons. La bosquette se tire dans une arme de calibre 22, qui accepte un large éventail de munitions, de la 22 LR, en passant par la 22 Magnum, la 22 court, jusqu'à la 22 Hornet, ouvrant la voie à la 22.250...

Voir aussi : balle, calibre, munitions.

BOTTES

Plus qu'une paire, un couple, éternellement uni à la chasse pour le meilleur et pour le pire. Toujours en ordre de marche. À ne pas confondre avec les bottes de foin, les bottes de sept lieues, ou la botte de Nevers.

Équipement

Pied de nez à la chaussure de ville, les bottes aiment le terrain lourd, humide, risqué. Elles recueillent avec abnégation les humeurs, les odeurs du chasseur qui y déposera un fumet du jour écoulé, riche en parfum musqué et inoubliable. Elles autorisent bien des audaces et font parfois preuve d'une témérité que leur propriétaire ne soupçonne même pas. Tout-terrain 2 x 2 et pas 4 x 4. Transforment le chasseur en véhicule tout-terrain.

Voir aussi : cuissardes, *waders*.

BOUC

Fait le mâle chez les bêtes à cornes.

Sociologie – Grand gibier
Tous les grands gibiers sont des boucs émissaires pour finir dans l'escarcelle du chasseur mais seul le chamois mâle mérite l'emploi de ce qualificatif. Abusivement utilisé pour désigner un beau brocard. En fait, seuls les mâles chez les caprins (chamois, isard, bouquetin) ont droit à l'appellation de bouc – en aucun cas les ovins (mouflons de toutes sortes), et encore moins le chevreuil. Chez ce dernier, le mot « bouc » est utilisé par confusion ou analogie de langage avec les mots anglo-saxons ou germanophiles de Buck *ou de* Bock. *« Brocard » en allemand se dit* Rehbock *et en anglais,* roebuck.

Voir aussi : bouquetin, chamois, chevreuil.

BOUC ÉMISSAIRE

De quoi faire devenir chèvres les chasseurs.

Histoire – Sociologie
L'expression « être le bouc émissaire de quelqu'un » remonte à la Bible et à l'Ancien Testament, c'est dire que le concept est ancien et fortement ancré dans l'histoire des hommes. Dans nos sociétés modernes, le bouc émissaire est le coupable idéal, le responsable désigné. Les chasseurs sont de plus en plus les boucs émissaires d'un courant de pensée écologique poussé à son extrême. Les « antichasse » mènent une croisade sans limite de violence et d'intolérance envers ceux qui ont le malheur d'aller tout simplement... à la chasse.

Voir aussi : antichasse, antispéciste, Brigitte Bardot, écologiste, L214.

BOUCHE

C'est boire et voir un canon.

Armes, munitions, balistique – Sociologie
En armurerie, la bouche du canon désigne l'endroit par lequel sort le projectile, qu'il s'agisse d'une balle ou d'une cartouche à plombs. Autrefois, la bouche était l'endroit par lequel on chargeait. Cela n'a plus de raison d'être depuis longtemps. Il n'y a guère que les Américains pour chasser encore à la poudre noire avec des fusils à la Davy Crockett. Le canon n'est pas seulement la partie d'une arme qui abrite et guide le projectile, c'est aussi une expression populaire signifiant « un coup à boire » (« boire un canon »). Le chasseur, après une bonne partie de chasse, n'est pas hostile à se réchauffer avec un petit vin chaud, faisant parler plus que de raison parfois son imaginaire, plus que la poudre.

Voir aussi : canons, Vo.

BOUE

Alliage merveilleux de la terre et de l'eau peu reconnu pour ses vertus curatives par les femmes de chasseurs, sauf quand elles en font une application directe sur leur personne. Accessoire bienvenu pour scènes de ménage.

Territoire – Sociologie
Comme c'est curieux : les femmes paient des fortunes pour des bains de boue et lorsque leur chasseur de mari rentre avec des bottes ou des vêtements boueux, cela donne lieu à de vertes réprimandes. Mais cette boue-là, elle est méritée, Mesdames ! Elle atteste que l'homme est allé au fond des choses, et son chien aussi ! C'est la seule circonstance où un chasseur digne de ce nom accepte d'être traîné dans la boue.

Voir aussi : bauge, housures, sanglier, souille.

BOUQUETIN

Bouc hautain.

Faune sauvage
Le bouquetin des Alpes, présent uniquement dans l'arc alpin, est intégralement protégé en France. Il a été un gibier de montagne recherché et l'est encore aujourd'hui : sa chasse est encore ouverte en Autriche ou en Suisse. On doit

au roi d'Italie Victor Emmanuel II sa protection sur le versant italien à la fin du XIXe siècle. Il a fière allure et son cornage est impressionnant, tout comme ses combats frontaux entre mâles.

Voir aussi : Alpes, bouc, chamois, ibex, montagnes, mouflon.

BOUQUIN

Lièvre sous appellation contrôlée. Ne se livre pas facilement. Déserteur des bibliothèques qui ne pense à sa personne qu'au rayon gastronomie. Le bouquin dont on parle, pour être à la page, mieux vaut-il qu'il fréquente les layons que les rayons.

Petit gibier

Le lièvre porte bien des surnoms et celui de « bouquin » n'a pas de lien direct avec l'autre sens du mot, « livre ou ouvrage ». Un bouquin est un vieux livre, pas forcément un vieux lièvre, même s'il s'agit toujours d'un lièvre mâle ! « Bouquin » vient de « bouc », et sans doute l'odeur y est pour quelque chose, comme la diablerie qui accompagne le personnage. Bouquin ou pas, la saison des amours du lièvre est et restera le « bouquinage », il n'y a pas d'autre mot pour exprimer plus justement la période de reproduction de ce gibier à poil.

Voir aussi : bouquinage, capucin, hase, lièvre, tularémie.

BOUQUINAGE

Lièvre qui se livre... à de drôles de joutes amoureuses.

Petit gibier

Le bouquinage est la période des amours pour le lièvre, appelé encore « bouquin ». Précoces sur le printemps, les mâles se livrent alors à des combats de « boxe » presque humains pour la conquête des territoires. À ce moment et uniquement à ce moment, le lièvre perd toute méfiance, se laisse observer facilement et fièrement, contrairement au reste de l'année où il reste le plus discret de nos petits gibiers à poil.

Voir aussi : bouquin, capucin, hase, lièvre, rut, tularémie.

BOURDON

Perdrix qui fait le mâle. L'insecte n'a rien à voir dans l'histoire.

Petit gibier

Autre nom pour désigner les mâles excédentaires de la perdrix. Les mâles sont toujours très entreprenants et plus nombreux que les femelles et leur comportement en ce cas est à rapprocher de celui des abeilles et de leur « bourdon », souvent trouble-fête. On capturait autrefois les bourdons à l'aide de « chanterelles », ces perdrix femelles dont l'attrait et le chant étaient irrésistibles. Ce sont de bons pères adoptifs en cas de disparition des mères et ils ne sèment le trouble qu'en période de reproduction.

Voir aussi : chanterelle, perdreau.

BOURGOGNE

Le grand gibier, plus qu'ailleurs – on dit là-bas les grandes pattes –, a toujours fait un effet bœuf aux Bourguignons.

Géographie – Grande chasse – Gastronomie

Les chasseurs de Bourgogne aiment d'abord les grands cervidés – leur taille y est sans aucun doute pour quelque chose. Quant à la cuisine, le traditionnel bœuf bourguignon ne pouvait que rencontrer un vif succès car il allie une viande de qualité (le charolais), un vin rouge reconnu ainsi que les champignons qui tapissent les sous-bois.

Voir aussi : Alsace, Camargue, Sologne.

BOURRE

Qu'il s'agisse de la femelle du colvert ou d'une partie du contenu d'une cartouche, les deux servent à canarder. Quand elle est à jupe, le canard s'encanaille et le canon s'engrenaille.

Armes, munitions, balistique – Grand gibier

Dans un premier sens, la bourre est le nom donné à la femelle du canard colvert, dans ce cas appelé malard (les Anglais le nomment également ainsi, malard). Dans un second sens, la bourre est la partie de la cartouche qui sépare les plombs de la poudre. Elle sert à éviter la fusion de ces derniers lors du départ mais surtout à guider les plombs selon le souhait du chasseur, en les dispersant ou, au contraire, en les maintenant groupés pour leur donner une plus grande portée. On distingue ainsi les bourres grasses classiques (simple feutre d'isolation), des bourres dispersantes (permettant d'« arroser » de près) et des bourres à jupe (qui maintiennent les plombs rassemblés et augmentent leur portée et leur efficacité). On parle aussi de bourre quand un chien ne respecte pas l'arrêt et bourre le gibier, et aussi pour désigner le sous-poil du sanglier, qui l'isole des basses températures.

Voir aussi : cartouche, gerbe, jupe.

BOURRELET

Les cartouches qui en ont un ne veulent surtout pas le perdre. Pas de régime chez les calibres.

Armes, munitions, balistique

Certaines munitions que l'on tire dans des armes à canon rayé présentent une forme particulière à la base de la douille pour faciliter leur extraction. Ne concerne que les calibres fabriqués pour les armes basculantes. Un calibre « à bourrelet » est signalé par la lettre « R » en fin de désignation. Exemple : calibre 7x65 R.
On parle également de bourrelet pour désigner les anneaux de parure chez les gibiers à cornes comme le chamois ou le mouflon, mais ce n'est pas là notre propos.

Voir aussi : bascule, cartouche, *drilling*, express, Kipplauf, mixte.

BOURRICHE

Rançon en nature d'une journée de chasse. Gibier en morceaux.

Équipement – Sociologie

La bourriche n'est pas le contenu du carnier mais son partage. Même si la chasse a été mauvaise pour un chasseur, mais bonne pour la collectivité des chasseurs, le partage équitable du tableau permettra au malheureux de ne pas rentrer bredouille, même s'il ne s'attribue pas la part qui lui revient par solidarité et convivialité. La bourriche désigne aussi bien le contenu (le gibier mort) que le contenant (l'emballage servant à son transport). À l'origine, la bourriche était un panier fermé et garni pour les coquillages, le poisson ou la volaille, et naturellement le gibier. Il ne faut pas se méprendre sur l'origine du mot : on ne bourrait pas le gibier à l'intérieur, on bourrait l'intérieur de foin ou de paille pour assurer une meilleure conservation.

Voir aussi : bredouille, carnier, tableau.

BOURSE (piège)

Filet à provisions pour attraper les lapins vivants. À défaut de gagner en Bourse, le chasseur gagnera en lapins. Instrument favorable à la reprise, et par temps de crise, bien utile.

Modes de chasse – Petit gibier

Lorsque les lapins étaient autrefois excédentaires, on procédait à leur reprise en furetant à l'aide de bourses, petits filets que l'on disposait à l'entrée des terriers et dans lesquels les lapins fuyants venaient se prendre vivants et sans dommage.

Voir aussi : collet, furet, lapin, piégeage.

BOURSES (organes génitaux)

Lieu d'échange rempli d'actions et d'obligations.

Faune sauvage – Grand gibier – Sociologie

Les attributs mâles chez le gibier portent bien des noms spécifiques : suites ou roubignoles chez le sanglier, daintiers chez le cerf... Mais le terme générique reste celui de bourses, plus que testicules, pour tous les autres. On n'emploie guère « couilles », réservé au genre humain.

Voir aussi : couilles, daintiers, roubignoles, suites.

BOUSSOLE

Peu importe l'endroit, chasse exclusivement le Nord.

Chasse à l'étranger – Chasse en montagne – Équipement – Géographie – Organisation, réglementation, sécurité – Techniques

La boussole est un instrument de navigation indiquant le nord magnétique à l'aide d'un cadran et d'une aiguille. On considère habituellement que c'est en Chine que le procédé aurait été inventé au début de l'ère chrétienne, mais on convient qu'il revient aux Italiens de l'avoir largement introduit en Europe à partir du XIVe siècle. La boussole ne sert pas seulement aux navigateurs ni aux astronomes, mais aussi aux militaires pour s'orienter sur une carte ou préciser des tirs d'artillerie. Aujourd'hui, la boussole est utile aux marcheurs, aux randonneurs, mais aussi aux chasseurs qui, loin de tout, peuvent tenir un cap, là où la géographie est source de confusion. La boussole et son aimant ne vous indiqueront que le nord et rien que le nord, peu importe où vous vous trouverez. Ce cap vous sera bien utile et vous évitera de vous perdre en montagne, en forêt, ou dans de vastes étendues où tout se ressemble.

Voir aussi : nord, randonneur.

BOUTEILLE

Le chasseur qui en prend s'en sert toujours.

Sociologie

Le chasseur est un bon vivant et il lui arrive de boire de l'alcool à table, mais le grand air et l'exercice ont vite fait de dissiper les brumes éventuelles résultant d'un excès hypothétique. Prendre de la bouteille, c'est savoir que l'on a besoin de toutes ses forces et de tous ses réflexes pour chasser en sécurité et avec résultat à la clé.

Voir aussi : sécurité, table.

BOUTIS

Voilà ce qui arrive quand on fait son nez de cochon.

Grand gibier

Sanglier jouant à l'agriculteur mais dans une version pas complètement... aboutie. L'animal met souvent la charrue avant les bœufs quand il s'agit de rester dans le droit chemin.

Traces laissées par le sanglier quand il retourne la terre pour y trouver de la nourriture. Il s'agit souvent de trous importants car l'animal, qui est omnivore, ne se contente pas de chercher en surface. Il est friand de nids de mulot ou de racines en tous genres. Il aime fouiller les prairies et les chemins. Son groin puissant est son seul outil, mais d'une efficacité redoutable. « Boutis » vient de « boutoir », qui évoque le bout de la tête ou museau.

Voir aussi : groin, vermillis, sanglier.

BOUTOIR

Recherche de nourriture au pif... Quand le sanglier en a un coup dans le nez.

Grand gibier – Techniques

Le boutoir est constitué de la face avant du sanglier, soit le groin et l'ensemble des mâchoires. À ne pas confondre avec la hure qui, elle, désigne toute la tête de l'animal. Il sert à la recherche de nourriture dans le sol, où il agit comme une charrue. Puissant, efficace, il retourne la terre, plus ou moins profondément, ce qui donne lieu à des vermillis ou des boutis. Les nids de petits rongeurs, les vers de terre, mais aussi les fruits secs, comme les glands, les faines, jusqu'aux poupées de maïs oubliées dans les champs forment la base, en certaines saisons, de l'alimentation omnivore du sanglier. Ce boutoir est l'unique source des nombreux dégâts agricoles, au moment où les cultures sont les plus appétissantes, ce qui a conduit le législateur à classer l'animal, au-delà d'espèce gibier, comme nuisible sur presque tout le territoire français. Mais cet outil de fouille est aussi doté d'un flair exceptionnel capable de détecter de loin, sur et sous terre, la moindre présence ou de signaler le plus petit danger.

Voir aussi : boutis, dégâts, hure, sanglier, vermillis.

BOUTON

Jeune brocard avec lequel il faut en découdre. Veneur sans acné qui le garde toute sa vie.

Grand gibier – Chasse à courre

Au début de sa vie, le chevreuil mâle forme son trophée. Il est composé, en principe, de six cors qui vont, chaque saison, prendre de la vigueur, jusqu'à ravaler vers la fin. Certains animaux malvenus ne possèdent que des protubérances disgracieuses et rabougries et constituent un tir sélectif par excellence dans cette tranche d'âge : ce sont les brocards à boutons. En vénerie, un bouton désigne un membre de l'équipage. Les boutons de l'habit du veneur diffèrent d'un équipage à l'autre et constituent le signe distinctif de chacun.

Voir : bois, chevreuil, équipage, tête, veneur.

BRACE

Les grouses vont de pair la mort dans l'âme.

Chasse à l'étranger – Petit gibier

« Brace » est un mot emprunté au vocabulaire anglo-saxon et qui signifie, en matière de chasse, « paire » ou encore « doublé ». Le mot est aussi utilisé en matière de compétitions sportives. Il semble que, pour le lagopède d'Écosse en particulier, gibier roi des moors britanniques, le comptage de ces fabuleux oiseaux se fasse en utilisant « brace », plutôt que « paire » et lui soit prioritairement réservé. Ainsi se forment les couples dans la mort, même s'ils sont du même sexe. Un tableau de chasse exprimé en ayant recours à cette unité de mesure divise par deux le résultat ! Cette même unité sert de baromètre économique pour évaluer les propriétés foncières en Écosse, dont la valeur marchande dépend du nombre de « braces » de grouses que l'on peut y trouver.

Pour les curieux de langue anglaise, le mot, en langage courant, n'a pas du tout cette signification et désigne soit une entretoise, soit une attache ou encore un appareil orthopédique. Aucun rapport avec la faune sauvage ou la chasse.

Voir aussi : *Glorious Twelfth*, *moors*, lagopède.

BRACELET

Décoration décernée à titre posthume et bijou désormais en plastique, offert au gibier soumis à un plan de chasse, cadeau dont celui-ci se serait bien passé. Dispositif marquant pour l'animal. On emploie improprement le mot « bague » et il n'y a bien qu'ici où un bracelet vaut le prix d'une bague.

Organisation, réglementation, sécurité – Grand gibier – Grande chasse – Équipement

En France, depuis l'instauration d'un plan de chasse pour le grand gibier, chaque gibier prélevé doit être muni, dès sa capture et avant tout transport, d'un dispositif de marquage ;

ce bracelet ou « bague » a longtemps été en métal et le clip servant à sa fermeture n'était pas d'une efficacité à toute épreuve. Il fut remplacé par un bracelet en matière plastique prédécoupé à usage vraiment unique. Le chasseur coche la date (jour et mois) et clippe sans possibilité de tricher le dispositif dans la patte arrière de l'animal en traversant le tendon et en prenant tout le membre.

Voir aussi : *bag limit*, plan de chasse, prélèvement, tableau.

BRACONNIER

Chasse dans le respect de sa loi sur le territoire des autres. Aime plus le vice que la chasse. Chasseur professionnel non diplômé. Ne vole que ce qui ne lui appartient pas.

Sociologie

Avec Raboliot, *Maurice Genevois a redoré le blason quelque peu terni du braconnier sans scrupule. D'autres auteurs s'y étaient essayés avant lui, comme Louis Pergaud dans* Le Roman de Miraut *ou après lui, comme Paul Vialar, dans son immense œuvre romanesque. La Sologne reste la toile de fond de cet homme hors la loi, mais au demeurant sympathique, qui nargue l'autorité dans un grand respect de la nature. Le braconnier apparaît dès lors comme un superprédateur presque intégré au milieu sauvage. Il reste surtout un artisan du travail bien fait, soucieux de son impact sur la faune sauvage. Rien à voir avec le braconnage industriel dont la presse se fait l'écho de temps à autre, fait de tir de nuit aux phares, de camions frigorifiques et de hardes complètes décimées. Ce braconnage-là n'est même plus qualifiable, c'est de l'abattage pur et simple, pratiqué par des voyous ignorant tout du gibier et prêts à mort d'homme pour ne pas être pris. Gardons au mot « braconnier » son petit fumet d'interdit et sa nostalgie de l'homme des bois, amoureux d'espace et d'espèces. Si nous étions tout à fait honnêtes, nous devrions reconnaître que nous sommes tous, de près ou de loin, des braconniers en puissance, adeptes de petits délits qui sont autant de petits délices.*

Voir aussi : collet, garde, képi, *Raboliot*, Sologne.

BRAME

Coup de gueule vite oublié du moment qu'il est concluant. Période où le cerf trouve sa voix. Cerf qui pue, cerf qui rote, autant de biches en marotte. Les cerfs aiment l'amour, on ne peut pas les en bramer. Saint-Valentin en continu où les cerfs ne sentent pas la rose. Si le rire est le propre de l'homme, le raire est le propre du cerf.

Grand gibier – Modes de chasse – Grande chasse

Période de la reproduction, mais aussi voix du cerf en action de rut. Raire et brame sont synonymes. Entre mi-septembre et mi-octobre, au gré de la météo et selon le bon vouloir des biches, la forêt devient une aire de jeux amoureux – mortels parfois pour les prétendants inférieurs qui viennent pour affronter leurs rivaux et prendre biches. Chasser à ce moment est un privilège et l'on se sent tout petit au milieu de ces voix sorties de nulle part, qui vous accompagnent à l'aube et au crépuscule. C'est à ce moment précis que l'on peut identifier la majorité des cerfs, qui se font plus discrets le reste de l'année.

Voir aussi : cerf, larmier, raire, rut.

BRANCHER

Réservé au faisan qui ne suit qu'une mode, celle de prendre les arbres pour des boîtes de nuit.

Petit gibier

La stratégie de survie du faisan (plus les mâles que les femelles) consiste non pas à se tapir au sol pour dormir, mais à choisir un poste sur un arbre, à la tombée de la nuit ; il se « branche » et attend le matin, à l'abri des prédateurs. Cela n'empêche pas les plus audacieux et les meilleurs grimpeurs, comme la martre ou la fouine, de lui jouer de mauvais tours, mais au moins se trouve-t-il à l'abri du renard et des chiens errants.

Voir aussi : faisan.

BRANTE

Le propre de ce canard plongeur est d'être très net(te).

Gibier d'eau – Noms vernaculaires – Régionalisme

La nette rousse possède bien des noms vernaculaires, et « brante » lui va si bien (brante roussâtre, brante rousse, brante huppée), de même que jaffre, rougeon, bec de corail ou bouï espagnol. L'oiseau est fréquemment défini par ses hautes couleurs. Authentique gibier d'eau migrateur, ce canard niche en peu d'endroits sur le territoire français (Camargue, Dombes, Forez). L'Espagne est sa terre d'accueil en Europe.

Voir aussi : canard, migrateurs.

BRAQUE

Chien tirant son histoire de la géographie : braque français ou braque allemand, braque de Weimar, braque hongrois, braque du Bourbonnais... Tous les regards sont braqués sur lui quand il est à l'arrêt.

Chiens

Chien d'arrêt à poil court, existant en différentes versions, mais dont les variantes les plus connues sont situées à l'est du Rhin. Les races françaises sont en très faible effectif et certaines ont presque disparu, à l'exception du braque d'Auvergne. Qui connaît encore le braque français, le braque de l'Ariège, le braque du Bourbonnais, le braque de Saint-Germain ? Bien qu'il existe un braque italien et un braque espagnol, c'est incontestablement le braque allemand dont les Français se servent le plus. Chien au flair exceptionnel, tenant très bien l'arrêt, mais d'utilisation difficile, car « formaté » à l'école germanique du dressage pur et dur.

Voir aussi : apporte, cherche, chien (tout court), pedigree, *LOF*.

BREBIS

Mérite d'être cornue quand elle prend de la hauteur.

Chasse en montagne – Expressions populaires – Grand gibier

La brebis n'est pas seulement la femelle du mouton domestique, mais aussi la femelle du mouton sauvage, le mouflon. On dit aussi « mouflonne ». Seule la femelle du mouflon de Corse intéresse parfois les chasseurs de montagne quand il lui arrive d'être cornue, ce qui reste une exception. Elle constitue alors un trophée intéressant à récolter par sa rareté. En France, on trouve quelques-uns de ces animaux dans le massif du Caroux-Espinouse, situé dans le département de l'Hérault.

Voir aussi : bouc, chèvre, mouflon.

BREDOUILLE

Le chasseur bredouille ne bredouille même plus, il se tait. La bredouille résulte soit d'une grande maladresse du chasseur, soit d'une grande adresse du gibier. La nature a horreur du vide, les poches du chasseur aussi. Se soigne en passant acheter quelques volatiles déjà morts chez son boucher. Gibier parti sans laisser d'adresse.

Sociologie

Le chasseur bredouille ne ramène aucun gibier à la maison, soit parce qu'il l'a raté, soit parce qu'il n'a rien vu. Aujourd'hui, être bredouille n'est plus aussi grave qu'autrefois : avant, la viande de gibier faisait partie intégrante de l'alimentation du chasseur et il y avait beaucoup plus d'animaux (réserve faite du grand gibier). Aujourd'hui, ce qui compte, c'est de passer une bonne journée au grand air, de voir des oiseaux ou de surprendre un brocard à l'angle d'un bois sans pour autant ramener la viande le soir. Un autre facteur joue beaucoup dans l'évolution des tableaux de chasse : le développement des chasses collectives (les battues spécialement). La bredouille y est beaucoup plus rare car il y a généralement un tableau partagé et même les non-tireurs ne se sentent pas bredouilles car ils ont participé à un travail d'équipe. La bredouille concerne beaucoup plus le chasseur solitaire.

Voir aussi : bourriche, raté, ridicule, tableau, Tartarin.

BRÉHAIGNE

Meneuse, mais pas de revue.

Faune sauvage – Grand gibier

Chez les cervidés, les hardes sont bien souvent conduites par un animal d'expérience, une vieille biche, stérile (« bréhain » signifiait stérile en vieux français), qui possède la sagesse et impose le respect.

Voir aussi : biche, harde.

BRENNEKE (Wilhelm)

Projectile dû à un enfant de la balle.

Armes, munitions, balistique – Grande chasse – Personnages célèbres – Techniques

Voilà un nom propre devenu générique au fil du temps et du succès continu de son inventeur. Personne ne connaît plus l'Allemand Wilhelm Brenneke (1865-1951), mais tous les chasseurs savent ce qu'est une Brenneke et en ont toujours deux qui traînent à la cartouchière, au cas où... La Brenneke (dite « limace de fusil de chasse ») est la balle pour fusil à canon lisse la plus connue et la plus utilisée depuis au moins un siècle (1898). Ce projectile transforme le fusil en carabine, en un instant, le temps de changer de munitions. Il s'agit d'une balle à hélice, avec bourre en feutre, qui épouse l'intérieur du canon sans l'abîmer et permet, à faible distance, de stopper les grands gibiers que nous connaissons sous nos climats. La cible privilégiée reste le sanglier, où son efficacité est reconnue. Le génial inventeur n'avait rien d'un professionnel quand il a mis au point cette munition, c'était un homme tout à fait ordinaire, un « enfant de la balle », selon l'expression populaire. Il ne vint à l'armurerie que par passion de la chasse, après avoir travaillé dans des domaines aussi divers que la serrurerie, la construction navale ou la vente de livres de tourisme. Un homme tout à fait remarquable au demeurant, qui avait fondé son entreprise en 1895. D'autres fabricants, depuis lors, ont cherché à proposer des produits similaires (Sauvestre, Blondeau, Prevot, GPA, etc.), mais sans rencontrer la popularité de celui qui restera le père de la balle pour fusil.
L'histoire n'a pourtant pas retenu son nom pour d'autres multiples inventions et brevets de sa conception : citons, pour mémoire, les calibres 8x72 R et 8x80, 8x64 et 8x65 R (vite oubliés), les calibres 7x64 et 7x65 R (toujours célèbres et contemporains), mais aussi des mécanismes d'éjection pour les Kipplauf, des mécanismes d'armement et de sûreté automatique pour drilling, sans compter toutes ses innovations sur la mixité des métaux composant les ogives dont l'incontournable et fameuse Torpedo (torpille).

Voir aussi : balle, calibre, carabine, fusil.

BRETELLE

Tient (à) son propriétaire quel que soit son embonpoint. Épaule également fusil et carabine dans leurs déplacements les plus délicats.

Équipement

Mettre une bretelle à son arme pour la transporter en action de chasse est un acte très contesté au titre de la sécurité, car bien souvent, le chasseur charge l'arme et l'oublie et la bretelle se prend dans la végétation, provoquant ainsi des chutes avec départ intempestif de coups de feu. Cela étant, autant la bretelle doit être proscrite quand on utilise un fusil de chasse au grand ou au petit gibier et que l'on chasse en battue, autant pour les chasses individuelles au grand gibier avec carabines et pour les chasses en montagne, la bretelle reste indispensable. Comment monter au mirador sans elle, comment grimper un rocher sans ses deux mains ? Comment redescendre un chamois sur ses épaules avec l'arme sous le bras ? On le voit, il y a les pour et les contre. Tout dépend des situations.

Voir : carabine, fusil, sécurité.

BREVET

Au-dessus de sa cheminée, le brevet grand gibier fait toujours bonne impression.

Organisation, réglementation, sécurité – Grand gibier

Pour chasser en France, il suffit de passer un permis et de le faire viser et valider chaque saison, en fonction des territoires et des modes de chasse. Rien n'oblige les chasseurs à passer le seul brevet de chasse organisé par l'ANCGG, le « brevet grand gibier », et pourtant tout chasseur de chevreuil, de sanglier, de cerf, de chamois ou de mouflon devrait avoir le réflexe de s'inscrire à cet examen, d'en suivre la formation et de le réussir avant d'aller tirer des balles dans la nature. Cette épreuve, bien plus complète et utile que le permis national, mérite d'être largement médiatisée et reconnue par ses pairs.

Voir aussi : éthique, examen, permis, sécurité.

BRILLAT-SAVARIN (Jean Anthelme)

Goût de la chasse poussé jusqu'à sa physiologie.

Gastronomie – Personnages célèbres

Le nom évoque la cuisine à la majorité d'entre nous, mais bien peu sont capables d'évoquer le fromage normand (1930) baptisé ainsi l'honneur d'un gastronome d'exception, Jean Anthelme Brillat-Savarin (1755-1826) ou encore le gâteau moelleux du même nom (1856). Ils sont encore moins nombreux, ceux qui connaissent l'œuvre littéraire de ce grand homme natif de Belley, juriste de profession, auteur, entre autres, de La Physiologie du goût, ou Méditations de gastronomie transcendante, *paru en 1825, publié anonymement quelques mois avant sa mort. Voilà la cuisine, revisitée sous la forme d'une étude scientifique et philosophique des aliments et de la table. On sait qu'il a été premier violon au théâtre de New York, secrétaire d'état-major, magistrat, avocat, mais nul ne sait s'il était chasseur... Comment pouvait-il ne pas l'être, avec cet amour inconditionnel de la gastronomie et surtout une maman plus connue comme « la belle Aurore », créatrice de fameux pâtés de gibiers ? Brillat-Savarin était un homme de plume, et on lui doit plus d'un aphorisme. Retenons celui-là parmi tant d'autres : « Les animaux se repaissent; l'homme mange; l'homme d'esprit seul sait manger. » Brillat-Savarin aimait passer en cuisine lui-même lors des dîners qu'il organisait, pour confectionner ses plats préférés, l'omelette au thon et le filet de bœuf aux truffes.*

Voir aussi : belle Aurore (oreiller de la), Dumas, écrivain cynégétique.

BRIQUET

Chien qui sait enflammer la chasse. On lui doit pour cela une fière chandelle. Chiens d'ordre et de désordre qui mettent le feu au bois et le gibier sous le feu des projecteurs.

Chiens – Grande chasse

Le briquet est un chien qui n'appartient à aucune race en particulier, bien que plusieurs auteurs considèrent que certains chiens suisses constituent d'authentiques races à part. Le mot est ancien et remonte au Moyen Âge. Le briquet est au chien courant ce que le corniaud ou le bâtard est au chien d'arrêt – un chien courant, plutôt de petite, voire de taille moyenne, endurant, issu des croisements successifs les plus divers et variés, qui sait chanter et enchanter le sous-bois. Cette appellation populaire, fortement ancrée dans nos campagnes, a tendance à disparaître. Quand il ne s'agit pas de chiens métissés, certaines races sont aussi désignées comme briquets, les meilleurs exemples étant le bruno du Jura, le griffon vendéen ou certains chiens d'Artois.

Le briquet n'est pas un chien d'ordre au sens premier, car il n'est pas utilisé en vénerie; bien que chien courant, il est plutôt désordonné et n'a pas toujours un esprit de meute bien respectueux. En revanche, il sait donner de la voix en toutes circonstances et celle-ci est reconnaissable entre toutes. Son propriétaire sait ce qui se passe au bois aux variations de ses intonations.

Voir aussi : battue, basset, chien courant.

BRISÉE

Branche rendue à sa dernière extrémité.

Grande chasse – Grand gibier

Symboliquement, la brisée correspond au dernier repas du grand gibier que l'on vient de prélever. Le chasseur lui rend hommage en brisant (et non pas en coupant) une branche d'essence noble (résineux ou feuillus selon les régions) et en lui mettant en bouche une partie, l'autre allant sur la blessure et une fraction sur le chapeau du chasseur.

La brisée indique également l'endroit où le gibier rentrant a été repéré lorsque l'on fait le pied, notamment en vénerie.

Voir aussi : charme, chêne, hêtre, honneurs, sapin, tableau.

BROCARD

Chevreuil en bois, mais aussi en chair et en os.

Faune sauvage – Grand gibier

Le chevreuil mâle est appelé brocard, sans doute à cause des broques ou bois qu'il porte sur la tête. Ainsi, un chevreuil qui porte des bois peut être qualifié de chevreuil « en bois », sans pour autant qu'il s'agisse de la matière composant l'arbre (le bois). C'est pourquoi il est bon de préciser qu'il s'agit de l'animal bien vivant, en chair et en os, et non pas... en bois, comme le cheval du même nom !

Voir aussi : bois, chevrette, chevreuil, cornes, velours.

BROCHET

Premier chasseur de canards.

Faune sauvage – Gibier d'eau

Le brochet, le sandre et le black-bass sont les trois espèces de carnassiers que l'on peut trouver en eaux closes, particulièrement en étangs. S'agissant du brochet, son rôle de nettoyeur agit dans l'écosystème de manière positive s'il est équilibré. Les chasseurs de gibier d'eau connaissent l'importance de mettre tous les atouts de leur côté, en période de reproduction et de nidification des oiseaux aquatiques, afin que les effectifs puissent être au plus haut à l'ouverture. Une bonne gestion passe par un piégeage éclairé et circonstancié des prédateurs susceptibles de porter lourdement atteinte soit aux nids et aux œufs, soit aux poussins. La fouine, le putois, le rat sont des nuisibles reconnus en la circonstance. On les piège, on installe des paniers nichoirs, on évite les perchoirs à corneille et on entretient la végétation ; de même, on contrôle le niveau de l'eau pour éviter de noyer les couvaisons. Il est un prédateur peu évoqué et qui pourtant agit avec une efficacité redoutable en prélevant une dîme non négligeable sur les jeunes oiseaux flottants et non volants : le brochet. Ce sont souvent de jeunes brochets d'ailleurs qui montrent le plus d'appétit sur les oisillons en les attrapant sous la surface de l'eau, en les gobant ou en les noyant d'abord. Il est important, quand on exploite un étang, de chasse et de pêche, de trouver un juste équilibre et de mettre à la disposition des carnassiers suffisamment de petits poissons-proies pour qu'ils limitent leur gloutonnerie ornithologique. On ne le répétera jamais assez, bien avant le sauvaginier, le brochet est bel et bien le premier des chasseurs de canards.

Voir aussi : canard, étang, poussin.

BRONZAGE

Obligatoire pour les canons qui tiennent à leur réputation.

Armes, munitions, balistique

Traitement de surface de l'acier permettant de protéger les canons d'une arme des piqûres et de la corrosion. Ne pas confondre bronzage et chromage, ce dernier n'étant qu'un traitement esthétique final. Le bronzage s'effectue soit « au bain », soit « à la couche ».

Voir aussi : canons, carabine, fusil.

BROUILLARD

Chasseur perdu, même par temps clair. On dit alors « être dans le brouillard ». Temps où il est temps de se tirer.

Organisation, réglementation, sécurité

Chasser par temps de brouillard peut s'avérer très dangereux, qu'il s'agisse de la battue ou de l'approche en montagne. Dans les deux cas, la visibilité réduite empêche un jugement sûr des axes de tir potentiellement non dangereux et l'humidité rend le terrain glissant. En s'éloignant des sentiers battus, on peut même se perdre dans certains massifs et être surpris par la nuit. C'est un temps de chasse à éviter dont il ne ressort rien de bon.

Voir aussi : froid de canard, météo, neige, nuage, pluie, vent.

BRUIT

Le chasseur qui en fait beaucoup trop le passe bien souvent sous silence.

Sociologie

La discrétion est de mise à la chasse, sauf pour les rabatteurs ! Le chasseur considère toujours que son voisin fait plus de bruit que lui ! Soyons honnêtes, nous faisons tous du bruit à la chasse, pour nous rendre à notre poste, pour attendre dans le froid, pour nous installer sur un affût. Le gibier n'entend pas tout ! Ce qu'il faut surtout éviter, ce sont les bruits « humains » : toussotements, bavardages, bruits métalliques... Pour le reste, la chance vous accompagnera ou non. N'oubliez pas que plus vous ne vous entendez pas, et plus vous faites de bruit !

Voir aussi : acouphènes, audition, casque antibruit, oreilles, sourd.

BUFFON (Georges-Louis Leclerc)

Comte et conteur d'histoires naturelles qui s'est dépensé sans compter.

Personnages célèbres

Georges-Louis Leclerc, comte de Buffon (1707-1788), a été le plus grand naturaliste français de son siècle. On lui doit une œuvre littéraire abondante, Histoire naturelle. *Il est le premier à décrire et à rassembler de manière complète les connaissances éparses concernant les animaux. Toute sa vie n'a été que travail, recherche, expérimentation, correspondance avec le monde entier. En tant qu'intendant du jardin du roi, il donne au Muséum d'histoire naturelle de Paris toute sa splendeur. Son style incomparable a fait naître beaucoup de vocations et de jalousies. Natif de Montbard, en Côte-d'Or, ce Bourguignon pure souche a observé longuement les grands animaux de sa région.*

Voir aussi : La Fontaine, Linné, Oberthür.

BUISSON

On y croit souvent le gibier tapi, surtout lorsque l'on y trouve des moquettes.

Sociologie – Territoire

Ne rien y trouver a fait naître l'expression « faire buisson creux », qui signifie rentrer de la chasse sans avoir levé de gibier. Le buisson fait partie du paysage et de l'imaginaire cynégétique. Les territoires se transforment, s'appauvrissent en paysages, les haies disparaissent, les bois s'amenuisent mais sur la plus grande plaine céréalière, on trouvera, il faut encore l'espérer, un buisson. Heureusement tout de même que les animaux ont des habitudes plus stratégiques pour échapper au chasseur que de se réfugier systématiquement dans un quelconque buisson.

Voir aussi : battue, épines, fourré, friche, traque.

BUISSON CREUX

Buisson pouvant être fourré, mais pas de gibier.

Expressions populaires – Territoire

Buisson et fourrés désignent le même ensemble de végétation dense, broussailleuse, presque toujours impénétrable, bien connu des chasseurs, qui aiment autant que leur chien « buissonner », c'est-à-dire battre les buissons pour en faire sortir le gibier. Les rabatteurs s'acquittent également fort bien de cette tâche. Il arrive cependant que ce taillis plein de ronces n'abrite aucun gibier, le chasseur fait alors « buisson creux », expression fort ancienne, toujours employée aujourd'hui, qui signe le dépit d'une journée de chasse sans grand résultat. Tant mieux pour le gibier qui ne s'y trouvait pas. Qui a dit que les absents ont toujours tort ?

Voir aussi : bredouille, ronce.

BUISSONNER

Vengeance du chasseur sur les buissons, quoi qu'ils contiennent.

Sociologie – Modes de chasse

On tape souvent sur les buissons comme pour les punir de ne pas livrer leur maigre butin cynégétique ! Les buissons ont cette faculté de ne pas en vouloir à ceux qui les écrasent, voire de repousser d'abondance après leur passage. N'est pas roncier qui veut...

Voir aussi : buisson, chien (tout court).

BUSE

Aussi tentant que le héron à la passe. Les chasseurs de gibier d'eau s'y reconnaîtront.

Faune sauvage

La buse, comme le héron, est un oiseau protégé, mais qui peut honnêtement contester ne pas avoir été tenté d'attenter à la vie de l'un ou l'autre ? Ces animaux restent, dans les faits, des concurrents redoutables et des prédateurs reconnus, dans le petit et long silence d'un affût interminable au bord d'un étang.

Voir aussi : aigle, autour, chaperon, fauconnerie, gerfaut, milan.

BUTOR

Héron qui ne saurait se buter, à tort.

Expressions populaires – Gibier d'eau

Le butor ressemble au héron, en plus petit. Comme lui, c'est un échassier de marais, assez corpulent, friand de poissons. Les uns comme les autres bénéficient d'une protection absolue. Leur statut d'espèces protégées interdit aux chasseurs de les tirer (les « buter », en langage populaire). Leurs cris sont caractéristiques et ils arrivent tard à la passe. Qu'il s'agisse du butor bihoreau, le plus commun, ou encore du butor étoilé ou du blongios.

Voir aussi : étang, héron, marais.

BUTTOLO

Aimant à chevreuil.

Équipement – Grand gibier – Techniques

Le plus connu et le plus efficace des appeaux à chevreuil. Se présentant sous la forme d'une poire munie d'une boule modulable, en caoutchouc noir, le buttolo offre deux avantages majeurs : nul n'est besoin de souffler ou de siffler pour imiter le son voulu, une simple pression de la main suffit, ce qui est plus facile à maîtriser, et surtout, le même appeau permet d'imiter la femelle et le faon du chevreuil, avec des variations allant du cri de la femelle en chaleur au cri d'alarme, en passant par le cri du faon perdu. Il s'agit d'un appeau à soufflet, avec variateur d'intensité de son pneumatique. Là où il est autorisé, pour celui qui le manie avec précaution, c'est un formidable moyen de faire venir des brocards méfiants ou invisibles pendant le rut. En chasse d'été, il offrira des souvenirs impérissables au chasseur car il peut faire jaillir des animaux à quelques mètres seulement de vous. Les Allemands l'utilisent sans modération depuis de nombreuses années. À n'utiliser bien sûr que pendant le plein rut. Le renard répond également bien aux appels de détresse lancés par cet appeau.

Voir aussi : appeau, brocard, rut.

C

CABANE

Nid où les chasseurs mettent leurs yeux dans le même panier.

Aménagements

En référence à l'expression « mettre ses œufs dans le même panier ». Il ne s'agit pas de la cabane au fond du jardin, ni de celle que l'on construit dans les arbres quand on est gamin... mais de la cabane de chasse, celle qui abrite les heureux participants au casse-croûte de midi et qui possède un vieux poêle pour réchauffer les os transis avant le retour vers la civilisation. Il y a deux catégories de points de ralliement pour une journée entre amis : le deux-étoiles ou le quatre-étoiles : l'un est la « cabane de chasse », l'autre est le « rendez-vous de chasse » voire le « pavillon de chasse », beaucoup plus chic et dont la décoration ne laisse pas à désirer!

Voir aussi : abri, gîte, pavillon, rendez-vous.

CABOT

Compagnon de la résistance (à quatre pattes).

Chiens

Par analogie avec « compagnon de la Libération » et clin d'œil idéologique. Votre compagnon doit faire preuve d'une grande résistance sur le terrain : inconfort lors du transport dans les coffres de voiture, engueulades de son maître et ratés de celui-ci, eau glacée quand il s'agit d'aller chercher un canard au milieu d'un étang, mille tracas d'épines dans les buissons pour débusquer un dernier lapin, insectes en tous genres au gré des saisons, sanglier récalcitrant au ferme... Il faut être chien de chasse et assurément un peu cabot pour endurer tout cela et pire, en redemander en remuant la queue.

Voir aussi : chien (tout court), corniaud.

CAFÉ

Petit noir qui rend nostalgiques tous les chasseurs de safari dès le matin.

Sociologie – Gastronomie

En brousse, le premier café est un moment crucial. Il est bu presque au milieu de la nuit quand on doit partir avant le jour sur les pistes. Il n'y a pas de « pause-café » comme en ville ou de « café dessert » après le déjeuner. Ici, le café est toujours un vieux jus de chaussettes à qui on trouve mille et une vertus, ne serait-ce que d'être chaud à l'instant où il fait si froid. De tradition, il se boit noir – ce serait un enfantillage que de vouloir y ajouter du lait, pas toujours disponible au milieu de la brousse. Ce petit noir, fortement délayé à l'eau de gourde, bien qu'à l'arôme sans intérêt, vaut tous les expressos du monde. Grâce à lui, une journée longue et – qui sait ? – bienheureuse s'ouvre devant nous.

Voir aussi : rendez-vous, safari, table.

CAGE

Pour mettre les appelants aux premières loges et laisser les puants derrière les grilles.

Équipement – Faune sauvage – Gibier d'eau

Les chasseurs utilisent le mot « cage » pour deux objets et deux actions bien différentes : les sauvaginiers, tout d'abord, qui utilisent des canards appelants vivants pour chasser à la hutte et qui transportent et installent leurs oiseaux sur des piquets autour du poste de chasse; les piégeurs, ensuite, qui tendent des pièges appelés boîtes ou cages, aujourd'hui grillagées pour attraper, avec ou sans appâts, les nuisibles. Curiosité du sort, quelque part, c'est toujours de sauvagine qu'il s'agit...
Précisons qu'une cage n'est pas une volière : il y a juste l'espace suffisant pour y vivre provisoirement.
Rappelons, enfin, une pratique ancienne relative à la chasse des ortolans, où l'on capturait les oiseaux vivants pour les engraisser en cage

avant de les cuisiner au meilleur de leurs qualités gustatives.
En marge de ces pratiques, les chasses traditionnelles à la palombe ou aux grives utilisent également des oiseaux encagés que l'on hisse au sommet des arbres pour attirer leurs congénères, mais cela ne concerne que le sud-ouest de la France.

Voir aussi : appelant, attelage, boîte, hutte, puants, sauvagine.

CAILLE

Aime vous regarder les œufs dans les œufs. Craint le froid, comme son nom l'indique. Se gèle souvent en attendant le passage du chasseur, d'où l'expression « on se les caille ». Sur canapé souvent contre son gré. Bien qu'en voyage, ne chaume pas dans les blés.

Petit gibier

Gibier migrateur par excellence, la caille nous vient d'Afrique tôt en fin d'été. C'est l'un des rares oiseaux gibiers dont on consomme les œufs cuits, durs, en apéritif. Si son tir est facile à l'envol – tout du moins plus aisé que celui de la perdrix –, le travail du chien d'arrêt qui la cherche est un vrai plaisir, à l'égal de sa chair savoureuse et délicate.

Voir aussi : chaume, migrateurs, œuf, paille, roi de caille.

CAILLETTE

Sûrement pas la femelle de la caille, pourtant un des rares oiseaux de chasse (avec la perdrix et la bécasse) à porter un nom générique féminin. Avec la caillette, c'est dans la poche qu'il faut chercher quand on y panse. Ce serait bonnet de l'oublier. Définition à digérer avec le feuillet (ou la notice) d'utilisation.

Grand gibier

Une explication s'impose : l'estomac des ruminants se compose de quatre poches d'inégale contenance et répondant à des fonctions complémentaires : la panse, le bonnet, le feuillet et la caillette. La rumination, ce mode de digestion à étapes, conditionne le rythme des sorties alimentaires du grand gibier et le chasseur, selon les espèces, doit y prendre garde pour renforcer ses chances d'observation et de tir éventuel.

Voir aussi : panse.

CALIBRE

Il n'y a pas de gros ou de petit calibre. Il n'y a pas de bon ou de mauvais calibre. Il y a le calibre que le chasseur utilise et celui-là, à n'en point douter, c'est le meilleur. Le calibre idéal est celui qui tue. Le chasseur idéal est celui qui épargne parfois.

Armes, munitions, balistique

Le calibre exprime la puissance de l'arme. Les calibres les plus communs, pour les fusils de chasse sont le 12, le 16 et le 20. On va de plus en plus vers des calibres légers, autrefois réservés aux femmes, comme en témoigne le renouveau des calibres 28. Pour les armes à canon rayé, les calibres les plus utilisés vont dépendre du type d'arme, du mode de chasse et du gibier convoité : par exemple, un express sera en 9,3x74 R (réservé à la battue et plus spécialement au sanglier), une semi-automatique en.270 ou.300 (polyvalente au poste ou à l'approche), un mixte en 7x65 R, une Kipplauf en 7x64 (uniquement pour l'approche). Le chiffre n'exprime pas forcément le diamètre du projectile. Pour les fusils, plus le calibre est important, et plus il est petit ! Pour les carabines, le premier chiffre désigne seul le diamètre du projectile, le second indiquant la longueur de la douille. En cas de chiffre unique identifiant un canon rayé, alors nous quittons le système de mesure européen pour entrer dans le système anglo-saxon, qui s'exprimera en centièmes ou millièmes de pouce. Quand on choisit un calibre, on doit veiller à s'acclimater au recul, au système d'armement, au poids, aux munitions utilisées et ne pas hésiter à changer d'arme aussi longtemps que l'on appréhende le coup de feu. De même qu'un chasseur doit être marié avec son chien, il doit être également marié avec son arme.

Voir aussi : carabine, cartouche, fusil, magnum, table, Vo.

CALLEUSE

Île flottante à la québécoise, pour sauvaginiers gourmands de canards.

Chasse à l'étranger – Équipement – Faune sauvage – Gibier d'eau – Techniques

La chasse en calleuse ou à la calleuse (certains écrivent aussi « caleuse ») est une chasse traditionnelle au gibier d'eau très en vogue au Québec. Elle se pratique surtout sur certains grands lacs canadiens. La calleuse est un caisson métallique semi-immergé, insubmersible, que l'on remorque à l'aide d'un canot pour l'emmener au large, au milieu des zones de pose des canards et des oies. On pourrait croire à un petit sous-marin plus ou moins circulaire, ayant fait surface. Seules une à deux personnes peuvent y tenir. Les chasseurs, debout au fond de l'engin, dépassent à peine de l'affût flottant. Ce dispositif est particulièrement apprécié et utilisé sur le lac Saint-Pierre. Il faut s'imaginer la taille de ses étendues d'eau : le lac mesure 30 km sur 50 km et il faut parfois une heure de bateau pour rejoindre son poste par des températures polaires et un vent glacial dès novembre. Les canards plongeurs et les canards marins sont les principaux concernés. On dispose des appelants, le plus souvent des formes, pour attirer les oiseaux sauvages autour de la calleuse. Celle-ci est calée au large, et retenue par une ancre qui fixe sa position.

Pour ceux qui apprécient les desserts sucrés, nous leur recommandons l'île flottante, délicieux blanc d'œuf monté en neige posé sur sa sauce de crème anglaise. À apprécier bien au chaud autour de la table.

Voir aussi : appelant, canard, gabion, sauvagine.

CAMARGUE

Curieusement en pays flamant.

Géographie

Terre de chasse au gibier d'eau par excellence, la Camargue, constituée par le delta du Rhône, offre un spectacle unique en Europe, celui des vols de flamants roses, totalement protégés et qui, matin et soir, sillonnent le ciel à la recherche d'un dortoir ou d'une remise alimentaire. Il faut aller jusqu'au cœur de l'Afrique, dans le cratère du Ngorongoro, en Tanzanie, pour assister à pareil spectacle. Vive la France ! Pour ceux qui l'ignoreraient encore, le flamand – avec un « D » – est aussi un habitant de la Flandre, bien plus au nord que la Camargue...

Voir aussi : Alsace, Bourgogne, flamant, Sologne.

CAMÉRA

Piège le gibier, mais seulement son image.

Équipement – Faune sauvage – Techniques

Le piège photographique connaît ses heures de gloire depuis quelques années. Il est réservé aux photographes animaliers, aux scientifiques de faune sauvage pour le suivi des populations animales difficiles à observer et enfin et surtout par les chasseurs de grand gibier à proximité des dispositifs d'affouragement, de nourriture et des postes d'affût comme les miradors. On peut les disposer également à proximité des coulées ou près d'une souille.

Fixé à l'aide d'une sangle autour d'un arbre et en hauteur, résistant aux intempéries, il s'agit, le plus souvent, d'un appareil mixte qui fait caméra et appareil photo, avec flash à infrarouge qui se déclenche à la demande et au passage de l'animal dans la zone de détection qui peut aller jusqu'à vingt mètres. Par souci de simplicité, ces appareils sont baptisés « caméras », même s'ils prennent beaucoup plus de clichés que de films dans la réalité. Les plus sophistiqués disposent d'une application qui, sur abonnement, vous permet de recevoir sur votre smartphone les images en temps réel ! Les animaux les plus méfiants, comme l'ours ou le loup, ou les plus nocturnes, comme le sanglier, se font piéger.

Voir aussi : photo, photographe, piège.

CAMO

Tissu destiné à se faire remarquer des autres chasseurs uniquement au rendez-vous. Curieux pour des tenues dont l'objectif est de passer inaperçu. Avant, le chasseur se prenait pour un soldat; maintenant, il se prend pour un arbre, sans pour autant changer de branche.

Sociologie – Équipement

La chasse connaît aussi ses modes vestimentaires. Elle a ses matières et ses motifs en tous genres. Le tissu militaire de camouflage a été remplacé par des imprimés plus réalistes dits realtree, reprenant le visuel des troncs d'arbres, des sous-bois ou des roseaux. On les désigne sous l'appellation générique de « camo », pour « camouflage ». Dans le même temps, beaucoup de pays ont mis l'accent sur la sécurité et ont généralisé le port de gilet ou d'accessoires fluorescents. Les chasseurs enfilent ainsi cumulativement les deux ! Comme chacun sait, le gibier ne voit pas en couleurs, c'est donc bien pour s'identifier clairement par rapport à ses semblables que le tireur s'accoutre ainsi. Le camo garde tout son intérêt dans les chasses individuelles d'approche ou d'affût à l'arc et pour leurrer le gibier d'eau ou les oies en terrain découvert.

Voir aussi : kaki, militaire, rouge, vert.

CAMPAGNE

Sur le terrain, pain béni pour les chasseurs.

Expressions populaires – Géographie – Sociologie

L'appellation de « campagne » revêt trois sens pour les chasseurs : la campagne de chasse, c'est-à-dire la période d'ouverture et de fermeture annuelle de la chasse; la campagne, comme territoire de chasse désignant l'espace sur lequel s'exerce l'activité cynégétique; le pain de campagne, accompagnant tous les casse-croûte des chasseurs. Voilà pourquoi on peut, sans exagération, considérer que sans toutes ces variantes de campagne, le chasseur serait peu de chose. Actons que la vie à la campagne, c'est-à-dire une ruralité active, reste très largement méconnue de nos citadins qui pensent encore dans leur grande majorité que la nature n'existe que dans son état premier. La campagne a été façonnée par les milliers de générations d'agriculteurs, de forestiers, d'éleveurs qui, là, ont favorisé la mosaïque des cultures, ailleurs, l'édification des haies comme clôtures naturelles, plus loin encore, ont créé des peuplements de forêts d'âges différents, multipliant ainsi les opportunités alimentaires de beaucoup d'espèces et de nombreux gibiers. Sans campagne, la nature serait beaucoup moins riche de vie.

Voir aussi : fermeture, ouverture, saison, territoire.

CANARD

Le seul gibier du coin à faire « coin coin ». Ses rendez-vous tombent souvent à l'eau. Oiseau tirant sa nostalgie des passées.

Gibier d'eau
Les canards de surface (colvert, sarcelle, souchet, pilet, chipeau, siffleur) et les canards plongeurs (milouin, morillon, nette rousse...) constituent l'essentiel du gibier d'eau, même si l'on ne doit pas oublier les oies et les petits échassiers, particulièrement les bécassines. Quel que soit le territoire – au marais, en baie, sur fleuve ou sur étang –, le meilleur moment est celui où des ombres inconnues tapissent le ciel et tombent sur la pièce d'eau. Ce moment magique, la passée, est fait d'espoir et de solitude.

Voir aussi : badinage, échassiers, grève, hutte, palmipèdes, sauvagine.

CANE
Reine du cancan, french ou pas.

Expressions populaires – Faune sauvage – Gibier d'eau – Sociologie
« Cane » est le générique utilisé pour désigner toutes les femelles de canards, quelles que soient leurs espèces – canards barboteurs ou canards plongeurs. On dira une cane colvert et non une « colverte », une cane pilet et non une « pilette »... Or, les canards, quand ils chantent, cancanent, font du « can-can ». Les femelles sont les reines des causeuses. Les sauvaginiers qui chassent à la hutte l'ont bien compris, en utilisant majoritairement des canes comme appelants domestiqués pour leurrer leurs congénères sauvages et les faire poser à proximité. Ils ont recours à des canes « court-cri », « moyen-cri » ou « long-cri », c'est dire si ces dames peuvent exercer leur talent de chanteuse à tous les étages.
Le french cancan est un spectacle musical créé en Angleterre en 1868, puis célébré comme une danse à part entière dans les bals et les cabarets français. Paris ne serait pas Paris sans son Moulin Rouge. Le cancan s'est d'abord appelé « chahut-cancan » (d'où « chahuter »). Il est issu directement d'une ancienne danse de chez nous, le « galop ». Cette danse sans convenance, où les couples s'exprimaient joyeusement sans retenue, fit scandale au XIXe siècle. Plus près de nous, la « danse des canards » enflamme encore bien des soirées de mariage.

Voir aussi : canard, danse.

CANNIBALE
Tous les chasseurs d'hommes ne sont pas des cannibales, mais tous les cannibales sont des chasseurs d'hommes.

Sociologie
No comment. Heureusement, la chasse à l'homme n'est guère plus pratiquée. Elle a connu ses heures de gloire au Far West, avec ses chasseurs de primes, et aurait encore des adeptes chez quelques individus de nos civilisations occidentales... Comme quoi, l'homme n'est pas si mauvais que ça, puisque certains le trouvent comestible.

Voir aussi : chasseur, colonies, homme.

CANONS
Ceux de la beauté ou ceux de l'église ne valent pas un bon fusil d'artisan.

Armes, munitions, balistique – Sociologie
La langue française possède cette richesse – et cette faculté de confusion également – de désigner sous le même vocable des choses bien différentes. Tel est le cas du mot « canon », qui regroupe aussi bien les normes esthétiques du beau que les règles juridiques de la chrétienté à côté de son sens le plus commun : celui d'un fût métallique creux, grand ou petit, portable, articulé ou fixe, servant de guide aux projectiles militaires ou cynégétiques. Le canon, appliqué à la guerre, suppose un matériel beaucoup plus lourd que le canon d'un fusil ou d'une carabine de chasse, qui se doit d'être portable et maniable. On distingue les armes à canon lisse (les fusils à proprement parler)

des armes à canon rayé (carabines, express, Kipplauf...).

Voir aussi : âme, bouche, bronzage, choke, guidon, hausse.

CAPE

Pratique pour le tête-à-tête. Fait que le gibier se retrouve dos au mur, pour l'éternité. C'est aux chasseurs, mais surtout aux veneurs, de porter le chapeau.

Chasse à courre – Grand gibier

Le chasseur garde fréquemment comme souvenir de ses parties de chasse réussies le trophée de son gibier. Ce trophée prendra plusieurs aspects : l'animal peut être naturalisé en entier, en cape ou en massacre. Le montage en cape est la tête de l'animal naturalisée seule. Il est généralement fait pour être accroché au mur. La cape se distingue du montage en massacre, qui n'est constitué que du crâne blanchi et des bois ou cornes qui le prolongent.

La cape est aussi le mot traditionnel en vénerie pour désigner le couvre-chef des cavaliers participant à une chasse à courre. La société de vénerie rappelle cet accessoire vestimentaire dans sa charte sur les principes, valeurs, us et coutumes : « Sur ta tête, cape noire tu auras, quand il le faut, tu te découvriras. » On dit également toque, bombe ou casque.

Voir aussi : bombe, casque, massacre, taxidermie, toque, trophée.

CAPITAINE

Grade chasse à la manœuvre. Officiel, mais non officier, officiant en battue.

Expressions populaires – Modes de chasse – Organisation, réglementation, sociologie

Les chasses au petit gibier n'ont que des gardes-chasse, celles au grand gibier ont leur lieutenant de chasse (l'administration environnementale et le préfet ont même leurs lieutenants de louveterie), voire leur capitaine de chasse. Cette distinction est purement honorifique et le plus souvent exercée par un des actionnaires ou participants de façon totalement bénévole. Être capitaine de chasse, c'est organiser le bon déroulement de la battue, veiller à la sécurité, au placement, au bon déroulé des traques, sous l'œil vigilant du président, et faire appliquer les consignes. Dans l'armée, le grade de capitaine est au-dessus de celui de lieutenant et en dessous de celui de commandant. Le capitaine de chasse, lui, reste capitaine toute sa vie, au moins le temps où il est accepté comme tel par ses pairs.

Voir aussi : battue, lieutenant de louveterie, zident.

CAPREOLUS

Chevreuil qui a failli y perdre son latin.

Grand gibier

En langage scientifique, chaque animal est identifié par deux noms latins, qui distinguent le genre et l'espèce depuis la classification binominale instaurée par le grand naturaliste Linné. Le chevreuil est Capreolus capreolus (le mot est répété car il n'y a pas plusieurs espèces dans ce cas précis).

Voir aussi : chevreuil.

CAPUCHON

Coiffe le chasseur sans pour autant lui faire porter des cornes. Ne le rend pas bonnet pour autant.

Équipement

Le froid, la pluie, le vent, voire la neige sont autant d'alliés et d'ennemis du chasseur. Les sorties en montagne, comme les battues au grand gibier, les passes aux canards ou les longues séances au mirador nécessitent une tenue adaptée et une protection de la tête pour résister aux intempéries. À défaut de chapeau ou de bonnet, il est bien pratique d'avoir, intégré à sa veste, une capuche ou un capuchon, qui dissimule et protège sa personne.

Voir aussi : casquette, chapeau, chaperon.

CAPUCIN

Lièvre gras comme un moine à qui l'on a donné l'extrême-onction.

Petit gibier

Curieusement, de nombreux animaux portent le nom ou le surnom de « capucin » : le plus connu reste le lièvre, mais sous ce vocable coexistent un singe (sapajou), des oiseaux, un coléoptère, certains poissons et même une raie et une espèce de pigeon ! Historiquement, les capucins sont des religieux, affiliés à l'ordre de saint François d'Assise. Le capucin porte une simple robe de bure munie d'une large capuche en guise de vêtement. C'est la tête du lièvre, particulièrement importante, avec ses yeux globuleux, ses grandes oreilles repliées et son pelage de couleur brune, qui explique la référence au moine. À la vérité, les moines faisaient vœu de pauvreté et d'austérité, y compris alimentaire, mais il n'empêche que les communautés chrétiennes n'ont jamais présenté de membres particulièrement squelettiques. Le terme de « capucin » semble réservé au nom donné par les chasseurs au lièvre. Dans le langage ordinaire, cette appellation est peu usitée.

Voir aussi : bouquin, bouquinage, hase, lièvre, tularémie.

CARABINE

Elle a souvent des lunettes mais ce n'est pas une question d'âge. Les carabines à verrou ne ferment pas la porte de la chasse au grand gibier, tout au contraire.

Armes, munitions, balistique – Sociologie

« Carabin » n'est pas le masculin de « carabine », puisque la carabine est une arme de chasse à canon rayé destinée au grand gibier, munie ou non d'une lunette de tir, tandis que le carabin désigne plutôt un étudiant en médecine. Le modèle de carabine le plus commun est la carabine à verrou, dont le mécanisme permet de charger et d'extraire les munitions à partir d'un levier solidaire de la culasse, autorisant l'accès à l'intérieur de l'arme.

Voir aussi : chargeur, fusil, grand gibier, Kipplauf, lunette, rayures.

CARIBOU

Gibier roi du grand Nord, ou plutôt gibier renne.

Grand gibier – Chasse à l'étranger

Appelé caribou en Amérique du Nord, et renne en Europe, ce cervidé rustique est le roi des grands espaces désertiques et enneigés. Il peut survivre dans des conditions extrêmes de froid et, en Scandinavie, il se domestique très bien. Au Canada et en Alaska, le caribou possède un trophée plus important (appelé « panache ») et reste un des rares migrateurs emblématiques du grand Nord. Sa chasse s'effectue au moment de la migration, à la fin de l'été, quand les grands troupeaux se mettent en marche (le plus connu est le troupeau de la rivière Georges). Il est l'un des rares cervidés à porter des bois chez le mâle comme chez la femelle.

Voir aussi : cerf, chevreuil, daim, élan(d), palettes.

CARNIER

Frigo sans électricité.

Équipement

Cette poche en cuir ou en tissu, jetée en travers de la poitrine et qui s'alourdit d'heure en heure du gibier prélevé les meilleurs jours d'ouverture, est hautement symbolique de l'équipement du chasseur. On y retrouve, même longtemps après, quelques plumes du passé, quelques poils à longues histoires et la patine du sang et de la sueur. Le carnier est et restera au parfum, au sens propre comme au sens figuré.

Voir aussi : gibecière.

CARNIVORE

Régime qui assure la fin des uns par la faim des autres.

Faune sauvage

L'animal carnivore est souvent en haut de la chaîne alimentaire et se nourrit exclusivement de la chair des autres animaux. Cela suppose d'être toujours au mieux de sa forme, car une gazelle court plus vite qu'un brin d'herbe, mais aussi de développer des stratégies d'attaque concertée pour attraper de plus grosses proies, et d'accepter de quadriller un large périmètre pour augmenter ses chances de succès. La chair du carnivore est rarement comestible pour l'homme. Ce que le chasseur cherche chez le carnivore (le loup, le lion ou le léopard), c'est l'affrontement dangereux et un trophée d'exception. À l'opposé, on trouve les herbivores, les granivores, les insectivores et les omnivores... qui ont tous un grand dévoreur de leur espèce au-dessus d'eux. Il en va ainsi de l'antilope et du lion ou de la perdrix et du faucon.

Voir aussi : chassivore, frugivore, herbivore, insectivore, omnivore, pêchivore.

CARONCULE

Fait l'amour à l'œil, sans sourciller.

Chasse en montagne – Faune sauvage

La caroncule est une excroissance de chair rougeâtre, située sur la tête, en haut du bec et autour de l'œil, dépourvue de plumes, caractéristique chez de nombreux oiseaux de chasse et particulièrement exacerbée (rouge vif) en période nuptiale chez les mâles des gallinacés, qu'il s'agisse des faisans, des lagopèdes ou des tétras (grand et petit coqs). Cette caroncule est spectaculaire sous forme de sourcil fortement gonflé chez les coqs de bruyère... Présente aussi chez d'autres coqs, moins chassés ceux-là, les coqs de basse-cour aussi et chez certains canards comme le tadorne de Belon. Son gonflement correspond vraiment à une activité sexuelle intense chez les volatiles pendant leurs amours.

Voir aussi : coq, faisan, grouse, tétras.

CARREAU

Expression qui tombe à pic pour le chasseur qui met tout son cœur à sécher sur place un gibier en train de manger dans un trèfle. Dans ce cas, le chasseur émérite est vraiment un as. Il a fait carreau, signifiant que l'animal n'a pas fait un pas, qu'il s'est effondré comme un château de cartes.

Armes, munitions, balistique

Un gibier bien tiré ne s'effondre pas systématiquement sur place, et encore moins « dans ses pattes », surtout s'il est en mouvement et chargé d'adrénaline, mais quand cela arrive, le coup de feu est vraiment extraordinaire. Aucun chasseur n'aime voir une bête blessée et encore moins lente à mourir. Une balle mortelle, par exemple une balle de cœur, peut laisser l'animal toujours sur pied pendant une centaine de mètres. Basculer de vie à trépas, en l'espace d'un instant, est le rêve de tout individu pénétré par l'idée de la mort.

Voir aussi : coup du roi, pairon, tir.

CARRÉ (maladie de)

Maladie du chien qui ne tourne pas rond.

Chiens

Depuis qu'elle a été isolée en 1905, la maladie de Carré (du nom du vétérinaire, Henri Carré, son découvreur), hautement contagieuse, est redoutée des éleveurs et des propriétaires de chiens car le virus qu'elle véhicule atteint gravement les jeunes chiots. À mi-chemin entre la rougeole et la peste bovine, elle reste mortelle dans bien des cas. Heureusement, la vaccination est un moyen efficace d'enrayer ce fléau. Très présente également chez d'autres carnivores voisins du chien, comme le renard ou le loup.

Voir aussi : chien (tout court), chien courant, chien de sang.

CARREFOUR

Grande surface qui sait vous guider dans ses rayons. Permet de prendre la bonne direction. Rendez-vous (en plein air) des chasseurs qui ne vont pas faire leurs courses.

Chasse à courre – Géographie

Les carrefours en forêt sont bien connus des veneurs. Ces ronds-points en étoile découpent les bois en de vastes allées cavalières qui permettent aux chasseurs comme aux promeneurs de se retrouver dans les grands massifs boisés. Ces carrefours sont souvent équipés de panneaux indicateurs ou de tables d'orientation. Ils servent de lieu de rendez-vous (non alimentaires) pour ceux qui suivent une chasse à courre.

Voir aussi : rendez-vous, vénerie, veneur.

CARTES

Aussi utiles pour se rendre au poste que pour se mettre autour d'une table.

Sociologie – Territoire

Les chasseurs aiment les cartes : les cartes topographiques, les cartes touristiques, les photos aériennes, les extraits cadastraux, les plans de leur territoire et aussi les cartes à jouer quand la météo ne permet pas de mettre le nez dehors. Plus sérieusement, une cartographie du parcellaire « chasse » ne présente que des avantages : matérialisation des postes, visualisation des cultures à gibier, tracé des chemins et bon déroulement des battues, repérage pour les invités et les actionnaires.

Voir aussi : table, territoire.

CARTOUCHE

Dose homéopathique de plomb soignant les symptômes de la bredouille, pathologie à risque chez les chasseurs pratiquant à haut niveau.

Armes, munitions, balistique

On croit à tort que la cartouche ne désigne que les cartouches à plombs utilisées dans les fusils de chasse, mais les munitions que l'on appelle des balles sont en fait des cartouches à balles. Une cartouche se compose d'un étui ou douille, d'une amorce, de poudre et d'un projectile – seul (la balle) ou composé (les plombs) – ainsi que d'une bourre, servant d'isolant et de guide au départ de feu. Les cartouches à plombs disposent en plus d'un culot quand la douille est en carton ou en plastique et d'un sertissage pour retenir la charge. La cartouche, c'est-à-dire « une munition tout en un », a révolutionné, en son temps, le monde de l'armurerie, qui ne connaissait que le chargement en détail et en vrac par la bouche, qui plus est, à poudre noire. Le concept de la cartouche autorise une cadence de tir, une assurance de fonctionnement et une convivialité d'utilisation.

Voir aussi : amorce, bourre, cartouchière, chevrotines, croisillons, étui.

CARTOUCHIÈRE

Régime pour munitions bien rangées et qui veulent se serrer la ceinture.

Équipement

Ceinture dotée de compartiments individuels pour le stockage des cartouches à porter en action de chasse. Elle évite d'avoir des munitions plein les poches. Une cartouchière comporte environ vingt cartouches, ce qui est largement suffisant pour une sortie terrain. D'autres préfèrent une petite besace en bandoulière avec douilles en vrac. Ce dispositif offre l'avantage de pouvoir répartir les projectiles en fonction des grosseurs de plombs, voire d'isoler en sécurité les cartouches à balles et de ne pas les charger dangereusement par inadvertance. Pour les balles de carabine, on emploie plus précisément une « ballière » (voir ce terme) et non une cartouchière. C'est souvent une simple poche en cuir à cinq logements que l'on fixe à sa ceinture en la faisant coulisser sur passants.

Voir aussi : ballière, cartouche.

CASANOVA (Giacomo)

Chasseur de gazelles en Italie.

Personnages célèbres

Chez les Arabes, les gazelles sont les jeunes filles aux yeux du même nom... On comprendra que le plus grand séducteur de tous les temps, Giacomo Girolamo Casanova, citoyen de Venise (1725-1798), puisse être traité de chasseur, même si ses armes personnelles reposaient beaucoup plus dans le pantalon que sur l'épaule. Son tableau de chasse officiel était de 122 « biches », selon ses propres mémoires. Pour qui l'ignorerait encore, il n'y a pas de gazelle en Italie, réserve faite d'une antilope de montagne, le chamois, qui peuple le nord du pays.

Voir aussi : chasseur, chaud lapin, sexe.

CASQUE ANTIBRUIT

Permet au chasseur sourd de le rester.

Équipement

L'un des principaux inconvénients de la chasse (à part l'accident, bien sûr), est passé très souvent sous silence : la surdité, ou pire, les acouphènes, engendrés par les déflagrations successives et répétées des munitions. Certains chasseurs portent des bouchons en plastique ou des casques antibruit. Ce n'est pas très pratique pour chasser car cet accessoire est relativement handicapant sur le terrain. Les derniers modèles ne vous isolent plus du monde, mais il reste le poids, l'encombrement et la sensation d'enfermement. Au final, les tireurs (de ball-trap) font l'effort d'en porter tandis qu'à la chasse, les pratiquants s'en dispensent presque toujours. On n'est pas vraiment digne d'être chasseur, si l'on n'est pas un peu dur d'oreille. Et puis la surdité a ses avantages... diplomatiques la plupart du temps.

Voir aussi : acouphènes, audition, ball-trap, bruit, coup, sourd.

CASQUETTE

Couvre-chef pour sans-grade. Permet de saluer l'exploit. Se porte plus à la chasse du petit gibier et en plaine lors de marches interminables, d'où l'expression « en avoir ras la casquette ». Au grand gibier, on lui préfère le chapeau, qui est plus pratique pour faire la sieste sans être vu et pour porter la brisée.

Équipement

Les Américains adorent la casquette, les Européens, le chapeau. Les objectifs ne sont pas les mêmes. Les uns sont pragmatiques, recherchent un pare-soleil et dispositif résistant au vent ou à la pluie ; les autres conçoivent le chapeau plus comme un ornement, comme une touche finale de distinction dans l'art de se vêtir. On met des plumes, des décorations, des brisées sur un chapeau, il est de matière noble (en feutre ou laine) et moulé pour chaque tête. Quand on aura dit que la casquette est unitaire et unisexe, on aura tout dit.

Voir aussi : capuchon, chapeau.

CASSE-CROÛTE

Indispensable pour une cène de chasse.

Gastronomie – Sociologie

La cène est le dernier repas (du soir) du Christ en présence des apôtres. Espérons que chaque casse-croûte de chasse ne se transforme pas en cène du chasseur. Qui va à la chasse perd sa place...

Voir aussi : rendez-vous, table.

CASSER DES NOISETTES

Permet au sanglier de rester ferme et à l'écureuil de rester gourmand.

Expressions populaires – Grand gibier – Sécurité

Casser des noisettes est une expression totalement cynégétique : elle est réservée au sanglier qui fait face aux chiens ou au chasseur, acculé, et qui fait claquer ses dents. C'est un signal d'extrême dangerosité de l'animal, de forte résolution de celui qui fait face et qui est prêt à en découdre. Généralement, seuls les vieux solitaires génèrent ce claquement de mâchoires, caractéristique. L'écureuil, lui, le plus gourmand de nos alpinistes de forêt, casse des noisettes, mais avec convivialité, pour déguster les fruits secs du noisetier, dans le souci de s'alimenter.

Voir aussi : ferme, sanglier.

CASTOR

À la hutte lui aussi, sans pour autant être sauvaginier.

Faune sauvage

On croit à tort que le castor est une espèce exclusivement américaine, mais nous avons le privilège, notamment en France, d'abriter le castor d'Europe, même s'il reste un animal discret et cantonné en bord de rivière. Attention : il s'agit là d'une espèce totalement protégée que certains peuvent confondre avec le ragondin, véritable fléau des étangs et, quant à lui, totalement chassable. Le castor est plus gros et surtout a la queue plate. Dans l'eau, l'identification est plus difficile. Le castor (américain tout du moins) construit des huttes comme lieu de vie et de reproduction. Le terme de hutte est également utilisé chez les chasseurs de gibier d'eau pour désigner un poste de chasse où l'on passe la nuit et où l'on tire le plus souvent les canards posés sur une mare d'appel.

Voir aussi : espèces protégées, fourrure, hutte, ragondin.

CAVERNE

Terrier du chasseur de mammouth.

Grande chasse – Histoire – Sociologie

Les hommes préhistoriques affectionnaient les grottes, les cavernes et les cavités, quelles qu'elles soient, afin de s'y abriter et d'exprimer leur art rupestre. Les cavernes n'étaient pas, à proprement parler, l'habitat de nos Homo sapiens et Néandertal, c'était plutôt un espace sacré, un refuge, un lieu de rencontre et de réunion événementielle. Nos chasseurs de mammouth, comme nos lapins aujourd'hui avec leurs terriers, y trouvaient la sécurité et un couvert. Grands amateurs de ce pachyderme laineux disparu il n'y a que 12 000 ans, les premiers hommes puisaient de la bête toutes les ressources d'une civilisation première. À l'époque, peu de membres de la tribu étaient végétariens, encore moins écologistes et antichasse !

Voir aussi : cabane, éléphant, rendez-vous, terrier.

CERCEAUX

Plus connus sous l'appellation de côtelettes, partie du squelette des grands mammifères gibiers où l'on suce plus longtemps les sauces que l'on ne mange la viande. Croire que les déguster est un jeu d'enfant nous ramène à l'acception première du mot.

Grand gibier – Gastronomie – Expressions populaires

J'ai toujours été étonné du désintérêt des chasseurs pour cette partie culinaire du grand gibier. Autant on est ravi d'avoir un cuissot ou une épaule, autant hériter des côtes s'apparente à un mauvais tour que le sort vous aurait joué.

Voir aussi : cerf, recettes, table, sanglier.

CERCUEIL

Boîte à miracles pour les chasseurs en grève.

Équipement – Expressions populaires – Gibier d'eau – Modes de chasse – Techniques

Le hutteau mobile permet aux chasseurs de gibier d'eau de suivre la marée et d'utiliser un affût transportable pour la chasse aux migrateurs et aux petits limicoles en bordure de mer. Le poste autoporté ressemble à une grande boîte sous forme de cercueil, que l'on hisse sur des roues et que l'on emporte, comme une grande brouette, là où les oiseaux de grève sont susceptibles de passer au gré du mouvement des flots. Une fois l'emplacement retenu, l'affûteur l'enterre dans le sable, s'y allonge et se dissimule à la vue du gibier. Après avoir disposé quelques formes tout autour, il profitera de la pose des congénères sauvages. Ce mode de chasse solitaire très particulier au gibier d'eau est une tradition qui ne se pratique que sur la façade atlantique.

Voir aussi : grève, hutteau, sauvagine, sauvaginier.

CERF

Grand cervidé à bichonner. Animal de cour(re) ayant ses courtisans. Normal pour le roi de la forêt. Dague tout chasseur. Vénéré en vénerie.

Grand gibier

Le cerf a comme femelle la biche; le chevreuil, la chevrette. On ne répétera jamais assez cette précision. Combien de fois des chevrettes sont-elles prises pour des biches! Pauvres cerfs si c'était le cas. Ce noble animal est sans conteste l'hôte de marque de nos forêts. Pas d'âme dans nos bois sans ses bois! La chasse à courre du cerf est une tradition millénaire. C'est un des rares grands gibiers à être chassé avec une telle abondance d'ingéniosité : cerf au brame à l'époque des amours, vénerie, battue spectaculaire en Espagne (ou monteria), tir sélectif au mirador... Le mythe de saint Hubert est né avec lui, il est l'animal de chasse par définition et symboliquement, il évoque tout ce noble art, sans oublier toutes les vertus chrétiennes qu'il véhicule. Mais cela est une autre histoire.

Voir aussi : Bambi, biche, brame, daguet, hère, taïaut,

CERF MOINE

Cerf qui ne boit pas.

Grand gibier

Cerf définitivement sans ramure.

Voir aussi : bois, cerf, mue.

CERF MULET

Cerf qui s'entête à perdre ses bois chaque année.

Grand gibier

Le cerf est dit mulet dans la période où il a perdu sa ramure.

Voir aussi : bois, cerf, mue.

CERF SATELLITE

En position orbite.

Grand gibier

Cerf en périphérie de la harde.

Voir aussi : brame, cerf.

CERF-VOLANT

Mode de chasse qui n'est plus dans le vent. Faisait de l'ombre aux meilleurs chiens d'arrêt.

Équipement – Modes de chasse – Petit gibier – Techniques

Ce mode de chasse au cerf-volant était en pratique autrefois dans les grandes plaines dénudées pour y chasser efficacement les perdrix au chien d'arrêt. Afin d'éviter l'envol des compagnies hors de portée de tir, un lucaniste (l'homme qui manipule l'engin) faisait évoluer un cerf-volant à proximité dans le ciel, dont le mouvement évoquait la présence d'un rapace, clouant ainsi au sol le gibier qui ne consentait à se lever qu'à proximité immédiate du chasseur; cela, bien sûr, quand la météo le permettait. Précisons que le mot « cerf-volant » n'a aucun rapport avec l'animal de chasse, le cerf, mais dérive d'une phonétique de proximité, « serp », en vieux méridional, qui signifiait « serpent ». Introduit au royaume de France et popularisé dès le XIVe siècle, le cerf-volant, en provenance de Chine, évoquait par sa silhouette et ses mouvements dragons et serpents.

Voir aussi : chien, perdreau, plaine, vent.

CHALEURS

Dans cet état, les chiennes deviennent gibiers et les chiens, chasseurs.

Animaux domestiques – Chiens – Faune sauvage

Terme populaire, les chaleurs sont plus connues que l'œstrus, qui désigne plus scientifiquement cette période et cet état de nos femelles de mammifères, à commencer par les plus proches de nous, les chiennes, qui sont alors fécondes et cherchent à se reproduire. Les mâles sont alors très réceptifs aux odeurs et au comportement des femelles, qui ne durent qu'un temps, celui de reproduire l'espèce. Chez les animaux domestiques, la période de reproduction peut être pluriannuelle, mais chez certains de nos grands gibiers, la période, non seulement est unique dans l'année, mais peut durer très peu de temps, comme chez le chevreuil, où la fécondité est l'affaire de quelques jours, parfois même d'un seul.

Voir aussi : brame, chien, raire, rut, sexe.

CHAMBRE FROIDE

Tient au chaud le gibier. Antre final où le chien n'a pas le droit de mener.

Aménagements – Équipement – Gastronomie – Organisation, réglementation, sécurité

Afin d'éviter que le gibier ne s'abîme, il convient, surtout en début de saison, lorsque les températures sont encore élevées, ou encore au moment des chasses d'été du chevreuil, de disposer d'un endroit frais, pour entreposer la viande de gibier. Avec la multiplication du grand gibier en France, beaucoup de clubs et d'associations de chasse sont équipés d'une chambre froide, qui maintient à une température basse la venaison. L'expression « tenir au chaud le gibier » signifie bien s'en occuper, cela de manière paradoxale sur le plan du langage.

Voir aussi : faisander, viande.

CHAMBORD

Château fort en chasse.

Histoire

Commencé en 1519, Chambord n'a jamais été un château fort, mais un rendez-vous de chasse aménagé avec faste pour les monarques français puis pour les présidents de la République.

On le doit à François Ier et à Léonard de Vinci, qui ont marqué les lieux de leur folie architecturale et de leur démesure cynégétique en entourant le domaine d'un mur de trente-deux kilomètres de long, créant ainsi, au cœur du Loir-et-Cher, en pleine Sologne, le plus grand parc forestier d'Europe comptant cinquante kilomètres carrés. Comme quoi, à l'époque, les chasses en enclos n'avaient pas si mauvaise presse qu'aujourd'hui. Fleuron des chasses présidentielles avec Rambouillet et Marly, le domaine de Chambord est une réserve à gibier étonnante où l'on peut aller écouter le brame et découvrir toute la grande faune européenne. Pendant de nombreuses années, Chambord a accueilli la plus grande fête de la chasse en France, le Game Fair.

Voir aussi : Armeville, fête de la chasse, *Game Fair*.

CHAMBRE

Espace de détente, qui n'est jamais de tout repos pour les cartouches une fois chargées. On peut aussi « chambrer » le chasseur quand il est bien « chargé », mais c'est une autre histoire...

Armes, munitions, balistique

La chambre est l'endroit où la munition est placée dans l'arme avant son tir. On dit que quelqu'un est « chargé » quand il a trop bu.

Voir aussi : âme, canons, carabine, cartouche, fusil, rayures.

CHAMOIS

Grimpeur de montagne qui vit dans des conditions très hardes. N'a pas froid aux yeux dans ses déplacements. N'en fait pas toute une montagne quand il arrive au sommet. Sait remonter la pente en hiver.

Grand gibier – Chasse en montagne

Si la nature a horreur du vide, il est dans sa nature à lui de l'adorer. Le chamois ne craint ni l'homme, ni la montagne, c'est pourquoi il est victime des deux.

Voir aussi : Alpes, Alpinus, bouc, cornes, écharpe, montagnes.

CHAMPIGNON

Le chasseur appuie dessus pour ne pas être trop en retard au rendez-vous, mais aussi dans les sous-bois.

Sociologie – Territoire – Flore

De très nombreux chasseurs combinent cueillette des champignons et recherche du gibier. Les sous-bois ont tant à nous offrir en automne qu'il serait dommage d'ignorer ces présents, pour le plus grand plaisir de nos estomacs. Champignons et gibiers se marient parfaitement dans l'assiette.

Voir aussi : recettes, table.

CHANGE

Animal qui monnaie sa survie en cas de poursuite par les chiens, avec pour devise qu'il vaut mieux laisser sa place au voisin, surtout quand c'est pour faire du sport. Particulièrement adapté au cerf.

Chasse à courre – Grand gibier

« Donner le change » est un vieux terme de vénerie qui indique une ruse du cerf qui, lorsqu'il est poursuivi par les chiens, va mettre ceux-ci sur la piste d'un autre animal afin de sauver sa vie.

Voir aussi : cerf, vénerie.

CHANT

Si les oiseaux étaient tous des maîtres chanteurs, il n'y aurait plus de chasseurs.

Faune sauvage – Sociologie

Les oiseaux chantent essentiellement à la saison des amours, du printemps au cœur de l'été,

au moment où leur chasse est précisément fermée. Le chant dont les chasseurs peuvent profiter en exerçant leur sport préféré est au moment du décollage (par exemple chez le coq faisan qui fait grand bruit), au moment du passage (pour les canards en recherche de pose) ou au moment du regroupement (perdrix dispersées). Certains pays européens permettent de chasser « au chant » le grand coq de bruyère, et là, je crois savoir que l'expérience est inoubliable.
Le maître chanteur est celui qui exerce un pouvoir sur sa victime, ce qui n'est pas le cas des oiseaux. S'ils le pouvaient, assurément demanderaient-ils que l'on cesse de les poursuivre quand ils sont gibiers, ce qui marquerait la fin des chasseurs.

Voir aussi : coq, grand coq, petit coq, place de chant, tétras.

CHANTERELLE

Perdrix qui appuie sur le champignon tant elle chante inlassablement. De quoi mettre le bourdon à ses congénères.

Petit gibier

On appelle chanterelle un champignon délicieux plus connu sous l'appellation de girolle.
La chanterelle est aussi le nom donné à la perdrix femelle chargée d'attirer, par son chant, les perdrix mâles excédentaires, ou bourdons, qui sont alors éliminés ou capturés afin de rééquilibrer le sex-ratio.

Voir aussi : bourdon, perdreau.

CHAPAIZE (curé de)

Curé à curée.

Chasse à courre – Histoire – Personnages célèbres

Le plus célèbre des curés chasseurs a bel et bien existé et a été raconté mieux que personne par le marquis de Foudras dans ses Gentilshommes chasseurs, livre paru en 1856 (même si son héros porte un autre nom, en l'occurrence, l'abbé Duverger). Né Nicolas Genost de Laforest (1722-1783) – un patronyme prédestiné –, à Tournus, en Saône-et-Loire, ce curé vint à chasser assidûment le loup pour prendre la défense de ses paroissiens, à une époque où ce grand prédateur semait la terreur dans les provinces du royaume, particulièrement en Bourgogne. Cette quête, au départ altruiste, devint vite une passion incontrôlée et notre brave curé de Chapaize força une multitude de loups bien au-delà de sa paroisse de Saint-Martin de Chapaize, tout au long de sa carrière d'ecclésiastique (trente-deux ans, tout de même), avec une meute digne des meilleurs équipages de chasse à courre, mais toujours en soutane.

Voir aussi : loup, saint Hubert, vénerie, veneur.

CHAPEAU

Seul chef qui accepte de couvrir tous chasseurs.

Équipement

Chapeaux, casquettes, bonnets sont tous des couvre-chefs, protégeant la tête des chasseurs de la pluie, du froid ou du soleil. Ici, le jeu de mots est un peu facile car les chasseurs restent très solidaires entre eux. Le chef de battue, le capitaine de chasse, le président, le chef de ligne constituent autant d'autorités associatives et bénévoles qui sont responsables du bon déroulement d'une journée. Ils encourent, en qualité d'organisateurs, une responsabilité juridique particulière en cas d'accident s'ils n'ont ni rappelé ni fait appliquer les consignes de sécurité. À ce titre, on doit quand même leur tirer... notre chapeau.

Voir aussi : capuchon, casquette.

CHAPERON

Pas forcément rouge pour chasser les mauvaises pensées.

Chasse au vol

Capuchon porté par les oiseaux de proie utilisés en fauconnerie. Cet accessoire, toujours en cuir et d'une seule pièce, anatomiquement moulé sur la tête de l'oiseau, s'enfile en commençant par le bec. Il tient le rapace dans le noir, ce qui est un facteur de calme, chassant ainsi... ses mauvaises pensées et son agitation naturelle.
Les fauconniers ne crieront pas « au loup » si d'aventure celui-ci est rouge, ce qui peut arriver, car les chaperons sont parfois de véritables d'œuvres d'art, colorées ou décorés. Un lien coulissant de chaque côté de ce chapeau permet la fixation et le resserrage sur mesure en fonction de chaque oiseau.

Voir aussi : aigle, autour, buse, fauconnerie, gerfaut, vol.

CHARBONNIER

Renard ayant coke en stock.

Faune sauvage

Spécimen de renard dont le pelage est très marqué de noir, particulièrement la queue, qui peut tirer sur le gris ardoise ou le noir avec des reflets argentés. Même les poils blancs habituels virent au gris. Il ne s'agit pas d'une sous-espèce particulière mais d'un aléa génétique qui se retrouve parfois chez notre goupil, dont la robe du plus grand nombre reste d'un roux soutenu de blanc.
Le coke est un dérivé du charbon et l'un des albums de Tintin s'intitule Coke en stock.

Voir aussi : goupil, nuisible, renard.

CHARGE (de plombs)

La recevoir est plus lourd de conséquence que de l'envoyer.

Armes, munitions, balistique

On oublie trop souvent que près d'un accident sur deux intervient lors d'une partie de chasse au petit gibier et qu'une gerbe de plombs, à courte distance, est tout aussi mortelle qu'une balle de carabine.

Voir aussi : cartouche, gerbe, jupe, plombs.

CHARGEUR

Se charge de tout.

Armes, munitions, balistique

Désigne soit le compartiment réservé aux munitions dans l'arme, soit, dans les grandes battues aux petits gibiers, l'assistant qui charge votre seconde arme quand on tire avec une paire de fusils, ce que faisaient les Anglais lors des grandes chasse aux grouses ou aux faisans.

Voir aussi : carabine, magasin.

CHARLOT

Contrairement à l'acteur du même nom, souvent en grève...

Expressions populaires – Gibier d'eau – Noms vernaculaires – Régionalisme – Personnages célèbres

Nom donné par les sauvaginiers au courlis commun sur la façade atlantique. Le courlis est un limicole de chasse très présent en bord de mer et sur la grève, fortement reconnaissable à son cri et à son long bec courbé comme celui des ibis. On peut s'interroger sur le rapprochement qui a été fait entre l'oiseau et le célèbre acteur Charlot (Charlie Chaplin, 1889-1977). En fait, il est plus raisonnable de considérer que le nom vernaculaire de « charlot » précède le surnom donné à l'acteur lui-même, et proviendrait plus sûrement du prénom Charles. Dans ses mémoires, en 1843, l'explorateur du pôle Sud, Dumont d'Urville mentionne ses chasses aux charlots, en évoquant ces oiseaux. Mais pourquoi Charles ? Là, personne ne le sait. Charlot est également le curieux surnom donné aux bourreaux autrefois, puisque les membres actifs de la famille Sanson, bourreaux de Paris, s'appelaient fréquemment Charles. Mais là, notre courlis ailé n'a rien à voir avec ce fâcheux métier. Rappelons au jeune public que l'acteur, roi précurseur des pitres et des clowns, a mené une carrière ininterrompue de 1914 à 1967. Autant dire que voilà un bourreau de travail, peu propice à faire grève...

Voir aussi : courlis, grève, sauvagine, sauvaginier.

CHARME

Arbre qui n'en manque pas.

Flore

Le charme, ou charmille, en fait le charme commun (Carpinus betulus), est un arbre ressemblant au noisetier, assez commun sous nos climats et composant une grande partie des sous-bois et des taillis. Très fantaisiste dans les formes adultes qu'il prend, il s'adapte aux autres essences et ne leur porte jamais ombrage. On croirait parfois qu'il a toujours fait partie du paysage tant sa présence est conviviale et reposante. Nos forêts n'auraient pas le même charme sans charmes.

Voir aussi : brisée, chêne, hêtre, honneurs, sapin, tableau.

CHASSÉ-CROISÉ

Chasseur sur la route des vacances, généralement en juillet ou en août, ayant changé son fusil d'épaule.

Sociologie – Moment

La chasse, ce n'est pas des vacances, encore moins avec femme, enfants et poissons rouges. Nos chasseurs juillettistes ou aoûtiens, s'ils n'ont pas changé leur fusil d'épaule, l'ont, pour la grande majorité, laissé au râtelier.

Voir aussi : week-end.

CHASSE D'EAU

On peut la tirer toute l'année sans risque de passer pour un braconnier.

Sociologie

Ne pas confondre chasse d'eau et chasse au gibier d'eau.

Voir aussi : sauvaginier.

CHASSE EN COURS

Panneau déroutant destiné à chasser les étrangers (à la chasse).

Aménagements – Grande chasse – Modes de chasse – Organisation, réglementation, sécurité – Sociologie

Les mesures de sécurité conseillées, et même parfois imposées, s'agissant du bon déroulement des chasses en battue, imposent le recours à une signalisation circonstanciée et ponctuelle : des panneaux de forme triangulaire, comme tous ceux signalant un danger routier, avec la formule laconique : « chasse en cours ». Ils quadrillent la zone de chasse le jour J, informant les étrangers à la traque, promeneurs, vélos, ramasseurs de champignons, qu'une action à l'aide d'armes à feu se déroule dans leur périmètre de balade. Ces panneaux surprennent toujours ou laissent indifférents beaucoup de non-chasseurs qui considèrent que c'est d'abord aux chasseurs de faire attention et pas aux autres d'être attentifs aux risques potentiels...

Voir aussi : battue, dangers, pancartes.

CHASSER

Faire prendre l'air à son chien et à son fusil, et prendre la terre au gibier rencontré.

Sociologie
Chasser est un sport exclusif, passionnel, réservé à l'initié bien armé (de patience également), bien équipé et bien accompagné.

Voir aussi : chasseur, cynégétique, orange, tradition.

CHASSER DEVANT SOI

Une chasse qui marche, contre toute attente.

Modes de chasse – Petit gibier
Voilà bien une expression qui a de quoi surprendre et sur laquelle on s'interroge peu : chasser devant soi! Comment peut-on chasser derrière soi ou à côté de soi ? On ne peut chasser que devant... Pourtant, cette expression singularise la chasse individuelle à la plume, au chien d'arrêt ou à la billebaude. Elle s'oppose à la chasse en battue et à la chasse au poste pour le petit gibier. Il serait inopportun de l'employer pour la chasse du grand gibier, la chasse devant soi étant « l'approche » en ce cas.

Voir aussi : approche, billebaude.

CHASSERESSE

Mieux tout de même que chasseuse ou chasseure.

Expressions populaires – Sociologie
La question qui est ici posée est celle de l'écriture inclusive, voire du langage inclusif qui consiste, au nom de l'égalité de sexes, à vouloir féminiser à l'extrême le langage, où le masculin l'emporte traditionnellement, histoire de se donner un drôle de genre. Selon cette théorie revendicative, on ne saurait plus désormais mettre un mot au seul masculin sans commettre un crime de lèse-majesté! Dans le meilleur des cas, on utilisera des mots épicènes, c'est-à-dire d'un genre neutre, ou encore on pratiquera avec assiduité le « point médian », qui consistera à rajouter entre parenthèses, le féminin (exemple : les chasseur(e)s). Les nouvelles générations ont déjà beaucoup de peine à parler un français correct, cette réforme sociétale du langage ne va pas leur faciliter la tâche. Mais revenons à nos moutons, c'est-à-dire à nos chasseur(e)s! Nos veneurs vont-ils devenir des veneuses, nos maîtres d'équipage des maîtresses d'équipage, nos piqueux, des piqueuses (on ne fait pas dans la dentelle...), nos gardes, des gardiennes de chasse, nos chiots, des chiottes ? Alors, nos chasseresses, dans tout cela ? Pourquoi pas des chasses-femmes qui, à l'instar des sages-femmes, auraient reçu le don d'accoucher les mots ? Un mal pour un mot...

Voir aussi : femmes, maîtresse, chasseur.

CHASSES COLONIALES

Port du casque obligatoire. Ne protège ni contre les charges d'éléphant, ni contre les tribus cannibales. Elles n'existent plus que dans les livres... de la jungle, et plus si affinités. Territoires sans fin, à part celle du chasseur.

Chasse à l'étranger – Grande chasse
Il n'y a plus de chasses coloniales car il n'y a plus de colonies. Il n'y a plus d'aventuriers chasseurs. Mais on trouve encore les livres des récits extraordinaires d'une époque révolue où le gibier abondait en Afrique, en Inde ou en Asie. Le Livre de la jungle *(1894) de Rudyard Kipling n'est pas un ouvrage destiné particulièrement aux chasseurs. Les grandes figures de la littérature africaine sont Édouard Foa (*Chasses aux grands fauves*, *Mes grandes chasses dans l'Afrique centrale*), William Charles Baldwin (*Du Natal au Zambèze, 1851-1866*), John Henry Patterson (*Les Mangeurs d'hommes du Tsavo*), le duc Jacques d'Orléans, Frederick C. Selous, le major Philip J. Pretorius, François Sommer, Jean d'Orgeix et combien d'autres. Beaucoup y ont laissé leur santé, si ce n'est leur vie ou leur fortune.*

Voir aussi : Afrique, Bombonnel, colonies, ivoire, safari, Selous.

CHASSEUR

Membre de la confrérie des enfants de la balle. Porteur d'arme sans grade dans l'armée civile.

Sociologie

Un enfant de la balle est un enfant du peuple, et rappelons que la chasse est d'abord une activité démocratique, populaire, en aucun cas réservée aux gens « d'en haut ». Reconnaissons tout de même que certaines chasses restent élitistes financièrement ou physiquement, mais autour d'une table, il n'y a plus que des conversations de chasseur à chasseur, sans autre barrière que celle de l'oreille (il arrive aux chasseurs d'avoir des problèmes de surdité).

Voir aussi : beauf, cannibale, Casanova, chasser, Nemrod, Tartarin.

CHASSEUR ALPIN

Seul chasseur qui peut se targuer d'être blanc comme neige.

Histoire – Sociologie

Corps de militaires dédié à la montagne et à la protection des frontières sur le versant des Alpes. Cette formation de l'armée française date de 1888 et ses membres, connus également comme « diables bleus », sont spécialisés dans le combat en altitude. N'a de chasseur que le nom.

Voir aussi : chasseur, militaire, montagnes.

CHASSEUR DE PRIMES

Ne chasse que le gibier de potence.

Sociologie

Les affichettes Wanted dead or alive *des westerns sont là pour nous rappeler que l'homme aussi a été considéré comme un gibier par ses pairs, au temps de la conquête de l'Amérique. Les délinquants pouvaient y être arrêtés et tués par n'importe qui et les responsables de la tuerie, récompensés pour leur sens civique ; certains en ont fait une profession...*

Voir aussi : chasseur, Ouest.

CHASSIVORE

Animal qui chasse pour manger. Chez l'homme, individu qui mange pour chasser.

Sociologie

Ne cherchez pas dans le dictionnaire, « chassivore » est une création de ma fantaisie ; l'homme est plus qu'un carnivore ou qu'un omnivore : il a la chasse dans le sang et la nécessité de survivre s'est muée en plaisir et gestion du prélèvement.

Voir aussi : pêchivore.

CHAT

Le seul animal capable de changer de nom en quittant la maison. De chat domestique, il devient chat haret. Ne pas confondre avec chien d'arrêt. Le seul aussi à qui il peut pousser des ailes. Exemple : le chat-huant.

Animaux domestiques

La chouette hulotte se nomme aussi chat-huant, mais il ne s'agit pas d'une appellation scientifique.

Voir aussi : espèces protégées, félin.

CHAT HARET

Jamais à l'arrêt, mais toujours à l'affût. Ni domestique, ni sauvage.

Animaux domestiques – Faune sauvage

Le chat haret ne doit être confondu ni avec le chat sauvage (ou chat forestier), ni avec le chat domestique. Comme eux, c'est un prédateur redoutable pour le petit gibier et les menus oiseaux car son intelligence, sa patience et ses techniques d'affût sont exceptionnellement efficaces. Ce chat d'origine domestique et retourné à l'état sauvage est parfaitement qualifié : « haret » vient du verbe « harer », qui en vieux français signifie « traquer ». On trouve pour la première fois le mot catalogué en 1690 dans le Dictionnaire universel *d'Antoine Furetière. « Haret » a donné également « haro » et « hallali », ce qui nous ramène au cœur du monde de la chasse. Il est protégé en France depuis 1987-1988. On le qualifie encore de chat errant et de chat féral, cette dernière dénomination lui convient parfaitement, car elle désigne justement le retour à la nature d'un animal domestique au départ. Le chien errant, sans doute plus fidèle que le chat, ne saurait être qualifié de la sorte, le mot « haret » restant l'exclusive du chat.*

Voir aussi : chat, nuisible.

CHAT-HUANT

Nom plutôt chouette pour un faux hibou.

Expressions populaires – Faune sauvage

*Autre nom de la chouette hulotte, familière de nos campagnes. Cette appellation populaire, attestée depuis 1694, viendrait du cri de l'oiseau qui rappellerait certains miaulements du chat. On dit d'ailleurs de ce rapace de nuit qu'il miaule ou qu'il hue. Le mot « hibou » est souvent pris comme synonyme de « chouette » dans la langue de tous les jours, jusqu'à penser que la chouette est la femelle du hibou ! Rien n'est plus faux. En fait, les hiboux portent souvent des aigrettes de chaque côté de la tête, qui font penser à des « oreilles », ce qui les distingue... des chouettes ! Il semble que le nom de chat-huant soit le préféré de nos écrivains car on le retrouve d'Alexandre Dumas à Théophile Gautier, en passant par Guy de Maupassant, dans leurs œuvres respectives (*Les Louves de Machecoul, Le Club des Hachichins, Les Contes de la bécasse*).*

Voir aussi : chat, grand-duc.

CHAUD-FROID

Recette qui nécessite un chasseur que l'on agite bien sur le terrain puis qu'on laisse refroidir sans ménagements, un jour de basse température. Même si c'est un dur à cuire, le chaud-froid sera réussi. Se sert avec un bon grog ou un vin chaud, alité.

Gastronomie

Le principe du chaud-froid est celui d'un plat préparé chaud mais consommé froid, qu'il s'agisse de viandes ou de poissons. Le gibier ne fait pas exception à la règle et de nombreuses recettes l'emploient comme ingrédient privilégié. Le chaud-froid le plus traditionnel reste à base de volaille. La recette que nous proposons est purement imaginaire, les plus audacieux cuisiniers l'auront compris.

Voir aussi : météo, table.

CHAUD LAPIN

Chasseur qui s'en tire plus que bien, car qui ne va pas à la chasse perd sa place.

Sociologie

Le lapin est réputé pour ses prouesses sexuelles, son infatigable capacité de reproduction et son taux de fécondité hors du commun. Il n'y a guère que la souris ou le rat pour rivaliser avec lui. Par analogie, un homme possédant des capacités similaires est appelé un chaud lapin.

Voir aussi : Casanova, sexe.

CHAUDRON

Meilleur avec un nuage de laie.

Grand gibier

Le chaudron désigne soit le nid où la laie (femelle du sanglier) met bas, soit un mode de chasse en battue pour le petit gibier qui consiste à rabattre en cercle une immense parcelle de terrain (pratique assez réputée notamment en Alsace). Le chaudron, c'est aussi un récipient utilitaire en cuisine et qui permet de préparer différents plats.

Voir aussi : laie suitée, perdreau.

CHAUFFERETTE

Participe à l'échauffement du chasseur, même non sportif.

Équipement – Grande chasse – Techniques

L'échauffement est une étape obligatoire pour la pratique de toute activité sportive. Il permet de préparer les muscles à l'effort, tout comme il fait monter le système cardiovasculaire en puissance. Force est de constater que le chasseur n'y a que peu recours, même si l'on considère encore que la chasse est une activité sportive à part entière. La chasse au grand gibier se pratique souvent l'hiver, par temps froid et venté, où le chasseur de battue ou l'affûteur au mirador reste longtemps sans bouger. Il y a lieu alors de recourir à un petit accessoire très utile : la chaufferette ou chauffe-mains. Cette petite boîte, ultraplate et ouvrante, existe dans différentes versions de combustibles utilisables (essence à briquet ou bâtonnet de charbon) et dégage une chaleur très appréciable quand on la laisse dans une poche pendant plusieurs heures.

Voir aussi : battue, froid de canard, mirador.

CHAUME

Terre qui, n'ayant plus de blé, va s'en trouver toute retournée.

Territoire

Toute céréale plantée donne deux récoltes : le grain et la paille. Une fois la céréale moissonnée, il ne reste sur le terrain que la base de la paille et sa racine au sol, ou chaume. Ce chaume est ensuite hersé puis retourné (déchaumé) pour enrichir et préparer le sol en vue du prochain semis. Il y reste toujours un peu de grain qui attire les oiseaux – pigeons, perdrix et corvidés principalement.

Voir aussi : alouette, caille, labour, paille.

CHAUVE-SOURIS

Gibier absolument protégé dans les chasses du comte Dracula.

Faune sauvage

La chauve-souris est un mammifère (et non un oiseau) qui ne saurait être, en aucun cas, considéré comme un gibier. On l'a, à tort, assimilée au monde des vampires, buveurs de sang, aux démons de la nuit comme l'illustre Dracula, personnage romanesque né de l'imagination fertile de l'Irlandais Bram Stoker en 1897. La majorité des chauves-souris sont insectivores ou frugivores.

Voir aussi : espèces protégées.

CHEF DE LIGNE

Poste tout le monde sauf lui.

Organisation, réglementation, sécurité – Grande chasse

Le chef de ligne a la lourde responsabilité de placer aux endroits qu'il considère comme judicieux tous les participants d'un groupe de chasseurs lors d'une battue au grand gibier. Son choix doit conjuguer sécurité et probabilité de passage du gibier. Lorsqu'il a fini d'affecter les postes, il ne reste pas toujours d'endroit pour sa personne. Dans la majorité des cas, il se retrouve en bout de ligne et ramasse tout le monde à la fin de la traque.

Voir aussi : battue, chef traqueur, dirigeant, traque.

CHEF TRAQUEUR

Ne trompe personne en prenant soin de son cor.

Organisation, réglementation, sécurité – Grande chasse

Une battue au grand gibier consiste à battre une enceinte et à pousser le gibier vers les lignes de chasseurs postés. Pour coordonner les rabatteurs, il y a souvent un chef traqueur, parfois un louvetier ou un maître-chien. Afin de coordonner tout le monde, d'indiquer le début et la fin de traque, le rappel des chiens ou les animaux vus, tirés ou morts, un instrument de musique est bien pratique : la trompette, baptisée à tort cor ou trompe de chasse, qui n'est parfois qu'une simple pibole dans laquelle on souffle fort pour se faire entendre de loin. Le cor est un instrument d'orchestre et la trompe est réservée au monde de la vénerie, mais la confusion entre les différents instruments est fréquente et tous sont pris abusivement comme synonymes.

Voir aussi : battue, chef de ligne, dirigeant, traque.

CHEMIN

La voie du chasseur, qu'il doit, paradoxalement, emprunter en silence. De même que tous les chemins mènent à Rome, tous les chemins mènent au chasseur.

Aménagement – Expressions populaires – Géographie

Le chemin est une voie de circulation empruntée aussi bien par les chasseurs que par le gibier. C'est là un moyen de pénétrer en milieu forestier dense, de parcourir de longues distances pour chasser à l'approche ou se rendre au poste. Chasser sans chemin serait comme chasser sans fusil ! Attention à ne pas confondre routes et chemins : la route est carrossable, réservée aux véhicules et aux gens pressés. Le chemin, lui, se découvre en silence, dans la tranquillité du moment, presque confidentiellement. Même quand il est très réputé et très fréquenté, il ne perd pas son appellation, le meilleur exemple étant les fameux GR français, ou chemins de grande randonnée. Le chemin permet de découvrir un point de vue, il est un repère géographique important pour se déplacer sans se perdre, il relie les hommes et les âmes (chemin de Saint-Jacques-de-Compostelle).

Voir aussi : approche, randonner, randonneur, routard.

CHÊNE

Prend tout son charme quand ses branches sont brisées.

Flore – Grand gibier

La tradition veut que l'on honore le grand gibier à la présentation du tableau en déposant une branche brisée, en partie dans sa bouche en signe de dernier repas, en partie sur la blessure et en partie sur le chapeau de l'heureux tireur. En principe, on choisit l'essence forestière de proximité la plus noble et souvent, il s'agit du chêne, à défaut l'épicéa ou le charme convient, entre autres rameaux.

Voir aussi : brisée, charme, hêtre, honneurs, sapin, tableau.

CHENIL

Pour mener une vie de chien en pension.

Chiens

À l'exception du propriétaire d'une meute de chiens courants ou d'un éleveur professionnel, il est toujours décevant de penser que certains chasseurs considèrent encore leur chien comme un simple accessoire que l'on range en fin de journée au chenil, comme sa voiture, au garage ; heureusement, l'immense majorité des chiens d'arrêt et de rapport ont droit à la cuisine et dans le meilleur des cas, au canapé ! Il faut bien reprendre des forces quelque part en attendant dimanche prochain.

Voir aussi : chien (tout court), chien courant, meute.

CHEPTEL

Gibier auquel il est capital de s'intéresser, dans le cadre d'une bonne gestion.

Faune sauvage

Le cheptel est à la chasse ce que les intérêts sont au capital, et les œufs d'or, à la poule de la fable. Il faut l'évaluer au plus juste, tenir compte de la prédation naturelle, des conditions météo, de la reproduction pour ajuster au mieux le prélèvement et pouvoir compter sur un cheptel-gibier dynamique les années suivantes.

Voir aussi : gibier.

CHERCHE

Ordre bien trouvé. Les bons chiens sont de bons chercheurs, l'inverse n'est pas vrai.

Chiens

Avez-vous remarqué combien de chasseurs parlent à leur chien ? Il leur faut beaucoup d'intelligence pour tout comprendre mais il est des mots-clés qui semblent éveiller toute la compréhension de nos fidèles compagnons. Le mot « cherche » en fait partie. Il donne l'indication au chien qu'il a une action à mener : soit celle de dénicher le gibier encore vivant dont la présence est supposée ou avérée, soit de trouver un gibier blessé. Dans ce dernier cas, l'ordre suivant sera « apporte ».

Voir aussi : apporte, arrêt, chien (tout court), chien de sang, *down*.

CHEVAL

Bête de rallye. Élément moteur d'un équipage. Supporte le chasseur, particulièrement lorsqu'il est à courre. Sait se vautrer (vautrait) avec succès.

Animaux domestiques – Chasse à courre

On dit que le chien est le meilleur ami de l'homme, il l'est aussi du chasseur, mais le cheval peut lui faire concurrence quand il s'agit de pratiquer la chasse à courre. Comment parcourir tous ces kilomètres, par monts et par vaux, sans l'aide précieuse d'une monture totalement adaptée à la circonstance ? Mieux qu'un 4 x 4, le cheval ne s'embourbe pas, sait nager, sait sauter, emprunte les sous-bois peu praticables et en plus, tient chaud au cavalier, tout en lui procurant une vue panoramique en hauteur. Un équipage de chasse est appelé également « rallye », quand il est spécialisé sur le cerf ou le chevreuil et « vautrait » quand il chasse exclusivement le sanglier.

Voir aussi : équipage, rallye, vautrait, vénerie, veneur.

CHEVALIERS

Autant rassurer notre jeune lectorat : aucun oiseau ne porte d'armure ni ne part en migration pour délivrer Jérusalem. Les chevaliers sont de petits échassiers voyageurs, hauts sur pattes, qui ne manquent pas d'allure, mais de là à les trouver chevaleresques...

Gibier d'eau

On se demande encore pourquoi la langue française a distingué si subtilement les différents petits échassiers : la longueur des pattes ne justifie pas tout, même si elle participe à leur dénomination. Ainsi, entre les plus petits – les bécasseaux – et les plus grands – les échasses –, il y a la famille nombreuse des chevaliers, dont un seul porte le nom de combattant, ce qui explique difficilement le nom générique de l'espèce pour tous les autres : chevalier aboyeur, chevalier cul-blanc, chevalier arlequin, chevalier guignette, chevalier sylvain, chevalier gambette, chevalier stagnatile. Plus de la moitié d'entre eux sont protégés, ce qui ne rend pas la tâche facile aux sauvaginiers.

Voir aussi : barges, bécasseau, combattants, courlis, cul-blanc, gambette.

CHÈVRE

Celle de Monsieur Seguin n'était ni de la race des chevreuils ni de celle des chamois.

Animaux domestiques – Personnages célèbres

On désigne communément la chevrette (femelle du chevreuil) et la femelle du chamois sous le nom de chèvre. Dans le second cas, cela se justifie pleinement car le chamois appartient à la famille des chèvres sauvages, ce qui n'est pas le cas du chevreuil.

Voir aussi : bouc, chamois, chevrette.

CHEVRÉE

Une grande famille, petits à petits.

Animaux domestiques – Faune sauvage – Chasse en montagne

La progéniture du chamois est appelée chevrée, sans doute parce que le chamois est d'abord une chèvre sauvage de montagne, comme l'indique son nom scientifique, Rupicapra rupicapra. *La chevrée suppose plusieurs petits, et parfois plusieurs chèvres qui se regroupent en troupeau. Ce dernier terme n'est jamais utilisé pour les animaux sauvages européens, mais l'est quelquefois pour les animaux sauvages d'Afrique (troupeau d'éléphants, troupeau d'antilopes, etc.). Chez le sanglier, on utilisera le mot « compagnie », chez le cerf, celui de « harde », chez le loup, celui de « horde » ou de « meute ».*

Voir aussi : chamois, chèvre, compagnie, harde, meute, montagne.

CHEVRETTE

Les chasseurs la font souvent devenir chèvre.

Grand gibier

Dans le langage courant, la chevrette est souvent appelée à tort « chèvre ». Totalement injustifié.

Il est également une plante aquatique fortement adhérente au niveau de ses akènes qui porte le nom populaire de « chevrette » et qui là, fait vraiment devenir chèvres chasseur et chien, tant il est difficile de s'en séparer. Il s'agit du bident tripartite.

Voir aussi : aboiement, chèvre, chevreuil, rose.

CHEVREUIL

Petit cervidé ayant horreur d'être brocardé.

Grand gibier

Le brocard est le nom donné au chevreuil mâle adulte, le jeune étant un chevrillard. Brocarder, c'est aussi plaisanter avec humour quelqu'un, se moquer de lui gentiment, en quelque sorte.

Voir aussi : aboiement, bouton, *Capreolus*, chevrette, rond de sorcière, rose.

CHEVRILLARD

Genre de chevreuil au sexe indéterminé. A une dent contre les chasseurs.

Faune sauvage

Jusqu'à six mois, le chevreuil est faon. Au-delà et jusqu'à un an, il est chevrillard, qu'il soit mâle ou femelle ! Le critère de détermination tenant non pas à un cheveu, mais à une dent : une prémolaire, trilobée, qui va pousser pendant cette période et qui ne deviendra définitive et bilobée qu'au-delà de la première année. Attention encore de ne pas confondre molaires et prémolaires… Le genre définit le sexe, tout du moins, c'est sa vocation. Eh bien

le chevrillard n'en a pas aux yeux de la réglementation ni de la pratique : il n'existe pas de « chevrillarde » ou de « chevrechette ».

Voir aussi : brocard, chevreuil, chevrette, faon.

CHEVROTINES

Munitions plus dangereuses que le gibier qu'elles poursuivent. Arrosent la garrigue au même titre que les Canadair. À leur décharge, elles assurent. En Corse, le plat national est le cuissot de sanglier et ses chevrotines garnies.

Armes, munitions, balistique – Organisation, réglementation, sécurité – Grande chasse

La chevrotine est une munition de fusil de chasse qui a été très utilisée autrefois et qui ne l'est plus maintenant du fait de sa dangerosité, tant pour les chasseurs que pour le gibier. Le principe reste, depuis 1972, le tir à balle du grand gibier. La chevrotine se présente comme une cartouche classique de fusil sauf que les plombs, appelés grains, sont moins nombreux et beaucoup plus gros. Le tir à la chevrotine est encore pratiqué pour chasser le sanglier dans les massifs denses à végétation épaisse, comme le maquis. Ces grains sèment la foudre au coup par coup. Ceux qui en tirent ont encore un grain mais ceux qui les reçoivent en ont toujours plusieurs. Contestées pour leur dangerosité, pas pour leur efficacité.

Voir aussi : cartouche, croisillons, plombs, ricochets.

CHICHON

Drogue du chasseur de palombe.

Expressions populaires – Gastronomie – Noms vernaculaires – Régionalisme

Pour les initiés aux plaisirs interdits, le chichon est l'expression argotique désignant le haschisch. Loin de nous l'idée de suggérer que les paloumayres du Sud-Ouest ont recours à de telles pratiques. Dans cette région de France, le chichon fait appel à la gastronomie et aux plaisirs de la table, et Dieu sait si les chasseurs y sont sensibles. Il s'agit d'un (faux) pâté mixte, plus exactement de rillettes, composées de canard et de porc ou simplement de canard – c'est une spécialité gasconne, au départ. Ailleurs, on les nomme également gratons, fritons ou graisserons. Se consomme froid ou chaud, bien pratique quand on est sur le terrain.

Voir aussi : Ouest, palombe, pâté, table, Sud.

CHICOTS

Dents de laie.

Grand gibier

Les chicots désignent, chez l'homme, des dents en piteux état. Chez la femelle des sangliers, les crocs sont encore appelés les chicots, mais ce sont des dents de laie qui ne sont pas des dents... de lait !

Voir aussi : sanglier.

CHIEN (tout court)

Animal domestique condamné à travailler le dimanche. Meilleur ami de l'homme en général et du chasseur en particulier, après son fusil ; bonne pâte à quatre pattes qui se mouille pour son maître.

Chiens

La plupart des animaux utiles à l'homme se reposent le dimanche en même temps que leur maître, sauf le chien qui le suit à la chasse ; c'est vrai qu'il a la semaine pour se reposer !

Voir aussi : aboiement, Carré (maladie de), chenil, collier, *LOF*, pedigree.

CHIEN COUCHANT

Chien non courant, mais nom courant pour un chien d'arrêt.

Chiens

Tandis que l'expression « chien courant » est fréquemment utilisée dans le langage de la chasse de tous les jours pour désigner les chiens qui forcent l'animal en le maintenant sur pied en mouvement, l'expression « chien couchant » n'est guère plus usitée actuellement. Très en vogue autrefois, elle semble avoir été délaissée au fur et à mesure de la spécialisation de la gent canine. Elle désigne pourtant très exactement le rôle et la position du chien d'arrêt qui s'immobilise lorsqu'il a trouvé son gibier dans une posture particulière. Le chien couchant, comme le soleil couchant, symbolise le fait de se baisser pour l'animal au moment de l'action de chasse. En aucun cas il n'y a de rapport avec le sommeil.

Voir aussi : arrêt, chien courant, meute, patron.

CHIEN COURANT

Chien de race parfois rare et donc pas si courant que ça. Manifestant à quatre pattes ayant comme unique revendication de gueuler plus fort que son voisin. Aime courir pour le bonheur de sentir le cul du chien de devant et pour celui de savoir que le sien est reniflé par celui de derrière. Pas si ordinaire ni rapide que son nom l'indique. Chien ayant suivi un ancien régime.

Chiens – Chasse à courre – Grande chasse

Doué d'une intelligence collective l'autorisant à courir et à gueuler en même temps. Sans défrayer la chronique, ce genre de chiens fait beaucoup de bruit dans le monde de la vénerie. Le chien courant s'oppose en tout point au chien d'arrêt, ou « chien couchant ». Bien que ce chien soit connu et utilisé depuis plus de mille ans en vénerie, la chasse à tir, notamment celle du sanglier, lui fait une large place en matière de battue et de chasse communale. Petits ou grands courants mènent ainsi un train d'enfer à nos cochons les plus embusqués. Une multitude de races cohabitent. Les plus connues sont le porcelaine, le beagle, le bruno du Jura, le basset artésien, le bleu de Gascogne, le griffon vendéen, le fauve de Bretagne, les tricolores, les anglo-français... Le chien courant est normalement créancé, c'est-à-dire spécialisé dans un gibier à poursuivre, et élevages et meutes sont constitués en conséquence.

C'est aujourd'hui grâce à une poignée de passionnés que ces chiens peuvent courir librement et en grand nombre dans nos forêts. Sans la chasse, la majorité d'entre eux serait condamnée à disparaître rapidement. Attention cependant : les effectifs de certaines races sont à la baisse et il devient de plus en plus difficile de trouver certains reproducteurs.

Voir aussi : aboiement, battue, lice, meute, vénerie.

CHIEN DE SANG

Chien qui en voit parfois de toutes les couleurs et qui n'a pas à rougir de sa mission. Contrairement à une opinion de néophyte très répandue, le chien de sang n'est pas hémophile. S'il se fait du mauvais sang, ce n'est pas pour son maître mais pour le gibier que ce dernier a été incapable de tuer proprement. Blessé, il faut le retrouver, goutte que goutte. Le chien de sang arrive toujours après la bataille, non pour compter les morts mais pour trouver les survivants.

Chiens – Grand gibier

Le chien de sang, ou chien de rouge, dont la culture est essentiellement germanique avec des races spécialisées comme le rouge de Hanovre ou le rouge de Bavière, a comme unique fonction d'intervenir après la chasse pour retrouver le gibier blessé, à partir d'indices de blessure au coup de feu. En France, de petits chiens comme le teckel à poil dur font très bien l'affaire.

Voir aussi : aboiement, cherche, conducteur, nez, rouge, sang.

CHIEN VIVERRIN

Seul chien à servir de gibier. Sous certains aspects, chien « de chasse » aussi.

Chiens – Faune sauvage – Géographie – Histoire – Piégeage

Le chien viverrin est une espèce invasive (une EEE, Espèce exogène envahissante) qui nous vient d'Europe centrale, et particulièrement d'Allemagne. Cette expansion lente explique sa présence renforcée en Alsace-Lorraine et en Franche-Comté. Ressemblant un peu – en plus petit – au raton laveur, proche de nos mustélidés, de la taille d'un renard ou d'un blaireau, sa discrétion fait qu'on le remarque peu, même si sa présence effective en France remonte aux années 1975. On l'appelle aussi le chien-martre et le chien du Japon, car il est très présent dans la mythologie nippone (où il est appelé tanuki*). Il nous vient d'Extrême-Orient (Chine, Corée et Japon) et a été introduit par les Russes (pour l'élevage de sa fourrure, particulièrement pour la confection de vêtements chauds à destination de l'armée) dans la première partie du XXe siècle (1928-1955). Il est le seul dans sa catégorie à hiberner. Gibier prélevé régulièrement en Allemagne ou en Pologne, ce canidé est un excellent chasseur et, comme le renard, il commet quelques méfaits non négligeables sur les petits animaux et les oiseaux. Son nom scientifique (*Nyctereutes procyonoides*) vient de ses activités nocturnes. Encore anecdotique chez nous, l'animal se trouve sur la liste des espèces gibiers et sur celle des espèces nuisibles, selon les cas.*

Voir aussi : blaireau, chien, EEE, nuisible, raton laveur, renard.

CHIMÈRE

Gibier de rêve. Rêve de chasseur.

Histoire

Un animal chimérique est un animal imaginaire. Dans la Grèce antique comme au Moyen Âge, les bestiaires lui faisaient une large place. À l'origine, c'était un animal composite empruntant au lion, à la chèvre et au dragon. Depuis, est chimérique toute action, tout animal, toute chose difficile de conquête, de capture ou d'accès ; certains gibiers bien réels entrent dans la catégorie.

Voir aussi : dahu, dragon.

CHIPEAU

... melon et bottes de cuir. Dommage qu'il lui manque un « A » dans son nom. Chapeau quand même. Sa cane pourrait chipoter celle du colvert.

Gibier d'eau

Le chipeau fait partie de la famille des canards de surface et des gibiers d'eau chassables. La femelle ressemble, en plus petit, à la cane colvert. Assez commun en France. Son miroir (bande de plume caractéristique sur l'aile) est blanc et noir. Le mâle est gris moucheté avec la tête beige. Le bec n'a pas de coloration spéciale. Chapeau (et non chipeau) melon et bottes de cuir est une célèbre série télévisée où les personnages (John Steed, Emma Peel, Tara King puis Purdey) alliaient l'élégance, la distinction et le charme, un peu comme cet oiseau.

Voir aussi : canard.

CHIRURGIENNE

Chassée, la bécasse est le seul oiseau qui demande réparation.

Petit gibier

La bécasse est, à notre connaissance, l'un des rares oiseaux capables de se soigner elle-même. Blessée à une patte, il lui est possible de se poser un emplâtre et de se réparer ainsi un membre accidenté. Belle faculté d'adaptation et signe encore plus évident de l'intelligence innée de notre dame des bois.

Voir aussi : bécasse.

CHOISIR

Chasser, c'est choisir entre la vie et la mort.

Sociologie

On a toujours le choix de tirer ou non, cela n'empêche pas de chasser, mais quand on tire, alors on doit donner la mort le plus rapidement et le plus proprement possible.

Voir aussi : éthique, tir.

CHOKÉ

Mieux vaut être choké pour bien se porter (portée).

Armes, munitions, balistique

Le choke, amovible ou non, est un rétrécissement léger du canon à son extrémité, permettant de resserrer la gerbe de plombs de la cartouche et par conséquent, d'augmenter la portée et la puissance d'un fusil de chasse. Le mot est d'origine anglaise et n'a pas été traduit. Il signifie étrangler.

Voir aussi : canons, fusil, plombs.

CHOUCAS

Corbeau de colonies qui paye un lourd tribut à sa tribu. Heureusement, il a plus d'un(e) tour dans son sac.

Faune sauvage

Nos régions abritent de nombreuses espèces de corvidés qui, pour le commun des mortels, se ressemblent toutes plus ou moins parce que noires et vivant en colonies. Seule la corneille noire est un dangereux prédateur pour le petit gibier et les couvées. Malheureusement, le choucas des tours (aussi appelé corneille des clochers, ou chochotte), qui est un corbeau plus petit, totalement inoffensif, est souvent assimilé injustement à ladite corneille, comme étant un corbeau de base, donc un nuisible à éliminer, bien qu'il fasse partie des espèces protégées. Cet oiseau est peu craintif de l'homme et aime entretenir une proximité avec lui ; il niche dans les vieux murs (d'où son qualificatif de choucas des tours) ou les arbres creux, donne de la voix plus qu'il n'en faut, et heureusement, car il sait flairer le danger. La confusion est également flagrante en vol où ses déplacements rapides et saccadés rappellent ceux des pigeons. On le dit cleptomane de profession, à l'égal de la pie.

Voir aussi : corbeau, corneille.

CIBLE

Point de rendez-vous des munitions en fin de course, qui monte en flèche et qui cartonne chez les chasseurs.

Armes, munitions, balistique

La cible est le point d'impact, vivant (sur le gibier) ou artificiel (sur carton, paille ou silhouette 3D) recherché par le chasseur. Comme chacun ne sait pas toujours, la trajectoire du projectile n'est pas linéaire entre la sortie du canon et l'arrivée sur cible. Il subit la poussée donnée par la poudre et la compression dans le canon, ce qui le fait monter, puis son poids et sa vitesse se chargent, combinés à l'attraction terrestre, de le faire redescendre pour atteindre le point visé selon la distance. Des réglages minutieux, tant des optiques que des munitions et des armes, sont nécessaires pour bien connaître cet arc de trajectoire que l'on appelle flèche ou DRO (distance optimale de réglage).

Voir aussi : ball-trap, pigeons d'argile, sanglier courant, tir, tireur.

CIEL

Si les oiseaux sont sûrs d'y monter, le chasseur peut-être pas.

Sociologie

La chasse est-elle un péché capital ? Pas dans la Bible sauf si l'on considère que « tuer son prochain » en est un, et que ce prochain est un animal. Et puis, il y a le chasseur qui est peu respectueux des règlements, nonchalant sur la gestion, et peu partageur de la nature... Celui-là, très terre à terre, n'a pas encore conquis son ciel.

Voir aussi : éthique, paradis.

CIRCONSTANCES

Histoires d'animaux pour ceux qui connaissent la musique.

Sociologie – Chasse à courre – Grande chasse

Les morceaux de musique qui racontent les épisodes de chasse en notes (surtout en vénerie) s'appellent des circonstances, comme il existe des fanfares ou des concertos.

Voir aussi : fanfares, trompe, sonneries, vénerie.

CITES

Convention on International Trade in Endangered Species of Wild Fauna and Flora. À cause d'elle, les chasseurs sont conventionnés et les gibiers, annexés.

Chasse à l'étranger – Faune sauvage – Flore – Trophées

Cet accord international conclu en 1973 concerne le commerce international du « vivant menacé » et, par voie de conséquence, l'importation et l'exportation des trophées de chasse. Il a été signé par plus de 180 pays et classifie 36 000 espèces. Plus connue sous le nom de Convention de Washington, la CITES (Convention sur le commerce international des espèces de faune et de flore menacées d'extinction, en français) accorde un degré de protection plus ou moins fort selon la menace pesant sur tel ou tel animal, à commencer par sa chasse. Cette convention comporte plusieurs annexes qui limitent ou interdisent la commercialisation de nombreux gibiers (essentiellement concernés par la non moins fameuse annexe 3). Sous son égide, il est délivré des permis de voyager aux trophées du pays de chasse au pays du chasseur. Sans ce « sésame », impossible d'opérer le rapatriement du gibier, pourtant prélevé tout à fait légalement sur son territoire d'origine.

Voir aussi : trophées, *trophy room*, voyages.

CIVET

Lièvre qui s'est fait du mauvais sang inutilement.

Gastronomie

Un civet est une viande de gibier préparée en sauce (vin et marinade) et si possible avec le sang de l'animal. Il doit son nom aux oignons (cives) qui l'accompagnent. La recette du civet de lièvre est la plus connue et pratiquée chez les chasseurs et les restaurateurs. Tous les grands gibiers se préparent aussi en civet, mais chaque quartier de viande offre d'autres éventualités gastronomiques.

Voir aussi : grand gibier, lièvre, recettes, table.

CLÉ

Le fusil est le seul objet à posséder une clé sans serrure.

Armes, munitions, balistique

La clé est la pièce métallique qui permet d'ouvrir et de fermer un fusil de chasse, et qui est actionnée par le chasseur à l'aide du pouce. Elle rend solidaire toute l'arme une fois verrouillée et lui permet de « se casser », une fois le tir accompli ou pour mettre l'arme en sécurité, canons ouverts.

Voir aussi : bascule, fusil.

CLÔTURE

Ne rend pas pour autant le gibier domestique, loin de là. Les clôtures à vaches ralentissent plus sûrement le chasseur que le gibier dont la vie ne tient parfois qu'à un fil.

Territoire – Aménagements

La clôture pose le problème de la chasse en enclos. On peut considérer que la chasse y reste naturelle lorsque le gibier n'y est pas lâché, s'y reproduit naturellement et que la surface est suffisamment grande pour qu'il échappe à ses poursuivants. Dans tous les cas, la chasse en terrain ouvert est préférable, même si elle est également émaillée de clôtures à bétail ou à chevaux qui transforment certains itinéraires de chasse en parcours du combattant.

Voir aussi : enclos.

COCHON

Sanglier vivant sous un nom d'emprunt. Quand on le voit, c'est toujours un cochon. Quand on le mange, c'est toujours un sanglier. Quand on le chasse, c'est toujours un sanglier. Quand on le rate, c'est toujours un cochon. Le mot cochon ne s'écrit pas, il se crie « cochon » comme si l'on avait peur de prononcer son nom.

Grand gibier

Il faut être né non-chasseur pour croire encore que le cochon est rose, a la queue en tire-bouchon et vit dans la cour des fermes. Pour tout chasseur, le cochon, c'est abord et surtout le sanglier vivant. Le terme n'est pas péjoratif, au contraire, il constitue plutôt un hommage à la force et à la sauvagerie de l'animal.

Voir aussi : à la hou, battue, cochonglier, cochonnes, sanglier, vlôo.

COCHON D'INDE

Animal ayant peu de parenté avec notre sanglier. Ne se chasse que quand on ne veut plus le voir ni le sentir à la maison.

Animaux domestiques

Porte le nom de cochon par hasard. N'en a aucune des caractéristiques.

Voir aussi : espèces protégées.

COCHONGLIER

Sanglier ayant un caractère de cochon. Dit encore « sanglichon ». Ne pas confondre avec un sandwich au saucisson.

Grand gibier

Malheureusement, il arrive que le porc domestique et le sanglier s'hybrident et que les caractères morphologiques des deux réapparaissent au bout de plusieurs générations, produisant ainsi des sangliers à nez court, à pattes blanches ou à taches... Ces animaux croisés sont à éliminer en priorité pour préserver l'espèce sanglier. On donne à ces hybrides ou descendants d'hybrides ces différents noms de « cochonglier » ou de « sanglichon », qui illustrent bien la bâtardisation de la race. Certains ont prétendu que ces croisements avaient été encouragés parfois sous prétexte d'amélioration du taux de fécondité du sanglier.

Voir aussi : cochon, sanglier.

COCHONNES

Blagues très prisées par le milieu des chasseurs et qui font un tabac.

Sociologie

L'homme reste un homme, même chasseur, et entre hommes, on aime bien raconter des blagues un peu osées... ou blagues cochonnes ! La blague est aussi la poche qui sert à contenir le tabac pour priser ou fumer la pipe.

Voir aussi : cochon, humour, gaudrioles, laie suitée, sanglier.

COCOTTE

Gibier minute. En cuisine, plume le chasseur gastronome. Ne vaut guère mieux que celles en papier.

Élevage – Faune sauvage – Gastronomie – Gestion – Petit gibier

Le gibier lâché au dernier moment, volant mal et parfois déplumé, est baptisé du nom de « cocottes », affectueusement par les chasseurs, mais aussi avec un arrière-goût contradictoire d'interdit. Cela concerne essentiellement les faisans, les perdrix, les cailles et les canards. Cette pratique ne se justifie aucunement : la chasse reste un acte de gestion qui opère un prélèvement raisonné sur les effectifs de faune sauvage, non une boucherie organisée. Ce gibier d'élevage, dont la viande est issue de granulés, n'a pas les mêmes qualités gastronomiques que le vrai gibier sauvage. Lâcher pour repeupler, oui, lâcher pour tuer, non.

Voir aussi : faisan, lâcher.

COCU

Pendant très longtemps, on s'est demandé si les cocus portaient des bois ou des cornes. Puis la nature humaine a tranché en ayant recours à une logique absolue : puisqu'une fois portées elles ne tombent jamais, alors, ce sont bien des cornes. Chasseur transformé en gibier par sa femme. La maxime « Qui va à la chasse perd sa place » prend ici tout son sens.

Sociologie

En étant optimiste, on va considérer que le chasseur qui est chanceux n'est pas pour autant un homme trompé. Les cocus porteraient des cornes car l'expression viendrait des Grecs et ces cornes seraient celles d'un bouc. Le bouc serait le mari de la chèvre, elle-même particulièrement « portée » sur la chose. On est quand même rassuré de savoir que nos grands cervidés n'y sont pour rien et que leur panache reste intact.

Voir aussi : Casanova, cornes.

CŒUR (coup de)

Réciproque chez le chasseur et son gibier. Pour une fois que les deux se renvoient la balle...

Armes, munitions, balistique

Les balles de cœur ne sont pas toujours instantanément mortelles. L'animal fait plusieurs mètres s'il est arrêté ou poursuit sa course s'il est en mouvement.

Voir aussi : *anschuss*, Casanova, Cupidon, coup, tir.

COFFRÉS

Pour animal touché et armes intouchables.

Armes, munitions, balistique – Organisation, réglementation, sécurité

Un animal bien visé et bien touché est dit « coffré », c'est-à-dire atteint au coffre, à la poitrine. Avec une telle blessure, il ne peut aller bien loin. L'expression est employée pour le grand gibier. Les armes de chasse, elles aussi, à leur manière, doivent être coffrées, mises au coffre, ou dans une armoire forte, lorsqu'elles sont à la maison. Question de sécurité : à l'intérieur, il faut les rendre intouchables.

Voir aussi : *anschuss*, sécurité.

COIFFER

Quand on dit d'un cerf qu'il est coiffé, on ne pense pas à sa mise en plis mais à sa mise en bois. Quand on dit d'un sanglier qu'il est coiffé, c'est qu'il a été pris par les chiens. Quand on dit d'un chasseur qu'il a été coiffé au poteau, c'est qu'un autre chasseur est arrivé avant lui...

Chiens – Grand gibier

Une chose est sûre : dans tous les sens que revêt le verbe « coiffer », la coiffure n'y est pour rien, le coiffeur non plus. Coiffer évoque toujours une « prise de tête ».

Voir aussi : battue, cerf, chevreuil, sanglier, vénerie.

COLLET

Quand on l'emprunte, la mort vous pend au bout du nez. Posé pour prendre les lapins et pendre les grives (lacet).

Modes de chasse

Ce piège de braconnier consiste à placer des nœuds coulants en fil de fer sur le passage du gibier, particulièrement des lapins. En empruntant la voie, l'animal s'étrangle en voulant fuir. Un procédé similaire se pratique avec du crin de cheval dans les Ardennes, où l'on capture des grives en les appâtant avec les baies à oiseaux piégées par un nœud coulant ou lacet (on appelle cette chasse traditionnelle la tenderie).

Voir aussi : braconnier, lapin, piège, *Raboliot*.

COLLIER

Accessoire pour chien très attaché à son maître.

Chiens

Le collier a plusieurs fonctions et peut n'être porté que pendant l'action de chasse; il permet de retenir le chien en cas de bagarre ou de quête trop impulsive, il l'identifie clairement grâce à une plaque d'identité et quand il est fluorescent, il assure sa protection dans la traque en le distinguant très nettement des gibiers éventuels de même corpulence. On passera sous silence les colliers électriques ou électroniques de dressage qui envoient des avertissements douloureux à son porteur pour lui faire comprendre plus rapidement certaines actions. Ceux-là ne sont pas dignes de figurer à l'inventaire des accessoires de chasse. À l'inverse, laisse et collier qui sentent bon le vieux cuir patiné font partie du décor. Cependant, certains colliers GPS peuvent se révéler très utiles pour la localisation des chiens perdus ou lors d'une recherche du gibier blessé.

Voir aussi : chien (tout court), chien courant, chien de sang, collier électrique, laisse.

COLLIER ÉLECTRIQUE

Ne sert qu'à mettre les chiens sous tension.

Chiens

S'il rend parfois le chien plus efficace, il lui enlève toute complicité avec son maître. Le chien n'est plus un compagnon, mais un exécutant ne travaillant plus pour faire plaisir et par envie, mais contraint et forcé.

Voir aussi : chien (tout court), collier, divagation, grelot.

COLOMBE

Seul pigeon à qui on fiche la paix. ONU soit qui mal y pense.

Expressions populaires – Faune sauvage – Histoire – Sociologie

Pigeons, tourterelles et colombes appartiennent à la grande famille de colombidés qui regroupe environ 350 espèces au monde. Les seules vraies colombes n'appartiennent pas au continent européen. Partout ailleurs, le mot « colombe » s'apparente beaucoup plus à un nom vernaculaire, qui désigne la tourterelle ou un petit pigeon blanc, sans précision ornithologique scientifique. « Colombe » est pris dans de nombreuses circonstances comme synonyme de pigeon ou de tourterelle. La colombe est devenue célèbre depuis que Picasso en a fait le symbole de la paix, via l'ONU, en 1949. La colombe était également l'oiseau messager de Noé, dans la Bible, lui annonçant la descente des eaux au moment du déluge. Le rameau d'olivier est le complément nécessaire à la symbolique de ce volatile, qui est toujours d'une blancheur immaculée. Les pigeons sont fort chassés dans de nombreux pays et constituent un gibier de choix, toujours en quantité, au tir sportif, et aux couleurs éclatantes. Autant dire que lorsque le pigeon est palombe, c'est la guerre, tandis que lorsque le pigeon est colombe, c'est la paix.

Voir aussi : palombe, pigeon.

COLONIES

Chez les animaux, exception faite de l'homme, les colonies sont endémiques et non pas exotiques.

Faune sauvage

Il y a ces territoires conquis au loin par nos grandes puissances européennes, que l'on a appelées les « colonies », et qui faisaient partie des Empires. Il y a ces colonies d'oiseaux ou d'autres êtres vivants, qui se regroupent pour mieux survivre et exploiter un territoire hospitalier.

Voir aussi : Afrique, cannibales, chasses coloniales, safari.

COLVERT

Gibier d'eau ayant l'habitude de se faire canarder.

Gibier d'eau

Le colvert ou malard est le canard de surface par excellence qui figure prioritairement et majoritairement au tableau de chasse du sauvaginier. Il est présent sur tout le territoire, sur tous les plans d'eau, les rivières, les bords de mer, contrairement à d'autres, plus migrateurs, qui ne font qu'une apparition en cas de grand froid sur des zones humides bien définies.

Voir aussi : canard, sauvagine.

COMBATTANTS

Chevaliers sans armure mais non sans courage lors des parades nuptiales, et qui savent manier la plume.

Gibier d'eau

Le chevalier combattant est la seule espèce de chevalier qui mérite son nom, tant par sa morphologie d'échassier que dans ses parades nuptiales et son plumage de noces.

Voir aussi : chevaliers, cul-blanc, gambette.

COMPAGNIE

Sanglier ou perdrix pratiquant la conduite accompagnée.

Grand gibier

Le sanglier – comme la perdrix – fait partie des espèces grégaires, c'est-à-dire aimant vivre en groupe. Le plus souvent, la troupe se compose de quelques femelles et de leur progéniture qui, au fil des mois, forment une compagnie assez homogène. Seuls les mâles adultes sont plus erratiques. Chez le cerf, on utilisera le mot « harde », chez le loup, celui de « horde », chez les animaux de montagne, celui de « troupeau » ou de chevrée (pour le chamois, quand il s'agit d'un groupe de femelles avec ses jeunes). Dans le monde animal, vivre en groupe relève d'une stratégie de survie.

Voir aussi : harde, perdreau, sanglier.

CONCESSION

Malheureusement pas à perpétuité quand il s'agit de zones de chasse.

Organisation, réglementation, sécurité

La gestion d'un territoire de chasse ne peut se faire que sur la durée. Aujourd'hui, la majorité des chasses n'appartiennent pas à ceux qui les exploitent, qui n'en sont que locataires. Les baux de chasse, pour des raisons financières, ne sont pas aussi longs qu'ils le devraient. Un adjudicataire, un amodiataire, un locataire peut en chasser un autre et réduire à néant une politique de conservation menée pendant toute la période précédente. Quand on devient responsable d'un territoire, il faut l'exploiter comme si l'on avait l'éternité devant soi, même si l'on sait que ce n'est pas le cas ; cela évite d'exercer une trop forte pression, tant en présence « terrain » qu'au niveau des prélèvements. L'homme passe, la nature reste.

Voir aussi : adjudication, bail, territoire.

CONDUCTEUR
N'a pas besoin d'avoir son permis mais doit savoir où il a (é)garé son chien.

Chiens – Grande chasse – Grand gibier
Le conducteur dont il s'agit est un conducteur de chien de sang. C'est ainsi que l'on nomme le maître qui dirige son chien pendant les opérations de recherche du gibier blessé.

Voir aussi : chien de sang, rouge, sang.

COQ
Faisan qui s'est fait mâle.

Petit gibier
Les mâles de gallinacés sauvages se font appeler coqs par les chasseurs, sans qu'il soit besoin de nommer l'espèce, sauf en cas de grand snobisme; cette terminologie est valable spécifiquement chez le faisan et le tétras.

Voir aussi : chant, faisan, grand coq, place de chant, petit coq, tétras.

COQUIN DE SORT
Fin heureuse du gibier.

Sociologie
Quand le sort joue des tours au chasseur, c'est que le gibier s'en sort indemne. Tant mieux pour lui.

Voir aussi : mort.

COR
Le chasseur en connaît de trois sortes : celui qu'on entend au fond des bois et qui l'enchante, celui qu'il a au bout des pieds, et qui le fait déchanter. Enfin, celui qui reste en tête des trophées.

Faune sauvage – Équipement – Maladies
Le commun des mortels, à commencer par le chasseur, confond le cor et la trompe; c'est de la trompe qu'il s'agit quand on entend sonner au bois, ou bien alors de la trompette ou pibole. Le cor au pied, lui, est une excroissance de chair douloureuse qui rappelle à son heureux propriétaire qu'il n'a plus 20 ans ou qu'il a des bottes inappropriées. Les bois des cervidés sont ramifiés en andouillers, appelés aussi « cors ».

Voir aussi : andouillers, bois, pibole, trompe.

CORBEAU
S'il est noir, c'est qu'il annonce la couleur. Parfois, affreux (à freux).

Faune sauvage
On croit à tort que tous les corbeaux, ou corvidés, sont noirs : cela n'est pas tout à fait juste car le corbeau africain comme la corneille mantelée sont noir et blanc (ou gris-beige pour cette dernière). Le freux, quant à lui, est un gros corbeau, assez hideux et maladroit dans sa démarche, bien inoffensif pour le gibier, contrairement à la corneille noire qui adore les œufs et prélève une part importante des couvées.

Voir aussi : corneille, grand-duc, nuisible, piégeage.

CORMORAN
Parce qu'il pêche et chasse en même temps, le cormoran est à éliminer de l'étang. Honni au nid.

Faune sauvage

Le cormoran est une plaie parce qu'il ne sait pas pêcher et qu'il blesse beaucoup de poissons avant de satisfaire son appétit vorace.

Voir aussi : espèces protégées, nuisible.

CORNEILLE

Auteur dramatique. Oiseau de mauvais augure n'ayant jamais lu Racine.

Faune sauvage – Histoire – Personnages célèbres

Pierre Corneille (1606-1684) était un auteur dramatique français à qui l'on doit, en autres, Le Cid. *Contemporain de Jean Racine (1639-1699), également écrivain de talent et dont les œuvres les plus célèbres sont* Britannicus, Phèdre *et* Andromaque.

La corneille, comme la grande majorité des corvidés, n'est jamais vue de bon œil par le chasseur, car cet oiseau prédateur et opportuniste reste très destructeur de nids et de jeunes oiseaux ou petits mammifères, qui auraient pu, un jour, devenir gibiers. Son intelligence rare ne lui a tout de même pas fait dévorer des bibliothèques et fait lire tous ces classiques.

Voir aussi : corbeau, La Fontaine.

CORNES

Que l'on arrête de croire que les cerfs, les chevreuils ou les cocus portent des cornes, c'est tout simplement faux.

Grand gibier

Les cornes poussent de façon continue chez les deux sexes, durant toute la vie (c'est le cas du chamois). Leur relief est formé d'anneaux de croissance et d'anneaux de parure. Elles sont creuses, composées de kératine et s'emboîtent sur un support osseux indépendant. Les bois sont une excroissance osseuse faisant corps avec le crâne et n'existent que chez le mâle (par exemple, le chevreuil ou le cerf). Au moment de la repousse, le bois est protégé par une peau fortement vascularisée, le velours. Les chèvres (bouquetins), les moutons (mouflons), les bœufs sauvages (bisons) portent des cornes tandis que les cervidés portent des bois. Traditionnellement, les cocus étant assimilés aux boucs (mâle de la chèvre), ils porteraient des cornes, mais l'iconographie populaire les représente parfois avec des bois. Dans le langage courant, cornes et bois sont considérés comme synonymes alors qu'ils sont fondamentalement différents. Chasseurs et naturalistes de tous bords font encore la confusion. Au-delà de la matière dont ils sont chacun constitués, leur utilité, leur croissance, leur rôle social diffèrent totalement.

Voir aussi : antilope, bouc, bouquetin, chamois, cocu, mouflon.

CORNIAUD

Chien qui a oublié d'être bête.

Chiens

Les Français sont très fiers de leurs chiens, qu'ils soient de race ou non. À n'en point douter, les chiens de grand pedigree, aux origines LOF *(Livre des origines français) reconnues, forment des familles canines à vocation unique : rechercher, arrêter ou rapporter... Et puis, il y a ceux, dont le standard varie, issus des amours interdites des uns et des autres et qui apportent des joies aussi grandes que leurs géniteurs. Les chiens dits « à tout faire », des « chiens de braco », entretiennent avec leur maître une complicité basée sur le plaisir mutuel bien supérieur parfois aux spécimens dressés au collier électrique chez l'éleveur indélicat. Une chose est sûre, ces bâtards, ces corniauds comme on les appelle encore trop souvent, pourraient en remontrer à beaucoup de leurs congénères labellisés et « garantie pièces et main-d'œuvre ». Leur intelligence est vive, leur courage, exemplaire et leur résistance, légendaire. Et quand ils s'éteignent, c'est qu'il est temps de souffler la bougie.*

Voir aussi : cabot, chien (tout court), *LOF*, pedigree.

CORNICHONS

Poussent en cerf (serre) dans les îles (Maurice, Nouvelle-Calédonie). Fruits du mâle, mais aussi de la passion.

Expressions populaires – Chasse à l'étranger – Histoire – Grand gibier – Noms vernaculaires – Régionalisme

En langue française populaire parlée dans les îles lointaines, les andouillers du cerf sont appelés « cornichons ». La ressemblance des bois avec le condiment vinaigré explique sans doute cette qualification. Cette dénomination concerne surtout le cerf de Java (ou cerf rusa), introduit sur place par les marchands et les explorateurs pour servir de garde-manger aux marins lors des escales lointaines nécessaires au commerce international par bateaux. Ainsi, un beau cerf portera six cornichons, pour dire qu'il porte six pointes ou six cors. Chasse très populaire et passionnante dans les « forêts » de canne à sucre !

Voir aussi : cerf, bois, andouillers, cor.

CORRIGER

Le bon chasseur a deux choses à corriger : son tir et son langage.

Sociologie

Nul n'est parfait et heureusement ! Il arrive au chasseur plus souvent de rater que de tuer et d'employer des gros mots pour se faire obéir de son chien ou crier son mécontentement. C'est la passion qui veut cela.

Voir aussi : chasseur, tir.

CORSAGE

Ne transforme pas le cerf en midinette, mais en maxibête.

Grand gibier – Grande chasse

Le corsage désigne le poitrail du cerf, d'autant plus imposant avec l'âge. Rien à voir avec le vêtement qui met en valeur la poitrine des femmes d'autrefois. Aujourd'hui, on emploie plus souvent le terme de chemisier.

Voir aussi : cerf.

CORSE

Côté chasse, tout y est permis.

Organisation, réglementation, sécurité – Géographie – Sociologie

Chacun sait que si la Corse est un aussi joli pays, c'est parce que les Corses ont su préserver leurs traditions et leur territoire, jalousement et passionnément. La chasse n'échappe pas à la règle, d'autant que le chasseur corse n'aime pas trop les règles... Alors en Corse, tout est plus ou moins permis, à la chasse, avec ou sans permis. De même que l'on est corse avant d'être français, on est braconnier avant d'être corse...

Voir aussi : braconnier, permis.

COTATION

Chasseur ayant pris la mesure de son acte.

Grand gibier

Tous les grands animaux gibiers possèdent un trophée : dents chez les suidés (sanglier, phacochère), l'éléphant (défenses), l'hippopotame, bois chez les cervidés, cornes chez les bovidés, les caprinés ou les ovidés, peaux et crânes chez les fauves. Le trophée se compose des parties tangibles constituant la tête et, dans la majorité des cas, ce sont les cornes et les bois que l'on conserve avec l'os frontal sous forme de massacre. Des systèmes de mensurations des trophées ont été mis au point depuis la fin du XIXe siècle, notamment par le célèbre taxidermiste Rowland Ward, pour élaborer un système de cotation et classer les trophées selon les groupes de gibiers. Plusieurs classements coexistent, tous ayant leur propre échelle de valeurs, de mesures et de classement, qu'il s'agisse du CIC (Conseil international de la chasse), du SCI (Safari Club International) ou du Boone and Crockett Club, aux États-Unis.

Voir aussi : massacre, mesure, Rowland Ward, trophées, *trophy room*.

COUCOU

Ponte de la ponte. Le coucou est toujours dans le bonjour même quand il se fait entendre plus tard. Seul oiseau qui ne cesse de dire coucou et que l'on ne voit jamais.

Faune sauvage

Le coucou ne pond qu'un œuf qu'il dépose dans le nid d'autres passereaux, les obligeant ainsi à élever son unique progéniture. Il est le roi des parasites et des opportunistes, et pourtant il reste, dans l'imaginaire populaire, l'oiseau qui annonce le retour du printemps. On ne le voit presque jamais, mais dès Pâques, on l'entend souvent. Il vous rend la monnaie de votre pièce puisque si l'on a un peu d'argent en poche la première fois qu'on l'entend chanter, on deviendra riche dans l'année en ne se lassant pas de l'écouter. Indiffère le chasseur, exaspère les petits oiseaux nicheurs.

Voir aussi : espèces protégées, nid.

COULÉE

Passage à vide.

Territoire – Grand gibier

Cheminement créé et emprunté avec régularité par le gibier. L'entretien des coulées par les animaux leur permet de les emprunter plus facilement de nuit et en cas de fuite. Elles constituent un point de repère très sûr qui permet aux chasseurs de se poster, aux piégeurs de poser leurs engins et aux braconniers, leurs collets.

Voir aussi : gibier, passage.

COUILLES

On les casse au chasseur, jamais au gibier.

Sociologie

De nos jours, la chasse est attaquée de toutes parts, et parfois sans grand fondement. Le chasseur moderne est un être responsable, soucieux de la responsabilité qui pèse sur ses épaules en tant que gestionnaire de la vie sauvage. On lui fait trop de mauvais procès alors que les pratiques ne font que se perfectionner. Une législation de plus en plus méticuleuse, contraignante à l'excès, ne le décourage pourtant pas de jouer son rôle. C'est le seul sport où l'on demande autant au pratiquant. Mais le chasseur est résistant, on peut « les lui casser », mais jamais on ne le cassera.

Voir aussi : bourses, daintiers, roubignoles, suites.

COULEUVRES

Sans les avoir ni chassées ni cuisinées, le chasseur en avale beaucoup, surtout sur le terrain.

Sociologie – faune sauvage

Avaler des couleuvres, c'est accepter beaucoup de choses... Pour pouvoir continuer de chasser, le chasseur, effectivement, doit en avaler beaucoup, à commencer par les mauvais procès d'intention qui lui sont faits, une réglementation toujours plus complexe et parfois exagérée, la pression écologiste, le coût des aménagements...

Voir aussi : chasseur, espèces protégées.

COUP

Coup de gueule, tout à coup, coup sur coup, coup double, boire un coup, tirer un ou deux coups, coup de feu... Le chasseur est de tous les coups, bons ou mauvais. Le tirer, le boire ou le rendre fumant, voilà un sacré programme pour une fin de semaine.

Sociologie – Armes, munitions, balistique
Le coup évoque le combat, et dans un combat, mieux vaut être dominant que dominé, chasseur que chassé. C'est aussi ce que nous enseigne l'école de la vie.

Voir aussi : chasseur, coup du roi, tir.

COUP DE GRÂCE

Il n'y a pas que le jour qui s'achève.

Grand gibier – Petit gibier – Sociologie
Triste constat qui n'appelle que peu de commentaires. La grâce n'est pas seulement la beauté, l'élégance, la vie sublimée. Elle est aussi une forme de mise à mort, dans l'acception « coup de grâce », situation à laquelle est confronté tout chasseur qui se respecte : ne pas faire souffrir plus longtemps un gibier blessé.

Voir aussi : achever, servir.

COUP DU ROI

Nul n'est besoin d'être élu pour le réussir. N'est pas interdit non plus aux femmes qui, dans ce cas-là, sont les reines de la chasse.

Armes, munitions, balistique
Tir à la verticale d'un oiseau lancé à pleine vitesse et qui tombe à vos pieds, ou presque. Cela arrive parfois. Toujours spectaculaire à voir, même si on ne le fait pas exprès.

Voir aussi : chasseur, carreau, coup, tir.

COURLIS

Courbe plus souvent le bec que l'échine.

Gibier d'eau
Deux espèces de courlis, grands échassiers à bec recourbé, cohabitent en France : le courlis cendré et le courlis corlieu, tous deux considérés comme gibiers. Ils font partie des plus grands limicoles chassables chez nous. Migrateurs prioritairement observés le long des côtes. Leur bec est arqué vers le bas tandis que d'autres échassiers, comme l'avocette, ont le bec arqué vers le haut (espèce, quant à elle, entièrement protégée).
Une autre espèce protégée, l'œdicnème criard, reçoit encore le surnom de courlis de terre, sans doute parce qu'ils ont en commun leur cri en vol, mais son bec est petit et droit.

Voir aussi : barges, bécasseau, bécassine, chevaliers, échassiers, grève.

COURSING

Course aux champs, avec lièvre bien en vue.

Chasse à courre – Chasse à l'étranger – Chiens – Histoire
La chasse du lièvre aux lévriers, pratique anglo-saxonne par excellence, est désormais interdite dans tout le Royaume-Uni depuis la saison de chasse 2004-2005. Il s'agissait de lancer des chiens spécialisés, en l'occurrence des lévriers – et que des lévriers –, à la poursuite d'un seul gibier, le lièvre. Ceux-ci devaient le rattraper à la course et le coiffer. Ce mode de chasse est prohibé en France depuis la grande loi-cadre de 1844. La chasse aux lévriers est encore autorisée dans certaines parties du monde où l'immensité des territoires et les mentalités permettent encore ce genre d'action. En Russie, avec des lévriers barzoï, en Espagne, avec les lévriers galgo, en Irlande, etc., et même dans l'Ouest américain ! Les pays arabes connaissent aussi ce sport et le pratiquent à l'aide de lévriers sloughi. Les Anglo-Saxons ont développé, au cours de leur histoire, des races totalement adaptées, pas seulement créancées sur le lièvre, comme leurs noms l'indiquent : le célèbre lévrier greyhound en Angleterre, le lévrier deerhound en Écosse, le lévrier irish wolfhound en Irlande.
Aujourd'hui, le coursing n'est plus une chasse, mais est devenu, par endroits, un sport, avec ses champs de courses (comme pour les chevaux), les cynodromes, ses paris et ses leurres

artificiels motorisés. Deux disciplines cohabitent, sur terrain clos, le racing, et sur terrains découverts, la PVL (poursuite à vue sur leurre). La France a interdit le coursing professionnel en 2020, sur pistes aménagées.

Voir aussi : *beagling*, *fox hunting*, *pig sticking*, *stalking*, vénerie.

COUTEAU

La différence entre le chasseur et son couteau, c'est que l'on peut être chasseur sans être manche mais que l'on ne peut pas être couteau sans avoir de manche. C'est la mort dans lame que le chasseur de grand gibier s'en sert.

Équipement – Armes, munitions, balistique

Prolongement le plus aiguisé du chasseur. Le couteau est sa deuxième arme, après le fusil ou la carabine, et il doit en fait en posséder au moins deux : un couteau de poche pour le casse-croûte et les bouts de ficelle, voire une laisse d'appoint, et un couteau pour dépecer ou achever l'animal si besoin. Plus utile pour servir à table que pour servir le gibier.

Voir aussi : arme blanche, dague, épieu.

COUTURIER (Docteur Marcel)

Chasseur connaissant le gibier de montagne sous toutes ses coutures.

Chasse en montagne – Grand gibier – Faune sauvage

Le docteur Marcel Couturier (1897-1973), chirurgien de profession à Grenoble, a découvert la chasse en montagne dans les Alpes en 1924 et l'a pratiquée assidûment toute sa vie. On doit à cet alpiniste et chasseur-braconnier de renom (l'homme aux mille chamois) une littérature scientifique et une histoire naturelle des mammifères et des oiseaux sauvages d'altitude sans égale. Son ouvrage le plus célèbre reste Sur les traces de mes 500 chamois de France*, publié en 1949 chez Arthaud, faisant suite à une étude consacrée exclusivement au chamois en 1938 et paru en deux volumes. Suivront jusqu'à sa mort d'autres monographies remarquables… toutes éditées à compte d'auteur ! On saluera au passage sa femme, Andrée Couturier, fidèle collaboratrice, qui a poursuivi, jusqu'à sa propre disparition et bien après celle de son mari, son œuvre et les publications qui l'accompagnent.*

Voir aussi : bouquetin, chamois, écrivain cynégétique, lagopède, mouflon.

COUVÉE

Ensemble d'œufs qui espèrent ne pas finir en omelette. Plein d'avenir comme gibiers.

Faune sauvage – Petit gibier

Les œufs pondus au nid constituent une couvée. Par extension, le groupe des petits oiseaux éclos est aussi appelé comme cela, même s'il s'agit d'un abus de langage. Par définition, on ne peut couver que les œufs et pas la progéniture éclose. À ce moment de leur vie, les poussins à naître ou à peine nés sont des proies faciles et la plus grande perte se situe dans les premiers jours de la vie. Les corneilles, les goélands, les fouines sont des prédateurs friands d'œufs et ne manquent pas de faire la tournée des nids. Une couvée qui grandit devient une « nichée ». Pour les mammifères, on parle de « portée ».

Voir aussi : nid, niais, œuf, ponte.

CRAN

Les couteaux (à cran d'arrêt) et les fusils (à cran de sûreté) en ont beaucoup plus que les chasseurs sur le terrain.

Équipement – Armes, munitions, balistique – Sociologie

Avoir du cran évoque le courage. Il en faut à la chasse quand on affronte des animaux dangereux. Le chasseur de base est plus courageux pour tirer un sanglier au saut de la ligne que pour l'achever au milieu des chiens dans un buisson plein de ronces.

Voir aussi : carabine, couteau, fusil, sûreté.

CRÉANCÉ

Ne pas confondre avec créancier, bien que le concept comporte quelques similitudes, qu'il s'agisse du chien qui ne lâche pas son gibier ou du créancier qui ne donne aucun répit à son débiteur... une fois mis sur la voie.

Chiens – Chasse à courre – Grande chasse
Un chien créancé ne chasse qu'un type d'animal, ce qui est le cas au grand gibier, et particulièrement en vénerie où les meutes sont spécialisées, c'est-à-dire « créancées » sur le sanglier (vautrait) ou sur le cerf et le chevreuil (rallye). Cette spécialisation permet aux chiens d'avoir une plus grande efficacité en ne partant pas derrière n'importe quelle voie.

Voir aussi : battue, chien courant, vénerie.

CRÉPUSCULE

Moment où le chasseur mesure le temps parti en fumée.

Moment
L'aube et le crépuscule sont des moments particulièrement appréciés des chasseurs, qu'il s'agisse d'une approche sur brocard au petit jour ou d'un affût aux canards en début de soirée. Au crépuscule, le chasseur n'a plus de temps à perdre, la nuit viendra vite lui ravir sa quête.

Voir aussi : aube pass(é)e.

CROCHETS

Chez le cerf comme chez la bécassine, vaut le détour. Drôle de montage, pour ne pas dire de tricotage, pour une lunette.

Grand gibier – Petit gibier – Équipement – Armes, munitions, balistique
Les crochets sont les canines du cerf que l'on monte souvent en bijou ou en épingle de cravate. Ils caractérisent aussi le vol des bécassines qui ne sauraient aller en ligne droite. Enfin, côté armement, la fixation d'une lunette de tir se fait à l'aide d'un montage pivotant ou d'un montage à crochets.

Voir aussi : bécassine, cerf, lunette, optique.

CROCS

Les dents de la mère. Les avoir ne veut pas dire s'en servir.

Grand gibier
Les canines de la laie sont appelées « crocs ». Avoir les crocs signifie avoir faim.

Voir aussi : cerf, sanglier.

CROISILLONS

Remplissent les cartouches qui ont pété les plombs.

Armes, munitions, balistique
Les cartouches disposant de plombs à croisillons font laisser échapper leur gerbe très rapidement et avec une grande dispersion au sortir du canon. Elles sont faites pour tirer à courte distance et couvrir la plus grande surface.

Voir aussi : cartouche, chevrotines, étui, jupe, plombs, ricochets.

CROIX (du cerf)

Au cœur du sujet (cerf) et au cœur des croyances (saint Hubert).

Faune sauvage – Personnages célèbres – Sociologie

Le cerf et la croix, au sens propre comme au figuré, c'est une longue histoire, qui se perd dans la nuit des temps et qui suit le fil de l'histoire de nos ancêtres. Il y a la croix, selon certaines représentations artistiques du Moyen Âge, dressée au milieu des bois du cerf dans la vision de saint Hubert, patron des chasseurs et évêque de Liège, ne l'oublions pas. Et il y a, moins connu, un cartilage présent au centre du cœur de l'animal, que l'on appelle la croix du cerf. Plus ou moins marqué dans sa forme, durcissant avec l'âge, cet os est totalement ignoré des chasseurs qui préfèrent, outre le trophée de l'animal, conserver les crochets ou crocs (dents de la mâchoire supérieure), reliques des temps anciens où ces animaux portaient des canines. Depuis l'Antiquité, on prête à cet os des vertus médicinales remarquables, dont la poudre qui, à l'instar de la corne de rhinocéros, posséderait nombre d'applications en pharmacopée traditionnelle (jusqu'à guérir de la peste). Cette croix du cerf portera différents noms au cours des siècles, d'« os croisé » à « pierre cervine » en passant par « os cartilage », beaucoup moins évocateur. Existe aussi chez la biche, en moins caractéristique.

Voir aussi : biche, cerf, crocs, saint Hubert.

CRO-MAGNON

Chasseur aimant jouer avec le feu. Homme très « pieux ».

Personnages célèbres – Sociologie

Cet Homo sapiens français, originaire de Dordogne, dont les restes de cinq squelettes furent mis à jour en 1868, devait faire naître, pour les anthropologues et les historiens, l'espèce d'hominidés du même nom. Ce grand chasseur d'Europe, considéré comme l'ancêtre de l'homme moderne, a vécu entre 45000 et 12000 avant notre ère. A perfectionné le pieu en le transformant en lance ou sagaie très performante.

Voir aussi : mammouth.

CROSSE

Il est rassurant de se savoir bien épaulé quand on a à tirer un gibier. Permet de remonter la pente.

Armes, munitions, balistique

La pente est l'angle donné à la crosse par rapport à l'épaule et au canon. Cette inclinaison doit être adaptée à la morphologie du chasseur. Une mauvaise pente vous fera tirer trop haut ou trop bas.

Voir aussi : carabine, fusil, pente, recul, sabot.

CROULE

Heureusement que tous les chasseurs ne croulent pas sous les bécasses et que toutes les bécasses ne s'écroulent pas sous les plombs des chasseurs.

Petit gibier

On qualifie de « croule » la saison des amours de la bécasse (principalement en mars et en juin-juillet), quand on peut apercevoir et entendre, au printemps surtout, des couples paradant à la tombée de la nuit. La chasse à la croule est interdite, car très meurtrière pour l'espèce. La bécasse est un oiseau qui se mérite, et en avoir déjà une au creux de la main est le signe d'une bonne journée. Il n'y a donc que les bécasses pour crouler.

Voir aussi : bécasse, chirurgienne, miroir, mordorée, pairon, plume du peintre.

CROÛTONS

Les bécasses ne les aiment qu'à moitié et seulement une fois qu'elles sont cuites pour s'y reposer.

Gastronomie – Petit gibier

Une des recettes traditionnelles pour cuisiner la bécasse consiste à la présenter par moitié sur une large tranche de pain grillé, elle-même tartinée des restes mixés de l'oiseau.

Voir aussi : bécasse, recettes, table.

CUISINIER

Avec lui, le gibier sent toujours bon. Permet au chasseur de rester au parfum.

Faune sauvage – Gastronomie – Personnages célèbres – Sociologie

Le monde de la chasse est indissociable de celui de la cuisine et de la gastronomie. Certains clubs en Côte-d'Or avaient comme devise « ventre au bois d'abord, à table ensuite », ce qui résume assez bien la situation. L'homme est devenu chasseur par nécessité, il l'est resté par plaisir de la viande sauvage au goût inimitable et qui ne se retrouve pas dans n'importe quelle assiette. Manger du gibier se mérite. Combien de recettes et d'accommodations diverses et variées existent et se combinent à merveille pour une dégustation entre amis, garantie sans antibiotique, sans conservateur, sans OGM.

Voir aussi : belle Aurore (oreiller de la), Brillat-Savarin, cuisseau, gigue, viande, viandard.

CUISSARDES

Invitées bienvenues à la passe.

Équipement – Gibier d'eau

Ces bottes immenses remontant jusqu'en haut des cuisses sont bien pratiques lorsqu'il s'agit d'attendre les canards au milieu des roseaux. Il existe aussi des combinaisons étanches ou waders, mais nettement moins respirantes et tellement moins belles à regarder.

Voir aussi : bottes, sauvaginier, *waders*.

CUISSEAU

Cuisse animale à n'en point douter, mais viande sans gibier.

Gastronomie – Personnages célèbres – Sociologie

Les puristes de la langue française disposent de deux orthographes pour la cuisse de l'animal : le cuisseau sera pour l'animal domestique (cuisseau de veau, par exemple), et le cuissot pour le gibier (cuissot de cerf, de sanglier ou de chevreuil). Le mot « cuisseau » dérive de « cuissot », mais il est plus récent, les bouchers l'ont emprunté aux chasseurs et ont fait leur « cuisine » avec. Cette curiosité de langage est passée à la postérité en 1857 avec la célèbre dictée de Prosper Mérimée, où l'empereur Napoléon III ne fit pas moins de 75 fautes ! Une réforme de la langue française, dans les années 1990, a renoncé à imposer la double écriture, chacun fait désormais comme il l'entend, mais à bon entendeur, salut...

Voir aussi : Brillat-Savarin, cuissot, gigue, viande.

CUISSOT

Fesse à cuisiner.

Gastronomie

Force est de reconnaître toute la poésie de l'art culinaire : un cuissot est une fesse de gibier, mais aurait-on l'idée de cuisiner une fesse ? Assurément, non ! Alors, on cuisine un cuissot !

Voir aussi : gigue, grand gibier, recettes, table.

CUL

Position du gibier au moment du tir (« par cul » ou « de cul »). Sans aucune connotation sexuelle. Avoir du cul, se dit encore d'un chasseur non versé dans l'art pornographique, mais ayant beaucoup de chance. Et Dieu sait qu'à la chasse, ce facteur est indispensable.

Sociologie

Plus qu'une lettre de l'alphabet, plus qu'une partie de l'anatomie, plus que de la chance...

Voir aussi : cul-blanc, rose, tir.

CULASSE

Permet aux carabines d'opérer les grandes manœuvres. Mène une existence mouvementée.

Armes, munitions, balistique

Pièce mécanique maîtresse pour les carabines de chasse, la culasse permet le chargement, le déchargement, l'éjection ou l'extraction et surtout la mise en sécurité de l'arme ou non. Elle est manœuvrée plus ou moins manuellement. Sans elle, l'arme est inutile. De nombreux fabricants se sont penchés sur la fluidité du mécanisme et sur les aspects sécuritaires des carabines. La culasse guide la munition, elle ne doit pas abîmer l'ogive ni bloquer la montée des autres balles dans le chargeur; la culasse doit se manœuvrer rapidement pour recharger en action de chasse, elle doit disposer d'un système fort de verrouillage évitant l'explosion de la chambre ou le départ inopiné d'un projectile, d'où la sûreté dont elle est munie. On retiendra deux innovations majeures relatives aux culasses, l'invention de la culasse Mauser en 1895 et le système de culasse à rechargement linéaire, et non plus rotatif, de Blaser dans les années 1990.

Voir aussi : carabine, chambre, sûreté.

CUL-BLANC

Chevalier qui, malgré son nom, ne perd jamais la face.

Faune sauvage – Gibier d'eau

De face ou de dos... De face ou par cul... le chevalier cul-blanc vous part souvent dans les pattes en lançant un sifflement courroucé... histoire de ne pas perdre la face. Normal, avec un nom pareil !

Voir aussi : chevaliers, combattants, cul, gambette.

CULOT

Il en faut aux cartouches pour oser exploser de la sorte, sans état d'âme. Cartouche qui ne manque pas d'air.

Armes, munitions, balistique

Partie de la cartouche pour fusil de chasse qui contient la poudre et loge l'amorce. Toujours en métal à cause de l'étanchéité et de la pression due à la combustion. Elle accueille également l'ensemble du tube carton ou plastique qui contient la bourre et la charge de plombs, le tout formant la douille. L'âme est la partie intérieure du canon.

Voir aussi : bourrelet, cartouche, douille, étui.

CULOTTE

Cache les cuisses chez certains animaux, et les fesses chez l'homme.

Faune sauvage – Équipement – Sociologie

Pour les veneurs, l'ensemble des poils qui recouvrent les cuisses des chiens s'appelle la culotte. Ce terme est ancien puisqu'il est attesté dès le XVIe siècle. Dans un autre registre, l'ensemble des plumes qui recouvrent les cuisses des oiseaux porte également ce nom. On voit que l'homme n'a rien inventé, voire qu'il a imité le monde animal, en confectionnant comme premier vêtement la culotte. La feuille de vigne d'Adam et Ève fut vite abandonnée et le pagne résista dans les pays chauds encore quelques siècles. La culotte est devenue tardivement un sous-vêtement mixte et de plus en plus court, du slip au string, en passant par le boxer ou le caleçon. L'étymologie se réfère à l'anatomie du vivant, culotte vient de « cul », et l'on voit bien ce qu'elle est censée dissimuler chez l'humain. L'importance sociologique d'un tel attribut a fait naître des expressions imagées qui résistent encore à l'égalité des sexes : « trouver quelqu'un de culotté » ou « porter la culotte » (bien que cela soit naturel).

Voir aussi : cul, cuisseau.

CULTURES

Endroit où le gibier peut sortir couvert.

Aménagements – Territoire

Les cultures, agricoles ou spécialement réalisées pour le gibier (le couvert), ne procurent pas que de la nourriture : elles le dissimulent, ce qui lui permet de sortir plus régulièrement en confiance, et ainsi, d'être plus facilement identifiable ou quantifiable.

Voir aussi : biotope, chaume, labour, maïs, territoire, tournesol.

CUPIDON

Ange confondant le chasseur et le chassé. Ange pratiquant le chassé-croisé.

Histoire – Personnages célèbres

Fils de Vénus et de Mars, caché de Jupiter qui avait tout de suite décelé son potentiel, Cupidon alla chercher refuge dès son plus jeune âge au fond des bois, où les animaux lui donnèrent leur lait pour assurer sa survie. Toujours armé d'un arc et de flèches, il s'entraîna à pourfendre ses cibles animales, à défaut d'être humaines. Il est le symbole de l'amour, du désir et de la passion.

Voir aussi : aimer, arc, Artémis, flèche.

CURÉE

Chiens entrés en religion au moment du repas. Un curé est un homme d'Église. Une curée n'est pas une femme d'Église...

Chiens – Chasse à courre – Grand gibier

Repas de fin de chasse des chiens de meute en vénerie. Les gibiers prélevés lors de chasses à courre ne sont pas comestibles par l'homme après avoir été « forcés » pendant des heures. L'intégralité de la viande est donnée aux chiens. Ceux-ci attendent ce moment avec grande impatience et se jettent littéralement sur la bête qu'ils mettent seulement quelques minutes à engloutir. On prépare cette cérémonie en enlevant au préalable la peau ou nappe que l'on prédispose sur l'animal le temps des sonneries.

Voir aussi : chien courant, mort, nappe, vénerie.

CYGNE

Ce n'est pas parce qu'il est blanc comme neige qu'il n'a rien à se reprocher. Trop présent sur nos étangs, il persiste et... signe.

Faune sauvage – Gibier d'eau

Le cygne tuberculé, grand migrateur, le plus présent et le plus grand de nos oiseaux aquatiques, est totalement protégé en France. Il figurait autrefois sur la table des nobles et des seigneurs comme mets de choix. Aujourd'hui, sa prolifération par endroits, du fait de sa sédentarisation et de son absence de régulation, engendre deux conséquences fâcheuses pour l'environnement et l'homme : le dérangement qu'il provoque sur les étangs au moment des nichées des différents canards en battant bruyamment des ailes sur l'eau, et le réservoir de grippe aviaire qu'il abrite depuis de nombreuses années et qui se fait plus présent au fur et à mesure des épidémies (H5N1). Il a donc beaucoup de choses à se reprocher...

Voir aussi : étang, gibier, oie.

CYNÉGÉTIQUE

En un mot, la chasse. Ou toute la chasse en un mot.

Sociologie

La cynégétique couvre tout le domaine de la chasse, de l'art à la technique, des accessoires aux chiens, de la littérature aux gibiers, des tenues aux territoires... Sans doute réservée au monde de la chasse, aux chiens courants et à la vénerie à l'origine du mot. En matière de pêche, on emploiera le mot « halieutique ».

Voir aussi : chasser, chasseur.

D

DAGUE

Couteau dont la lame est assassine.

Armes, munitions, balistique – Équipement – Grand gibier

Long couteau de chasse servant à achever le gibier. Systématiquement utilisé lors d'une chasse à courre et occasionnellement lors d'une chasse à tir au grand gibier. On peut également se servir d'un épieu. Celui chargé de cette tâche doit trouver du premier coup le cœur et le traverser. Servir ou daguer un animal est un acte dangereux et courageux qui demande sang-froid et technique. Il témoigne du respect que l'on a de ce dernier, en se mesurant avec lui une dernière fois au corps à corps et surtout pour éviter toute souffrance inutile.

Voir aussi : arme blanche, couteau, épieu.

DAGUET

Jeune cerf qui fait la tête.

Grand gibier

Le cerf est faon jusqu'à six mois, hère jusqu'à un an, puis daguet l'année suivante. Il ne le reste qu'une saison, en principe. Les bois qu'il porte sur la tête à ce moment sont sans ramification, comme deux dagues qui peuvent très largement dépasser les oreilles, voire les doubler. On épargne généralement dans les plans de chasse ceux au-dessus des oreilles, car on estime que si les bois ont déjà poussé si haut la première fois, ils deviendront avec le temps de formidables et solides andouillers à forte ramification. Il faut laisser vieillir l'animal pour vérifier cet a priori avec les années.

Voir aussi : cerf, grandes pattes, hère.

DAHU

Gibier de néophyte ayant trop lu de science-fiction. Animal imaginaire sur le terrain mais bien réel une fois mort.

Sociologie

Le dahu est totalement fantaisiste et l'on fait parfois une mauvaise blague à un chasseur trop néophyte en l'emmenant à sa chasse. Son mythe est montagnard. La France et la Suisse rurales aiment son folklore et la moquerie envers les citadins peu férus de campagne, qui lui sont indissociables. Les Allemands raffolent des dahus reconstitués que l'on peut acheter dans les foires et salons spécialisés : les taxidermistes rivalisent d'imagination pour construire un gibier à base de lièvre, possédant des pattes ou un bec de canard et avec un andouiller planté au sommet du crâne, tout ceci dans un souci de vraisemblance absolue.

Voir aussi : chimère, dragon.

DAIM

Cerf châtelain. A ses attaches dans les maisons closes. Espèce de cervidé qui n'est ni cerf ni chevreuil. Ce n'est pas parce qu'il a les bois palmés qu'il sait mieux nager que les autres.

Faune sauvage – Grand gibier

Le daim, introduit dans les parcs des châteaux par les seigneurs et les nobles aux siècles passés, s'est très vite fait une réputation de cervidé d'ornement, dans les enclos attenants aux habitations, particulièrement en Angleterre. C'est aussi un animal sauvage, gibier excellent que l'on trouve de l'Espagne à la Pologne dans les massifs forestiers. La France connaît une toute petite population de daims sauvages, pour la plupart échappés d'enclos d'agrément. Ses bois palmés permettent d'éviter toute confusion avec un autre cervidé. On les dit palmés car les andouillers semblent soudés entre eux au sein d'une vaste palette dont émergent seulement quelques pointes. Les pattes d'un canard ou d'une grenouille ont la même structure de palmure, mais c'est pour optimiser leur passage dans l'eau.

Voir aussi : caribou, cerf, chevreuil, élan(d), enclos, palettes, palmes.

DAINTIERS

Accessoires de brame... rutilants. Parties dignes d'intérêt quand le cerf est dans votre assiette et dans son assiette.

Grand gibier

Les daintiers, ou encore dainiers, désignent les testicules du cerf, dont la haute valeur gastronomique n'est plus à démontrer. Les parties génitales sont en effet fort comestibles, contrairement à ce que l'on croit parfois aujourd'hui. Autrefois, il s'agissait d'un mets royal particulièrement apprécié et cuisiné avec raffinement.

Voir aussi : bourses, cerf, couilles, roubignoles, suites.

DANGERS

La chasse mérite beaucoup d'« attention(s) ».

Organisation, réglementation, sécurité

Le chasseur doit être attentif à l'aménagement des territoires, à la sauvegarde des espèces et à la sécurité en action de tir. Toutes ces attentions sont le signe de ses bonnes intentions. Il ne doit ni se mettre en danger, ni être une source de danger pour les autres – promeneurs, ramasseurs de champignons, sportifs en sous-bois, cyclistes ou tout naturaliste de terrain – empruntant routes et chemins au milieu des bois.

Voir aussi : accident, angle, picaillon, prudence, sécurité, tir.

DANSE

Jeux de pistes.

Faune sauvage – Sociologie

La danse, chez l'homme comme chez l'animal, correspond à un moment de partage, d'échange, et très souvent participe au jeu de la séduction. Les oiseaux s'y adonnent particulièrement lors des parades amoureuses, et leurs pistes de danse, comme de combats entre mâles, formalisent et ritualisent une étape indispensable en vue de la reproduction. Ces danses nuptiales sont souvent printanières, restent l'apanage des mâles qui arborent à ce moment-là leurs plus beaux plumages et cherchent par une démonstration convaincante à faire une cour assidue aux femelles qui n'attendent que cela.

Voir aussi : lek, parade, pariade.

DARWIN (Charles)

Espèce de naturaliste chasseur d'idées.

Faune sauvage – Histoire – Sociologie

Charles Darwin (1809-1882) a révolutionné le monde de la nature et son rapport à l'homme avec sa fameuse théorie de l'évolution, révélée dans l'ouvrage intitulé L'Origine des espèces *(1859). En résumé, l'homme pourrait descendre du singe et toute espèce s'adapte ou meurt. L'homme a d'abord voyagé pendant cinq ans (1831-1836) à l'autre bout de la planète à bord du célèbre bateau le Beagle, portant le nom d'une espèce bien connue de chiens de chasse ! Lors de son tour du monde, le naturaliste a réuni de nombreuses collections d'oiseaux et de mammifères qui, sans leur chasse, n'auraient pas pu faire avancer la biologie et la zoologie. Darwin a chassé d'un trait de plume, qu'il mit tout de même cinquante ans à réaliser, toutes les idées reçues jusqu'alors concernant la descendance du vivant et l'adaptation, reprenant et étayant la pensée de Lamarck qui n'avait pas connu le même succès.*

Voir aussi : Buffon.

DÉBUCHER

Chasse en courre... Sortir du bois, pas de la cheminée.

Chasse à courre – Grande chasse

Dans le langage de la chasse à courre, le terme signifie que le gibier lancé quitte la forêt pour prendre la plaine. « Débucher » vient de « bûches », une autre manière de voir le bois (dans la cheminée). Le débucher est aussi le nom d'une fanfare de chasse que les sonneurs entonnent à cette occasion. S'utilise également pour la chasse aux chiens courants.

Voir aussi : fanfares, vénerie.

DÉBUSQUER
Sort de ton antre le gibier.

Chasse à courre – Expression populaire
Utilisée initialement en vénerie, cette expression populaire signifie que l'on a trouvé le gibier malgré toutes ses ruses pour rester dissimulé à la vue du chasseur.

Voir aussi : traque, vénerie.

DÉBUTANT
Chasseur « no vice ».

Faune sauvage – Histoire – Organisation, réglementation, sécurité – Sociologie
À partir de 1976, en France, pour chasser, il ne suffit plus de payer une taxe à l'État (comme c'était le cas depuis 1844 avec l'instauration du permis de chasse), mais il faut passer un examen, celui du permis de chasser. Au cours d'une formation théorique, puis d'une formation pratique (instaurée en 2000), le tout refondu en 2014 au sein de cinq ateliers concomitants, les candidats auront reçu une connaissance suffisante à la connaissance et à la reconnaissance des espèces, à la réglementation applicable et aux mesures essentielles concernant la sécurité. Grâce à cette expérience, les nouveaux chasseurs seront exempts des « vices » des anciens, qui avaient pris souvent de mauvaises habitudes, peu soucieux de la gestion de la faune sauvage, ayant seulement des données empiriques de terrain, à une époque où le grand gibier était aussi rare que les randonneurs... Être débutant ne veut pas dire être jeune, car l'on peut passer le permis à tout âge, et se retrouver novice, soit jeune dans l'apprentissage et l'application de sa passion.

Voir aussi : chasseur, permis.

DÉCOIFFÉ
Cerf ou chevreuil ayant perdu la tête... mais pas tout à fait.

Grand gibier
Un cervidé qui a perdu ses bois est dit décoiffé. Cela dure plusieurs mois, jusqu'à sa prochaine tête.

Voir aussi : caribou, cerf, chevreuil, daim, élan(d), velours.

DÉCOUPLER
Mieux vaut lâcher les chiens que lâcher le gibier.

Chasse à courre – Grand gibier
Terme de vénerie à l'origine. Détacher les chiens qui vont par deux lorsque l'animal est sur pied. Aujourd'hui, beaucoup de chasses ont recours au lâcher de gibier la veille ou le jour même : triste pratique, alors que l'élevage ou le lâcher de printemps donnent de bien meilleurs résultats.

Voir aussi : battue, chien courant, vénerie.

DECOY
Canard en formes.

Faune sauvage – Histoire – Organisation, réglementation, sécurité – Sociologie
Signifiant « leurre » en anglais, le decoy s'est vite francisé pour désigner toutes les formes d'oiseaux artificiels particulièrement utiles aux chasseurs de gibier d'eau. En France, plusieurs noms coexistent pour désigner la même chose : appelants, formes, blettes... Au-delà de

l'accessoire de chasse, le decoy désigne aussi les objets artistiques, les sculptures en forme de canard, et decoy est devenu un générique qui s'applique également aux plaids, aux tissus, aux imprimés, aux collections pour les arts de la table et la maison, du moment que figurent des silhouettes d'oiseaux aquatiques. Les Anglo-Saxons et les Américains élargissent la terminologie à d'autres oiseaux gibiers, mais l'oiseau de chasse reste le critère exclusif de qualification.

Voir aussi : appelants, blettes, forme.

DÉFAUT

Une balle sans défaut devrait l'atteindre tout de même.

Armes, munitions, balistique – Grand gibier

On demande souvent au chasseur de viser le défaut de l'épaule pour assurer une mort franche au gibier; on croit à tort que le « défaut » est juste après l'épaule alors que pour foudroyer l'animal, il faut tirer en plein dans l'épaule à un tiers au-dessus de la ligne des pattes. Une bonne balle, « sans défaut », devrait trouver « son défaut » sans problème.

Voir aussi : tir, sang.

DÉFAUTS

Ceux du gibier sont positifs, ceux du chasseur sont négatifs. Quand les chiens sont en défaut, c'est que le gibier recherché a toutes les qualités pour en réchapper.

Chiens – Grand gibier – Grande chasse

Les chiens sont en défaut quand le gibier les a mis en échec. Pour bien considérer un défaut, il faut bien voir de quel côté on se place.

Voir aussi : battue, chien courant, vénerie.

DÉFENSES

Présentes chez le sanglier et les cochons sauvages, chez l'éléphant et chez l'hippopotame qui ont plus d'une dent contre les chasseurs... Convoitise dentaire toujours bienvenue.

Grand gibier

Les défenses constituent le trophée par excellence de différents gibiers qui ne portent rien sur la tête, ni bois ni corne. Ce sont toutes des dents, mais de nature différente selon les espèces. Ainsi, les dents du sanglier sont des canines tandis que celles de l'éléphant sont des incisives.

Voir aussi : crocs, ivoire, miré, sanglier.

DÉGÂTS

Délit de gourmandise commis par certains gibiers sur les plantations de l'homme, les terres agricoles ou forêts. Alimentaire, mon cher Watson ! Lapins, sangliers et cerfs devraient se sentir visés, avant d'être tirés en trop grand nombre.

Territoire – Grand gibier

Les dégâts ne sont que du côté de l'agriculteur ou du forestier. Le chasseur, lui, n'est pas mécontent des dégâts, il sait qu'il lui reviendra de les financer, mais au moins, il témoigne de la présence d'une forte population de gibiers sur son territoire. À lui de limiter les dégâts tout en profitant de la chasse.

Voir aussi : abroutissement, cerf, chevreuil, cultures, lapin, sanglier.

DEMAIN

Jour qui chasse l'autre.

Moment

Jamais deux jours ne se suivent et se ressemblent, surtout à la chasse; c'est pourquoi on croit dur comme fer au lendemain. Le succès du jour suivant fait vite oublier les déconvenues de la veille. En cela, le chasseur n'est pas rancunier contre le mauvais sort et ne retient que le bon.

Voir aussi : avenir.

DEMOISELLE

En langage cynégétique, les bécassines sont toujours demoiselles (au long bec) et les bécasses, toujours des dames (au long bec). Celles qui s'en tirent le mieux finissent vieilles filles.

Petit gibier – Gibier d'eau

C'est surprenant, avec tous les baisers que les premières lancent au décollage.

Voir aussi : bécassine, parapluie.

DÉNICHER

Enlèvement programmé.

Expression populaire

Au départ, dénicher s'appliquait aux chiens que l'on élevait au chenil. Dénicher a pris une tout autre signification : celle de trouver quelque chose de rare, d'original, d'intéressant – comme dénicher la perle rare pour un chien, un territoire de chasse, un fusil... que l'on va vite essayer de s'approprier.

Voir aussi : chenil, niais, nid.

DENTS

Même quand il n'est pas dentiste, le chasseur est un arracheur de dents. De là à le dire menteur comme un... dentiste...

Faune sauvage – Trophées

Le trophée de chasse, soit la partie tangible de l'animal conservée par le chasseur après sa capture, apparaît sous différentes formes : la naturalisation de la bête en entier ou partiellement en ne gardant que la tête (on dit « en cape »), « en massacre » (conservation de tout ou partie du crâne avec les cornes et les bois qui l'ornent), mais aussi en ne gardant que certaines dents, montées sur un écusson, quand leurs dimensions le permettent. Tel est le cas des dents de sangliers et de la plupart des cochons sauvages, dont le phacochère. Seules les quatre canines (grès et défenses) font l'objet de ce montage. Les crocs ou crochets de cerf (canines résiduelles) sont souvent montés en bijoux et pour les plus gros gibiers, comme l'éléphant, les défenses, qui sont des incisives (et non des canines), sont conservées soit en piédestal, soit murales à l'aide de chaînettes. Les chasseurs de grand gibier se font souvent dentistes en examinant l'usure des dents sur les mâchoires inférieures des grands gibiers, et la présence de certaines prémolaires et molaires attestant de l'âge et de l'état de santé de l'animal.

Voir aussi : cape, crochets, crocs, défenses, écusson, grès, massacre.

DÉPOUILLÉ

Malchanceux car n'ayant plus de peau.

Grand gibier

Ne pas avoir de pot, c'est être malchanceux ; ne plus avoir de peau, c'est être écorché. On dépouille toujours un grand animal, après son éviscération et avant de le débiter en quartiers de viande.

Voir aussi : nappe.

DÉRAPAGE

Sport de glisse dans lequel le chasseur excelle.

Sociologie

En montagne, sur des pierriers de lauzes, au passage d'un fossé, à l'entrée d'un étang, au pied d'une côte en forêt, le terrain est fréquemment glissant à la chasse, d'autant plus quand elle se déroule en automne. Le chasseur finit par s'y habituer et les dérapages contrôlés font partie de son quotidien. Mais le chasseur ne dérape vraiment que lorsqu'il tombe avec une arme chargée... Là, il déroge aux règles de sécurité.

Voir aussi : éthique, montagnes, sécurité.

DÉTENTE

On tire le meilleur de sa queue.

Armes, munitions, balistique

Les chasseurs croient toujours appuyer sur la gâchette lorsqu'ils tirent; rien n'est plus faux sur le plan mécanique. Ils pressent non pas la détente, mais son extrémité, la queue de détente.

Voir aussi : carabine, fusil, gâchette, stecher, sûreté.

DÉTERRER

Heureusement que les chasseurs ne déterrent que les vivants, il ne manquerait plus qu'ils s'attaquent aux morts.

Modes de chasse

La vénerie sous terre ou déterrage consiste à repérer renards et blaireaux quand ils sont au terrier, d'y envoyer un chien pour les bloquer et de creuser celui-ci pour attraper l'animal en ouvrant son souterrain.

Voir aussi : blaireau, renard, pince(s), terrier, tradition.

DIANE

Bonté divine, ou plutôt, beauté divine, toujours en chasse! Un nom qui a su se faire un prénom.

Histoire – Personnages célèbres

Dans la mythologie, Diane est fille de Jupiter et sœur jumelle d'Apollon. Avec son arc et ses flèches, elle est le symbole vivant de la chasse passionnelle. Les femmes chasseresses sont moins nombreuses que les hommes, mais nous donnent souvent l'exemple à suivre. Il n'est pas facile d'évoluer dans un milieu très masculin, plus encore dans un domaine où machisme et sexisme sont de rigueur fréquemment. Quand elles savent avoir tenue et retenue, elles deviennent alors nos Diane chasseresses.

Voir aussi : Artémis, Ève, femme.

DIEU

Nom souvent invoqué lorsque les chiens ne sont pas des anges.

Sociologie

Juron préféré des propriétaires de chiens quand ils ne peuvent plus rien en faire tant la chasse les excite : nom de Dieu !

Voir aussi : chasseur, chien (tout court), nom de Dieu.

DIMANCHE

Jour du saigneur. Jour de peau plus que de repos.

Moment

Le dimanche est traditionnellement considéré comme le jour du Seigneur dans la tradition chrétienne, et en France, le dimanche, pendant la saison de chasse, comme le jour privilégié des chasseurs; les ouvertures et fermetures de chasse tombent toujours un dimanche. Ce jour-là, loin de se reposer, le chasseur s'active et compte, outre sur son adresse et sa

connaissance, sur la chance, qui tient également une large place dans la pratique de cette activité.

Voir aussi : chasser, fermeture, ouverture, week-end.

DINDON

Grand coq, mais pas de bruyère. Fait glousser plus d'un Américain. Se partage entre l'ancien monde et le nouveau monde, entre l'assiette et le fond des bois. La dinde est, chez nous, le dindon de la farce.

Faune sauvage – Chasse à l'étranger

Beaucoup de chasseurs européens ignorent que le dindon sauvage, apparenté aux faisans, est un authentique gibier d'Amérique du Nord (États-Unis, Canada et Mexique), natif du Nouveau Monde, et tellement populaire qu'il aurait pu devenir l'emblème des États-Unis. Dans ce pays, c'est un peu l'équivalent de notre grand tétras. Un oiseau particulièrement méfiant, un authentique trophée de chasse très recherché. Bien que la dinde soit également populaire outre-Atlantique, dans sa version domestique, et son service de Noël, elle l'est tellement chez nous, élevée pour sa chair depuis des siècles, que tout dindon français ne peut appartenir qu'à notre basse-cour.

Voir aussi : coq, tétras.

DINOSAURE

Chasse fermée depuis cent vingt millions d'années. Encore ouverte uniquement pour les paléontologues.

Sociologie

On se demande quand même comment l'homme si inventif aurait pu chasser le dinosaure s'il l'avait croisé sur sa route !

Voir aussi : espèces protégées.

DIRIGEANTS

Président (de société de chasse), maître d'équipage, garde chef, chef traqueur... il n'y a que dans ce monde que l'on croise autant de bénévoles d'entreprises.

Organisation

Les meilleurs dirigeants d'entreprises sont les dirigeants de chasse : ils n'ont pas de salariés, pas de stock, pas de clients... mais la lourde responsabilité que tout se passe bien.

Voir aussi : chef de ligne, chef traqueur, vice-président, zident.

DISCIPLINE

Vœu pieux du chasseur en battue. Garder la tête froide n'est pas fait pour les caractères à sang chaud. La chasse a beaucoup de disciples mais pas toujours de discipline.

Organisation, réglementation, sécurité

Il en faut, de la discipline, surtout lorsque l'on chasse à plusieurs car alors, les règles de sécurité doivent l'emporter sur les tirs précipités. Force est de constater que certains chasseurs ont de la peine à garder le poste le temps d'une traque, si celle-ci s'éternise ; or, c'est en faisant les cent pas devant son emplacement désigné que l'on dérange le gibier et que l'on se transforme en cible pour ses voisins.

Voir aussi : battue, éthique, sécurité.

DISCOURS

Normal d'en prononcer quand on est en campagne. Précisions qui comptent avant le départ en chasse. Sert à entendre les consignes pour ne pas avoir à les respecter.

Organisation, réglementation, sécurité

Être là pour le discours de début de chasse est tout d'abord une marque de courtoisie ; ensuite, une volonté de comprendre le déroulement de la journée en étant respectueux des directives données ; enfin, une occasion pour entendre de nouveau les consignes de sécurité et les spécificités liées au terrain ou au placement des participants. On croit, à tort, que le mot de bienvenue n'a d'intérêt que pour les nouveaux. Les anciens et les habitués feraient bien d'y faire plus attention.

Voir aussi : dirigeants, sécurité, vice-président, zident.

DISNEY (Walt)

Oncle d'Amérique, animé, à dessein, contre la chasse.

Faune sauvage – Personnages célèbres

Inventeur du dessin animé moderne et populaire (courts et longs métrages) et de la célèbre souris connue sous le nom de Mickey, l'oncle Walt (1901-1966) est aussi à l'origine – ou du moins ses studios – de films où l'animal est humanisé et systématiquement menacé par le vilain chasseur, ce dernier étant souvent ridiculisé, comme dans The Duck Hunt *(*La Chasse au canard*, 1932) ou* The Fox Hunt *(*La Chasse au renard*, 1938). Mais deux longs-métrages mettront à mal la réputation du chasseur et de son chien, le plus emblématique est* Bambi *(1942), le faon le plus célèbre au monde. Suivra* Rox et Rouky *(1981).*

Voir aussi : Bambi, Mickey.

DISTANCE

Espace qui, à la chasse, sépare la vie de la mort.

Organisation, réglementation, sécurité

Les distances efficaces de tir sont assez courtes à la chasse et les tirs de longueur sont à proscrire, sauf en montagne ou à l'étranger. En tirant loin, on ne peut que blesser le gibier ou être dangereux pour ses concitoyens.

Voir aussi : sécurité, tir.

DIVAGATION

Chiens qui s'égarent sur le terrain d'autrui à l'occasion d'une menée sans frontière ou d'une fuite organisée. L'homme peut aussi divaguer, mais c'est alors l'esprit qui prend le dessus sur le corps. En tout état de cause, divaguer, c'est aller au-delà...

Chiens

La divagation est presque devenue un sport national pratiqué par bon nombre de propriétaires de grands chiens courants qui, avec fatalité, reconnaissent ne pas pouvoir stopper leur meute aux frontières du territoire chassé. C'est vrai qu'il n'est pas évident de respecter toujours les limites de chasse, mais, sur les petits territoires, il faut découpler des races de chiens qui restent à proximité, cela évite bien des problèmes, et aussi prévenir ses voisins au sujet des battues prévues, qu'ils puissent profiter des postes de fuite et être moins regardants sur le débordement des chiens. Une autre forme de divagation est, elle, intolérable : c'est celle qui consiste à laisser vadrouiller ses chiens quand ceux-ci ont un tempérament fugueur, ce qui est souvent le cas à la campagne. Ces chiens-là, qui partent en maraude plus d'un jour par semaine, causent beaucoup de dérangements et de dégâts.

Voir aussi : autrui, chien (tout court), collier électrique.

DOCTEUR

Patient en semaine, impatient en week-end. Le premier à ne pas tuer que le temps quand il est à la chasse.

Sociologie

Beaucoup de médecins sont chasseurs. Cela peut paraître curieux de la part de ceux qui sont censés soigner leurs congénères. Il est vrai, aussi, qu'ils en tuent beaucoup !

Voir aussi : chasseur, médecin.

DODO

Ne dors plus aujourd'hui que dans les musées d'histoire naturelle pour cause d'extermination sur ses îles endémiques. Quand on ne vole pas de ses propres ailes, on reste à la merci de l'homme.

Faune sauvage – Histoire

Le dodo ou dronte a été le plus gros oiseau dont la disparition est imputable à l'homme et au chasseur. C'est vrai qu'un oiseau de forte taille, ne volant pas et habitant une île, avait du mouron à se faire.

Voir aussi : dormir, espèces protégées.

DOMAINE

Propriété foncièrement réservée à la chasse. Chasse gardée.

Sociologie

Une belle propriété de chasse est souvent baptisée « domaine de chasse ». Mais il existe d'autres domaines où le chasseur, particulièrement s'il est sauvaginier, va exercer sa passion : le DPM (Domaine public maritime), ou le DPF (Domaine public fluvial).

Voir aussi : enclos, hectare, sauvaginier, territoire.

DOMICILE

Difficile à quitter le samedi matin. Difficile à réintégrer le dimanche soir.

Sociologie

Un week-end de chasse commence toujours après une semaine de travail bien remplie ! Qu'il est dur de quitter son lit, ensommeillé et frigorifié, le samedi à l'aube ! Certains jours, on se demande pourquoi l'on est chasseur. Puis on lit l'impatience dans les yeux de son chien, on retrouve ses copains et le grand week-end peut commencer : finalement, il fait tellement de bien que le dimanche arrive trop vite.

Voir aussi : week-end.

DOMINANT

Mal(e) aimé. A la meilleure place, mais pas au meilleur rang.

Faune sauvage

Dans tout groupe d'animaux, familial ou non, il y a des dominants et des dominés. Le dominant est toujours un mâle qui assure la survie de l'espèce par la reproduction. Il a la meilleure place, car sa force et son énergie imposent la soumission aux autres du même sexe. Il peut couvrir toutes les femelles de son choix. Il n'a pas le meilleur rang, car c'est lui, très en vue, que bien souvent le chasseur souhaite prélever, car c'est aussi le plus beau. C'est particulièrement le cas des cervidés au moment du rut et du brame.

Voir aussi : brame, parade, rut.

DONJON

Il n'y a pas que les blaireaux qui s'y enferment... Il y a aussi les éléphants dans leur tour d'ivoire.

Faune sauvage

Le donjon n'évoque pas seulement les châteaux forts et le Moyen Âge, mais également le terrier du blaireau.

Voir aussi : blaireau, terrier, tesson.

DONNER DE LA VOIX

Jamais gratuit quand il s'agit d'un bon chien.

Chiens – Chasse à courre – Expressions populaires

Donner suppose de se défaire ou d'agir sans contrepartie. Quelle curieuse expression que celle utilisée par les chasseurs pour indiquer que les chiens aboient du moment qu'ils ont repéré une odeur. Ils ne donnent jamais de la voix pour rien ; quand ils donnent, la chasse est partie ; on parle bien sûr de chasse aux chiens courants et de vénerie.

Voir aussi : chien courant, créancé, meute, voix.

DORÉ

Gibier de pêche (sandre) et de chasse (faisan, pluvier).

Faune sauvage – Petit gibier

Le plus délicieux des poissons carnassiers de lacs et d'étangs, le sandre, se fait appeler le doré au Québec. Quelques oiseaux aussi font référence à une couleur, à des reflets inspirés de l'or, qu'il s'agisse du faisan doré ou du pluvier doré. Assez curieusement, chez ces derniers, il existe aussi un faisan argenté et un pluvier argenté; comme quoi, ces références colorimétriques sont presque « monnaie courante » (tantôt l'or, tantôt l'argent)... Quant à notre bécasse nationale, elle compose en se faisant surnommer « la mordorée ».

Voir aussi : bécasse, faisan, mordorée, pluvier.

DORMIR

Acte libératoire et réparateur faisant partie intégrante de certains modes de chasse comme la battue (ou la chasse) au mirador.

Sociologie

Il faut savoir que le chasseur dort au poste et que c'est très bien comme cela ! D'abord, il récupère; ensuite, il épargne du gibier; enfin, il ne blesse personne... Et pour une fois qu'il ne fait pas de bruit, on ne va pas se plaindre !

Voir aussi : dodo, poste, sieste.

DORTOIR

Rassemblement d'oiseaux branchés. Perchoir pour histoires à dormir debout.

Faune sauvage – Moment

Drôle de nom, assez incomplet, que celui de « dortoir » pour désigner le lieu de rassemblement quotidien crépusculaire de certains oiseaux vivant en colonies, comme les étourneaux, les corbeaux, voire les pigeons. Ces emplacements de nuit sont tout autant un lieu d'échanges d'informations entre oiseaux qu'un lieu de repos. Il n'y a qu'à voir l'activité fébrile et les cris qui y règnent. Ce sont souvent de grands arbres soigneusement alignés, ou des poteaux de lignes haute tension, ou encore les lignes téléphoniques ou électriques.

Voir aussi : corbeau, corneille, étourneau, nid, migrateurs, pigeon.

DOUBLE ZÉRO

Plomb sur lequel on peut compter.

Armes, munitions, balistique – Grand gibier

Les cartouches tirées dans un fusil de chasse possèdent un numéro figurant sur l'étui ou sur le sertissage, allant de 0 à 12, et qui indique indirectement la grosseur des projectiles contenus dans la charge. Le plus grand chiffre correspond aux plus petits plombs utilisés. Ce qui s'est compliqué avec le temps et l'offre des encartoucheurs et des régions, c'est que le numéro des uns ne concordait pas avec le numéro des autres. Ainsi, le 1 de Paris correspond à du 4 de Lyon ! Eh oui, car pour simplifier la chose, les plombs avaient des séries différentes : série de Paris, de Lyon, de Marseille, de Toulouse, de Bordeaux... Aujourd'hui, la série de Paris est la dominante et la norme. On tire du 5 au canard, du 7 au faisan, du 10 à la grive... Le n8 1 est un plomb de 4 mm de diamètre, le n8 12, de 1,25 mm de diamètre. En dessous, c'est-à-dire des plombs dont le diamètre est supérieur à 4 mm (la série de 0, 00 et plus encore) sont interdits à la chasse, sauf dérogation préfectorale pour le tir du sanglier à chevrotines en Corse et dans certains départements du Midi et d'Aquitaine, dans des biotopes de garrigues et de chablis. Avec ces fameux doubles zéros, les plombs se font rares, mais on peut compter sur leur efficacité.

Voir aussi : cartouche, chevrotines, plombs.

DOUBLER

Tirer un coup pour rien, soit parce qu'il ne faut pas deux cartouches pour tuer un même animal, soit parce qu'en tuer deux, coup sur coup, c'est assurément trop.

Armes, munitions, balistique

Souvent, le second coup tiré est inutile, soit parce qu'il est trop loin sur le même animal, soit parce qu'il est lâché au hasard sur un groupe d'oiseaux. Dans tous les cas, quand la première cartouche n'a pas fait mouche, on devrait laisser une chance au gibier.

Voir aussi : éthique, pairon, tir.

DOUILLE

Munition en état de vide malgré un culot certain. Se fait éjecter sans avoir pris trop de recul sur l'événement. Devrait, comme les feuilles mortes, se ramasser à la pelle.

Armes, munitions, balistique

Une cartouche est une munition pleine; une douille, sa seule enveloppe, avec une base métallique appelée « culot ». Répétons-le encore et encore : il faut ramasser ses douilles, car elles sont en matière plastique depuis bien longtemps et donc imputrescibles. La nature n'est pas une poubelle... Quand on chassait avec des fusils à extracteurs, et non pas à éjecteurs, on glissait les douilles dans la poche, et à l'époque, beaucoup les rechargeaient. Avec la modernité des systèmes d'éjection, il arrive parfois que l'on mette du temps à retrouver les douilles, ce qui n'encourage pas toujours à toutes les récupérer.

Voir aussi : bourrelet, cartouche, culot, étui, noyau.

DOUTER

C'est penser que l'erreur est humaine, mais que la chasse ne l'est pas.

Sociologie

Le doute est en permanence talonné par l'espoir, la chance, la volonté de réussite sur le terrain, ce qui lui laisse une maigre fenêtre de tir. Non, le chasseur ne doute pas... Parfois, cependant, il devrait, car l'expérience vous enseigne qu'aucune certitude n'est de mise. En cela, l'homme est resté un grand prédateur qui s'assume quand il parcourt son territoire de chasse. Car si l'on commence à faire du sentiment avec le gibier, on ne devient plus chasseur, mais écolo...

Voir aussi : chasseur, écologiste, éthique.

DOWN

Impératif verbal peu agréable à entendre pour le chien, c'est pourquoi le maître délicat le prononce en anglais pour ne pas vexer son compagnon à quatre pattes.

Chiens

Les chiens entendent plus souvent « down » qu'« assis ». Ce n'est pas que les Français adorent à ce point les Anglais, mais cette expression semble résonner avec plus de pertinence dans les oreilles de nos chers compagnons.

Voir aussi : apporte, arrêt, cherche, chien (tout court), dressage.

DRAGON

Beaucoup chassé au Moyen Âge, sans grand résultat, ce qui explique sans doute le peu d'intérêt de sa chasse contemporaine.

Histoire

Autant l'avouer aujourd'hui aux plus naïfs, les dragons n'ont jamais existé ! Mais les chasseurs de dragons, si !

Voir aussi : chimère.

DRESSAGE

Rudiments d'éducation canine assortis d'une obligation de résultat. Il est des fois où le chien dresse plus sûrement son maître que l'inverse.

Chiens
Heureusement que le chien dispose d'une aptitude naturelle à comprendre ce que veut son maître ! Pour être maître, il suffit d'acheter un chien ; pour être un bon chien de chasse, il ne suffit pas toujours d'écouter son maître.

Voir aussi : apporte, arrêt, cherche, chien (tout court), *down*, rapport (dressage).

DRILLING

Arme à utiliser au coup par coup.

Armes, munitions, balistique
Arme de chasse basculante à trois canons, conçue pour être polyvalente, et tirer, dans le même temps, petit et grand gibier. Elle est normalement composée de deux coups lisses et d'un coup rayé. Quand c'est l'inverse, ce qui est possible mais beaucoup plus rare (deux coups rayés et un coup lisse), on emploie le terme plus précis « express drilling *». L'arme ne possédant toujours que deux détentes pour trois canons, un dispositif – le bouton-poussoir de sûreté – donne accès, en l'actionnant d'une certaine façon, au coup de balle. Mieux vaut ne pas se tromper ! Ni fusil, ni carabine, l'arme reste lourde, d'une précision relative et source d'erreurs.*

Voir aussi : bourrelet, carabine, express, fusil, Kipplauf, mixte.

DRÜCKEN

À la chasse, faut pas pousser... sauf si l'on est à l'est.

Chasse à l'étranger – Europe – Gestion – Grand gibier – Modes de chasse – Organisation, réglementation, sécurité
La chasse à tir du grand gibier s'articule autour de trois modes de fonctionnement : l'affût, l'approche et la battue, tout du moins en France. En Alsace et en Allemagne, on pratique une variante de la battue, le Drücken*, que l'on traduit par « poussée silencieuse ». Le mot allemand signifie indifféremment « appuyer », « presser », « se défiler », « pousser », etc. Cette battue sans chien et sans cris a pour but de décantonner le gibier qui, moins stressé, se déplace moins loin, moins vite et offre des opportunités de tir moins précipitées et plus sécuritaires. Être à l'ouest, c'est avoir la tête ailleurs, on peut donc en conclure que l'avoir à l'est présente plus de qualité de sérieux, ce qui est parfaitement le cas pour cette pratique de chasse.*

Voir aussi : Alsace, affût, approche, battue, Est, Ouest.

DOWN

Impératif verbal peu agréable à entendre pour le chien, c'est pourquoi le maître délicat le prononce en anglais pour ne pas vexer son compagnon à quatre pattes.

Chiens
Les chiens entendent plus souvent « down *» qu'« assis ». Ce n'est pas que les Français adorent à ce point les Anglais, mais cette expression semble résonner avec plus de pertinence dans les oreilles de nos chers compagnons.*

Voir aussi : apporte, arrêt, cherche, chien (tout court), dressage.

DUMAS (Alexandre)

A su inviter mieux que personne le gibier après la chasse, lui donner ses lettres de noblesse, le cuisiner à toutes les sauces et mettre son bourreau à sa table.

Gastronomie – Personnages célèbres
Alexandre Dumas père (1802-1870) est plus connu pour ses Trois mousquetaires *(1844) dont le fameux d'Artagnan,* La Reine Margot *(1845) ou* Le Comte de Monte-Cristo *(1844-1846) que pour son* Grand dictionnaire de cuisine *paru post mortem, pourtant écrit en 1869... Quel ouvrage*

magnifique, manuel de base de la cuisine du chasseur où tout est dit avec imprécision, poésie et vécu à propos du gibier et de ses à-côtés. Dumas est à la gastronomie ce que Buffon a été l'histoire naturelle : un fabuleux conteur au style inimitable. Chasseur de renom, on lui doit également La Chasse et l'amour *(1824), et ses* Récits de chasse, *recueil de nouvelles faisant largement appel à ses souvenirs de terrain. Il y a lieu de ne pas confondre le grand homme avec son fils, du même nom, auteur lui aussi, réputé pour* La Dame aux camélias *(1848), mais sans talent ni de cuisinier ni d'homme de la nature.*

Voir aussi : belle Aurore (oreiller de la), Brillat-Savarin, cuisinier, écrivain cynégétique, table.

DUVET

À poil chez le chasseur, à plume chez le gibier.

Faune sauvage

Le duvet est cette première barbe fine qui pousse sur le menton des adolescents. Chez les oiseaux, les sous-plumes constituent une barrière thermique remarquable contre le froid.

Voir aussi : plumes.

EAUX

Les eaux ne se marient pas en vin avec la forêt quand il s'agit de chasse (service des Eaux et Forêts).

Histoire – Territoire – Organisation, réglementation, sécurité

La grande administration des Eaux et Forêts a été pendant des siècles l'entité administrative de référence pour la gestion du patrimoine naturel de la France. À partir de 1965, cette appellation a techniquement disparu pour laisser place à des organismes dont les missions ont été plus circonscrites à leur domaine de compétence, comme l'ONF (Office national des forêts) et l'ONC, devenu ONCFS (Office national de la chasse et de la faune sauvage). L'expression « eaux et forêts » reste encore bien vivante dans le langage de nos campagnes.

Voir aussi : abreuvoir, bauge, mare, souille.

ÉCHARPE

Vaut le cou pour l'isard.

Gibier de montagne

La tache de couleur claire qu'arbore l'isard en hiver sur sa gorge et le début de son poitrail est appelée l'écharpe. Cette tache est moins marquée et surtout moins longue chez le chamois, c'est pourquoi le terme est réservé à l'espèce pyrénéenne.

Voir aussi : chamois, isard, montagnes.

ÉCHASSIERS

Gibiers toujours trop longs, de bec, de cou ou de pattes.

Gibier d'eau

Le mot « échassiers » est aujourd'hui remplacé par « limicoles », mais désigne les mêmes espèces. L'emploi du mot « échassier » avait le mérite de la clarté pour l'identification : l'exagération des proportions dans l'apparence de ces oiseaux d'eau dont une grande partie est protégée aujourd'hui, comme les grues, les flamants roses, les hérons, les butors… Il nous reste, comme espèces gibier, les courlis, les barges, l'huîtrier pie, le vanneau huppé, les pluviers, les chevaliers, les bécassines, le bécasseau maubèche… en faisant très attention à respecter certains spécimens dont le tir est tout de même interdit. Cela oblige le sauvaginier et le chasseur de grève à affiner leurs connaissances sur tous ces petits oiseaux, amoureux des rivages, souvent mélangés entre eux et dont il faut faire le tri quand la marée les ramène au bord.

Voir aussi : barges, bécasseau, bécassine, chevaliers, courlis, vanneau.

ÉCHELLE

Pour les ténors du barreau toujours à l'affût.

Aménagements – Territoire

Tout avocat doit s'inscrire au barreau, qui est l'organisme professionnel de référence. Être un ténor du barreau signifie être un excellent avocat. Nombreux sont ceux qui se sont illustrés comme chasseurs, le plus célèbre d'entre eux étant Maître René Floriot. N'oublions pas, enfin, que pour pratiquer l'affût (souvent au mirador), il faut utiliser un poste haut muni d'une échelle, et donc… monter les barreaux pour s'y installer.

Voir aussi : affût, mirador, poste.

ÉCLAIRCIE

Fenêtre de tir, sur terre (végétation) comme au ciel (météo).

Aménagements – Moment – Territoire

En forêt, une éclaircie désigne tantôt une clairière, tantôt une coupe forestière suffisamment grande pour faire entrer la lumière dans un peuplement serré. C'est l'endroit où une végétation basse permet l'observation et le tir à découvert des grands animaux. Quant à la météo, l'éclaircie redonne espoir à celui qui, sous mauvais temps, pluie, vent ou neige, verra le temps s'améliorer, faire une pause durable ou non, mais toujours appréciée quand on est rincé par l'orage ou aveuglé par les flocons. La fenêtre de tir est cet instant bref où la décision de tirer dans les meilleures conditions doit être prise.

Voir aussi : ciel, foret, météo, neige, pluie, tir, vent.

ÉCLAIRÉS

Les chasseurs devraient l'être plus encore le jour que la nuit.

Histoire – Sociologie

Grâce aux philosophes et penseurs du XVIIIe siècle, de Voltaire à Diderot, nous avons inventé le siècle des Lumières, celui de la raison, de la tolérance, de l'humanité tournée vers le progrès et le partage des idées. Certains chasseurs devraient s'en inspirer : il faut accepter l'idée de partage de la nature entre chasseurs et non chasseurs, ne pas verser dans la politique qui fait croire que le nombre fait la force, sanctionner lourdement les comportements irresponsables... Plus les chasseurs seront exemplaires, tolérants et communicants, et plus la chasse regagnera ses lettres de noblesse, son droit de cité, et fera partie intégrante du paysage écologique, comme acteur incontournable de gestion de la vie sauvage.

Voir aussi : antichasse, viandard.

ÉCOBUAGE

Coup de feu, non sur le gibier, mais sur son territoire.

Territoire – Aménagements

L'écobuage est une pratique agricole très encadrée, et fréquemment interdite, qui consiste à brûler les chaumes ou la végétation basse des terrains cultivés pour enrichir le sol et favoriser la nouvelle récolte. Cette technique, fort peu coûteuse, se pratique très régulièrement en Afrique. Ces incendies volontaires, en théorie maîtrisés, peuvent se révéler très préjudiciables à la petite faune endémique qui, à tout prendre, préfère à ces « coups de feu », ceux du chasseur, qui lui laissent plus de chance d'en réchapper. D'aucuns prétendent que l'écobuage permet d'entretenir facilement certains milieux, en régénérant la terre et en évitant, notamment en montagne, la fermeture du milieu.

Voir aussi : Afrique, paysan, territoire.

ÉCOLOGISTE

Chasseur à bonne conscience, ou non-chasseur à mauvaise conscience.

Sociologie

On croit à tort qu'un chasseur ne peut être écologiste et vice versa. La véritable écologie n'est plus passive et ne consiste plus en une chape protectrice sur tout ce qui touche, de près ou de loin, la nature. L'écologie demande du respect, une prise de conscience que les ressources naturelles ne sont pas inépuisables, l'adoption de modes de gestion et d'exploitation raisonnables et compatibles avec l'urbanisme et la démographie. Le vrai chasseur ne peut que souscrire à une telle logique. À côté de cet idéal confraternel, il y aura toujours des intégristes des deux bords pour crier à la discorde.

Voir aussi : antichasse, Brigitte Bardot, intégriste.

ÉCORÇAGE

Pratique des gibiers pilleurs de tronc.

Grand gibier – Histoire

Le pilleur de tronc est celui qui dépouille l'église de l'argent donné par les fidèles de manière anonyme dans les tirelires laissées à leur disposition au sein des monuments religieux et appelées « troncs ». Autrefois, beaucoup d'entre eux étaient effectivement un simple tronc d'arbre, une sorte de colonne percée, totalement en bois, pour recevoir les dons, d'où son nom.

En forêt, les troncs, bien vivants ceux-là, et qui assurent le développement des jeunes arbres, peuvent eux aussi, à leur manière, être l'objet d'une tout autre forme de vandalisme : l'altération de leur écorce protectrice par les cervidés, grands et petits, à des fins alimentaires ou pour des raisons de marquages territoriaux.

Voir aussi : brocard, cerf, dégâts, forêt.

ÉCOUTES

Pour une fois que c'est le chasseur qui est mis sur écoutes… Preuve que le sanglier et l'homme sont sur la même longueur d'onde, à défaut de bien s'entendre.

Grand gibier

Chez le sanglier, l'ouïe et les oreilles ont un nom : les écoutes. La bête noire écoute toujours d'une oreille attentive ses poursuivants.

Voir aussi : oreilles, sanglier.

ÉCRIVAIN CYNÉGÉTIQUE

Tue le temps avec sa plume. Y réussit à merveille.

Faune sauvage – Histoire – Personnages célèbres

Nos grands écrivains de chasse ont d'abord raconté leurs histoires vécues ou inspirées de faits réels. Ces souvenirs font revivre des moments forts, mais sans grand danger pour la faune sauvage, car la chasse n'est plus alors qu'un acte littéraire. Tuer le temps a du bon : c'est, au final, un acte militant irréprochable… Merci à Paul Vialar, à Maurice Genevoix, à René Chambe, à Louis Pergaud et à tant d'autres – autant de plumes talentueuses au service d'une même passion.

Voir aussi : Alpinus, Bombonnel, bouquiniste, Couturier, Dumas, Hemingway, London, Oberthür, Phœbus, Selous.

ÉCUREUIL

Un épargné parmi les épargnants. Tourneur sur bois. Vole de ses im(propres) ailes. Se rencontre au sommet sans avoir à gravir la montagne.

Faune sauvage

L'écureuil est une longue histoire de noisettes, de capitalisation forcée de la nourriture en vue de la mauvaise saison, et de haut symbole bancaire, puisque la Caisse d'Épargne, depuis l'origine, en a fait sa mascotte visuelle comme incarnation de l'épargnant type. L'écureuil est le seul mammifère qui n'aime pas se retrouver au sol, car alors, même rapide, il est sans défense. Dès qu'il touche le tronc de l'arbre, le voilà qui vole comme un oiseau, caracolant

de cime en cime, jouant à cache-cache avec l'observateur.

Voir aussi : casser des noisettes.

ÉCUSSON

Rend les trophées de chasse supportables et présentables. Permet, au gibier comme au chasseur, de faire le mur.

Équipement

Les trophées conservés sous forme de massacres sont mis sur un support en bois (planche sculptée) et peuvent ensuite être fixés au mur. L'écusson sert également à mettre une plaque en laiton avec les indications du propriétaire, les dates et lieux du tir.

Voir aussi : massacre, taxidermiste, trophées, *trophy room*.

ÉCUYER

Fait la paire sans le père.

Grand gibier

Les vieux cerfs s'entourent parfois d'un compagnon ou accompagnateur, qui n'a pas forcément de parenté avec lui, mais qui est toujours de même sexe. Ils vont ainsi de pair, pour partager leur solitude, et donner le change, sans pour autant rejoindre la harde. Ce jeune compagnon est l'écuyer.

Voir aussi : cerf, grandes pattes, page.

EEE

Espèces exotiques envahissantes. Étranges envahisseurs européens, mais surtout pas étrangers.

Faune sauvage – Europe

Nous vivons à l'époque des sigles, pour mieux cacher les réalités. Les EEE en sont une illustration flagrante : plutôt que de les appeler tout simplement « nuisibles », et de leur consacrer une lutte sans merci pour préserver d'autres espèces – de faune, comme de flore – subissant leurs comportements préjudiciables, on les érige en concept nouveau et circonstancié, depuis 2014, pour ne choquer personne et rester en accord avec une politique européenne en matière environnementale très fluctuante d'un pays à l'autre. Qui sont-elles, ces EEE ? En 2019, 66 espèces réglementées rentraient dans la définition. Sur cette liste, on trouve, entre autres, des plantes aquatiques (jacinthe d'eau, jussie à grandes fleurs et jussie rampante, myriophylle du Brésil), des plantes terrestres (herbe à alligator, renouée, berce de Perse et du Caucase), des invertébrés (crabe chinois, écrevisses américaines, frelon asiatique), des poissons (perche soleil, goujon de l'Amour, poisson-chat), des reptiles et des amphibiens (grenouille taureau, tortue de Floride), des oiseaux (martin triste, ibis sacré, érismature rousse), des mammifères (écureuil de Pallas, mangouste de Java, muntjac, ragondin, chien viverrin, raton laveur, écureuils fauves, gris ou de Corée).
Certaines de ces espèces risquent de devenir nos gibiers de demain, comme le faisan, qui vient d'Asie, rappelons-le, et qui fut en son temps un pur produit d'importation – sans danger pour son environnement, il est vrai –, et faisant aujourd'hui totalement partie du paysage rural de nos campagnes. Là encore, l'intégration mesurée est au cœur du problème.

Voir aussi : ESOD, NAC, nuisibles.

EFFRAIE

Chouette qui n'effraie plus personne de nos jours mais qui continue fièrement de porter son nom.

Faune sauvage

La chouette effraie, ou dame blanche, est un rapace nocturne qui affectionne particulièrement les vieux bâtiments, clochers ou granges. Quand, au Moyen Âge, on veillait les morts à l'aide de bougies, les oiseaux, attirés par la lumière, venaient frapper aux carreaux... Nos ancêtres y voyaient une manifestation du diable, et les crucifiaient sur les portes des bâtiments agricoles pour éloigner le malin. Heureusement, les temps changent car la dame blanche est vraiment très chouette !

Voir aussi : espèces protégées.

EGO

Sans égal chez le chasseur.

Sociologie

Il semble qu'une des qualités premières chez les chasseurs et les pêcheurs, c'est leur vantardise et l'assurance qu'ils ont parfois de tout savoir, de tout connaître, d'être dans le vrai absolu et d'avoir toujours réalisé un exploit avec leurs prises. Heureusement, ce comportement n'est pas le lot de tous. Cette qualité... est un vilain défaut. Il y a aussi les humbles, les passionnés, les raisonnables, les gestionnaires, bref les authentiques, qui se moquent de leur ego.

Voir aussi : Bombonnel, Tartarin.

EIDER

Canard consommé sur l'oreiller plus que dans l'assiette, y compris par les non-chasseurs. Oiseau de mer qui vous prend la tête en dormant. Canard sans barbe, mais avec duvet.

Faune sauvage – Gibier d'eau – Histoire

Habitué à la haute mer, grand canard plongeur et migrateur, l'eider dispose d'un plumage isolant exceptionnel qui lui permet d'affronter les froids les plus intenses. Les peuples du Nord (depuis 900 ans) ont très vite compris l'intérêt de récupérer son duvet pour fabriquer des vêtements (doudounes), de la literie (édredons, oreillers, couettes) et, plus récemment, des sacs de couchage. Exploités à des fins commerciales par l'Islande, le Groenland et le Québec, ce plumage sans égal est une valeur sûre pour la chaleur qu'il procure. « Eider » dérive des différents langages scandinaves et signifie « duvet », ce qui a donné également édredon ou edderdun en danois. Les Italiens le nomment edredone, les Anglais eiderdown, ce qui est encore plus éloquent. Que les non-chasseurs se rassurent, la récolte des plumes ne se fait pas sur les oiseaux chassés, mais dans les nids, tapissés par ce précieux duvet de la femelle – les plumes sont récupérées après la couvaison. Il existe six sous-espèces d'eider, seules les plumes de l'eider à duvet sont exploitées.

Voir aussi : barbes, canard, duvet, plumes.

ÉJECTEURS

Savent faire le vide autour d'eux.

Armes, munitions, balistique

Pièces mécaniques mobiles situées à la base des canons provoquant l'éjection à l'extérieur des douilles tirées en profitant de la poussée engendrée par la combustion de la poudre. Pendant longtemps, on a cru que les éjecteurs constituaient un réel progrès en matière d'armes de chasse, permettant de recharger plus vite ; c'est faire abstraction que l'on oublie bien souvent de ramasser ses douilles et que cette belle invention laisse dans la nature les reliques plastiques et métalliques des munitions. Autant tirer moins de cartouches avec un fusil muni d'extracteurs : on n'est ni à la pièce, ni aux pièces.

Voir aussi : cartouche, culot, douille, extracteurs.

ÉJOINTER

Empêcher le gibier à plumes de voler de ses propres ailes.

Faune sauvage – Gibier d'eau

Cette amputation d'une partie de l'aile des oiseaux peut être provisoire (les plumes simplement coupées vont repousser) ou définitive (si on la pratique sur les poussins en sectionnant l'os de l'articulation). En pratique, les chasseurs qui désirent soit conserver les oiseaux lâchés sur un plan d'eau, soit utiliser leurs appelants pour la chasse au gibier d'eau, se contentent de couper les rémiges d'un seul côté, ce qui déséquilibrera l'envol de l'oiseau et le dissuadera de partir au loin. Concerne surtout les canards.

Voir aussi : appelant, barbes, canard, duvet, plumes, rémiges.

ÉLAN (d)

Le plus grand des cervidés (cerfs vidés), même plein.

Grand gibier

L'élan est le seul gibier du monde à posséder une double orthographe : l'élan (sans « D ») désigne l'orignal (ou moose) du continent nord-américain et nos élans scandinaves, tandis que l'éland (avec un « D ») correspond à la plus grosse antilope que l'on puisse trouver en Afrique : l'éland de Derby et aussi l'éland du Cap.

Voir aussi : antilope, caribou, cerf, chevreuil, daim, palettes.

ÉLÉPHANT

Sait attaquer en défenses.

Chasse à l'étranger – Faune sauvage – Grande chasse

Chez l'éléphant, les défenses sont des incisives, alors que chez les cochons sauvages, les défenses sont des canines. Outre sa force naturelle résultant de sa masse et de sa taille, l'éléphant est conscient que ces deux dents surdimensionnées ont aussi un pouvoir fort pour attaquer... les congénères en cas de luttes entre rivaux, les arbres pour déguster des saveurs fruitières, le sol même pour y trouver de l'eau ou du sel, enfin, tout autre prédateur qui viendrait lui chercher querelle.

Voir aussi : Afrique, défenses, ivoire, safari.

ÉLEVAGE

Occupation pour bien pratiquer le lâcher-prise.

Gestion

L'élevage du gibier est une réalité. On doit le contester dans la mesure où les oiseaux sont lâchés le jour même de la chasse; on les appelle alors des « cocottes » de tir, indignes du chasseur. Il en va tout autrement pour le gibier de repeuplement ou de réintroduction, méthode qui consiste à réimplanter ou à renforcer les effectifs d'une population donnée sur un territoire.

Voir : couvée,lâcher, œuf, volière.

EMPAILLER

Prendre le gibier, non pas pour une bille, mais pour une chaise. Prendre, mais pour une chaise.

Techniques – Trophées

Autrefois, on rempaillait les chaises, car celles-ci étaient faites de paille, c'est-à-dire qu'on réparait celles dont l'assise était paillée. Le terme « empailler » est également pris comme synonyme de naturaliser, c'est-à-dire de conserver un animal. Pourquoi ? Simplement parce qu'autrefois, on bourrait de paille la dépouille de la bête pour lui redonner une certaine forme après lui avoir totalement retiré ses chairs. La taxidermie moderne a vite fait d'oublier ces techniques approximatives, à la conservation incertaine et au résultat décevant.

Voir aussi : taxidermiste, trophées.

EMPAUMURE

Le cerf lui doit une fière chandelle.

Grand gibier

Les vieux cerfs peuvent avoir le bout de leurs bois très ramifié. Lorsque sur sa partie terminale le merrain porte plus de deux andouillers (enfourchures), on qualifie cette formation osseuse, blanchâtre à ses extrémités, d'empaumure ou de chandelier (car les cors ainsi disposés font penser à des chandelles). C'est un signe de beauté, de force et de puissance. Visuellement, on pourrait y voir la paume d'une main, d'où le terme employé. Lorsque le chandelier est bien creusé en son centre, on utilise encore l'expression « nid de merle ».

Voir aussi : andouillers, bois, cerf, enfourchure, merrain, trochure.

EMPREINTES

Une bonne voie pour prendre son pied.

Faune sauvage

Les empreintes sont autant de traces de pattes des animaux que ceux-ci laissent après leur passage. Beaucoup sont discrets ou nocturnes, se dérobant à la vue, et ces indices de présence permettent d'attester de leur réalité, de leurs habitudes, de leur remise. En vénerie, la piste empruntée se nomme la voie et prendre le pied, pour les chiens, signifie qu'ils suivent le gibier en empruntant son itinéraire, encore riche de ses effluves et matérialisé sur le sol. Les empreintes sont la signature du gibier. On ne doit pas les confondre avec les « épreintes » qui sont les excréments de la loutre.

Voir aussi : pied, pigache, traces, voie.

ENCEINTE

Région pleine ou présumée pleine de... gibier. La vider n'est pas toujours un jeu d'enfant. Heureusement que la battre dure moins de neuf mois.

Territoire – Aménagements – Grand gibier – Grande chasse

Quand on chasse en battue, les traqueurs battent le territoire par morceaux ; chacun de ceux-ci constitue une enceinte qu'il faut vider pour que les chasseurs postés en périphérie puissent voir et tirer.

Voir aussi : banderoles, battue, rabat, rabatteur, traque.

ENCLOS

Terrain dont la fermeture assure une plus grande ouverture de la chasse.

Territoire – Aménagements – Grand gibier

En principe, la chasse en enclos ou parc est ouverte toute l'année, car l'on considère que le gibier n'y est plus res nullius. Grâce aux clôtures qui limitent les déplacements des animaux, ceux-ci perdent leur statut de bêtes sauvages et la réglementation qui s'applique alors échappe en partie aux lois générales de la chasse.

Voir aussi : domaine, hectare, territoire.

ENFOURCHURE

Pour cerf branché.

Grand gibier

Les bois du cerf plus âgé se terminent rarement par une seule pointe et ont tendance à se ramifier plus ou moins. Quand ils forment une fourche (semblable à une branche), la désignation est « enfourchure » et quand ils portent plusieurs andouillers sur le même plan, ils sont dits à « empaumure ».

Voir aussi : andouillers, bois, cerf, empaumure, merrain, trochure.

ENFUMER

Rater son coup pour les uns, le réussir pour les autres.

Sociologie – Expressions populaires

Quand on enfume le gibier, c'est dire qu'on l'a bel et bien manqué. On enfume aussi les terriers de renard et de blaireau pour en déloger leurs occupants. Enfumer signifie aussi tromper les autres... Le milieu des chasseurs n'y échappe pas non plus.

Voir aussi : blaireau, bredouille, menteur, renard, terrier.

ENGINS

Mode de chasse passé de mode. Armes qui n'en sont pas et qui n'en sont pas moins redoutables. Réduit le gibier au silence, en étant elles-mêmes silencieuses.

Modes de chasse – Techniques – Petit gibier – Piégeage

Il y a encore un siècle, la chasse aux engins, encore appelée oisellerie, était un mode de chasse traditionnelle à part entière. Il consistait à capturer, selon une multitude de techniques différentes et régionalisées, les oiseaux à l'aide de pièges (ou engins) sans l'intervention ou l'assistance de chiens ou d'armes à feu. Les petits passereaux, les grives et merles, les alouettes, les ortolans bien sûr, les vanneaux, etc. L'ingéniosité des hommes se révélait sans borne. Les noms de ces engins étaient très variés : le quatre-de-chiffre, les lèques, le trébuchet, les matoles, les pantes, les pantières, etc. Un seul ouvrage consacré à ces pratiques ne suffirait pas à en faire le tour. Aujourd'hui, toutes ces captures à l'aide de filets, de cages, d'appeaux paraissent suspectes et déloyales et sont pour la plupart interdites. Pourtant quel savoir-faire, autrement plus exigeant que d'arroser d'une gerbe de plombs sur un mètre carré le premier lapin qui passe...

Voir aussi : appelant, appeau, cabane, enfumer, grives, merle, ortolan, pantes, pantières, piège, piégeage, poste, toiles, vanneau.

ENVIEUX (en vieux)

Ne devrait pas concerner les jeunes, et pourtant...

Sociologie

Avoir envie, c'est bien ; être envieux, c'est mal... Les chasseurs font des envieux, même entre eux, et c'est très dommage. Tant mieux si mon meilleur copain a pu se payer le safari de ses rêves au printemps dernier et tant pis si j'ai raté ce superbe doublé de perdreaux immanquables en Sologne la semaine dernière !

Voir aussi : chasseur, éthique.

ÉPIEU

Quand le chasseur est à couteaux tirés avec son gibier. Il ne faut pas être un manche pour s'en servir.

Armes, munitions, balistique – Équipement

L'épieu est une arme blanche d'appoint principalement utilisée en vénerie pour servir l'animal – cerf ou sanglier. Dans les autres chasses du cochon, un animal au ferme peut être également achevé avec cette sorte de lance adaptée exclusivement à cette fonction. Précisons qu'en aucun cas, l'épieu est une arme de jet. Il n'a pas d'autre utilité que celle de mettre une distance de sécurité entre le chasseur et son gibier et également de donner plus de force au coup porté grâce à une prise à deux mains particulièrement efficace.

Voir aussi : arme blanche, couteau, dague.

ÉPINES

Piquent sans dard, griffent sans ongles et mordent sans crocs.

Flore

Les épines font partie intégrante du parcours du combattant de tout chasseur qui se respecte. Il n'y a pas de raison que ce soit son chien qui fasse tout le travail. Lui aussi doit passer par des endroits naturellement peu carrossables. Dans sa quête, les épines sont partout où le gibier peut se cacher : buissons, haies, sous-bois, queues d'étang, taillis... La ronce, l'épine noire ou prunellier sauvage, l'aubépine, l'églantine, possèdent les plus redoutables. On en accepte d'autant plus les cicatrices qu'elles dissimulent nos plus beaux gibiers. Sans véritables concurrents à part les barbelés !

Voir aussi : battue, buisson, fourré, ronce, traque.

ÉPONGE

Sert au cerf pour s'essuyer les pieds.

Chasse à courre – Faune sauvage – Grand gibier

L'éponge est une partie molle du dessous du pied des cervidés, sous forme de deux coussinets du talon, souples et résistants à la fois et qui forment une partie de l'empreinte de l'animal au sol. Terme particulièrement utilisé en vénerie.

Chacun connaît les qualités d'une autre éponge qui sert en cuisine pour essuyer les surfaces humides ou à nettoyer... Les éponges de mer sont des êtres vivants, simples certes, mais en aucun cas des végétaux, comme beaucoup d'entre nous le pensent.

Voir aussi : chevreuil, cerf, vénerie.

ÉPOUVANTAIL

Perchoir épatant pour ceux qui n'ont pas peur de prendre la poussière.

Aménagements – Territoire

Pour éloigner les oiseaux fort consommateurs de grains venant d'être semés, on disposait (et cela se fait encore aujourd'hui) un mannequin au milieu du champ en lui donnant l'apparence d'un homme, avec une vieille veste et un chapeau de paille ; cette présence était censée éloigner les corvidés. Plus opérationnel encore, il arrive aussi que l'on plante un bâton avec un ou deux corbeaux morts suspendus, ce qui est tout aussi dissuasif.

Voir aussi : corbeau, nuisible.

ÉPREINTES

Laissées sans empreintes.

Chasse à courre – Faune sauvage – Grand gibier

Crottes de la loutre. Les « laissées » sont souvent utilisées comme terme générique pour les excréments des mammifères chassés et servent d'indices de présence. Pour ce qui est de la loutre qui, rappelons-le, a longtemps été chassée à courre sur les rivières, ces crottes ne sont pas toujours visibles à côté d'autres empreintes, vu le milieu aquatique. En médecine moderne, le terme médical existe lui aussi, proche de la réalité car signifiant une douleur abdominale ou rectale, liée à un faux besoin, ou encore en matière d'accouchement. Le mot désigne aussi les excréments d'autres mammifères, mais seuls les veneurs l'utilisaient vraiment pour la loutre.

Voir aussi : excréments, laissées, loutre, vénerie.

ÉPREUVES

Au banc ou sur le siège, pas de droit à l'erreur.

Armes, munitions, balistique – Organisation, réglementation, sécurité – Chiens

Les armes de chasse subissent des épreuves ou essais : elles sont envoyées « au banc d'épreuves », l'organisme chargé de vérifier la conformité aux surpressions et la résistance au tir. Les chasseurs subissent des épreuves, celle du permis de chasser et celle de rester assis longtemps sur son siège de battue pour attendre le gibier. Même les chiens subissent des épreuves pour les concours de races, en travail et beauté... On le voit, le chasseur est éprouvé et approuvé dans toutes ces circonstances.

Voir aussi : bancs, carabine, fusil, sécurité.

ÉQUIPAGE

Veneurs dans le même bateau.

Chasse à courre

Une société de chasse qui pratique la vénerie se nomme un équipage, comme l'ensemble des hommes embarqués professionnellement sur un même bateau. Un membre de l'équipage est appelé « bouton ». Certains équipages sont désignés comme vautrait ou rallye en fonction des gibiers recherchés.

Voir aussi : bouton, meute, rallye, vautrait, vénerie, veneur.

ESPÈCES PROTÉGÉES

Animaux qui s'en tirent bien pendant la chasse.

Faune sauvage – Organisation, réglementation, sécurité

Depuis la loi sur la protection de la nature, les espèces gibier sont celles qui peuvent être chassées, contrairement à toutes les autres, qui sont en principe protégées. Elles ne risquent rien du chasseur respectueux de la loi. On peut regretter qu'aujourd'hui soient protégées de manière absolue des espèces dont la régulation serait une bonne chose; ce n'est pas parce que, au moment de leur protection, certains animaux étaient en danger, que trente ou quarante ans plus tard, ils sont toujours dans le même cas. Cette protection à outrance entraîne de nombreux déséquilibres dans les écosystèmes, des zones humides aux sous-bois.

Voir aussi : gibier, nuisible.

ESSENCES

Biocarburants pour le gibier, qu'il s'agisse d'essences forestières ou végétales.

Flore – Territoire

Les essences forestières témoignent de la richesse de notre biodiversité. Par leur fonction primordiale dans les écosystèmes, elles jouent un peu le même rôle que le carburant pour une automobile.

Voir aussi : abroutissement, brisée, cerf, chevreuil, feuilles, futaie.

ESOD

Espèce susceptible d'occasionner des dégâts. Animaux transgenres. Anciens nuisibles. Nouveaux nuisants. Plus que jamais, l'occasion fait le larron.

Faune sauvage – Histoire – Organisation, réglementation, sécurité

Entre 1844 et 2019, les choses étaient presque trop simples (depuis 1975, elles s'étaient un peu complexifiées, merci l'Europe) : juridiquement, les espèces animales étaient classées en trois catégories – les animaux protégés, les animaux nuisibles et les animaux gibiers. Les premiers bénéficiaient d'une protection absolue, parfois excessive, puisque leur absence de régulation et l'augmentation de leur population les rendaient nuisibles en de nombreuses circonstances. Les seconds, parce qu'historiquement nuisibles de père en fils, devaient être détruits comme prédateurs redoutables, même si cela était faux ou injustifié et même quand les effectifs s'amenuisaient considérablement. Enfin, les troisièmes voyaient leur statut de plus en plus encadré quant aux modalités de chasse et aux effectifs à prélever. C'était sans compter sur l'évolution sémantique de notre monde moderne, pour qui le mot « nuisible » ne saurait plus désormais être prononcé, trop radical, trop meurtrier, trop peu écologique... D'où cette transformation extraordinaire du mot « nuisible » en « ESOD », espèce susceptible d'occasionner des dégâts : certains de nos anciens nuisibles vont devenir des espèces protégées, cela variera d'un département à l'autre, et le classement serait temporaire !
Ainsi en va-t-il avec l'arrêté du 3 juillet 2019, pris en application de l'article R. 427-6 du Code de l'environnement, fixant la liste des ESOD. Cela permet de rendre compatibles les législations européennes : la martre, le geai ou le corbeau freux peuvent être des espèces protégées hors de France et des ESOD chez nous – et encore, pas sur tout le territoire. On le voit, cette législation à géométrie variable ne va pas aller sans difficulté d'application. On ne détruit plus, on régule, on ne chasse plus, on gère, on ne tue plus, on prélève, etc. Je me demande quand est-ce que l'on va pouvoir chasser les ESCG (les espèces susceptibles d'être classées gibiers) ?

Voir aussi : fauves, nuisible, puants, sauvagine.

EST

L'Est n'est pas un point cardinal pour le chasseur, c'est plutôt un pays ou plus exactement des pays : les pays de l'Est, ceux où le gibier est considéré comme la première récolte de la terre.

Géographie

Les territoires de chasse de l'est de la France se composent de l'Alsace-Lorraine, de la Bourgogne, de la Franche-Comté, de la Champagne-Ardenne, presque tous réservés au grand gibier. Quant aux pays d'Europe centrale, la Pologne, la Bulgarie, la Roumanie, la Tchéquie, la Hongrie et l'Autriche constituent des destinations où le tourisme cynégétique fait partie de la culture nationale. Dans toutes les Carpates, on trouve des animaux plus gros que partout ailleurs, qu'il s'agisse de cerfs ou de sangliers. Plus à l'Est encore, il y a l'ex-Union Soviétique, avec l'Ukraine, la Biélorussie, la Russie et les pays baltes.

Voir aussi : Nord, Ouest, Sud.

ÉTANG

Côté canards, se lève sans jamais se coucher et se vide sans jamais s'assécher.

Aménagements – Expressions populaires – Flore – Gibier d'eau

L'étang, pure création de l'homme, ne saurait être confondu avec le marais, zone humide également, mais dont on ne saurait modifier à volonté le niveau d'eau. Un étang se vide régulièrement et se pêche à cette occasion. Il est une invention du Moyen Âge et des moines soucieux de carême et de poissons maigres. À la chasse, battre un étang pour y faire s'envoler les canards qui s'y trouvent s'appelle « une levée ».

Voir aussi : bonde, canard, marais, marigot, moine, thou.

ÉTERLE

Chèvre qui s'ignore.

Chasse en montagne – Faune sauvage – Grand gibier

Le chamois femelle subadulte, de 12 à 24 mois, se nomme « éterle ». Il en va de même pour l'isard. L'éterle est au sexe féminin ce que l'éterlou est au sexe masculin, après avoir été chevreau (jusqu'à 18 mois). « Éterle » vient du latin sterilis (stérile), puis de l'occitan esterle (« immature »). Adulte, elle est familièrement appelée « chèvre » par les chasseurs. Il y a du vrai dans cette approximation de langage, car le chamois est une espèce de chèvre sauvage.

Voir aussi : chamois, chèvre, chevrée, éterlou, isard.

ÉTERLOU

Bouc qui s'ignore.

Chasse en montagne – Faune sauvage – Grand gibier

Le jeune chamois mâle subadulte de 12 à 24 mois est appelé éterlou. Plus jeune, il est chevreau. Adulte, il deviendra bouc, tout du moins pour les chasseurs. Ses cornes, en principe, ne dépassent pas la hauteur des oreilles, c'est même là un critère de reconnaissance.

Voir aussi : chamois, éterle, isard.

ÉTHIQUE

Bien-être du chasseur.

Sociologie

Plus encore à notre siècle, ou les enjeux environnementaux, le partage de la nature et la démographie galopante sont au cœur de notre avenir, où l'écart des modes de vie entre ville et campagne se creuse, une activité comme la chasse se doit d'être exemplaire. C'est par son comportement et ses engagements, sa manière d'être et d'agir, que le chasseur continuera de trouver une place naturelle et justifiée dans nos bois et nos champs. Cette éthique de l'action passe bien sûr par la sécurité, la gestion et le respect des espèces animales, l'aménagement des territoires, la concertation sur un certain partage de la nature.

Voir aussi : avenir, brevet, chasseur, permis, sécurité, vider.

ÉTOURNEAU

Raffole des vers sans en composer, aime les alexandrins sans sonnet (sansonnet). Fientomane de renommée internationale. Chante de concert avec une myriade d'acolytes. Oiseau souvent dans les nuages.

Animaux domestiques – Faune sauvage – Personnages célèbres

L'étourneau de chez nous est l'étourneau sansonnet. C'est un grand migrateur, amateurs de vers de terre, qui se rassemble par milliers, formant des grappes, des « nuages », de véritables essaims d'oiseaux qui commettent de gros dégâts en ville du fait de leurs déjections et de leurs vocalises bruyantes. Ces grands vols, voire ces nuées, portent aussi le nom de « murmurations ». L'étourneau est un oiseau chanteur tout le temps, contrairement aux autres qui réservent leur concert pour les beaux jours et la reproduction. Il ne s'arrête qu'au moment de la mue. Ces talents combinés de gazouilleur et de siffleur incessants, mais également d'imitateurs d'autres oiseaux, sont assez exceptionnels et relèvent d'une faculté unique d'apprenti chanteur toute sa vie. Mozart eut lui-même, comme animal de compagnie, un étourneau qu'il garda trois ans. Le compositeur s'est inspiré de certaines notes de l'oiseau pour composer différentes créations musicales. Il fit même un poème à l'occasion de sa disparition. Son langage et son nombre en font l'espèce gibier la plus connue et pourtant peu recherchée par les chasseurs, contrairement aux grives.

Voir aussi : grive, merle, pâté, sansonnet.

ÉTUIS

Contrairement aux cartouches, ces étuis-là, pour bien s'en tirer, doivent rester à l'extérieur des cornes.

Grand gibier – Armes, munitions, balistique

L'étui est la formation de kératine donnant le cornage des ovidés (mouflons) et capridés sauvages (chamois et bouquetins). Il est creux, comme une douille de cartouche, guidé et maintenu par une excroissance crânienne, la cheville osseuse, qui lui sert de tuteur.

Voir aussi : cartouche, cornes.

EURO

Soyons francs, notre devise pour continuer d'aller à la chasse.

Sociologie

La chasse coûte cher, très cher, et on peut considérer l'euro comme un accessoire indispensable pour chasser. Sans lui, pas de permis, pas de territoire, pas d'arme, pas de chien, pas de gibier... On lui doit beaucoup... mais soyons honnêtes, elle nous le rend bien.

Voir aussi : chasser, milord.

ÈVE

Puisqu'elle n'est pas chasseresse, elle est donc... pécheresse.

Histoire – Personnages célèbres

Parmi les personnages mythologiques et mystiques, Diane reste la chasseresse tandis qu'Ève demeure la tentatrice à la pomme et au serpent ignorant tout de la pêche mais non du péché.

Voir aussi : Diane, femmes, maîtresse.

EXAMEN

Il est non seulement permis, mais fortement recommandé de le réussir.

Organisation, réglementation, sécurité

L'examen du permis de chasser est obligatoire pour toute personne désirant chasser sur le territoire français depuis 1976. Il se compose d'une épreuve théorique (depuis 1976) et d'une épreuve pratique (depuis 2003), un peu comme le permis de conduire. Le taux de réussite est supérieur à

80 %, ce qui signifie soit qu'il est trop facile, soit que les candidats fortement motivés y sont bien préparés par leur fédération départementale. Avoir le permis ne suffit pas, encore faut-il le faire valider annuellement et posséder les droits de chasse sur son territoire.

Voir aussi : brevet, permis, sécurité.

EXCLOS

Endroit (clos) mis à l'envers.

Aménagements – Faune sauvage

On connaît plus l'enclos que l'exclos, qui est tout l'inverse! Les exclos protègent la forêt contre l'impact humain, mais aussi contre la surpopulation animale en certains endroits. Les deux illustrations les plus saisissantes du phénomène sont celles relatives au cerf de virginie sur l'île d'Anticosti au Québec et au grand tétras dans les Pyrénées françaises. Des territoires réservés, ceinturés, engrillagés sont alors mis en place pour permettre à la végétation de repousser et aux humains de laisser tranquilles les zones d'ébats des oiseaux. Plus généralement, les forestiers emploient fréquemment cette méthode pour protéger les jeunes plantations.

Voir aussi : enclos, forêt.

EXCRÉMENTS

Seuls les chasseurs sont dans la merde! Les animaux, eux, peuvent être crottés, mais sans plus.

Faune sauvage

Combien de mots imagés sont destinés à désigner les déjections solides ou liquides des gibiers : fèces, laissées, moquettes, fumées, fientes, miroirs...

Voir aussi : fientes, fumées, laissées, merde, miroir, moquettes.

EXPRESS

Permet de tirer son coup plus vite. Double vos chances ou votre malchance en action de chasse. Arme à double tranchant.

Armes, munitions, balistique

Arme de chasse basculante ayant l'apparence d'un fusil, mais possédant deux canons rayés, généralement de même calibre. Les plus utilisés sont le 6,5x57 JRS et le 9,3 x 74 R. Très en vogue en battue au grand gibier. Parfois monodétente. L'express permet de tirer plus facilement au saut de la ligne et de doubler sans maniement de culasse ni risque d'enrayage. Réservé au tir à courte distance. Parfois muni de dispositif optique de type « point rouge », permettant plus de précision dans le tir. On trouve comme synonyme francisé « double express », mais qui n'a pas sa raison d'être, car que serait le simple express? Une arme basculante à un seul canon rayé? Elle existe déjà et porte un autre nom : une Kipplauf.

Voir aussi : bourrelet, bascule, carabine, *drilling*, Kipplauf, mixte.

EXTRACTEURS

N'a pas du culot pour rien.

Armes, munitions, balistique

Système mécanique permettant d'extraire la cartouche tirée sans l'éjecter de la chambre. Les extracteurs vont toujours par paire sur les fusils de chasse ou les express. Il s'agit d'une pièce métallique mobile en bordure du canon qui recule sous la pression du coup de feu, emmenant sur quelques centimètres la douille par son culot, facilitant ainsi sa prise en main.

Voir aussi : cartouche, culot, douille, éjecteurs.

FACE

Fédération des associations des chasseurs de l'Europe. Pile pour les chasseurs.

Europe – Organisation, réglementation, sécurité.

Les chasseurs, au niveau européen, sont regroupés au sein d'une seule et même association, la FACE. Cette ONG a été créée en 1977 et défend les intérêts des 7 millions de chasseurs qui la composent, au travers de 37 pays (l'Union européenne n'en compte que 28). Ce lobby assure un contre-pouvoir au sein des décisions prises au niveau supranational. Elle est ouverte aux associations, aux fédérations de chasseurs, et non aux particuliers. Elle joue un rôle important dans l'élaboration des directives, des conventions et des traités relatifs à la gestion de la faune sauvage et la réglementation en matière d'armes à feu, même si son rôle n'est que consultatif.

Voir aussi : CITES, fédé.

FAIRE DE L'IVOIRE

Prendre la défense des faussaires, pas des éléphants.

Faune sauvage – Sociologie

*« Faire de l'ivoire » est une expression qui s'applique aux rongeurs qui écorcent les arbres et retirent complètement l'écorce des branches, leur donnant un aspect blanchâtre, voire jaunâtre, semblable à l'ivoire. Se dit des restes végétaux et des indices de présence du castor, par exemple. Les faussaires (les castors) prennent ainsi la défense des éléphants en fabriquant un faux ivoire. Notons enfin que l'ivoire végétal, et non plus dentaire, existe aussi : la tagua (graines d'un palmier originaire d'Amérique du Sud dit encore « palmier éléphant » ou Phytelephas macrocarpa). On les connaît, ces noix, depuis longtemps puisqu'elles ont servi, dès le XIX*e *siècle, à fabriquer des boutons de chemise en Europe, des petits objets de décoration et aujourd'hui, des bijoux. Cet ivoire végétal a remplacé l'ivoire utilisé pour la fabrication des touches des pianos.*

Voir aussi : castor, éléphant, ivoire.

FAISAN

Oiseau de chasse sans sexe pour le chasseur qui ne connaît que les coqs ou que les poules. Vénéré parfois, lâché presque toujours par les meilleurs d'entre nous. Les malfaisants le mettent en boîte, les bienfaisants le réintroduisent. On ne doit pas plus l'attendre pour le manger que pour le tirer, sinon il serait faisandé.

Petit gibier

On se demande ce que l'on pouvait bien chasser au début du Moyen Âge lorsque les faisans n'existaient pas dans notre ciel européen ; tout le reste, bien sûr, et tous les gibiers que l'on ne chasse plus comme le cygne, la loutre, l'ours ou le loup ! Mais cet oiseau est le plus incroyable témoignage d'intégration dans le paysage qu'une espèce sédentaire puisse apporter. Il est devenu à la cynégétique ce que le café, la pomme de terre ou le maïs sont restés à l'art culinaire. Quand on qualifie de faisan un être humain, c'est que l'on a une piètre opinion de lui et de sa moralité ; or, ce qui est vrai pour l'homme, ne l'est pas pour le volatile. En France, ce sont deux faisans qui ont le grand honneur de recevoir nos plombs : le faisan de chasse (plus ou moins obscur, versicolore ou Colchide) et le faisan vénéré, plus forestier.

Voir aussi : coq, faisander, poule, pouillard, vénéré, volière.

FAISANDER

Faire mourir deux fois le gibier : à la chasse et dans l'assiette.

Gastronomie
La mortification était une technique très prisée des cuisiniers et des cuisinières autrefois. Elle consistait à ne consommer le gibier qu'une fois son état de putréfaction avancé. Comme ce sort était réservé au départ aux faisans, cette manière de procéder prit le nom de « faisander ». Autant le dire sans détour, le gibier doit se consommer sans attendre, même si le laisser un ou deux jours au frais l'attendrit grandement. La viande qui a trop attendu n'a aucune valeur nutritive ou gastronomique supplémentaire, tout au contraire : le développement des bactéries peut s'avérer fort dangereux pour la santé. Fini la bécasse à la ficelle ou le lièvre qui court tout seul dans la cave !

Voir aussi : faisan, recettes, table.

FANFARES

Musiques mises en morceaux pour gibier mis en pièces.

Chasse à courre – Grand gibier
Compositions musicales, très prisées en vénerie, relatant l'action de chasse ou racontant le gibier en notes. Les fanfares de chasse ne sont pas des groupes de musiciens jouant des instruments différents au sein d'un même orchestre, à l'instar d'une fanfare municipale. Un seul instrument joue la fanfare : la trompe de chasse.

Voir aussi : circonstances, sonneries, trompe, vénerie.

FANFARON

Individu qui se joue de la chasse en fanfare. À force, on connaît la musique.

Sociologie
Le fanfaron le plus illustre reste sans doute Tartarin de Tarascon. Beaucoup de chasseurs se vantent d'exploits imaginaires ou de coups de fusil remarquables. Il faut les laisser dire et les plaindre de les voir considérer la chasse uniquement sous l'angle du résultat quantitatif ou de l'exploit sportif. La chasse n'a pas besoin de fanfarons, les chasseurs non plus.

Voir aussi : chasseur.

FAON

Cervidé ayant six mois à vivre avant de mener une existence sans tache.

Faune sauvage – Grand gibier
Le jeune cerf, le jeune chevreuil, le jeune daim, sont faons pendant les six premiers mois de leur existence. Ensuite, il devient hère pour le cerf, chevrillard pour le chevreuil. Il perd alors la robe tachetée qui lui permettait de se dissimuler lorsqu'il était tout petit. Le daim, lui, garde des taches même adulte. Le cri du faon est le huissement (comme pour le faucon). « Faon » signifie « petite bête » en vieux français.

Voir aussi : cerf, chevreuil, daim, hère.

FAUCONNERIE

Mode de chasse au poing, mais plus à la mode. Art de voler des oiseaux avec des oiseaux.

Chasse au vol
La chasse au vol, ou fauconnerie, consiste à affaiter (dresser) certains rapaces pour leur apprendre à chasser sur commande le gibier de son choix. Ce mode de chasse traditionnelle sans fusil était très en vogue chez la noblesse sous l'Ancien Régime et complémentaire de la vénerie, avant l'invention des armes à feu. L'oiseau de chasse, chaperonné, est toujours tenu sur le poing ganté du fauconnier, prêt à fondre sur son gibier. On distingue le haut vol, avec les faucons, et le bas vol, avec les autours et l'aigle. Toujours très populaire dans les pays du Moyen-Orient.

Voir aussi : aigle, autour, buse, chaperon, modes, vol.

FAUNE

Désigne l'ensemble des êtres vivants, gibiers ou non. Mais il y a aussi, à côté de cette faune de campagne, une faune de ville, qui se distingue, elle, par de trop nombreuses espèces nuisibles.

Faune sauvage

Le mot faune ne s'applique pas seulement aux espèces sauvages, mais aussi à l'homme en ville quand celui-ci appartient à une bande de personnages peu recommandables, violents, mal élevés et détrousseurs à souhait. Ces voyous ou racailles hors la loi constituent la « faune » urbaine.

Voir aussi : espèces protégées, gibier, nuisible.

FAUVES

Bêtes noires du chasseur, à l'exclusion du sanglier.

Faune sauvage – Grand gibier

On pense à tort que les fauves ne désignent que les prédateurs sauvages africains du genre lion ou panthère. À côté de ce sens commun, on appelle fauves les « puants », ou mammifères nuisibles, du putois au renard, mais également les cervidés, qui sont dits « bêtes fauves » (de par leur couleur) en opposition aux sangliers (ou « bêtes noires »); ce dernier sens puise ses origines dans le monde des veneurs.

Voir aussi : Afrique, blaireau, fouine, puants, putois, renard.

FAUX CORPS

Habille sans jamais déshabiller le fusil. Arme qui ne mérite pas ses décorations. Illusion mécanique.

Armes, munitions, balistique

Tout fusil à canons basculants se compose d'une crosse et de la canonnerie. La crosse permet d'épauler, elle se termine par la bascule, qui est une pièce métallique de liaison avec les canons et permet le chargement, mais elle abrite également le bloc mécanique qui permet le fonctionnement même de l'arme et sa mise à feu. L'ensemble de ces pièces est logé latéralement dans le bois ajouré à cet effet. Chaque côté est indépendant. Il est démontable par simple dévissage d'un cache (plaque métallique souvent décorée de gravures animalières ou d'arabesques). Dans ce cas, il s'agit d'un fusil dit « à platines ». Quand le cache n'est qu'un leurre décoratif, bref un simple habillage, on parle alors de « faux corps » ou encore de « contre-platines ».

Voir aussi : fusil, platine(s).

FÈCES

Sorties du même nom mais avec deux « S ».

Faune sauvage

Excréments solides (par opposition aux fientes, excréments liquides des oiseaux) des mammifères, gibiers ou non. On utilisera plus précisément « selles » ou « étrons » pour ceux d'origine humaine, et « bouse », « crottins » ou « crottes » pour les animaux domestiques. Un seul mammifère échappe à la règle, la chauve-souris, dont les excréments sont du guano (comme les fientes des oiseaux de mer). On peut également mettre tout le monde d'accord en utilisant le mot générique dit de « Cambronne » : merde !

Voir aussi : excréments, fientes, fumées, laissées, miroir, moquettes.

FÉDÉ

Formations en formations. Fait des choses, beaucoup de choses... Peut-être trop de choses ?

Organisation, réglementation, sécurité

Fédé est le petit nom gentil et amical donné à la fédération départementale des chasseurs, ou FDC. Il en existe une par département en

France. Les FDC ont un rôle capital à jouer dans la représentation des chasseurs et de leurs actions, dans la préparation des candidats au permis de chasser, dans la délivrance des permis, dans l'indemnisation des dégâts de gibier, dans les comptages et le suivi des populations et, depuis quelques années, dans l'élaboration du fameux SDGC, ou Schéma départemental de gestion cynégétique. Alors là, tout y passe, et peut-être même un peu trop. Laissons un peu d'air au chasseur, il va sur le terrain pour respirer. En revanche, toutes les formations qu'elles organisent sont les bienvenues : piégeage, tir des corvidés, hygiène de la venaison, chasse à l'arc, garde-chasse particulier, contrôle de tir, sécurité, chasse à l'approche, entraînement au tir, organisateur de battue.

Voir aussi : chasseur, permis, sécurité.

FÉLIN

Souvent fait l'un pour l'autre.

Faune sauvage

Les chats sauvages, du puma au lion, du tigre à la panthère, en passant par le chat ou le lynx, appartiennent tous à la grande famille des félins.

Voir aussi : Afrique, chasses coloniales, chat, lion, lynx, safari.

FEMELLE

Quand on la tire, le mal (mâle) est fait.

Faune sauvage – Gestion

Quand ils ont le choix et que l'identification reste possible, les chasseurs ont toujours beaucoup de difficulté à prélever autre chose que des mâles car ce sont eux seuls qui possèdent les plus belles couleurs, les plus beaux trophées. Tirer des femelles et des jeunes, pourtant, est un acte de gestion, pour équilibrer les prélèvements et maîtriser la dynamique des populations. Il est cependant des circonstances où s'abstenir de tirer les femelles est une sage décision, particulièrement quand il s'agit de poules pour les oiseaux et de laies pour les sangliers. D'un coup de fusil ou de carabine, on peut anéantir toute une nichée ou une compagnie à venir.

Voir aussi : *bag limit*, mâle, plan de chasse, PMA.

FEMMES

Il y a les chasseuses qui ignorent tout du dictionnaire et les chasseresses qui savent tout de la chasse.

Sociologie

On ne dit pas « chasseuse » mais « chasseresse ». Une chasseresse le sait.

Voir aussi : amazone, Artémis, Brigitte Bardot, Diane, Ève, Lady Chatterley.

FERME

Moment où le sanglier pris par les chiens ne mâche pas ses maux (mots).

Grand gibier – Grande chasse – Chasse à courre

Malheureusement, le sanglier a beau rester ferme face aux chiens, il est perdu. Il les tient encore en respect, mais ses muscles n'en peuvent plus et il est méchamment mordu de toutes parts. On distingue le ferme classique (c'est-à-dire définitif), du ferme « roulant », où l'animal arrive encore à fuir, même après avoir été bloqué par les chiens. Il est à noter qu'un seul chien peut tenir au ferme un animal, particulièrement si celui-ci est blessé. Ce moment ne doit pas s'éterniser car il est stressant pour la bête et dangereux pour la meute, comme pour la personne qui ira servir l'animal au couteau. La voix des chiens est faite de peur et d'excitation, elle s'entend de loin et on ne peut la confondre avec aucune autre. Quand on en a le courage, la compétence et l'autorisation, il faut se rendre au plus vite « au ferme » et faire le nécessaire pour achever proprement le sanglier, sans se faire blesser ni blesser les chiens.

Voir aussi : abois, battue, cerf, chevreuil, sanglier, vénerie.

FERMÉ

Toujours ouvert aux lapins.

Faune sauvage – Gestion – Petit gibier

Cette technique de reprises des lapins de garenne n'a guère plus cours aujourd'hui. Elle consistait à créer un parc grillagé assez grand, là où les animaux avaient leurs habitudes de sortie, ouvert très largement sur un côté par une clôture amovible qu'on laissait ouverte le temps que l'enclos se remplisse de lapins. Le soir, aux phares, par exemple, on refermait la partie ouverte et l'on rattrapait à l'aide de caisses ou de grands sacs les prisonniers malgré eux. Cette technique était tout aussi efficace que les reprises à l'aide de bourses, et surtout plus rapide et souvent plus fructueuse. Tout ça, bien sûr, au temps béni où la myxomatose n'avait pas encore décimé notre Jeannot national.

Voir aussi : bourse, lapin, myxomatose.

FERMETURE

Jour de chasse sans lendemain et jour de chance du gibier qui verra à nouveau le soleil se lever.

Moment – Organisation, réglementation, sécurité

La chasse n'est pas ouverte toute l'année. Elle est enfermée dans une période d'ouverture et de fermeture, cette dernière se situant généralement, pour la chasse à tir, fin février.

Voir aussi : ouverture.

FERMIER

Seul chasseur contre le gibier.

Territoire – Organisation, réglementation, sécurité

Il existe différents statuts agricoles et beaucoup de paysans ne sont que locataires des terres qu'ils exploitent. Le fermage, comme le métayage, font partie des solutions juridiques pour vivre du travail de la terre. Dans le cas du fermage, le droit de chasse est accessoire à la location des terrains, ce qui n'est pas sans poser de nombreux problèmes de gestion cynégétique car les objectifs du fermier restent fort éloignés de ceux du chasseur. Il lui faut de vastes étendues pour mécaniser l'exploitation, éviter les friches ou parcelles inutiles sans rendement, limiter les populations d'animaux sauvages, entrant en concurrence avec son activité. Tandis que le chasseur se réjouit de voir des haies vives et des lapins courir partout, le cultivateur s'en désole... Ce n'est pas sans raison si la myxomatose a remporté un aussi grand succès sur le sol français dès son introduction.

Voir aussi : paysan.

FÊTE DE LA CHASSE

Manifestation hors saison, sans revendication particulière, faisant preuve d'ouverture, où l'on boit pour oublier la fermeture. Le chasseur n'y trompe personne et fait corps avec son personnage. En matière de chasse, il vaut mieux, de toute façon, sur un plan purement écologique, que ce soit la fête des chasseurs que la fête du gibier.

Organisation, réglementation, sécurité – Sociologie

Les salons en plein air où se réunissent les chasseurs sont d'une grande popularité par chez nous. Le plus célèbre d'entre eux est le Game Fair (importé directement du Royaume-Uni où celui-ci est une institution). On y retrouve les organisations de chasse, le monde associatif, les exposants commerciaux, les chiens, les trompes et les veneurs, sans oublier les traditionnels ball-trap et vente aux enchères. À côté de ce salon hors normes qui draine des amoureux de la chasse de la France entière et de l'étranger, d'autres manifestations plus thématiques ou locales connaissent un succès qui ne s'érode pas. C'est d'abord l'occasion, toujours hors saison, de se retrouver, de partager, de découvrir et de se dire qu'il y a bien quand même une confrérie des chasseurs.

Voir aussi : Armeville, Chambord, *Game Fair*.

FEU

Expression enflammée. Véritable foyer de l'aventurier chasseur. Ordre donné à son arme.

Armes, munitions, balistique – Sociologie

Les historiens et les sociologues considèrent que la maîtrise du feu marque l'étape fondamentale de l'aventure humaine. Le feu est la domestication la plus réussie de l'homme, seul animal à ne pas en avoir peur. Que l'on soit « au coin du feu », bien au chaud à l'intérieur, ou en pleine nature, l'aventure continue. « Feu » est aussi un commandement martial, raccourci de « faire feu », signifiant l'intention de faire parler la poudre, d'agir rapidement et avec détermination. La variante « faire feu de tout bois » en atteste largement. « Feu » qualifie aussi les morts récents pour indiquer leur statut d'ancien vivant : « feu Monsieur Roland », par exemple.

Voir aussi : homme, poudre.

FEUILLES

Le gibier les aime bourgeonnantes sous la dent et craquantes sous le pied du chasseur.

Flore – Grand gibier

Cerfs, chevreuils en plaine, chamois et mouflons en montagne sont des amateurs de feuillages, des ronces en fin d'hiver aux bourgeons printaniers. Ce gagnage semi-ligneux permet de passer le cap difficile des périodes de disette ou de végétation basse. De très nombreuses plantes entrent dans la composition du bol alimentaire des ongulés, et l'on a tort de croire que parce qu'ils sont herbivores, ils se nourrissent principalement d'herbes. Parmi les plus gourmands, et les plus gourmets, le chevreuil reste l'animal dont la variété de l'alimentation témoigne du rôle primordial joué par la végétation arbustive tout au long de l'année.

Voir aussi : abroutissement, cerf, chevreuil, essences, herbivore.

FIENTES

Émotion digestive qui se paie en liquide.

Faune sauvage

Déjections d'oiseaux, généralement blanchâtres et acides, par opposition aux fèces, ou excréments solides des mammifères.

Voir aussi : excréments, fèces, fumées, laissées, miroir, moquettes.

FILET

Ne pas tomber dans le panneau qui le réserve à la pêche.

Modes de chasse

Le filet est autant fait pour chasser que pour pêcher, on l'oublie souvent, même si son utilisation à la chasse est plus ou moins interdite de nos jours, sauf encadrement strict. Parmi les chasses traditionnelles, nombreuses sont celles, mêmes marginales, qui se pratiquent à l'aide de filets, pantes et pantières, filets horizontaux ou verticaux, pour palombes, alouettes ou encore vanneaux et bourses pour la capture des lapins, panneautage du grand gibier (reprise à l'aide de filets), drap de mort des braconniers au Moyen Âge...

Voir aussi : alouette, bourse, oisellerie, modes, palombe, vanneau.

FILS BARBELÉS

Rend le chasseur plus piqué que jamais. Le fait rentrer dans le rang. Également casseur de fusil.

Aménagements – Animaux domestiques – Faune sauvage

Dans le territoire d'élevage et de bocages, presque toutes les haies vives qui ceinturent les prés sont émaillées de clôtures faites de plusieurs rangs de fils barbelés pour dissuader le bétail de s'échapper. Ces prés abritent toujours un lièvre, ou quelques bécassines, et la bordure de la haie quelques autres oiseaux de chasse. Le franchissement de ces barbelés fait partie du parcours du combattant que le chasseur s'impose lors de ses sorties de terrain. Attention aux épines artificielles de ces barbelés, qui déchirent, qui piquent, qui transpercent, etc. Pour les franchir en toute sécurité, on se sert de son fusil ouvert (c'est-à-dire « cassé »), pour écarter deux rangs et passer le corps de l'autre côté. Ce fil barbelé fait partie du paysage depuis que l'Américain Joseph Glidden en a déposé le brevet d'invention en 1874 – tout du moins, a réussi sa fabrication industrielle et sa commercialisation. La première conception en revient à différents Français, quelques années plus tôt, qui avaient été à l'initiative du procédé (Léonce Eugène Grassin-Baledans et Louis François Janin). Il a reçu depuis, beaucoup de petits noms comme ronce artificielle ou corde du diable, qui sont autant de témoignages de son efficacité.

Voir aussi : clôture, enclos, exclos, haie.

FLAIR

Chien revenu à de meilleurs sentiments.

Chiens

Le sentiment animal n'a rien à voir avec le sentiment humain, qui emprunte largement aux émotions cérébrales et au ressenti. Le sentiment, chez le chien, est d'abord la perception d'une odeur clairement identifiée, capturée et mémorisée.

Voir aussi : chien (tout court), nez, sentiments.

FLAMANT

S'efforce de voir la vie en rose depuis qu'il n'est plus chassé.

Faune sauvage

Les flamants roses de Camargue, les seuls que nous connaissons en Europe, doivent leur couleur à leur alimentation. Ils sont une espèce protégée depuis bien longtemps. Quand on voit la vie en rose, c'est qu'on la voit du bon côté.

Voir aussi : Camargue, échassiers, espèces protégées.

FLASQUE

L'alcool qu'elle contient est souvent raide et utile en cas de coup de mou.

Équipement – Sociologie

Flacon miniature et plat, en verre ou en métal, contenant un alcool fort et que le chasseur porte sur lui quand il se rend sur le terrain par grand froid. La consommation et le partage de son contenu ne font pour autant de son porteur un alcoolique dangereux porteur d'armes à feu. Presque exclusivement réservé, en fait, pour les chasses collectives du grand gibier et utilisé une fois le gibier mort. Sert au partage d'un moment de convivialité.

Voir aussi : battue, froid de canard, météo, poste.

FLÈCHE

Utile, voire indispensable, pour bien bander.

Équipement – Armes, munitions, balistique

Les archers bandent leur arc pour tirer leur flèche, c'est-à-dire qu'ils étirent la corde servant de vecteur de propulsion pour atteindre la cible. Toute connotation à caractère sexuel n'engage que le lecteur porté sur la chose...

Voir aussi : arc, arbalète, Cupidon, modes.

FLEUR DE LYS

Dents aristocratiques ne poussant que chez certains chevreuils.

Grand gibier

Le chevreuil (parfois le cerf) possède aléatoirement des canines, qui ne font pas partie de sa formule dentaire classique et sont les reliques des temps préhistoriques où les cervidés pouvaient arborer des défenses. La fleur de lys a été longtemps l'emblème des rois de France.

Voir aussi : chevreuil.

FLUO

Matière qui réfléchit à la place du chasseur. Lui permet de voir venir.

Équipement – Organisation, réglementation, sécurité

On a considéré longtemps que le chasseur devait porter une tenue aux couleurs et aux motifs l'intégrant et le dissimulant au mieux dans la nature, pour être moins visible par le gibier. Sur le terrain, le chasseur est traditionnellement habillé en vert, plus ou moins « camo ». Cette tradition a montré ses limites et ses insuffisances, s'agissant des accidents de chasse, particulièrement quand ils surviennent lors d'une chasse à plusieurs. Il est devenu indispensable, voire obligatoire en certaines circonstances (battue au grand gibier), de porter un vêtement distinctif, hautement visible quand on est au bois, chasseur ou traqueur. Une matière fluorescente, réfléchissante s'est vite imposée, le fluo orange, et un survêtement pratique, le gilet sans manches.

Voir aussi : camo, gilet, gilet jaune, kaki, vert.

FOI

Le chasseur est un homme de foi (bonne ou mauvaise).

Sociologie

Il faut avoir la foi, il faut y croire, quand il s'agit de se lever au petit jour le week-end de septembre à décembre et d'aller arpenter dans le froid et la grisaille, parfois dans l'humidité, les bois, les montagnes et les plaines, à la recherche d'animaux souvent invisibles ! Mais peu importe, vive le grand air ! En général, le chasseur est de bonne foi avec les autres, mais il lui arrive d'être de mauvaise foi avec ses congénères à l'occasion d'un gibier loupé, d'un mauvais poste, du partage et de la venaison, du comportement de son chien... Tous les prétextes sont bons pour défendre d'abord sa vision de la situation.

Voir aussi : chasser, chasseur.

FORÊT

Lieu branché (sans pour autant être à la mode).

Territoire – Sociologie

Où commence la forêt et où termine le bois ? où commence le taillis et où finit la futaie ? La terminologie forestière est riche d'un vocabulaire imagé. Dans tous les cas de figure, là où il y a un arbre, ne serait-ce qu'un seul, il y a des branches ! La forêt se trouve être, par excellence, un lieu branché... Être à la mode, c'est aussi « être branché », sans doute pour rendre hommage aux réseaux sociaux, qui plus encore qu'hier, témoignent de cette fascination de l'éphémère, contrairement au bois, qui met du temps à pousser et à fleurir. Attention à l'arbre qui cache la forêt !

Voir aussi : bois, brancher, fourré, futaie.

FORME

Seuls les sauvaginiers peuvent dire « à fond la forme ». Espèce d'oiseau n'appartenant à aucune espèce. Pour arriver à leurs fins, les chasseurs doivent employer des leurres fins. Tout est dans la silhouette : les formes ont des formes et cela leur va si bien.

Modes de chasse – Équipement

Faux oiseau en bois ou en plastique, destiné à leurrer ses congénères. « À fond la forme » a été pendant longtemps le slogan publicitaire de la grande surface de sport Decathlon. Il ne faut pas confondre formes, appelants et appeaux car on fait souvent l'amalgame. La forme, comme son nom l'indique, est une silhouette, parfois grossière, en bois ou en plastique, que l'on dispose savamment à proximité du poste de tir. Elle est destinée à faire se poser à proximité les oiseaux sauvages. Soit les formes sont piquées sur des bâtonnets dans le sol, soit elles sont lestées et ancrées pour flotter sur l'eau. Elles sont prioritairement utilisées par les chasseurs de gibier d'eau, en bord de mer ou à la hutte. Les appelants sont, quant à eux, des oiseaux vivants captifs destinés, par leurs cris, à attirer leurs congénères. Quant aux appeaux, ce ne sont que des instruments de « musique », des sifflets imitant les différents cris d'oiseau.

Voir aussi : appeau, appelant, canard, sauvagine, sauvaginier, sifflet.

FOSSE

On s'en tire bien au ball-trap, moins bien quand on tombe dedans.

Territoire – Armes, munitions, balistique

La fosse est une des disciplines du ball-trap, comme le skeet ou le parcours de chasse. On y casse des pigeons d'argile selon une technique et une méthode censées améliorer vos qualités de tireur (correction de tir, rapidité, anticipation...).

Voir aussi : ball-trap, pigeon d'argile, tir, tireur.

FOSSÉ

On peut le sauter sans avoir à en rendre compte ni à la maîtresse de maison ni à la maîtresse de saison.

Territoire

Le chasseur est un homme libre et épris de liberté. Ses absences répétées le week-end ne sont pas sans poser parfois des difficultés conjugales. Les plus téméraires d'entre eux profitent de l'occasion pour sortir le grand jeu...
À la chasse, sauter le fossé reste dans la logique des choses ; sauter le pas pour d'autres aventures sentimentales est vivement déconseillé.

Voir aussi : biotope, maîtresse, territoire, week-end.

FOUET

On ne badine pas avec les meutes.

Chiens

Le fouet est également le nom donné à la queue des chiens ; comme quoi, rien ne se perd. La badine sert à menacer le chien d'arrêt, le fouet s'impose à la meute, histoire d'éviter l'émeute !

Voir aussi : chien courant, meute, vénerie.

FOUINE

Nuisible par excellence. A la ferme intention de rester au voisinage des basses-cours pour faire du grain aux belles pondeuses.

Faune sauvage

La fouine reste le prédateur numéro un en ce qui concerne les nids, les œufs et les nichées, sauvages ou domestiques. La poule d'élevage paie un lourd tribut à ses visites nocturnes. Particulièrement audacieuse et discrète, capable de circuler sur les toits, de se faufiler dans des interstices minuscules, la fouine arrive toujours à passer là où on ne l'attend pas.

Voir aussi : nuisible, œuf, nid, puants, sauvagine.

FOULQUE

Macroule mais pas mordorée.

Gibier d'eau

La foulque n'est jamais appelée par son nom, car sa désignation complète est foulque macroule. On la désigne sous différents vocables d'emprunt comme macreuse ou poule d'eau (qui sont, elles, d'autres espèces), judelle, morelle ou blérie. Un des rares gibiers d'eau aux pattes non pas palmées, mais lobées. Bel oiseau souvent mésestimé dans sa chair et sous-estimé dans son vol. À notre connaissance, c'est le seul gibier dont l'être humain peut porter le prénom (Foulques, avec un « S »). La mordorée, autre nom plus populaire de la bécasse des bois – qui, comme chacun sait, croule au moment de la période des amours, en mars – ne partage avec elle que quelques lettres (« croule ») mais de noblesse !

Voir aussi : canard, sauvagine, sauvaginier.

FOURRÉ

Végétation épaisse où l'on ne voit rien et où l'on rêve d'entrer pour se persuader que l'inhospitalité des lieux est propice à une cachette du gibier.

Territoire

L'esprit humain est ainsi fait – et particulièrement celui du chasseur – que l'on croit plus volontiers que les buissons abritent systématiquement le gibier. Le gibier n'y trouve aucun confort et ses effluves restent à portée du nez des chiens. Exception faite d'un sanglier dont le cuir ne craint rien, ou d'un lapin dont le terrier serait en bordure, le fourré ne constitue pas une réserve à gibier par excellence, en tout cas beaucoup moins qu'une bande enherbée, que le creux d'un fossé ou qu'une modeste culture.

Voir aussi : buisson, épines, ronce.

FOURRURE

Bête à poil qui n'a plus eu de peau.

Faune sauvage

La chasse des animaux à fourrure au Canada, celle des bébés phoques sur la banquise, sont les témoins qu'il existait des professionnels dont le métier n'était autre que de collecter des peaux en état pour le marché de la peausserie et des fourrures, après avoir écorché leurs victimes laissées sur place. Ne pas « avoir eu de pot » signifie ne pas « avoir eu de chance » et c'est bien leur cas, des castors aux renards, en passant par toute une kyrielle de petits mammifères dont le seul tort était de porter beau poil.

Voir aussi : castor, loup, lynx, ours, poil, renard.

FOX HUNTING

Course anglaise du renard pour le tenir aux courants.

Chasse à l'étranger – Faune sauvage – Modes de chasse

Les Britanniques ont interdit la chasse aux chiens courants (sauf en Irlande et dans les pays du Commonwealth) par le « Hunting Act 2004 », entré en vigueur en 2005. Déjà l'Écosse avait légiféré deux ans plus tôt dans le même sens. Le fox hunting représentait la dernière et unique forme de vénerie à cheval d'Angleterre. Après que le cerf se fut raréfié dans le sud du pays, les Anglais s'étaient rabattus depuis plusieurs siècles sur un seul animal de courre : le renard. Des chiens courants de haute endurance, les foxhounds, avaient vu le jour à cette occasion. Les Anglais avaient trouvé là le moyen de limiter les populations de renards et de pratiquer une équitation sportive de haut niveau, au demeurant très populaire, sur de vastes territoires ouverts et bocagers. Aucun équipage de chasse à courre ne chasse le renard en France à cheval… Mais nos voisins britanniques ont réussi le pari de continuer de chasser de la sorte, en remplaçant le fox hunting par le drag hunting, même parcours sportif, mais sur odeur et leurre artificiels.

Voir aussi : *beagling*, chien courant, *coursing*, *pig sticking*, renard, *stalking*, vénerie.

FOX (terrier)

Chien qui se prend pour un renard.

Chiens

Le fox-terrier est un des petits chiens les plus efficaces pour la chasse du renard et du sanglier. Il est combatif, courageux, persévérant, intuitif et semble vouer une haine mortelle à ses adversaires. On lui reprochera un caractère un peu trop bourru parfois et un entêtement qui ne s'apparente pas toujours à une qualité. Sa taille, associée à son poil, lui permet de se glisser sous n'importe quel buisson d'épineux et surtout de pénétrer dans l'antre du goupil. La vénerie sous terre, ou déterrage, l'utilise exclusivement à cet effet. Quand il est au fond du terrier et qu'il a acculé le renard, mieux vaut creuser vite, si l'on veut récupérer son chien vivant.

Voir aussi : blaireau, chien (tout court), déterrer, renard, terrier.

FREIN DE BOUCHE

Arme à coup réduit.

Armes, munitions, balistique – Équipement

Dispositif intégré à l'extrémité du canon (à la « bouche ») d'une carabine de chasse, destiné à réduire le recul de l'arme et son relèvement lors du tir. Il ne faut pas confondre frein de bouche et réducteur de son, puisque le premier induit une détonation plus bruyante. Des évents sont percés au bout du canon et permettent aux gaz de s'échapper différemment. En fait, les gaz comprimés après la combustion de la poudre se diffusent plus largement, mais le terme de « frein » ne signifie aucunement que la munition va moins vite. Le frein de bouche permet au tireur d'avoir moins d'appréhension du recul sur les calibres puissants, mais reste plus coûteux à l'achat... Et bonjour les oreilles !

Voir aussi : bouche, recul.

FRICHE

Terre heureuse parce qu'on lui a fichu la paix, même si l'on n'y voit guère d'animaux.

Territoire

Les friches sont des parcelles de terrains non cultivés et progressivement envahies par une végétation semi-arbustive. Il ne faut pas les confondre avec les chaumes, ou les labours qui, eux, font l'objet d'une occupation agricole. Elles procurent du couvert et de la tranquillité au gibier, mais peu de ressources alimentaires.

Voir aussi : biotope, buisson, épines, labour, territoire.

FROID DE CANARD

Température où les palmipèdes sortent leur duvet.

Moment – Gibier d'eau – Équipement

Les sacs de couchage résistant au grand froid sont le plus souvent garnis de duvet d'oie ou de duvet de canard Eider, assurant ainsi une légèreté et une isolation thermique parfaitement combinées. Toutes les matières synthétiques pour le remplacer n'ont pas convaincu. À la place de « froid de canard », on dit encore « froid de loup ». S'agissant des canards, l'allusion s'explique par la saison de migration des palmipèdes et les chasses au gibier d'eau qui se pratiquent à ce moment-là; les grands froids sont propices aux mouvements d'oiseaux qui cherchent des lieux plus cléments.

Voir aussi : canard, duvet, flasque, météo, sauvaginier.

FROTTIS

Pour le vaginal, les brocards repasseront.

Grand gibier – Territoire

Les marques laissées sur les basses branches par les brocards au printemps alors qu'ils se débarrassent de leurs velours, mais également en saison, pour marquer leur territoire, sont appelées frottis. À ne pas confondre avec les grattis (qui sont une marque au sol) ni avec les régalis (qui sont des grattis et des frottis au même endroit). Ces frottis n'ont donc rien à voir avec l'examen gynécologique, même s'ils portent le même nom.

Voir aussi : chevreuil, grattis, indices, mue.

FRUGIVORE

Régime qui porte ses fruits.

Faune sauvage

Régime alimentaire d'un animal se nourrissant exclusivement de fruits. Les chauves-souris, les perroquets, les singes peuvent être frugivores. Plus près de nous, nos médecins nous répètent à longueur de journée que manger « cinq fruits et légumes par jour » est primordial pour notre santé et notre équilibre pondéral, ce qui inciterait à penser que ce genre de régime porte bel et bien ses fruits. Le « régime » désigne aussi un groupe de fruits (comme chez le bananier).

Voir aussi : carnivore, chassivore, granivore, herbivore, insectivore, omnivore.

FULIGULE

Vague anatidé. Pas toujours (bon) dans son assiette, mais canard qui sait faire la plonge.

Faune sauvage – Gibier d'eau

Les anatidés (ou canards) se répartissent entre canards de surface et canards plongeurs (ceux qui vont au fond de l'eau ou profondément pour chercher leur nourriture). « Fuligule » est un terme générique pour définir les canards plongeurs, qui sont tous de grands migrateurs : fuligule milouin, fuligule milouinan, fuligule, morillon, fuligule nyroca, etc. Beaucoup de ces plongeurs sont aussi des canards marins ou aimant les côtes maritimes et se débrouillent très bien au milieu des vagues. Leur chair reste de qualité médiocre en général. « Fuligule » dérive du latin fuligo (« suie »), car la majorité des palmipèdes dont il est question a une base importante de noir dans leur plumage.

Voir aussi : canard, garrot.

FUMÉE(S)

Présentes au cul des cerfs et à la bouche des chasseurs fumeurs de cigarettes. Autrefois, les fusils à poudre noire nous mettaient aussi la tête dans les nuages (de fumée).

Grand gibier – Armes, munitions, balistique

Appelées « fumées » chez les grands cervidés et « moquettes » chez le chevreuil, les excréments de nos grands gibiers restent des indices de présence fort utiles. Avant l'invention des poudres sans fumée, le chasseur ne pouvait guère tirer un second coup avant que la fumée du premier ne se dissipe; on n'arrête pas la technique!

Voir aussi : cerf, excréments, fèces, fientes, laissées, moquettes.

FURET

Fort en gueules même si on ne l'entend jamais. Auxiliaire du chasseur ayant su faire son trou.

Bien qu'ils n'aient pas leur carte du Parti, on continue à les appeler « coco ».

Modes de chasse – Petite chasse

L'entrée des terriers de lapin s'appelle la gueule. Personne ne sait encore aujourd'hui pourquoi tous les furets s'appellent « coco » ni toutes les pies, « margot ». Le Parti dont il est question dans l'allusion est le Parti communiste.

Voir aussi : bourse, lapin, terrier.

FUSÉE

Maïs de l'espace sanglier.

Territoire – Aménagement – Flore – Expressions populaires

Les poupées de maïs sont aussi appelées localement des fusées. Et qu'envoie-t-on dans l'espace ? Des fusées !

Voir aussi : agrainage, maïs, sanglier.

FUSIL

Seul jouet que l'on peut casser autant que l'on veut. Plus on le casse et plus il fonctionne. Bien que l'on utilise un fusil à la chasse, on ne fusille pas le gibier, on le tire. Cela veut aussi dire qu'on peut le rater, ce qui n'est pas le cas quand on le fusille vraiment.

Armes, munitions, balistique

La grande révolution dans le fusil de chasse a été l'invention de la cartouche et du chargement par le milieu de l'arme. Pour ce faire, il a fallu inventer la pièce maîtresse : la bascule, permettant d'ouvrir, de charger et de fermer. Casser un fusil ne veut en aucun cas signifier que l'on va l'abîmer, mais qu'on l'ouvre. Fusiller est un terme militaire proche de l'exécution sommaire, c'est pourquoi ce mot est banni du langage des chasseurs.

Voir aussi : automatique, carabine, *drilling*, gravure, juxtaposé, superposé.

FUTAIE

Lieu où l'on rencontre toutes sortes de bois à commencer par ceux qui tombent de la tête des cervidés.

Flore – Territoire

Les bois sont des formations osseuses qui poussent et tombent chaque année sur la tête des cervidés de sexe masculin. Une fois tombés, ces bois s'appellent des mues. Une futaie est un peuplement forestier d'un certain âge, composé de jolis bois, ou fûts.

Voir aussi : biotope, bois, essences, feuilles, gagnage, territoire.

G

GABION

Poste pour timbrés de canards.

Gibier d'eau

Construction d'affût pour chasser le gibier d'eau, sur la façade maritime, en baies et en estuaires. Les sauvaginiers y passent la nuit, à leurs risques et périls, pour bénéficier des meilleurs passages, variables selon les coefficients de marée. Le gabion se présente sous la forme d'un caisson flottant, contenu dans un caisson fixe lui permettant de suivre le niveau des eaux. Les installations sont semi-enterrées et équipées de petites fenêtres ou guignettes qui donnent sur une mare spécialement aménagée pour faire venir les oiseaux de passage que l'on tire posés. Différentes formes de postes construits, fixes ou mobiles, enterrés ou non, témoignent de cette passion des sauvaginiers : ce sont les tonnes, les huttes et les hutteaux.

Voir aussi : affût, baie du Mont-Saint-Michel, canard, hutte, hutteau, sauvaginier.

GÂCHETTE

Pièce de détente pour fusil.

Armes, munitions, balistique

On croit toujours appuyer sur la gâchette quand on tire avec une arme, qu'elle soit de chasse ou non. Rien n'est plus faux. La gâchette est une pièce qui se trouve à l'intérieur de l'arme, elle-même reliée à la détente. Notre doigt ne presse que la queue de détente... Mais c'est un peu long à dire.

Voir aussi : détente, fusil.

GAGNAGE

Garde-manger en plein air.

Grand gibier – Faune sauvage

Zones boisées ou cultivées, le plus souvent dissimulées à la vue du chasseur, où le grand gibier vient manger. On emploie le mot parfois pour le petit gibier, surtout pour le lièvre. « Gagner », ce n'est pas gagner au loto ni gagner les Vingt-quatre Heures du Mans, mais doit s'entendre par « se rendre à tel endroit, sur telle place »... Pour quoi faire ? Déguster et faire le plein, bien sûr, de jeunes pousses, de sublimes graminées ou de délicieuses feuilles de ronces encore pleines de tendresse.

Voir aussi : abroutissement, cultures, feuilles, futaie.

GALINETTE CENDRÉE

Gibier à sketches pour chasseurs inconnus.

Faune sauvage – Sociologie

La galinette, cendrée ou non, n'existe pas. Il s'agit d'un oiseau inventé par des humoristes (en l'occurrence Les Inconnus) à l'occasion d'un sketch stigmatisant les chasseurs et qui a connu son heure de gloire. Ne pas confondre avec le héron cendré ou la gelinotte des bois qui sont, eux, bien réels.

Voir aussi : chimère, humour.

GAMBETTE

Chevalier qui en a une belle paire.

Gibier d'eau

Petit échassier chassable qui, comme beaucoup de ses congénères, dispose de longues pattes, ou gambettes, pour garder pied dans la vase et se nourrir plus facilement. C'est sans doute la couleur rouge de ses pattes qui a attiré l'attention des naturalistes sur ses fameuses « gambettes ».

Voir aussi : chevaliers, combattant, cul-blanc, échassiers.

GAME FAIR

Rendez-vous de chasse qui foire.

Organisation

Le Game Fair est le plus grand rendez-vous annuel des chasseurs depuis 1981 et s'est déroulé dans le cadre prestigieux du domaine de Chambord pendant de nombreuses années, dans le courant du mois de juin. Depuis 2015, le salon se tient à Lamotte-Beuvron, dans le Loir-et-Cher. Il s'agit d'un salon de la chasse, totalement privé, en rien institutionnel. Ce ne sont pas moins de quatre-vingt mille visiteurs qui peuvent arpenter cinq cent trente stands et un espace de quatre cents hectares, à la découverte de cinq mille marques. Il reste la première manifestation en plein air de sa catégorie. Les Français n'ont rien inventé en la matière, mais plutôt importé l'idée du Royaume-Uni, où ce salon est une institution séculaire. En Grande-Bretagne, le salon est itinérant; en France, cette itinérance a été tentée sans succès lors des premières éditions (Versailles, Chantilly, Saumur et Giscours). On a souvent reproché à cette manifestation son ampleur, plus proche d'une foire que d'un salon à taille humaine. Certes, le gigantisme de l'opération est bien là, mais la qualité des exposants le fait demeurer un lieu de visite incontournable.

Voir aussi : Armeville, Chambord, *Game Fair*.

GANT

Quand on a des faucons sous la main, mieux vaut les avoir sur la main.

Chasse au vol

Au singulier, le gant est un accessoire de fauconnerie, en cuir, remontant le long de l'avant-bras du fauconnier, de l'aiglier ou de l'autoursier, et qui permet de percher l'oiseau en chasse ou de le rappeler quand il est en vol. Ce perchoir mobile, qui se déplace avec le chasseur puisqu'il fait partie intégrante de ce dernier, est le symbole même de la chasse au vol.

Voir aussi : aigle, autour, fauconnerie.

GANTS

Donnent du doigté aux chasseurs qui n'en ont pas

Équipement

Au pluriel, les gants, qui vont par paire, désignent un accessoire indispensable du chasseur en saison froide, car sans eux, les doigts refroidis et ankylosés ne sont plus d'une grande utilité pour manipuler une arme à feu. Certains gants de chasse sont munis d'un « doigt tireur », qui permet de libérer un seul doigt (l'index du tireur ») sans avoir à enlever tout le gant. Pratique pour tirer sans avoir les mains gelées.

Voir aussi : froid de canard, index.

GARDE

Bête à cornes du genre humain.

Organisation, réglementation, sécurité

Le garde n'est pas toujours le garde champêtre, le garde fédéral ou le garde national, même si seul ce dernier aujourd'hui subsiste... Il existe encore de nombreuses chasses disposant de gardes « particuliers ». Ceux-ci s'occupent de la surveillance, du piégeage, des aménagements et du gibier, mais participent aussi activement au rabat lors des chasses. Ils sont inséparables de leur trompette ou corne de chasse pour signaler le début, la fin de traque, le rappel des chiens ou les animaux vus et tirés.

Voir aussi : agent, braconnier, képi, Lady Chatterley, pied, PV.

GARENNE (Lapin de)

Particule qui ennoblit le lapin qui a su conquérir ses lettres de noblesse dans nos campagnes.

Petit gibier – Territoire – Aménagements

La garenne désignait autrefois un espace réservé aux lapins; aujourd'hui, ce ne sont plus que le terrier et ses multiples galeries qui portent ce nom. Jusqu'à la fin du XVIIIe siècle, le droit de garenne (codifié dès 1355) était un privilège réservé à la noblesse. Il a été aboli par la Révolution française.

Voir aussi : biotope, bourse, furet, lapin, lapin sauté chasseur, territoire.

GARROT

Canard qui ne se fait plus de mauvais sang pour son œil d'or.

Faune sauvage

Le garrot à œil d'or est un fuligule plongeur, assez rare en France, localisé sur le sud de la Bretagne, le lac Léman et dans l'est du pays. Ce migrateur n'apparaît que lors des vagues de grand froid. Il est bien connu des Américains. Sa caractéristique principale réside dans la couleur de son œil qui est unique pour un gibier d'eau. Par ailleurs, un garrot est un dispositif qui permet de bloquer la circulation du sang en cas d'hémorragie.

Voir aussi : canard, sauvagine.

GAUDRIOLES

On les crie mais on ne les écrit pas.

Sociologie

Présentes, très présentes à la table des chasseurs, ces plaisanteries, légères et gaies, qualifiées parfois de polissonneries, ou en tout cas de véritables gauloiseries, sont curieusement beaucoup plus discrètes en littérature cynégétique.

Voir aussi : cochonnes, femme, humour, sexe.

GAZELLE

On confond fréquemment gazelles et antilopes. Si toutes les gazelles sont des antilopes, toutes les antilopes ne sont pas des gazelles. Dire d'une femme qu'elle a des yeux ou des jambes de gazelle est un compliment.

Grand gibier – Chasse à l'étranger

La gazelle n'est pas une espèce unique, mais constitue un genre chez les mammifères, ayant de nombreux représentants. Il en existe une multitude d'espèces et toutes ne sont pas africaines. L'origine du mot est arabe, voire perse et traduit les qualités premières chez cet animal : la rapidité, la beauté et l'élégance.

Voir aussi : Afrique, antilope, chasses coloniales, cornes, safari, Selous.

GEAI

J'ai ou j'ai pas, en tout cas, n'a jamais eu de voix. Laisse éclater son mécontentement, surtout quand il est ravi. Fait beaucoup de cinéma. A la folie des glandeurs.

Faune sauvage

Le geai des chênes adore les fruits secs, particulièrement les glands. L'oiseau est un hôte inconditionnel des bois. Comme la pie, sa voix est éraillée et il fait beaucoup de bruit pour rien. Quand on est à la chasse, le geai indique parfois la présence du sanglier. On sait rarement qu'il appartient à la famille des corvidés, mais ses couleurs vives et son air sympathique le rendent populaires. Particulièrement intelligent, il se dresse et se domestique facilement.

Voir aussi : chêne, gland, glander, nuisible, pie.

GEL

Jette un froid entre le chasseur et le chassé.

Faune sauvage – Organisation, réglementation, sécurité.

Le temps de gel prolongé met le gibier plus encore à la merci du chasseur, c'est pourquoi les préfets peuvent interdire la chasse lors d'un

épisode météo trop rigoureux. Il en va de même avec le temps de neige, où lire les traces sur cette dernière est un jeu d'enfant. Pourtant, les vagues de froid et de gel sont particulièrement propices pour la chasse des oiseaux migrateurs, les canards notamment, qui se déplacent alors en grand nombre à la recherche de lieux plus propices à leur survie. Le tir d'oiseaux rendus fragiles par le grand froid, est une question délicate, comme celle du tir des animaux pendant la période de reproduction. Les PMA (prélèvements maximums autorisés), pour la bécasse par exemple, sont un moyen de limiter l'impact de la chasse sur l'espèce au moment de ses grands déplacements.

Voir aussi : bécasse, froid de canard, migrateurs.

GELINOTTE

Oiseau sauvage et forestier poussant parfois de jolies notes. Partage avec la bécasse le suffixe « des bois ». La linotte n'a aucune parenté avec la gelinotte, qui ferait une drôle de tête en apprenant cela.

Faune sauvage – Petit gibier

La gelinotte est un oiseau forestier dont les effectifs en France restent faibles et cantonnés aux contreforts montagneux. Le qualificatif qui lui correspond le mieux et qui caractérise sa discrétion lui a été donné par Tony Burnand pour qui il s'agissait d'un oiseau « clandestin ». Peu savent qu'il appartient à la famille des tétras. On l'appelle gelinotte des bois, mais également gelinotte des coudriers (du fait du biotope qu'elle affectionne particulièrement). Bien qu'elle soit inconnue des chasseurs, il s'agit là d'un authentique gibier que l'on peut encore chasser chez nous dans plusieurs départements. La linotte est un petit passereau dont on s'est beaucoup moqué. Dire de quelqu'un qu'il a « une tête de linotte », c'est le considérer comme étourdi, avec peu de capacités intellectuelles, superficiel, léger et sans mémoire.

Voir aussi : futaie, montagnes, tétras.

GENETTE

Belle, belle, belle comme... la nuit. Sorte de chat... ayant du chien.

Faune sauvage – Piégeage

Souvenons-nous de la célèbre chanson de Claude François, qui chantait : « Belles, belles, belles comme le jour »... À n'en point douter, la genette est vraiment belle, mais c'est une belle de nuit, que l'on observera très rarement la journée. C'est notre mini-panthère à nous. Souvent, la genette est baptisée improprement « chat » : chat-martre, chat-putois, chat des genêts (comme en Allemagne). Autrefois, elle remplissait le rôle des chats dans la maisonnée en y chassant les rats, avant la généralisation du chat domestique, mais c'était il y a très longtemps. Ce petit carnivore, discret et sauvage, bien que totalement protégé sur le sol français depuis plus d'un demi-siècle, n'a pas toujours eu bonne presse auprès des piégeurs, et dans l'esprit populaire des campagnes, il reste un prédateur, comme la fouine, le putois ou la belette. Son impact sur les poulaillers et le petit gibier est moindre.

Voir aussi : chat, chat haret, fouine, martre, piégeage, putois.

GERBE

Cartouche qui a vomi ses plombs.

Armes, munitions, balistique

Gerber est un synonyme de vomir, mais sous sa forme la plus populaire, voire vulgaire. La gerbe de plombs est constituée du contenu de la cartouche tirée lorsque la charge quitte le canon. L'ensemble des plombs regroupés forment une gerbe; le mot est technique et en aucun cas outrancier.

Voir aussi : bourre, canons, cartouche, croisillons, jupe, plombs.

GERFAUT

Dénicheur d'oiseaux rares. Sait prendre de la hauteur avec ses auteurs. Tire le meilleur parti de ses lignes.

Sociologie – Faune sauvage

Le gerfaut est, avec le pèlerin, l'un des deux plus puissants faucons que l'on peut croiser en Europe. Leur vol est majestueux et leur chasse sans pareille en efficacité. Ces espèces sont très prisées des fauconniers, qui pratiquent leur noble art avec ces magnifiques rapaces aux ordres, dont les piqués sont sans égal. Mais « Gerfaut » est également une maison d'édition française, spécialiste du livre cynégétique et de nature, à qui l'on doit de nombreux ouvrages originaux et à qui l'auteur de ce dictionnaire voulait rendre hommage.

Voir aussi : fauconnerie.

GESTATION

Gestion petit à petit.

Faune sauvage

Période où l'animal fécondé porte sa progéniture dans son ventre avant la mise bas. Réservé au grand gibier et aux mammifères. Pour les oiseaux, on emploie plus sûrement le mot d'incubation, période où l'œuf est couvé avant éclosion. Chez le chevreuil, la gestation est de deux cent quatre-vingts jours, chez le cerf, de deux cent quarante jours et chez le sanglier, selon la formule consacrée, elle est de « trois mois, trois semaines, trois jours ».

Voir aussi : chaudron, œuf, nid, laie suitée.

GESTIONNAIRE

Chasseur qui compte ses victimes de leur vivant.

Organisation – Territoire

Le principe de base de toute gestion de territoire repose sur le comptage des espèces sauvages gibier. Le prélèvement de chasse ne doit correspondre qu'à une fraction des effectifs et respecter différents équilibres : équilibre entre les espèces, équilibre avec l'agriculture, équilibre avec la forêt. On ne peut tirer plus d'oiseaux ou de mammifères présents ou passagers qu'il n'y en a, car alors, on fait le vide, et Dieu sait s'il est difficile de réimplanter des animaux à partir de l'élevage en captivité.

Voir aussi : biotope, chasseur, cultures, territoire.

GIBECIÈRE

Porte-plume, au poil.

Équipement

Gibecière ou carnier, ce sac à simple rabat, en cuir ou tissu, muni d'une poche-filet pour laisser passer l'air, se porte en bandoulière. Le garde-chasse la porte plus souvent que les chasseurs quand ceux-ci sont en société. La gibecière sert à transporter le gibier tué le temps de la chasse. Elle n'est jamais vide car on trouve toujours quelque chose à mettre à l'intérieur, que ce soit un casse-croûte ou une boîte de cartouches...

Voir aussi : carnier.

GIBIER

Animal souvent condamné à mort pour le bon plaisir du chasseur. Ni coupable, ni responsable, mais surtout, consommable. Animaux à cuisiner et à tuer deux fois : une fois sur le terrain et une fois en cuisine.

Faune sauvage
Il y avait autrefois une distinction simple et juridiquement établie entre les espèces gibier, les espèces protégées et les espèces nuisibles. Depuis la grande loi de protection de la nature en 1976, le principe est que la faune dans son ensemble mérite protection selon des degrés plus ou moins variables et la chasse apparaît plus dans son exception que dans son principe. Le critère du gibier a toujours été et reste sa comestibilité.

Voir aussi : chasse, cheptel, espèces protégées, nuisible, table.

GIBIER DE POTENCE

Homme pourchassé.

Sociologie
Bandit de grand chemin juste bon à être pendu (d'où le mot « potence »). Popularisé par le cinéma américain et ses westerns où la pendaison était le mode d'exécution par excellence, car tous les cow-boys avaient toujours une corde accrochée à leur selle, des fois qu'il faudrait rattraper le bétail ou conduire un troupeau.

Voir aussi : Ouest.

GIBIER EXOTIQUE

Pensionnaire de zoo dans le meilleur des cas.

Grand gibier
Pour voir des animaux sauvages appartenant à d'autres continents que le nôtre, il n'y a plus guère que le zoo. Même les grands espaces ont perdu de leur charme quand ils sont traversés par des routes goudronnées, envahis par des ecolodges à la solde des multinationales du tourisme de masse. L'exotisme n'est plus ce qu'il était. On peut encore le retrouver dans les livres des derniers aventuriers des temps modernes.

Voir aussi : Afrique, antilope, chasses coloniales, colonies, Selous, zoo.

GIGUE

Certains la dansent, d'autres la mangent, c'est plus sûr. Chevreuil ayant fini par la danser dans l'assiette.

Gastronomie – Grand gibier
La gigue est une vieille danse proche de la bourrée. On croit qu'elle est une spécificité française, mais les pays anglo-saxons la pratiquent également sous le nom de Gay Gordons (en Écosse). Le cuissot de chevreuil s'appelle également la gigue. Cette terminologie gastronomique lui est réservée parmi les grands gibiers.

Voir aussi : civet, cuissot, grand gibier, recettes, table.

GILET

Bon point pour embonpoint de veneur, voire de chasseur.

Chasse à courre – Équipement – Organisation, réglementation, sécurité
Le gilet fait d'habitude partie de la panoplie du costume « trois pièces » très chic porté à la ville pour ces messieurs. Il épouse l'abdomen de nos citoyens qui ont tendance à s'arrondir avec la bonne chère et l'âge. En théorie, il n'a pas de raison d'être en campagne, où la tenue décontractée de nos chasseurs et chasseresses doit d'abord répondre à des critères sportifs de vêtements tout terrain. Cependant, pour celles et ceux qui pratiquent le grand gibier en battue, le port d'un gilet fluo orange, tous sexes confondus, est particulièrement recommandé, voire rendu obligatoire dans de nombreux départements afin d'identifier plus facilement chasseurs et rabatteurs au bois et éviter

les accidents de tir. Côté vénerie, la tenue de chasse à courre comporte obligatoirement un gilet, presque toujours en velours, dont la couleur et les boutons sont aux armes de l'équipage, qu'il s'agisse de vénerie à cheval, de vénerie à pied ou de vénerie sous terre.

Voir aussi : orange, redingote, sécurité, veneur, vénerie.

GÎTE

Pied à terre du lièvre.

Petit gibier

Lieu de remise du lièvre, très accessoirement du lapin. Le gîte est l'endroit où l'animal est tapi, toujours en plein air, où il observe, immobile, ce qui se passe autour. C'est comme cela qu'un lièvre vous part dans les pieds entre deux traits de labour. L'animal une fois décampé, l'espace fraîchement occupé est matérialisé par la forme corporelle laissée sur la végétation écrasée.

Voir aussi : abri, cabane, lièvre, nid, pavillon, rendez-vous.

GLAND

Tombe de l'arbre pour mieux se libérer de ses chênes. Friandise hivernale pour cochon en disette. Planter des chênes porte toujours ses fruits pour récolter des sangliers. La feuille de l'arbre lui rend les honneurs, les fruits lui rendent l'appétit.

Flore – Grand gibier

Avec le maïs, le gland est l'aliment préféré du sanglier. D'ailleurs, les années de fortes glandées, le taux de reproduction de l'espèce est très largement supérieur à la moyenne. C'est vrai que le chêne est fait pour s'entendre avec notre cochon sauvage. L'arbre ne subit aucun dégât alimentaire, au contraire, la dispersion de ses fruits permet de nouveaux peuplements forestiers. Quand un chasseur de grand gibier prélève un animal, il doit lui rendre les honneurs, c'est-à-dire déposer une branche noble dans la bouche de ce dernier, symbole d'un dernier repas. De même, la « brisée » qui est portée au chapeau, comme celle qui est posée sur le flanc de l'animal, est en chêne, tant que faire se peut.

Voir aussi : chêne, futaie, geai, glander, sanglier.

GLANDER

C'est à l'ombre des chênes que l'homme et la bête glandent, jamais ensemble et très différemment. Ne rien faire chez l'homme et tout faire chez le sanglier : retourner le sol, déguster les glands, s'occuper de quelques vers de terre de passage, bref, ne pas chômer. Oisiveté chez les uns, action chez les autres.

Sociologie

Glander n'a pas la même signification chez l'homme et chez le sanglier, c'est même le contraire dont il s'agit. Chez l'un, glander signifie ne rien faire d'utile, voire perdre son temps ; chez l'autre, c'est l'utiliser à la recherche de nourriture et spécialement des glands dont il est si friand.

Voir aussi : chêne, futaie, geai, gland, sanglier.

GLORIOUS TWELFTH

12 célèbre, mais pas pour son calibre.

Chasse à l'étranger – Histoire – Petit gibier – Sociologie

Ce « glorieux 12 » ne célèbre pas le calibre le plus commun du fusil de chasse, mais le jour traditionnel de l'ouverture de la grouse en Écosse, le 12 août. Cette date est la première de la saison de chasse qui commence bien plus tard au Royaume-Uni (septembre et octobre selon les oiseaux). Le rituel est immuable depuis le Game Act de 1831 qui a fixé le douzième jour d'août comme « jour glorieux » — l'expression est très anglo-saxonne, car le gibier dont il est question n'existe que dans les îles britanniques, où son tir hautement sportif fait l'objet de toutes les convoitises. La chasse étant interdite le dimanche, il arrive que la grouse ouvre le 13, mais il s'agira là d'un chiffre porte-bonheur.

Voir aussi : grouse, lagopède.

GLU

Colle à grives. À la confondre avec la superglu, on risque d'y laisser plus que des plumes.

Modes de chasse – Petit gibier – Équipement

La glu est une matière collante naturelle dont on se sert dans certaines chasses traditionnelles, notamment celle des grives dans le midi de la France. Tout l'art de la chasse aux gluaux consiste à faire poser les oiseaux, à l'aide de leurres et après les avoir appelés, sur des branches d'arbres, qui sont en fait des bâtonnets enduits de colle. La grive se prend par les pattes, par les ailes, mais elle y reste prisonnière.

Voir aussi : grive, modes, oisellerie.

GNOU

Herbivore d'Afrique vivant en bande organisée.

Grand gibier – Chasse à l'étranger

Le gnou des grandes plaines d'Afrique de l'Est (Kenya et Tanzanie) reste le seul grand migrateur du continent africain. Comme herbivore de sa taille, il n'y a guère plus que le caribou en Amérique du Nord qui lui fasse concurrence en nombre d'animaux se déplaçant au même moment pour trouver de meilleures opportunités alimentaires. Le gnou est un animal grégaire, qui doit sa survie au groupe. Ce n'est pas parce qu'il vit en bande organisée qu'il est un mauvais garçon. Au contraire, son organisation limite la prédation de l'espèce.

Voir aussi : Afrique, antilopes, chasses coloniales, cornes, safari, Selous.

GOLFEUR

Ancien chasseur qui continue à tirer ses balles.

Sociologie

Il est faux de croire que les pêcheurs sont aussi des chasseurs et vice versa. Autrefois, cela pouvait se concevoir : on quittait la saison de chasse en début d'année pour attaquer la saison de pêche. Cette proximité de tous les instants avec le milieu naturel a disparu. On est chasseur ou pêcheur, rarement les deux à la fois. Pour le golf, il en va différemment. Beaucoup de golfeurs sont d'anciens chasseurs, ou des chasseurs qui préfèrent le gazon à la ronce, le club à la cabane, le thé au vin chaud.

Voir aussi : chasseur, pêcheur.

GOUPIL

Amateur et défenseur de l'élevage en plein air. Concurrent gastronome et voyageur aimant le poulet fermier.

Faune sauvage

Le renard aime les poules – ce n'est un secret pour personne – et les fermiers détestent le renard, trop malin pour se faire prendre à la première occasion. Le goupil est le nom qui désignait le renard au Moyen Âge ; il est indifféremment utilisé de nos jours, comme synonyme, plus spécialement en littérature et dans le monde de la chasse.

Voir aussi : charbonnier, déterrer, muloter, nuisible, renard.

GOÛT

Le goût de la chasse n'est pas du goût du gibier.

Gastronomie

Le vrai chasseur est également gastronome, et cuisiner son gibier fait partie du rituel cynégétique. La table du Nemrod est toujours une tablée, c'est-à-dire une table partagée, remplie d'invités à qui on fait découvrir les mets ou avec qui on ravive le souvenir des journées passées ensemble durant la saison. C'est vrai que manger seul un cuissot de cerf ou de sanglier a de quoi rendre malade...

Voir aussi : chasse, gibier, recettes, table.

GOUTTIÈRES

Le cerf en est refait même si ses bois en rigolent. Sillons creusés au fond des bois.

Faune sauvage – Grand gibier

Les cervidés sont des bêtes à bois et non pas à cornes comme chacun le sait. Ces bois, qui composent le trophée, repoussent chaque année. Fortement vascularisés pour atteindre leur développement maximal, les bois présentent un réseau sanguin qui creuse sous la peau de profonds sillons pour alimenter les merrains jusqu'à leurs extrémités. Quand la croissance est terminée et le nouveau bois durci, les animaux frayent, c'est-à-dire qu'ils se débarrassent de cette peau protectrice, le velours, en se frottant aux arbres, arrachant en même temps les tissus vasculaires sclérosés. Le passage des vaisseaux laisse place à des sillons appelés gouttières. Avec l'âge, d'autres cannelures apparaissent, totalement naturelles, et indépendantes du phénomène précédemment décrit.

Voir aussi : bois, cerf, chevreuil, daim.

GRADE

Noyer qui a de la veine.

Armes, munitions, balistique

La qualité et la beauté des crosses d'armes de chasse sont graduelles et obéissent à une numérotation. Comme pour une note donnée à un examen, plus le chiffre est important, plus le bois, presque toujours du noyer, est exceptionnel. La résistance, le veinage, la couleur, l'âge et la provenance du bois sont autant de facteurs déterminant le grade qui va de 1 à 6 voire à 9 ou 11 selon certains fabricants. Ce système de grades est en vigueur aussi pour qualifier les bois de parquets ou de meubles.

Voir aussi : carabine, crosse, fusil.

GRAND COQ

A échappé à l'appellation de gros coq, ce qui est malheureusement le seul cadeau qu'on lui ait fait par chez nous.

Faune sauvage – Chasse en montagne

Il y a le gros gibier et le grand gibier... Heureusement, il n'y a que le grand coq et... le petit coq ! Le grand coq ou grand tétras existe encore dans les Pyrénées et dans l'est de la France. C'est le plus volumineux gibier à plumes de nos forêts d'altitude. Dans certains pays, sa chasse de printemps, au chant, procure de sacrées émotions. La destruction de son habitat, le dérangement, expliquent la fragilité des effectifs. Chez tous les gallinacés, sauvages ou domestiques, le mâle prend le nom de coq ; il en va ainsi de la perdrix, du faisan, des tétras. Le qualificatif de « grand » donne toute sa noblesse à ce magnifique oiseau.

Voir aussi : chant, coq, montagnes, petit coq, place de chant, tétras.

GRAND-DUC

Faussaire malgré lui. Attire et attise les convoitises, bien après sa mort. Oiseau de proie qui s'agite toujours, même décédé.

Faune sauvage – Modes de chasse

Traditionnellement et historiquement, la chasse au grand-duc est une technique de capture permettant la régulation des prédateurs ailés, des corneilles, pies et autres indésirables à l'aide d'une forme de grand-duc en plastique, posée bien en évidence sur un piquet. Autrefois, on utilisait un grand-duc naturalisé, avec des ailes articulées que l'on manœuvrait à distance pour lui donner vie. Placé à proximité d'une haie, l'oiseau attire vite ses ennemis naturels qui foncent sur lui pour l'attaquer. C'est ce moment dont profite le chasseur dissimulé à proximité pour tirer au fusil et à courte distance les corvidés trop entreprenants. Ainsi donc, voilà les faux ou les morts pris pour de vivants grands-ducs.

Voir aussi : corbeau, effraie, espèces protégées, modes, nuisible.

GRAND GIBIER

Grand gibier – grand chasseur ! Voilà une question de taille. Excepté le cerf, curieusement le grand gibier est presque toujours plus petit que le chasseur lui-même, qui ne se qualifie pas toujours de grand chasseur. Le grand gibier ne naît pas petit, même lorsqu'il est jeune.

Sociologie – Faune sauvage

Assez curieusement, dès leur naissance, les animaux de certaines espèces gibier sont qualifiés de « grand gibier », par opposition au petit gibier. Il n'existe pas de moyen gibier en Europe, alors qu'en Afrique, il existe un permis de « moyenne chasse ». Par grand gibier, il faut entendre cerfs, daims, chevreuils, sangliers, chamois et mouflons, pour notre pays. Précisons qu'il n'y a pas de distinction entre grand et petit chasseur, cela serait réducteur et péjoratif pour les chasseurs – qui sont chasseurs tout court ou chasseurs de grand gibier, voire chasseurs de petit gibier.

Voir aussi : affût, approche, battue, grandes pattes, safari, vénerie.

GRAND VIEUX

Âge cochon. Vénérable pour le sanglier, vénéré pour le chasseur. Ne dit-on pas grand vieux pour le sanglier et petit vieux pour l'homme ? Avec l'âge, On rétrécit avec le vocabulaire, tandis que l'animal, lui, grandit ! Une belle revanche pour les survivants.

Faune sauvage – Grand gibier

Tandis que l'homme en vieillissant rapetisse tant en aspect qu'en vocabulaire, certains gibiers, particulièrement le sanglier, dans la langue du chasseur, grandissent, hommage leur étant rendu à leur sagesse et à leur ruse d'être encore de ce monde.

Voir aussi : cochon, sanglier, vieux.

GRANDES PATTES

Quels que soient leur taille et leur nombre, elles vont toujours par quatre.

Grand gibier – Expressions populaires

Particulièrement en Bourgogne et en Franche-Comté, également dans les pays de la Champagne, grandes pattes et cervidés sont synonymes. Seule l'espèce cerf relève de cette appellation. En effet, le chevreuil en est exclu. Bien souvent, on désigne par « grandes pattes » un groupe d'animaux comprenant jeunes biches, hères, daguets voire coiffés, quand ils passent en poste de fuite. Cela évite de faire le détail, d'autant plus qu'à certaines saisons, l'identification précise et rapide n'est pas toujours aisée. La terminologie semble circonscrite à la chasse en battue. On voit mal un chasseur à l'approche ou à l'affût tirer sur des « grandes pattes » !

Voir aussi : battue, bichaille, biche, cerf, daguet, écuyer.

GRANIVORE

Le nec plus ultra des régimes alimentaires, car en le suivant, on en prend toujours de la graine.

Faune sauvage

Ce sont surtout les oiseaux qui sont granivores, c'est-à-dire qu'ils se nourrissent principalement de graines et de fruits secs ou de baies sauvages. Certaines espèces le sont exclusivement, d'autres possèdent un régime alimentaire mixte, composé également de fruits et d'insectes. Les rongeurs le sont aussi.

Voir aussi : carnivore, chassivore, frugivore, herbivore, insectivore, omnivore.

GRATTIS

Chevreuil qui sait tenir sa place.

Grand gibier

« Grattis » s'orthographie également « gratis ». Les lapins font aussi des grattis, mais les plus célèbres sont ceux faits par le chevreuil – le plus souvent, le brocard – et qui consistent à nettoyer une place au sol avec ses pattes. Il s'agit là d'un marquage territorial, particulièrement fréquent l'été. Quand le grattis se double d'un frottis (frottement sur arbrisseau au même endroit), le marquage global prend le nom de régalis.

Voir aussi : chevreuil, frottis, indices.

GRAVURE

Fait toujours une scène à votre arme.

Armes, munitions, balistique

Beaucoup d'armes de chasse sont décorées ou simplement agrémentées de dessins ou de gravures sur des parties métalliques comme la bascule, la clé ou le pontet. Gravures industrielles ou artisanales, elles représentent des scènes de chasse ou des gibiers. Elles personnalisent le fusil ou la carabine du chasseur. Elles peuvent être l'œuvre de grands artistes et multiplier par deux ou trois le prix de l'arme selon le travail demandé. Des métaux précieux servent également à compléter ce travail d'orfèvre, l'or ou l'argent notamment. Les crosses sont également enjolivées, mais il s'agira de sculpture et non plus de gravure. Cette personnalisation des armes est typiquement européenne, particulièrement populaire en France, en Italie et dans les pays germaniques. Les Américains sont plus pragmatiques et préfèrent les armes en plastique, entièrement recouvertes de feuilles de camouflage directement peintes sur le métal.

Voir aussi : bascule, carabine, fusil.

GRÉGAIRE

Instinct partagé par le chasseur et son gibier.

Faune sauvage – Sociologie

La solitude pèse tout autant à l'homme qu'aux animaux. La grégarité est cette force instinctive qui pousse les individus et les populations à rester ensemble, pour affronter l'adversité, les dangers, la migration, la recherche de nourriture, favoriser la reproduction. À l'exception du chasseur à l'approche ou à l'affût, qui ne forme qu'une infime partie des participants à un acte de chasse, cette activité reste essentiellement collective et trouve une efficacité dans le partage des tâches (rabatteurs, postés par exemple).

Voir aussi : instinct.

GRELOT

Trahit le chien pour le plus grand plaisir de son maître.

Chiens

Petite clochette placée au collier du chien de chasse pendant l'action pour permettre de mieux le localiser. Utilisé surtout pour la chasse aux chiens courants (qui ont tendance à se perdre au loin, vite et bien), pour signaler leur présence aux chasseurs postés et éviter que ceux-ci les prennent pour cible ; mais très prisé également pour la chasse de la bécasse au chien d'arrêt. Dans ce dernier cas, le chasseur doit rester attentif au grelot qui s'arrête de tinter, car alors, cela signifie que son compagnon à quatre pattes est à l'arrêt sur mordorée.

Voir aussi : bécassier, chien (tout court), chien courant, collier, collier électrique.

GRÈS

Assurent, bon gré mal gré, les défenses.

Grand gibier

Nom donné, chez le sanglier mâle, aux canines de la mâchoire supérieure, celles de la mâchoire inférieure étant les défenses. Les grès sont courts, massifs, recourbés et possèdent une table d'aiguisage permettant d'affûter les canines du bas.

Voir aussi : crocs, défenses, sanglier.

GRÈVE

Les chasseurs de grève la font sans préavis.

Gibier d'eau

La grève est cette partie du littoral, couverte et découverte en fonction des marées, laissant à disposition d'une multitude de petits échassiers une myriade de vers, coquillages et crustacés à déguster. Les sauvaginiers qui chassent ce gibier d'eau spécifique sont les chasseurs de grève et pratiquent assidûment ces balades maritimes qui ont un goût d'infini et de liberté totale dans des paysages grandioses. La chasse à la botte en bord de mer, la chasse au trou ou encore la chasse au hutteau sont autant de variantes cynégétiques de ces passionnés auxquels le flot prometteur apporte une moisson d'ailes à chaque fois. Ces chasses sont sportives, demandent de l'endurance et une grande connaissance météorologique. Une chose est sûre : on ne va pas à la plage pour bronzer... Et on ne chôme pas dans ce genre de quête.

Voir aussi : barges, bécasseau, chevaliers, courlis, hutte, hutteau.

GRIFFES

Ongles mal coupés.

Faune sauvage – Animaux domestiques

Ongles longs, recourbés, acérés, parfois rétractiles qui servent avant tout aux prédateurs pour capturer leurs proies. Chez les rapaces, ces armes tranchantes sont les serres. S'il paraît évident que tous les félins, grands ou petits, sont porteurs de griffes, les grands plantigrades comme les ours en sont également pourvus, et de petits mammifères comme les mustélidés (putois, fouine, martre), les renards, les blaireaux et même les écureuils en possèdent. Tous les canidés ont aussi des griffes, qu'ils soient domestiques (chiens) ou sauvages (hyène, lycaon, chacal, loup...). Parfois les griffes ont un rôle d'outil pour grimper aux arbres ou creuser un terrier.

Voir aussi : blaireau, chat félin, lynx, ours, renard.

GRIVE

Oiseau migrateur aimant jouer à chasse perchée. Fruit de la migration. Certaines d'entre elles racontent des tia-tia d'histoires. Passager mais aussi pilote sur vol long-courrier.

Petit gibier

Les grives sont, avec la palombe, le petit gibier migrateur par excellence. Quatre espèces sont chassées en France : la grive musicienne, la grive mauvis, la grive litorne (dite « tia-tia ») et la plus grosse, la grive draine. On les chasse à la passée, mais aussi à poste fixe, également à l'aide d'appelants et de gluaux disposés dans des branches d'arbres.

Voir aussi : appelant, glu, merle, migrateurs, musicienne, oisellerie.

GROIN

Nom générique du nez des sangliers en Bretagne, d'où la pointe du Groin !

Grand gibier

Quel que soit son lieu de naissance, le nez du sanglier se nomme le groin. En Bretagne, site de bord de mer célèbre pour la beauté de son paysage (on l'écrit en fait « pointe du Grouin »). Cette pointe constituée d'un à-pic impressionnant domine l'océan de plus de quarante mètres. Située au nord de Cancale, elle sert de point de repère pour le départ à la fameuse course de la Route du rhum. L'horizon permet d'y observer le mont Saint-Michel comme les îles Chausey. Quand on envisage de parler de la tête du sanglier dans son ensemble, on emploie le mot « hure ». « Groin » est indifféremment utilisé pour le museau du cochon domestique comme pour l'ensemble des cochons sauvages.

Voir aussi : boutis, nez, sanglier.

GROS GIBIER

Gros gibier – gros chasseur ! Gibier qualifié ainsi quel que soit le résultat de son régime alimentaire. Se dit du chevreuil, du cerf, du sanglier, du chamois et du mouflon en France, même au sortir de l'hiver alors que la disette a sévi. Injustice de langage chez les adeptes de la battue et des chasses collectives.

Sociologie – Grand gibier

Expression très ancrée dans le milieu de la chasse aux chiens courants et en battue. L'affûteur au mirador, celui qui pratique l'approche, chasse le grand gibier, tandis que le chasseur au poste chasse « le gros ». Le qualificatif « gros » évoque indirectement la quantité de viande sur pied, beaucoup plus que le trophée.

Voir aussi : grand gibier.

GROUSE

Chair à *moors* qui nous en fait voir de toutes les couleurs. Toujours « *red* » sur ses pattes.

Chasse à l'étranger – Petit gibier

Le lagopède d'Écosse est très rarement appelé comme cela : il garde son anglicisme international, le mot « grouse » étant plus évocateur pour le commun des chasseurs. Ce tétras aux couleurs rougeoyantes (red en anglais) habite principalement l'Écosse et quelques autres parties du territoire de la Couronne britannique, dans des paysages faits de vallonnements infinis et couverts de bruyère (les moors*). Difficile d'accès, difficile au tir, il se mérite plus que tout autre oiseau. Considéré comme « cher amour » par de nombreux amateurs.*

Voir aussi : *brace*, *Glorious Twelfth*, lagopède.

GRUE

Couronnée sans grande légitimité.

Faune sauvage

Grand échassier totalement protégé. Vit en Afrique. Une autre grue, la grue cendrée, migre en France. La grue couronnée doit son nom à la collerette de plumes qui orne sa tête. De là à en faire le roi des oiseaux, il y a un pas...

Voir aussi : échassiers, espèces protégées.

GUÉPARD

Animal de cour et de courre. Chasse et se chasse à la fois. Chien de chasse d'autrefois. À l'époque, attaché, mais toujours à la tâche.

Animaux domestiques – Faune sauvage – Chasse à l'étranger

On le sait peu, mais le guépard était un auxiliaire remarquable à la chasse, autrefois, particulièrement dans l'Antiquité où son utilisation à la chasse remonte à presque 5 000 ans avec les Sumériens, et un animal de compagnie au Moyen Âge, en Europe ! Guillaume le Conquérant l'aurait utilisé comme lévrier de chasse au XI*e siècle. On le confond souvent avec le léopard ou la panthère, mais il est unique en son genre puisque c'est d'abord un sprinter, à la manière d'un lévrier. Les pays du golfe Persique l'employaient pour chasser la gazelle dans le désert. Bien que protégé partout où ses effectifs sont menacés, il est encore gibier aujourd'hui en Namibie, qui concentre la grande majorité de la population africaine. Dans l'Antiquité, il était encore très présent en Asie centrale, en Inde et en Perse où les rois et princes les entretenaient en grand nombre à la cour. Le petit-fils de Gengis Khan, au* XIII*e siècle, détenait 1 000 guépards selon Marco Polo, et le grand Moghol Akbar, au* XVI*e siècle, en a possédé pas moins de 9 000 tout au long de son règne. Sa fourrure a longtemps été utilisée pour fabriquer des tapis de prière et ses os ainsi que ses dents faisaient partie des remèdes chinois pour soigner les maux d'estomac.*

Voir aussi : lévrier, Marco Polo, vénerie.

GUÊTRES

Chaussettes protectrices qui bottent le chasseur.

Équipement

Manchons en tissus ou en cuir s'ouvrant avec fermeture Éclair et destinés à protéger de l'humidité, de la neige ou des agressions du milieu naturel le bas de la jambe, jusqu'en haut du mollet. Les montagnards portent des guêtres comme les chasseurs de brousse ou de bois. L'avantage de la guêtre est qu'elle permet de ne pas porter de bottes, mais une chaussure parfaitement adaptée au terrain. Au départ, la guêtre fait partie de l'équipement militaire des armées et reste très fréquente dans le milieu équestre.

Voir aussi : Afrique, bottes, montagnes.

GUEULE(S)

Pour entrer ou sortir du terrier sans crier gare.

Faune sauvage – Territoire

Les accès souterrains aux terriers des lapins, des renards ou des blaireaux se nomment

« gueules ». On dit encore « bouches », mais cela fait moins professionnel ! Les gueules sont parfois multiples, et dissimulées le long des haies où en sous-bois, assurant une grande discrétion aux locataires dans leurs allées et venues.

Voir aussi : blaireau, lapin, renard, terrier.

GUEUTHE

Faust canard. Appellation vernaculaire d'un faux canard, la foulque macroule.

Faune sauvage – Gibier d'eau – Personnages célèbres

Johann Wolfgang von Goethe est un homme d'État allemand (1749-1832), mais aussi un écrivain et un poète rendu célèbre par son œuvre majeure, Faust, et son pacte avec le diable. Dans certaines régions françaises, « gueuthe » (il est vrai avec une tout autre orthographe) désigne la foulque, ce rallidé, souvent pris pour un canard, mais qui n'en est pas un, tout de noir vêtu, avec des pattes lobées lui permettant de courir sur l'eau… Un drôle de personnage à plumes.

Voir aussi : foulque.

GUIDON

Propose des canons à l'œil.

Armes, munitions, balistique

En position de tir, le guidon est une pièce maîtresse située en bout du canon qui permet d'aligner différents points pour viser juste : l'œil, le canon, la hausse et le gibier. Ce repère doit être visible pour guider rapidement et efficacement l'œil.

Voir aussi : canons, carabine, fusil, hausse, mire, tir.

HAAAA

Cri guttural et répété du rabatteur destiné à effrayer le gibier et à le pousser à franchir les lignes de tir. En battue, le « haaaa » est quelquefois accompagné en alternance d'un « brou » ou « hououou » ou encore d'un « breeeee ». Identique dans toutes les langues.

Sociologie

Ce cri est sans doute le même depuis celui poussé par les premiers hommes de la Préhistoire. Les voyelles ont toujours permis aux humains de communiquer de façon simple et expressive. L'efficacité du bruit pour faire fuir le gibier n'est pas démontrée à 100 %. L'animal se dérobe tout aussi bien quand il sent l'homme ou quand il entend le chien. Bien sûr, il y aura toujours quelques vieux sangliers bien « embuissonnés » qui attendront qu'on leur marche dessus en gueulant pour prendre leurs jambes à leur cou. Il faut bien justifier le rôle des rabatteurs !

Voir aussi : battue, rabat, rabatteur, traque.

HAIE

On ne peut la mettre de côté. Sépare toujours les chasseurs. Se descend et se monte même en terrain plat.

Flore – Territoire – Aménagements

La haie joue un rôle central dans la préservation des écosystèmes de plaine. Elle limite l'érosion des sols sur les grandes parcelles agricoles, elle retient l'eau, elle assure couvert et subsistance grâce à ses essences forestières résistantes et fructifères. À la chasse, elle constitue une zone de rabat privilégiée : on ne se lasse pas de la parcourir, seul ou à deux, chacun d'un côté et le chien au milieu, en la longeant, dans l'espoir que faisan et lièvre à l'ouverture et grives et pigeons à la fermeture seront au rendez-vous.

Voir aussi : biotope, friche, territoire.

HALBRANS

Canards qui y laissent des plumes avant même qu'elles n'aient fini de pousser.

Faune sauvage – Gibier d'eau

Jeunes canards de l'année, généralement colverts, que l'on commençait à tirer dès l'été dans certaines régions, au plumage tout juste volant. Halbran est dérivé d'un mot allemand qui signifie « demi-canard », c'est-à-dire canard immature, non encore adulte, ni en taille, ni en plumes. Canard d'ouverture au gibier d'eau, les halbrans sont des cibles faciles qui n'ont jamais été chassées.

Voir aussi : canard, colvert.

HALLALI

Le prononcer est du dernier cri en vénerie.

Chasse à courre – Grand gibier

L'hallali désigne un cri mais aussi la phase terminale de la prise de l'animal. Il est ce moment, tout à la fois excitant et triste, où le cerf, chassé à courre, se rend et attend sa fin. Ce dernier fait face aux chiens, avec renoncement et dans un concert de voix totalement fou. Terme exclusivement employé par les veneurs.

Voir aussi : cerf, ferme, hotte, mort, vénerie.

HAMMERLESS

Chiens dehors pour le chasseur, mais chiens dedans pour le fusil.

Armes, munitions, balistique

Au XIXe siècle, le fusil hammerless a révolutionné l'arme de chasse en supprimant les chiens, ou percuteurs extérieurs que l'on devait armer au préalable et avec tous les aléas climatiques que cela comportait au temps de la poudre noire. Désormais, tout se passe à l'intérieur de l'arme par un système de percussion centrale (« hammerless » ou sans marteau, « marteau » signifiant percuteur).

Voir aussi : chien, fusil.

HARDE

Troupeau ayant des mœurs très sauvages.

Grand gibier

Le jeu de mots porte ici sur l'orthographe du mot « harde » qui peut aussi s'écrire « hard » et qui prend à ce moment-là un tout autre sens mais qui garde toute sa « sauvagerie », humaine ou animale.

Voir aussi : cerf, compagnie, harpail, meneuse.

HARPAIL

Troupeau de féministes...

Grand gibier

Groupe de cervidés composé de femelles et de jeunes, mais ne comportant pas de grand mâle. Le harpail concerne exclusivement l'espèce cerf élaphe. Cela s'explique par la structure très matriarcale des hardes.

Voir aussi : biche, cerf, harde.

HARPON

Fusil de pêche pour la chasse.

Sociologie – Techniques

Voilà toute l'ambiguïté des pêcheurs sous-marins : pratiquent-ils la pêche sous-marine ou la chasse sous-marine ? Une chose est sûre : la canne à pêche est de peu d'utilité sous l'eau... Tandis que le harpon propose un outil de capture très proche de l'arbalète, sorte de fusil sans munition à poudre, mais pas sans projectile. Un dard projeté avec force, relié au chasseur par une corde... Combien de nos chasseurs sur terre rêveraient d'être reliés à leur gibier ? Plus de gibiers blessés, ni de recherche au sang...

Voir aussi : arbalète, fusil.

HARY

Encouragement à ne devenir ni Potter, ni Windsor.

Chasse à courre – Personnages célèbres

Cette vieille expression française, autrefois prisée des veneurs, consistait à encourager les chiens – on dirait aujourd'hui « appuyer les chiens », c'est-à-dire leur signifier que le piqueux est à leur côté et qu'il faut tenir bon la quête ou le ferme. Il ne saurait être question, lors de ses encouragements, de se transformer en d'autres célèbres « Harry », qu'il s'agisse du héros de science-fiction Harry Potter ou du héros royal fortement médiatisé, le prince Harry (famille Windsor d'Angleterre).

Voir aussi : fanfares, circonstances, garde.

HASE

Imaginez-vous une femelle de lièvre s'appeler la lièvre, la lièvrette, la levraude, la lièvière ? Impossible ! Alors le vocabulaire a rendu hommage au seul gibier à poil (plus que petit et moins que grand) dont le mâle et la femelle ne se distinguent pas, même dans la main. Femme de président et de capucin aussi. Dévore (des yeux) les bouquins sans jamais en avoir lu aucun. Se reproduit sans mâle (superfœtation).

Faune sauvage – Petit gibier

Ni les oreilles, ni la taille, ni le pelage, ni le comportement ne permettent l'identification du sexe. Il n'y a à jamais qu'un lièvre dans le carnier, privé de sexe presque dans la mort. La hase était le lièvre et le lièvre ne le savait pas. On prétend que le mot serait d'origine germanique. En allemand, Hase désigne le lièvre, sans distinction.

Voir aussi : bouquin, bouquinage, capucin, lièvre, tularémie.

HAUSSE

Par les temps qui courent, tout augmente sauf la hausse, qui a intérêt à ne pas bouger pour rester efficace. La seule chose que la hausse augmente, c'est la portée (de tir). Permet au chasseur d'être à la hauteur.

Armes, munitions, balistique

Sur les armes de chasse, la hausse fait partie des organes de visée solidaires du canon et qui permettent l'alignement rapide et la correction de tir selon la distance. Il existe des hausses à œilleton et des hausses à encoche. Ce procédé de correction permet d'anticiper sur la trajectoire de la balle tout en maintenant le gibier dans la ligne de mire. Les hausses se règlent en fonction de la distance estimée : cent, deux cents ou trois cents mètres.

Voir aussi : canons, carabine, guidon, fusil, mire, tir.

HECTARE

Permet de tourner en rond sur dix mille mètres carrés.

Territoire

Unité de surface qui a un équivalent en mètres carrés. Un hectare (1 ha) équivaut à dix mille mètres carrés. Cette unité de mesure se décline en are (a) et en centiare (ca), qui correspondent respectivement à mille mètres carrés et à cent mètres carrés. La superficie d'un territoire de chasse ne s'apprécie par en mètres carrés mais en hectares. D'ailleurs, la loi Verdeille, qui a fixé les seuils obligatoires pour constituer une ACCA (Association communale de chasse agréée) fait appel à ce système de mesure. Ils varient de vingt à soixante hectares selon les départements.

Voir aussi : domaine, territoire.

HEMINGWAY (Ernest)

Un drôle d'Ernest qui pêche le buffle caffer et chasse l'espadon avec la même barbe.

Personnages célèbres – Chasse à l'étranger – Grande chasse

Cet écrivain chasseur (1899-1961) a passé sa vie à chasser et à pêcher toutes sortes de créatures, de la région des grands lacs au cœur de l'Afrique en passant par Cuba et Key West en Floride, quand il n'écrivait pas ses romans fortement inspirés de son expérience personnelle. Des Vertes Collines d'Afrique *au* Vieil Homme et la Mer, *cet aventurier de la démesure, ce nouvelliste de talent a mené sa barque comme il l'entendait jusqu'à son suicide au fusil... de chasse. Il fut son dernier gibier.*

Voir aussi : Afrique, écrivain cynégétique.

HERBIVORE

Animal végétarien malgré lui.

Faune sauvage

Animal dont le régime alimentaire principal consiste à manger de l'herbe, mais aussi des feuilles, des cultures, des jeunes pousses, des bourgeons... Les cervidés, les antilopes, le bison, le chamois, le mouflon sont des herbivores. L'absence de mixité avec d'autres substances d'origine animale comme des insectes, des charognes, de la viande, caractérise ce régime.

Voir aussi : carnivore, chassivore, granivore, frugivore, insectivore, omnivore.

HERCULE

Célèbre condamné aux travaux forcés dont certains des douze furent cynégétiques, telle la quête du sanglier d'Érymanthe. À force de travail, est devenu chasseur.

Histoire – Personnages célèbres

Connu dans la mythologie grecque sous le nom d'Héraclès, puis devenu Hercule chez les Romains, ce personnage à la force et au courage hors du commun fut chargé d'accomplir douze travaux – en fait douze missions

– tous plus difficiles et périlleux les uns que les autres, et les réussit tous. Certains travaux s'apparentent à une quête de chasse, comme ceux relatifs au lion de Némée, à la biche de Cérynie ou au sanglier d'Érymanthe (quatrième dans l'ordre des travaux à accomplir). Dans ce dernier cas, Hercule capture, sous la neige, dans les montagnes d'Arcadie, un sanglier monstrueux qui terrorisait les populations et commettait de graves dégâts aux récoltes.

Voir aussi : biche, lion, sanglier.

HÈRE

Jeune cerf qui n'en est pas encore un; bref, jeune cerf qui n'est qu'un jeune serf.

Grand gibier

Nom du cerf mâle, qui n'est plus faon (il le reste jusqu'à six mois) et pas encore daguet (il le sera à un an). Ne porte jamais de bois. Il ressemble de loin à une biche, avec laquelle on peut le confondre parfois, surtout lorsqu'il est enhardé.

Voir aussi : bichaille, biche, cerf, daguet.

HÉRISSON

Animal qui ne met en boule que lui-même tant il est sympathique. Sa chasse, qui ne manque pas de piquant, est laissée aux prédateurs les plus prétentieux.

Faune sauvage

Le hérisson est très comestible mais que l'on rassure tous les amis des bêtes, il ne se chasse plus, sauf en voiture! En Afrique, son cousin le porc-épic est très prisé pour sa chair goûteuse par les populations locales.

Voir aussi : Afrique, espèces protégées.

HERMINE

On lui rend curieusement justice en la dépouillant de sa robe pour en habiller une autre. Animal populaire en Bretagne et dans les prétoires. Sanguinaire qui s'enrobe et se dérobe à la demande. Animal à la fourrure magistrale. Saigne sans risque.

Faune sauvage – Géographie – Sociologie

Avec sa cousine la belette, dont elle ne se distingue que par une taille légèrement supérieure et l'extrémité de la queue restant noire en toutes saisons, l'hermine est un prédateur redoutable qui saigne ses proies. Le « Gwenn ha Du » ou drapeau breton inventé par les autonomistes au début du XXe siècle fait figurer dans son carré supérieur des mouchetures d'hermine rappelant les armoiries de l'ancien duché de Bretagne portées depuis le XIVe siècle par Jean III. Le manteau des rois de France, la robe des hauts magistrats, des universitaires, voire des avocats, ont arboré ou arborent encore des fourrures d'hermine, distinguant en cela leur grade académique. Par exemple, un docteur en droit portera sur son épitoge trois rangs d'hermine. Sa fourrure blanche était symbole de pureté, comme la fleur de lys, d'où son succès et son utilisation symbolique par la royauté.

Voir aussi : belette, puants.

HÉRON

Chasseur de grenouilles. Met l'étang à sec.

Faune sauvage

Le héron, comme tous les grands échassiers, est totalement protégé depuis de nombreuses décennies. On se demande encore aujourd'hui pourquoi la mesure n'a pas été assouplie car elle ne correspond plus à grand-chose. Le héron n'est pas comestible; son tir serait facile car il est très lent et peu malin. Beaucoup trouvent que l'étang paie un lourd tribut à ce chasseur à l'affût. Sous l'Ancien Régime, le roi chassait au vol (fauconnerie) cet oiseau qui était alors très en vogue.

Voir aussi : aigrette, échassiers, espèces protégées.

HÊTRE

Hêtre ou ne pas hêtre, c'est une question plus futaie qu'il n'y paraît.

Flore

Le hêtre, ou fayard, est une essence forestière commune à nos futaies de feuillus. L'arbre joue un rôle primordial dans l'alimentation et le couvert des animaux, particulièrement du grand gibier. Ses fruits se nomment des faines. L'espèce s'adapte bien à différents terrains, y compris à l'étage montagnard, cohabitant en parfaite harmonie avec le chêne ou les résineux. Selon les terrains et son exploitation, le hêtre se fait buisson, arbuste ou grand fût. Ses branches peuvent servir de brisées.

Voir aussi : charme, chêne, feuilles, futaie, honneurs, sapin.

HIBERNER

Hiverner sans migrer. Voyager dans son sommeil.

Faune sauvage

On confond souvent hiverner et hiberner. Dans le premier cas, hiverner consiste à faire face à un climat rigoureux en migrant, dans le second – hiberner –, à y faire face en s'enterrant et en tombant dans une profonde léthargie. C'est la stratégie des canards pour les uns et la stratégie des marmottes ou des ours pour les autres. Le voyage est toujours de la partie, en réalité ou en rêves.

Voir aussi : marmotte, ours.

HISTOIRES

Ce sont ceux qui en font le plus qui en racontent le moins.

Sociologie

On ne garde ses souvenirs que sous forme d'histoires marquantes, particulièrement en matière de chasse : celles-ci sont dramatiques, drolatiques, humoristiques, mais dans tous les cas elles restent extraordinaires, parce qu'elles font appel à l'émotion et au vécu. Et plus on les raconte, plus elles s'enrichissent en détails et en anecdotes. « Faire des histoires » parle de tout autre chose, à savoir chercher querelle pour tout et pour rien. On ne saurait habilement se situer sur les deux terrains en même temps.

Voir aussi : chasseur, menteur, musée, Obélix.

HOMME

Chasseur dans l'âme même s'il est agnostique. Toujours athée de chasser.

Sociologie

Tous les chasseurs ne croient pas en Dieu, mais tous croient en la chasse. Dieu n'a d'ailleurs, dans aucune religion, condamné l'acte de chasse. Le catholicisme, sous l'Ancien Régime, l'a pratiqué avec assiduité et nombreux ont été les curés chasseurs de loups, afin de défendre au mieux leurs paroissiens ! Une personne athée ne croit pas en Dieu ; une personne agnostique s'interroge sur son existence, ce qui n'est pas pareil.

Voir aussi : braconnier, garde, invité, tireur, traqueur, veneur.

HONNEURS

Décoration du gibier mort. On les rend au gibier bien qu'on ne les lui ait jamais pris.

Chasse à courre – Grand gibier

Rendre les honneurs marque le respect que l'on doit au gibier (il s'agit généralement du grand gibier). Différentes pratiques coexistent selon les modes de chasse à ce sujet. En vénerie, on va sonner la chasse, en chasse à tir, on va donner la dernière bouchée à l'animal sous forme de brisée… La présentation du tableau fait également partie, dans son formalisme et son déroulement, des honneurs rendus. On pourrait multiplier les manifestations attestant du soin que prend le chasseur à marquer l'attention qu'il porte à ses victimes conquises. Curieusement, on dit « rendre les honneurs », comme si un jour, le gibier les avait perdus en passant de vie à trépas. Se battre pour vivre n'est pas un déshonneur, et mourir quand même non plus.

Voir aussi : brisée, charme, chêne, hêtre sapin, vénerie.

HORDE

Animaux se retrouvant en dangereuse compagnie.

Faune sauvage

Les groupes d'animaux portent différents noms : harde pour les cervidés, compagnie pour les perdrix ou les sangliers, horde pour les loups. Le mot « horde » s'applique aussi à l'homme quand il veut désigner un groupe d'individus violents et dangereux, voire incontrôlables. Ce n'est pas nouveau, comme disait le dramaturge romain Titus Maccius Plautus (dit Plaute) en 212 av. J.-C. : « Homo homini lupus est » (l'homme est un loup pour l'homme), formule reprise par les plus grands auteurs depuis (de Pline à Montaigne, de Molière à Francis Bacon, en passant par Thomas Hobbes).

Voir aussi : chevrée, compagnie, harde, troupeau.

HOTTE

Ce n'est pas parce qu'il la porte que le cerf croit encore au Père Noël.

Grand gibier

Quand le gibier, fatigué d'être chassé, semble sur ses fins, son dos se voûte et il montre des signes évidents de fatigue. L'expression « porter la hotte » est typiquement adaptée au cas du cerf en vénerie. Cette idée de « dos chargé » se retrouve dans l'imagerie du Père Noël dont la hotte remplie de cadeaux lui fait se replier sur lui-même pour mener à bien sa mission. Quand on croit au Père Noël, c'est que l'on est naïf et que l'on pense que tout est bien qui finit bien. Malheureusement, le cerf à l'hallali sait qu'il n'a plus aucun espoir.

Voir aussi : cerf, hallali, vénerie.

HOUSURES

Réalisées par des hôtes de marque debout en boue.

Grand gibier

Les traces de frottements à base de boue que les sangliers laissent sur les troncs, en bas des arbres, lorsqu'ils sortent de leur souille, portent le nom de housures. Ces indices de présence ne sont pas des marquages territoriaux, mais servent aux animaux à se déparasiter. Leur configuration et leur hauteur permettent de juger de la taille de la bête. On l'écrit également « housures » ou « houssures ». Presque toujours utilisé au pluriel. On pense, à tort ou à raison, que ce très vieux mot proviendrait de la déformation de « bousure » ou « boussure » (de « boue »).

Voir aussi : bauge, boue, indices, souille, sanglier.

HUÎTRIER PIE

Vague bécasse. S'attaque aux coques, mais pas des bateaux. Faire la grève est un moyen efficace pour la chasser.

Faune sauvage – Gibier d'eau

L'huîtrier pie, ou pie de mer, est un échassier chassé sur le littoral atlantique par les chasseurs de grève. Les sauvaginiers le mettent facilement dans le carnier, bien que sa chair soit médiocre. Son alimentation à base de mollusques, de crustacés et de coques en tous genres lui a valu son nom. Les Italiens l'appellent la « bécasse de mer ». C'est un bel oiseau, habillé en noir et blanc, avec un long bec rouge, qui aime suivre les vagues et la marée.

Voir aussi : bécasse, hutteau, grève, sauvaginier.

HUMOUR

Blague à part, les chasseurs n'en manquent pas... sauf quand ils manquent!

Sociologie

Les chasseurs aiment raconter des histoires, drôles si possible, autour d'un repas marquant une pause bien méritée. Il leur arrive de tenir des propos parfois excessifs, ce qu'il est convenu d'appeler de nos jours « des propos politiquement incorrects ». Heureusement, la parole est libre, seul l'écrit reste. C'est pourquoi votre serviteur, avec l'aide bienveillante de son éditeur, limite sa prose dans la mesure du raisonnable. À bon entendeur, salut.

Voir aussi : cochonnes, gaudrioles, histoires.

HURE

Que le sanglier tienne tête en cuisine, c'est tant mieux pour les gourmets et les gourmands, et surtout inoffensif pour les chiens.

Grand gibier

La tête de sanglier se nomme la hure. Le pâté de tête que l'on fait avec ce gibier est très apprécié et il est sans doute unique en gastronomie. Aucun autre grand animal n'a droit à de telles préparations culinaires pour cette partie de son anatomie. Certains prétendent que le mot « hure » ne devrait s'appliquer qu'à la tête coupée et non du vivant de l'animal. « Huré » était autrefois un adjectif synonyme de « hérissé de poils », ce qui est bien le cas du sanglier, et qui attesterait de son utilisation du vivant.

Voir aussi : pâté, sanglier, recettes, table.

HUTTE

Maison de passe et boîte de nuit pour sauvaginiers.

Territoire – Aménagement – Modes de chasse – Gibier d'eau

En matière de chasse au gibier d'eau, la hutte n'est pas un rendez-vous mais, comme pour le mirador au grand gibier, sert de poste avancé pour la capture des canards et autre sauvagine. La chasse à la hutte se pratique de nuit, sur le littoral, et reste une exception en droit français, au titre des chasses traditionnelles. Les huttes sont répertoriées et on ne peut en construire de nouvelles sans difficultés. La plus célèbre des huttes de chasse est la « hutte des 400 coups ». Elle fut construite en 1904 par le vicomte Henri de Brossin de Méré, à Noyelles-sur-Mer, dans le marais de Sailly Bray, à proximité de la baie de Somme. Gageons que ce surnom puise toute sa réalité dans le nombre de cartouches qui pouvaient y être tirées plutôt que de la fête qu'on pouvait y faire.

Voir aussi : affût, canard, castor, gabion, nuit, sauvaginier.

HUTTEAU

Cercueil en grève, réutilisable, pour rouler dans la farine – pardon, dans le sable – la sauvagine du littoral.

Territoire – Aménagement – Équipement – Modes de chasse – Gibier d'eau

Parmi les chasses traditionnelles mobiles du gibier d'eau, il en est une, assez exceptionnelle, qui consiste à promener avec soi, sur la grève, une cabine, parfois en forme de cercueil, sur roulettes, et que l'on enterre dans le sable. Cela permet, une fois à l'intérieur, de se dissimuler à la vue des oiseaux et de les tirer lorsqu'ils bougent avec la marée. Le hutteau n'a rien à voir avec la hutte. Le chasseur est seul et allongé à l'intérieur. Il tire les oiseaux de passage qui suivent le flot ou qui viennent sur les formes.

Voir aussi : affût, canard, gabion, grève, hutte, sauvaginier.

IBEX

Bouc qui vous fait devenir chèvre.

Chasse en montagne

On désigne par ibex toutes les espèces de bouquetins que l'on peut chasser à travers le monde. Ils sont nombreux et se concentrent sur l'Espagne, la Turquie et l'Asie, contrairement à ce que l'on pourrait penser. L'ibex n'est pas seulement le nom latin de notre bouquetin des Alpes (Capra ibex). Les chasseurs de montagne parcourent les pentes les plus vertigineuses de la planète pour ramener ces trophées aux longues cornes arquées et cylindriques. Le gibier de montagne appartient soit au groupe des moutons sauvages (Ovis ou mouflons), soit à celui des chèvres sauvages (Capra). Seuls les mâles (boucs) sont recherchés, mais leur quête est souvent difficile, tant le milieu et l'altitude sont les ennemis naturels du chasseur.

Voir aussi : bouc, bouquetin, chèvre, montagnes.

IDÉFIX

Chien gaulois ayant une tête de cochon et spécialisé dans la chasse du sanglier romain.

Chiens – Personnages célèbres

Pour les amateurs de bandes dessinées, Idéfix est le troisième personnage d'Astérix et Obélix. Il s'agit d'un petit chien blanc, de race gauloise indéterminée, farouchement courageux, excellent chasseur et partageant avec son maître le goût de la gastronomie du sanglier.

Voir aussi : chien (tout court), Obélix, sanglier.

IGN

Institut national de géographie. Fournisseur de plans de chasse. Permet au chasseur d'avoir toutes les cartes en main.

Géographie – Territoire

L'IGN (anciennement Institut géographique national, devenu Institut national de l'information géographique et forestière depuis 2012), gère la cartographie française depuis sa création en 1940. Cet établissement public propose un fond de cartes sur support papier et via Internet (géoportail) qui permet, à l'échelle souhaitée, de visualiser sa propriété ou les lots de chasse loués, mais aussi de disposer d'éditions propres à la randonnée. La notion de plan de chasse doit s'entendre doublement : plan de gestion du grand gibier, mais aussi visuel du territoire.

Voir aussi : cartes, plan de chasse.

IKA

Indice kilométrique d'abondance. Rien à voir avec IKEA, la célèbre chaîne de magasins. Tout simplement, indice kilométrique d'abondance.

Faune sauvage – Gestion

Les indices kilométriques d'abondance servent à quantifier les espèces gibiers, notamment le chevreuil, soit à pied, soit en voiture. Le relevé des observations, souvent effectué au printemps, permet d'établir une estimation du cheptel en fonction de la fréquence des animaux rencontrés. C'est un outil de gestion simple et efficace pour l'établissement des plans de chasse.

Voir aussi : cheptel, gestionnaire, indices, territoire.

ILLUSIONS

C'est quand il les perd que le chasseur a le plus à gagner… et le gibier aussi, par la même occasion.

Sociologie

La chasse est aussi une réalité rude. On est face à l'échec ou face à la mort, mais en aucun cas dans la demi-mesure. En montagne, il faut grimper après un chamois improbable ; au marais, il faut patienter dans l'eau et le froid en espérant une tombée d'oiseaux ; au mirador, il faut lutter contre l'obscurité et le silence… En bref, la chasse est un excellent apprentissage de la vie pour celui qui est du bon côté du fusil !

Voir aussi : chasseur.

INCH

Centimètre démesuré. À l'international, permet aux trophées d'avoir la cote.

Grand gibier – Techniques – Trophées

Mesure anglo-saxonne utilisée communément par les différents systèmes de mensurations des trophées de chasse ; 1 inch équivaut à 2,54 cm. Cette unité qui mesure la longueur est en vigueur depuis le VIIe siècle et fait référence au pouce (dans sa largeur, bien sûr, et pas dans sa longueur !). Les Français, qui ont adopté depuis longtemps le système métrique, l'utilisent encore pour indiquer la taille de certains produits de consommation courante comme la taille des pneus ou celle des écrans d'ordinateurs. Les pièces d'artillerie, autrefois, faisaient référence au pouce, mais au pouce français, qui était l'équivalent de 2,70 cm.

Voir aussi : Boone and Crockett Club, pouce, Rowland Ward, trophées.

INDEX

Doigt mis sous pression. Contre toute attente, organe de presse.

Armes, munitions, balistique – Techniques – Sociologie

L'index, le deuxième doigt le plus utile après le pouce, presse la queue de détente de l'arme à feu – pour les néophytes, on « appuie sur la gâchette ». Il traduit la volonté du chasseur de tirer le gibier choisi. Cette décision de « mise à mort »… est souvent mise à l'index par les antichasse.

Voir aussi : détente, tir.

INDICES

Partir à leur recherche laisse des traces.

Faune sauvage – Territoire

Le gibier est parfois invisible, c'est ce qui le distingue des animaux de zoo qui sortent à heures fixes et se laissent admirer sous toutes les coutures. Des indications sont là pour nous rappeler que nombre d'espèces peuplent des territoires que nous pouvons régulièrement arpenter sans y observer de visu la moindre trace de vie. Heureusement, il y a les marquages territoriaux, les empreintes laissées sur le sol, les coulées, les crottes, les mues, les souilles, les bauges, les housures, les grattis, les régalis, les boutis, les frottis, les bruits, les dégâts sur cultures, l'abroutissement des arbustes… Autant d'indices indirects de présence.

Voir aussi : boutis, empreintes, excréments, frottis, housures, sang.

INSECTIVORE

Carnivore déguisé.

Faune sauvage

Dépend de la taille de l'insecte. L'insectivore ne mange que ce genre de proies, bien animées et constituant un organisme vivant à part entière. À partir de quand commence la notion de carnivore, c'est-à-dire de l'animal dont le régime alimentaire est avant tout constitué de viande ? Un insecte serait-il dépourvu de viande à ce point ? Si les sciences naturelles ne s'interrogent pas sur la question, on est tout de même en droit de se la poser. Les chenilles ont le droit de savoir à quelle sauce elles vont être mangées.

Voir aussi : carnivore, chassivore, frugivore, granivore, herbivore, omnivore.

INSIGNES

Fierté du membre ou membre remarquable et distingué.

Équipement – Monde associatif – Sociologie

Les signes distinctifs tels que les tenues, les couleurs, les devises et surtout les insignes attestent de la réalité du monde associatif, et de l'appartenance de ses membres à la confrérie, particulièrement en matière de chasse ou de tir. Chaque association a son logo, décliné en autocollants, en broches, en pins, imprimé ou brodé sur des vêtements et des accessoires, servant de visuel aux bulletins de liaisons et aux revues. Les clubs de chasse polonais ont même leurs drapeaux. Les adhérents peuvent ainsi afficher leur préférence, se distinguer des autres, tout en revendiquant l'adhésion à une association, un mouvement, voire une tradition. Les Français, les Anglo-Saxons et les Allemands raffolent de ces insignes qui cohabitent parfois de façon chaotique sur les chapeaux et les casquettes. Il y a là un petit côté « décoration » très valorisant, sans attendre le mérite ni le nombre des années pour être médaillé.

Voir aussi : médaille.

INSTINCT

Ne sert que si l'on s'en sort.

Sociologie – Faune sauvage

Valable aussi bien pour le chasseur que pour le gibier. L'instinct est tout ce que ne commande pas la raison, et la raison du plus fort est parfois son instinct. L'intuition a une obligation de résultat, sans cela, elle ne sert à rien. Pourquoi chasser tel jour à telle heure, à tel endroit ? Pourquoi avoir choisi ce poste ? Et ainsi de suite... Le chasseur apprend à développer son instinct après avoir compris qu'il valait mieux laisser au vestiaire sa logique de citadin.

Voir aussi : chasseur, gibier.

INTÉGRISTE

Ne lève jamais un coin du voile sur les bienfaits de la chasse.

Sociologie

En matière de chasse, comme en politique ou en religion, il ne faut pas confondre l'intégrité et l'intégrisme. L'intégrisme est à fuir comme la pire des plaies qui ne cicatrise jamais et qui fait croire à celui qui le pratique qu'il est dans son droit absolu. Personne n'est dans son droit absolu, ni le chasseur, ni l'écologiste, ni le randonneur, ni...

Voir aussi : antichasse, écologiste.

INTERNET

Terrain de chasse des antichasse.

Monde associatif – Sociologie

Les réseaux sociaux et ce qu'il est convenu d'appeler « la toile » ont bouleversé l'information, la communication, transformant les minorités en majorité, manipulant l'opinion, exploitant les peurs, exacerbant les prises de position de chacun et les erreurs de quelques-uns. La chasse, plus que toute autre activité sportive, s'est retrouvée depuis peu au cœur de cette tempête médiatique, d'une campagne de désinformation et d'attaques personnelles des chasseurs, atteints dans leur réputation, leurs équipements, parfois même dans leur intégrité physique avec des menaces de mort. Curieux phénomène transformant injustement le chasseur en gibier, mais en gibier sans aucun moyen de défense. Merci... Internet.

Voir aussi : L214, antichasse.

INVITÉ

Étrange, cet étranger, porteur d'arme, en situation régulière quelle que soit sa nationalité.

Organisation, réglementation, sécurité

Être invité est toujours un privilège, celui de pouvoir chasser sans territoire ou de chasser chez autrui sans poursuites pénales.

Voir aussi : chasseur, homme, traqueur.

ISABELLE

Brocard qui se fait un prénom bien féminin sans pour autant changer de sexe.

Grand gibier

Pelage plus clair que d'habitude chez les cervidés, en particulier le chevreuil. Attention, « isabelle » ne veut pas dire « albinos ». Cette coloration n'est en rien héréditaire, mais elle est tout de même assez remarquable et curieuse pour avoir donné naissance à un tel adjectif. Puise ses origines en Espagne : le mot isabel en espagnol qualifie une peau peu pigmentée, tirant sur le blanc cassé ou le jaune délavé. Certains chevaux portent une robe « isabelle » qui peut aller jusqu'à une couleur sable. Incontestablement, le qualificatif vient du prénom Isabelle, et plus précisément d'Isabelle la Catholique, qui fit vœu de ne changer de chemise que lorsque le siège de la ville de Grenade serait consommé (1491). La bataille dura plus longtemps que prévu, et la chemise de la reine, blanche au début, se retrouva jaunissante sur la fin. D'autres prétendent que c'est tout simplement le teint pâle de la reine qui explique le mot.

Voir aussi : chevreuil.

ISARD

Même en ayant changé de nom, ce chamois n'échappe pas au chasseur.

Grand gibier

Espèce de chamois endémique aux Pyrénées. On s'est beaucoup interrogé sur l'originalité de cette antilope de montagne. Le principal signe distinctif, par rapport au chamois, est une tache orangée beaucoup plus marquée sous le cou et que l'on baptise l'écharpe. L'isard est plus petit que le chamois.

Voir aussi : chamois, écharpe, montagnes.

ITINÉRAIRE

C'est en semant son voisin que l'on récolte son gibier.

Territoire

Il n'est jamais efficace de chasser à plusieurs en même temps, au même endroit. Seul, on maîtrise l'approche, la quête du chien, on se positionne comme on veut et surtout on évite de subir un voisinage souvent indésirable, bruyant ou dangereux.

Voir aussi : approche, billebaude, *pirsch*, territoire, traque, voisin.

IVOIRE

Matière à réflexion. Ne stimule pas les défenses naturelles de l'éléphant, entre autres. Dents recyclées qui ne participent aucunement au développement durable.

Faune sauvage – Chasse à l'étranger

Matière dont sont constituées les dents de certains animaux, pas seulement l'éléphant. L'ivoire s'applique aussi à l'hippopotame, au narval, au morse, au phacochère. Chez l'éléphant, les défenses, ces dents poussant en grande partie à l'extérieur de la bouche, se composent de dentine et n'ont pas d'émail. On les sculpte comme du bois. On en faisait autrefois des boules de billard et des touches de piano.

Voir aussi : Afrique, *big five*, chasses coloniales, défenses, safari, Selous.

JABIOLE

Cloche à gibier. Il existe bien des cloches à fromage !

Aménagement – Gestion – Petit gibier – Expressions populaires

Petite cage ou volière portable en grillage servant pour le lâcher du gibier ou comme cage de rappel des perdrix et des faisans. Le mot est d'origine auvergnate. Il existe même un lieu-dit appelé Jabiol dans le Puy-de-Dôme. En occitan, gabiola signifie cage ou prison, ce qui pourrait expliquer la dérive du nom.

Voir aussi : élevage, faisan, lâcher, perdreau, volière.

JACOBIN

Canard révolutionnaire à plus d'un titre.

Gibier d'eau – Noms vernaculaires – Régionalisme – Sociologie

Le fuligule morillon est un canard plongeur, que les chasseurs ont le privilège d'apercevoir lors des vagues migratoires des anatidés. En certains endroits, on le nomme « jacobin ». Les jacobins étaient les membres d'un club qui, sous la Révolution française, ont été à l'origine du régime de la Terreur, défendant l'unité de la République et la souveraineté populaire. Plus anciens encore étaient les religieux de l'ordre des Dominicains, répondant eux aussi au nom de jacobins, autrefois. L'habit des Dominicains est blanc quand ils sont au couvent et se teinte de noir quand ils sortent, du fait du manteau qu'ils ajoutent à l'extérieur. Doit-on y voir un signe avec le plumage du canard morillon, notre jacobin, lui aussi en plumage de noces noir et blanc quand il entreprend sa migration, c'est-à-dire ses grandes sorties à l'extérieur ? De toute façon, ce canard est révolutionnaire, car il est le seul à ne pas être en couleurs.

Voir aussi : canard, migrateurs.

JEANNOT

Aucun lapin ne s'appelle Jean, mais tous se nomment Jeannot.

Petit gibier – Expressions populaires

C'est bien là une tradition française que de donner des prénoms ou des surnoms humains à des animaux sauvages : d'Ysengrin le loup à Martin l'ours, en passant par Margot la pie ou Charlot le courlis, ces sobriquets familiers témoignent de l'attachement mais aussi de la popularité de certains gibiers, dont le lapin est, sans conteste, le roi.

Voir aussi : bourse, garenne (lapin de), lapin, myxomatose, terrier.

JOUETTE

L'autre trou de Jeannot.

Faune sauvage – Noms vernaculaires – Régionalisme

Les jouettes sont de vrais trous, mais de faux terriers, correspondant à des grattées creusées par les lapins, en terrain meuble, sur leur territoire. « Jouette » vient sans doute de « jouet », car il s'agit là d'un amusement pour notre ami Jeannot. Encore aujourd'hui, particulièrement dans le nord de la France et en Belgique, « jouette » désigne un individu qui a la fièvre du jeu ou un enfant qui ne pense qu'à s'amuser... Tant que nos chers lapins ne vont pas au casino...

Voir aussi : Jeannot, lapin, gueule, terrier.

JOULE

Dépense énergétique que les chasseurs doivent considérer à la hausse.

Armes, munitions, balistique – Grand gibier – Personnages célèbres

Unité de mesure servant à calculer la puissance d'une munition. Particulièrement utile aux chasseurs de grand gibier qui doivent adapter le calibre et la munition qu'ils emploient au gibier convoité. Ce qui compte, ce n'est pas tant la puissance à la sortie du canon de la balle, mais au point d'impact, afin d'éviter de blesser. Le nom de joule a été donné à cette mesure de l'énergie, par conséquent de la force, en mémoire de son découvreur, le physicien anglais James Prescott Joule (1818-1889), père de la thermodynamique, qui a largement étudié les transformations énergétiques. L'Association des chasseurs de grand gibier recommande une énergie résiduelle minimale des munitions, à 100 m, variable en fonction du mode de chasse – approche, affût ou battue. Par exemple, pour un chevreuil, il sera demandé seulement 1 000 joules à l'approche et 1 500 joules en battue. Pour tous les autres gibiers, la palette va de 2 000 à 2 500 joules pour les animaux européens. Tous les calibres, à partir du 243, disposent d'une telle énergie.

Voir aussi : calibre, carabine.

JOURNÉE (général Félix Albert)

Enfant de la balle qui ne l'a pas perdue (sa journée).

Armes, munitions, balistique – Grand gibier – Personnages célèbres

Général de brigade, Félix Albert Journée (1850-1935), grand chasseur, s'est particulièrement intéressé à la balistique des armes, en particulier aux armes de chasse. On lui doit différentes théories, relatives au nombre de plombs que doit recevoir un petit gibier pour être mortellement atteint. Il publie en 1902 Tir des fusils de chasse *et en 1907* Rapport entre la force vive des balles et la gravité des blessures qu'elles peuvent causer, *ouvrages qui restent encore aujourd'hui une référence en la matière, sans oublier en 1923* Tir des animaux à balle ou à chevrotines *et* Le Tir aux pigeons *en 1926.*

Voir aussi : balle, calibre, carabine, chevrotines, fusil.

JUMELLES

Compagnon d'âme. Lentilles spéciales pour mieux grossir. Toujours pendue à votre cou, dans l'optique de vous en faire voir.

Équipement

Les jumelles sont les vrais yeux du chasseur. Elles lui permettent de chasser toute l'année. Indispensable pour le grand gibier, où elles évitent bien des erreurs de tir et où le temps passe plus vite quand on partage l'intimité du repas d'un brocard au petit jour ou le brame du cerf, tout cela grâce à un simple grossissement.

Voir aussi : approche, lunette, mirador, optique.

JUPE

Permet d'être à la bourre, pour être bien tirée.

Armes, munitions, balistique

Les bourres à jupe servent à accroître la portée d'une gerbe de plombs dans les cartouches de chasse. Il n'existe pas de bourre à pantalon...

Voir aussi : bourre, cartouche, charge (de), gerbe, plombs.

JUVÉNILE

En le tirant, rien de tel pour se mettre le gibier à dos (ados).

Faune sauvage

Le tir de jeunes oiseaux est en principe interdit par l'éthique, mais il arrive qu'on prélève des juvéniles, encore appelés immatures. C'est le cas des jeunes canards, comme les halbrans. Pour le grand gibier, au contraire, le tir des jeunes, donc des juvéniles, fait partie d'un modèle de gestion respectueux de la pyramide des âges.

Voir aussi : halbrans.

JUXTAPOSÉ

Voisins de chambrée.

Armes, munitions, balistique

On emploie le terme de juxtaposé pour les fusils de chasse dont les deux canons sont côte à côte horizontalement, contrairement au superposé, dont les canons sont l'un au-dessus de l'autre. Rappelons que « la chambre » est l'endroit du canon où l'on introduit la cartouche.

Voir aussi : express, fusil, mixte, superposé.

KAKI

Vert de terrain... militaire. Transforme en soldat des bois le chasseur du dimanche.

Équipement

Curieuse habitude que les chasseurs ont prise de s'habiller avec des couleurs neutres, voire proches de celles des milieux qu'ils côtoient quand ils sont sur le terrain, à la manière des militaires. C'est oublier que les militaires sont des hommes et qu'ils doivent passer inaperçus face à un ennemi, bien humain lui aussi, et qui sait précisément identifier la menace. Les animaux ne voient pas en couleurs, ils sont simplement sensibles aux bruits et aux mouvements. D'ailleurs, les vestes ou les gilets orange fluorescent qui équipent les participants aux battues sont là pour nous rappeler que le kaki a vraiment de la concurrence.

Voir aussi : camo, militaire, orange, rouge, vert.

KÉPI

Tête bien gardée.

Équipement – Organisation, réglementation, sécurité

Chapeau réglementaire faisant partie de la tenue de garde ou de gendarme. Les militaires de l'armée de terre et les sapeurs-pompiers en portent un également. Seuls les hommes en sont pourvus. Le képi est une spécialité bien française, comme le béret, même si les Belges et les Suisses, dans une moindre mesure, l'ont parfois comme pièce d'uniforme professionnel.

Voir aussi : agent, braconnier, garde.

KEVLAR

Les chiens aussi ont le droit de chasser en gilet. Matière à réflexion.

Chiens – Grand gibier

Pour parer aux attaques des sangliers qui provoquent, surtout au ferme, de profondes blessures aux chiens qui leur tiennent tête, on peut équiper ces derniers d'une sorte de manteau sans manches, semblable au gilet pare-balles qui équipe les policiers, dans une matière textile fibreuse très résistante et suffisamment souple pour ne pas entraver leurs mouvements : le kevlar. Ce matériau est connu depuis 1964, date de son invention, et commercialisé en 1971 pour suppléer le métal se trouvant dans les pneumatiques automobiles. Ce polymère, cinq fois plus résistant que l'acier, résiste bien aux chocs et reste léger. Depuis longtemps, on lui a trouvé des applications pratiques pour la fabrication des voiles, pour les prothèses de hanche ou en matière de hi-fi. La version « gilet pour chien de chasse », agrémentée d'une couleur fluo, est beaucoup plus récente, et allie tous les aspects sécuritaires que l'on est en droit d'attendre en pareilles circonstances.

Voir aussi : chien, gilet, sanglier.

KILO

Fait pour balancer son trophée après coup. Argument de poids où le chasseur se paye la tête des cervidés.

Grande chasse – Trophées

La mensuration et l'estimation qualitative des trophées, particulièrement du cerf (et du chevreuil), prennent en compte le poids du crâne et des bois. Les tarifs et taxes de tir, dans les pays étrangers, notamment dans les pays de l'Est, sont basés sur le poids du trophée en os. La pesée s'établit en kilogrammes et grammes.

Voir aussi : inch, livre.

KIPPLAUF

Pour le coup, arme de précision.

Armes, munitions, balistique

Originaire des pays germaniques, cette arme à canon rayé est une carabine basculante à un seul coup. Elle est précise, légère, très esthétique et ne donne pas droit à l'erreur. Il faut viser juste dès le premier coup puisqu'il n'y en a qu'un seul. Techniquement, c'est une arme qui doit être conçue avec beaucoup de finesse et toutes les marques ne sont pas capables de proposer des modèles dignes de ce nom. Pour chasser à l'approche, choisir son animal et le foudroyer en une fraction de seconde : voilà la philosophie de cette carabine. Les Français s'y sont habitués beaucoup plus facilement que les Anglo-Saxons qui la regardent encore avec circonspection.

Voir aussi : approche, bâton de *pirsch*, bourrelet, bascule, carabine, *pirsch*.

LABOUR

Terrain gras dont il faut prendre le parti. Pied-à-terre du lièvre.

Territoire

La terre en est encore toute retournée d'avoir été travaillée de la sorte. Cette aération forcée du dessous, créant force de sillons et d'ornières irrégulières, met à mal la marche du chasseur. De plus en plus aujourd'hui, les sols agricoles ne sont pas laissés nus face à l'érosion naturelle des vents et de l'hiver; une culture de couverture, en attendant la prochaine récolte, permet d'y retenir l'eau et d'enrichir naturellement le terrain. Les chasseurs profitent de ce couvert pour arpenter plus facilement ses immensités et le gibier y trouve un couvert vital en saison rude. Le lièvre affectionne les terrains labourés où il trouve l'endroit propice à établir son gîte. Les Anglais aussi ont leur Labour, mais au singulier, car il s'agit d'un de leurs principaux partis politiques, Labour se traduisant par « travaillistes ».

Voir aussi : biotope, chaume, fermier, paille, paysan, territoire.

LABRADOR

Chien 4x4.

Chiens

Le labrador appartient à la catégorie des retrievers, c'est-à-dire des chiens de rapport. Sa mission n'est pas d'arrêter, de lever ou de poursuivre le gibier, mais de le retrouver et de le rapporter une fois qu'il a été tiré. C'est vraiment le chien tout-terrain par excellence, qui s'adapte partout et dont l'intelligence et les capacités olfactives en font bien plus qu'un simple rapporteur; il est très pratique au gibier d'eau car l'espèce n'a pas peur de se mouiller. Peu fragile, convivial, obéissant, il s'adapte bien à toutes les chasses du petit gibier.

Voir aussi : apporte, canard, chien (tout court), rapport (dressage), retriever.

LÂCHER

Action de libérer lâchement du gibier qui n'en est pas. Cocotte-Minute.

Gestion – Faune sauvage

Une pratique assez répandue, et qui heureusement a tendance à s'estomper, consiste à lâcher du gibier dit « de tir » le jour de la chasse afin que les invités, les actionnaires, les sociétaires puissent avoir quelques victimes à se mettre sous la dent. De plus en plus, ce gibier de tir est remplacé par du gibier de repeuplement, remis en liberté plusieurs mois avant l'ouverture et dans des conditions optimales pour assurer sa survie. Les faisans lâchés au dernier moment reçoivent souvent le qualificatif peu envieux de « cocotte de tir ».

Voir aussi : élevage, enclos, faisan, jabiole, perdreau, sauvage.

LACS/LACET(S)

Corde au pied pour chasseur et corde au cou pour gibier. Chasse en boucle des grives.

Modes de chasse – Oisellerie – Petite chasse – Piégeage – Techniques

Les lacets ne servent pas seulement à nouer les chaussures et c'est pourtant la seule utilité que le commun des mortels leur reconnaît. Le lacet, en matière de chasse, est un accessoire constitué d'un fil tressé (traditionnellement du crin de cheval) monté avec un nœud coulant et destiné à la capture des petits oiseaux, particulièrement des grives. Une fois le lacet installé au bon endroit, les oiseaux viennent s'y pendre, attirés par un appât frugal. Le lacet est aux petits oiseaux ce que le collet (fil métallique) est aux lapins, à ceci près que l'un est autorisé encore dans de rares cas très circonscrits géographiquement (tenderie aux grives dans les Ardennes) tandis que l'autre est un piège de braconnier interdit de tout temps. Les puristes préféreront le mot « lacs » à « lacets », mais les deux se disent.

Voir aussi : grive.

LADY CHATTERLEY (Constance)

Une biche qui aimait bien être gardée et regardée. A tiré le meilleur de son garde-chasse.

Personnages célèbres

L'Amant de Lady Chatterley *est un roman de D. H. Lawrence, sorti initialement en 1928 en Italie puis bien après la mort de son auteur en Angleterre en 1960. Il raconte l'histoire d'une belle et jeune aristocrate mariée à un homme infirme et impuissant qui redécouvre l'amour dans les bras de son garde-chasse, Oliver Mellors. Livre à scandale pour ses scènes torrides, il a été adapté plusieurs fois avec succès au cinéma.*

Voir aussi : femme, garde, maîtresse.

LA FONTAINE

Fabuliste fabuleux de lucidité à qui l'on doit le constat, rapporté à la science de la chasse, qu'il ne faut pas vendre la peau de l'ours avant de l'avoir tué.

Personnages célèbres

*On ne compte plus les célèbres fables de La Fontaine (1621-1695), qui mettent en scène les animaux avec des comportements très humains et se terminant toutes par une morale qui reste toujours pleine d'actualité malgré l'ancienneté des textes. La sentence dont il est fait mention ici est tirée de la fable « L'Ours et les deux compagnons ». La Fontaine n'a rien inventé, mais n'a fait que reprendre un texte d'Ésope (*De deux amis et de l'ours*).*

Voir aussi : Bombonnel, Buffon, Corneille, histoires, Oberthür, Selous.

LAGOPÈDE

Oiseau qui sait montrer patte blanche.

Chasse en montagne

Il existe, en Europe, trois espèces de lagopèdes : le moins connu est le lagopède des saules, que l'on trouve en Scandinavie ; le plus connu est le lagopède d'Écosse, ou grouse ; et on trouve enfin le nôtre, le lagopède des Alpes, qui ne colonise qu'une partie de l'arc alpin, très en altitude. Cette perdrix de montagne change de couleur l'hiver pour mieux échapper à ses prédateurs et voit ses pattes se munir de véritables raquettes en plumes pour pouvoir se déplacer plus facilement sur la neige. C'est une espèce gibier, mais peu convoitée par nos montagnards, à l'inverse des autres. Les Scandinaves chassent leur lagopède à ski et à la carabine durant l'hiver, à l'approche, et les Écossais, leur grouse lors de leurs célèbres battues d'oiseaux qui commencent en août, le 12 plus précisément (ou Glorious twelve).

Voir aussi : Alpes, *Macnab*, montagnes, tétras.

LAIE SUITÉE

Femelle du sanglier qui n'a pas que de la suite dans les idées.

Grand gibier

Femelle sanglier accompagnée de sa portée en bas âge. « Suitée » vient de « suites », qui désignent les testicules du sanglier. L'expression de « laie suitée » est passée depuis longtemps dans le langage courant bien qu'il s'agisse d'une qualification inexacte. On devrait parler de « laie suivie » et non de laie suitée, ou alors réserver « laie suitée » à la laie grosse, prête à mettre bas. On considère cependant que « suite » s'entend aussi comme un animal ayant une suite derrière lui, c'est-à-dire ses petits. Dans ce dernier sens, le mot est employé justement. Mais dans le cas spécifique du sanglier, il y a confusion.

Voir aussi : chaudron, cochon, gestation, marcassin, sanglier, suites.

LAISSE

Fait du maître l'esclave de son chien. Crée du lien entre le chasseur et son compagnon.

Chiens

Nombreux sont les chiens qui, une fois attachés, tirent à tout va sur leur laisse, entraînant leur propriétaire dans un jeu d'équilibre précaire et dans des remontrances de rigueur, sans grande efficacité. Généralement, quand un chasseur commence à mettre son chien en laisse (s'agissant de la chasse à tir et au petit gibier), c'est qu'il est peu sûr de lui et que le chien le sait... L'attacher ne règle pas le problème de subordination, tout au contraire, parfois il l'inverse. Heureusement, il y a encore quelques exceptions, avec de très bons maîtres et de très bons chiens qui ne tirent pas dans tous les coins...

Voir aussi : chien (tout court), collier.

LAISSÉES

Une signature de cochon comme indice de présence.

Grand gibier

Les laissées sont le nom donné aux crottes du sanglier. Moins poétique que les moquettes du chevreuil ou les fumées du cerf.

Voir aussi : excréments, fèces, fientes, indices, moquettes, sanglier.

LAMOTTE

À dessein (dessins), a su tirer le meilleur parti de la chasse en ne faisant pas que... tirer.

Personnages célèbres

Gabriel Chefson, dit Lamotte (1920-2005), est le peintre animalier français qui aura le plus marqué son époque, par la quantité des œuvres produites, par les nombreuses illustrations de livres relatifs à la chasse, mais également à la pêche et au monde du cheval. Ce grand chasseur de gibier d'eau qui croquait sur le vif a peint des milliers d'aquarelles, de gouaches, de lavis et tout autant de dessins et croquis à la plume. Il a collaboré plusieurs dizaines d'années à la Revue nationale de la chasse. *Tout est chez lui expérience, souvenirs, mises en scène d'un réalisme inouï, où l'homme entre en action, tout autant que son chien. Les poses et ses vols de canards, ses études de bécasse, ses chiens de chasse à l'arrêt resteront dans l'imaginaire de chacun d'entre nous. Son pseudonyme de « Lamotte », qu'il prendra très rapidement comme signature d'artiste, est le lieu-dit de la maison qu'il habita toute sa vie à partir de 1949, au bord de la Loire, dans le Saumurois.*

Voir aussi : Audubon, Oberthür, sauvaginier.

LAMPION

Éclaire le visage des cavalières toquées. Pour une fois, les femmes portent aussi des cornes (tricorne).

Chasse à courre – Équipement

Comme chacun a pu le constater, la vénerie à cheval a ses codes, y compris vestimentaires. Un vocabulaire fort expressif a survécu aux temps modernes. Le lampion en fait partie. Il désigne le chapeau des cavalières, membres d'un équipage de chasse à courre, qui n'est ni une bombe, ni une toque, ni un casque, quoique ces derniers aient tendance à se généraliser. Moins porté aujourd'hui, le lampion apparaît sous la forme d'un tricorne, dont le gabarit et la forme se sont modernisés avec le temps, héritage du grand siècle de Louis XV. Cette coiffe de dame se porte obligatoirement les cheveux attachés, ce qui dégage le visage des cavalières. Le lampion dont nous parlons n'a aucun rapport, même étymologique, avec la lampe ou la lanterne, baptisée quelquefois lampion, à l'occasion de certaines fêtes et cérémonies. Notre « chapeau lampion » est une déformation de « chapeau à lampon », désignant un dispositif permettant de remonter les bords d'un chapeau, par un jeu d'agrafe. Quand on observe bien ce « tricorne », on constate, effectivement, que tous les bords en sont retroussés pour lui donner sa forme si caractéristique.

Voir aussi : bombe, casquette, chapeau, toque.

LANCER

Il faut parfois du temps pour trouver sa voie... et se lancer! On se donne même parfois un mal de chien.

Chiens – Grand gibier – Chasse à courre

Action des chiens qui, une fois lâchés, prennent la piste, la plupart du temps sur un grand gibier au repos qu'ils délogent et forcent à se mettre sur pied et fuir la meute.

Voir aussi : battue, chien courant, meute, vénerie, voie, voix.

LAPIN

Le seigneur de la garenne restera toujours la carotte du chasseur.

Petit gibier

Le lapin a été le seul gibier victime de son succès en France. Une maladie virale, la myxomatose, introduite en France pour lutter contre ses sureffectifs, a eu raison de lui en bien des endroits de l'Hexagone. Désormais, les chasses communales jettent leur dévolu sur les pigeons, grives et bécasses pour les oiseaux de passage et sur le sanglier, qui prend le relais pour le grand gibier. C'est toute une culture populaire qui prend fin avec la disparition programmée de notre fier compère, amateur de carottes, en clapier plus qu'en garenne.

Voir aussi : bourse, furet, garenne (lapin de), Jeannot, myxomatose, terrier.

LAPIN SAUTÉ CHASSEUR

La seule recette que l'on ait trouvée pour mettre ensemble le gibier et son chasseur dans la même assiette.

Gastronomie

Recette traditionnelle et universelle pour cuisiner simplement le lapin, qu'il soit de garenne ou de clapier. La viande est revenue en cocotte, farinée et additionnée d'une sauce à base d'échalotes, de champignons, de lardons et

de tomates pelées, agrémentée de vin blanc et d'un bouquet garni.

Voir aussi : Garenne (lapin de), lapin, recettes, table.

LARMIER

Glande préorbitale chez le cerf qui tient dans un mouchoir de poche.

Grand gibier

Glande située à la base de l'œil des cervidés et qui sert pour les marquages territoriaux. Le larmier joue un rôle prépondérant dans la reproduction du cerf. Sécrète un drôle de liquide épais et odorant. En aucun cas l'animal pleure ou verse des larmes de joie ou de peine, cela est réservé à l'homme. Ce liquide n'a aucune utilité dans l'humidification de l'œil.

Voir aussi : brame, cerf, mirettes, raire.

LEK

Un monde enchanté, non sans mâles.

Faune sauvage – Piégeage

Le lek est l'unité monétaire albanaise, mais ce n'est pas de ce sens que nous nous entretenons, même si l'orthographe est la même. « Lek » est aussi un mot importé du suédois et qui désigne les lieux de reproduction concentrés où se déroulent les parades nuptiales de certains oiseaux, avec abondance de mâles qui rivalisent entre eux pour séduire un maximum de femelles : le terme d'arènes est utilisé pour le petit tétras, celui de place de chant pour le grand coq de bruyère, l'appellation plus générique de lek est utilisée par les ornithologues pour d'autres espèces dont des parades amoureuses attestent le phénomène : de l'outarde canepetière à la bécassine double, en passant par le tétras des armoises ou le combattant varié. Lek signifiant « jouer, s'amuser », on est vite arrivé sur le terrain de la séduction. Ces parades ne sont pas toutes enfantines, loin de là, même si les combats mortels sont rares. Les mâles gonflent leur plumage, exacerbent leur caroncule, dansent frénétiquement, vocalisent désespérément, repoussent les concurrents, s'affrontent parfois en se volant dans les plumes à coups de becs et de pattes, proposent des offrandes, bref, déploient une énergie considérable pour se faire remarquer et apparaître unique aux yeux de leurs futures compagnes. Les plus beaux, les plus courageux et plus persuasifs, les plus résistants assureront la descendance de l'espèce, laissant sur le bas-côté tous les autres...
Les « lèques » désignent également un mode de chasse traditionnel en voie d'extinction, en pratique dans la Lozère et l'Aveyron et qui est une forme de tenderie, c'est-à-dire un piégeage à l'aide de trébuchets ou tendelles pour capturer les grives et les merles. Les pierres plates des Causses, le paysage buissonneux et aride, la présence de genévrier et le passage des grives expliquent historiquement ce phénomène saisonnier. L'oiseau est pris grâce à une lauze maintenue en équilibre par des petits bâtons de bois qui, une fois déséquilibrés par l'oiseau qui cherchera à picorer, s'effondrera sur lui, le rendant prisonnier.

Voir aussi : arène, parade, pariade, place de chant.

LESSES

Laissées pour compte, en tout cas pour le sanglier.

Grand gibier

Ce mot n'est presque plus en vigueur dans le vocabulaire cynégétique. Seul Pierre-Louis Duchartre le référence dans son dictionnaire en 1973. Utilisé autrefois en vénerie pour désigner les laissées du sanglier.

Voir aussi : excréments, fèces, fientes, moquettes, sanglier, vénerie.

LEURRER

Tromper sans fanfare ni trompette.

Modes de chasse

Action de tromper le gibier. On y arrive avec beaucoup de patience, d'expérience et d'entraînement, essentiellement en chassant le petit gibier et le gibier d'eau à l'aide de formes, d'appelants et de sifflets, sans fanfare ni trompette – instruments musicaux réservés au grand gibier et à la vénerie.

Voir aussi : appeau, appelant, forme, oisellerie, sifflet.

LÉVRIER

Chien cherchant toujours le meilleur prix quand il fait ses courses.

Chiens

Le lévrier a longtemps été utilisé et sélectionné pour ses qualités de chien de chasse destiné à rattraper les lièvres à la course. La pratique de la chasse à l'aide de lévriers, croisés ou non, est interdite en France depuis 1844. Il a été, comme le cheval l'est encore aujourd'hui, un animal de pari et de courses organisées en terrain fermé, les cynodromes, aujourd'hui illégaux. La France en a connu plus d'une centaine. Différentes disciplines sont nées de ces paris, très lucratifs en leur temps, dont le coursing et le racing. Le deerhound, *le* irish wolfhound *sont aussi des chiens de chasse, des lévriers qui ont longtemps servi comme chiens courants, pour la vénerie du cerf ou du loup, dans les îles britanniques. Les Espagnols, les Russes, les Hongrois ont tous eu leurs traditions en la matière.*

Voir aussi : chien courant, *coursing*.

LICE

Le chasseur mise toujours haut pour les mises bas. Chienne qui porte bien mais qui rapporte mal.

Chiens

La lice est la chienne que l'on destine à la reproduction. Terminologie très utilisée en vénerie. Sans le mariage des sangs, sans retrempe ni croisements les plus audacieux, point de diversité en matière de chiens courants. Ces chiens s'échangent plus qu'ils ne se vendent et on est loin du commerce de chiots, fort rémunérateur, de certaines races très en vogue, particulièrement en ville.

Voir aussi : chien courant, vénerie.

LICORNE

Cheval de bataille des plus vertueux.

Histoire – Personnages célèbres – Sociologie

La licorne est un animal mythique, inventé par les bestiaires du Moyen Âge, représentant un cheval blanc aux pieds fourchus, une immense corne torsadée au milieu du front. Justice, puissance, pureté : tels étaient les maîtres mots employés pour la qualifier. Symbole de virginité et de fécondité, elle puise ses sources dans les échanges maritimes qui ont amené à la découverte d'un animal bien réel, lui, le narval, un cétacé de l'Arctique, ressemblant au dauphin, mais possédant une défense géante lui perforant le crâne et poussant démesurément. L'ivoire de cette dent a servi à confectionner divers objets d'art et de culte, dont le bâton pastoral de Saint-Bertrand-de-Comminges, sculpté dans une seule dent au XII*e siècle, « l'alicorne ». Une des plus célèbres tapisseries françaises* *réalisées au XVe siècle se nomme* La Dame à la licorne *(en six morceaux) et fait encore les beaux jours du musée de Cluny. Une autre série de tapisseries de la même époque, composée de sept panneaux,* La Chasse à la licorne, *illustrant le déroulement d'une chasse à courre, se trouve exposée à New York (Manhattan).*

Voir aussi : bestiaire, chimère, dahu, dragon.

LIÈGE

Ville d'armes, comme il existe des villes d'eau, le bouchon en moins.

Histoire – Armes, munitions, balistique

Liège en Belgique, au même titre que Saint-Étienne en France, est une ville symbole de la tradition armurière. Le liège symbolise également l'écorce d'un certain chêne (le chêne-liège) qui sert à la fabrication des bouchons.

Voir aussi : Armeville, armurier, bancs, saint Hubert.

LIEUTENANT DE LOUVETERIE

L'art cynégétique emprunte deux grades aux militaires : celui de lieutenant (de louveterie) et celui de capitaine (de chasse). Le lieutenant de louveterie était responsable de la destruction des loups dans l'ancienne France. Il est aujourd'hui la bête noire des sangliers ou des chasseurs qui subissent ses battues administratives.

Organisation, réglementation, sécurité

Le lieutenant de louveterie ou louvetier n'est pas un agent de l'administration, mais un particulier bénévole nommé par le préfet pour cinq ans et investi d'une mission de conduite des battues administratives pour la destruction des sangliers et des nuisibles en général. Ces personnages ne sont pas trop aimés des propriétaires terriens disposant de belles chasses privées car ils en profitent parfois, sous couvert de régulation, pour organiser de gigantesques battues à leur seul profit. Lors de ces événements, il n'est plus question de gestion, ni même de régulation, mais d'élimination, et ce, parfois hors saison.

Voir aussi : agent, battue, garde, loup, sanglier.

LIÈVRE

Le lever ou en faire courir deux ne le fait pas mourir, tout au contraire. Seul gibier à rester vivant après.

Petit gibier

Le lièvre est le plus gros de nos petits gibiers. Il est à l'origine de nombreuses expressions populaires, dont « lever un lièvre », qui signifie soulever un problème éludé jusqu'à présent, et « ne jamais courir deux lièvres à la fois », qui, on l'aura compris, encourage chacun à se concentrer sur l'essentiel et ne pas se disperser. Dans ces deux situations, notre ami le lièvre ne risque rien du chasseur. Il n'est mis à contribution que sur le plan sémantique.

Voir aussi : bouquin, bouquinage, capucin, hase, tularémie, vénerie.

LIGNE

Celui qui sait la garder peut la perdre en même temps. File d'attente où le chasseur ne râle pas.

Territoire – Aménagement – Grand gibier – Grande chasse

Garder la ligne consiste à ne pas bouger de son poste en battue, une fois celui-ci déterminé. Perdre la ligne suppose avoir un appétit supérieur à la dépense énergétique consommée à la chasse. Or, les chasseurs de battue ont parfois des bedaines que l'on peut qualifier sans exagération de ligne perdue. Il est vrai que peu nombreux sont ceux qui font un régime lors du repas pris sur le terrain. On a tendance à vouloir reprendre des forces... même quand on ne les a pas perdues !

Voir aussi : battue, enceinte, poste, table, traque, sécurité.

LINNÉ (Karl von)

Espèce de naturaliste fervent partisan du maintien de l'ordre en famille.

Voir aussi : Buffon

Botaniste au départ,, suédois de naissance, grand concurrent de Buffon, Karl von Linné (1707-1778), naturaliste rigoureux, est le père de la systématique moderne (la taxonomie) – l'art de répertorier et de classer toutes les espèces vivantes –, et l'inventeur de la nomenclature binominale. Avec lui, désormais, tout animal appartient à un genre et, à l'intérieur de celui-ci, à une espèce. Quel progrès ! En utilisant le latin comme langue scientifique internationale, toujours en vigueur aujourd'hui, les savants, les naturalistes, les chasseurs, les juristes dissertent sur un même animal sans risque de confusion. Par exemple : Sus scrofa *(sanglier),* Phasianus colchicus *(faisan de chasse),* Anas platyrhynchos *(canard colvert).*

Voir aussi : Buffon.

LION

A souvent la dent dure quand il parle des habitants de la savane. Un peu comme l'homme quand il parle de l'homme. Ce n'est pas tant d'être le roi, encore faut-il ne pas être le roi des...

Faune sauvage

Parmi les grands félins, seul le lion a mérité son titre de roi des animaux. Sa voix et la littérature à son propos y sont pour beaucoup, particulièrement Jean de La Fontaine, célèbre fabuliste du XVIIe siècle.

Voir aussi : Afrique, *big five*, chasses coloniales, griffes, safari, Selous.

LIVRÉE

Couleur « pyjama ». Jeunes animaux délivrés de la mère, non encore livrés aux chiens.

Grand gibier

L'animal est dit « en livrée » lorsque, n'ayant pas encore atteint l'âge adulte, il présente un pelage rayé ou tacheté ; tel est le cas des faons et des marcassins, dans les six premiers mois de leur vie.

Voir aussi : marcassin, rayures.

LIVRE VERT (petit)

Annonce la couleur : écrit pour des chasseurs, par des chasseurs.

Monde associatif – Organisation, réglementation, sécurité.

Avec la mise en place du nouveau permis de chasser et le passage obligatoire d'un examen, l'union des Fédérations départementales des chasseurs, poursuivant son œuvre pédagogique et médiatique, a conçu un petit livre fortement illustré, de format carré, annuel, remis gratuitement à tout chasseur validant son permis en même temps que le timbre. Cet opuscule, dont le numéro 1 (le seul à ne pas être numéroté) date de 1978, imprimé à 2 200 000 exemplaires sous l'égide du Comité chasse nature, a été régulièrement publié. À chaque saison, les thèmes changent et apportent une connaissance approfondie et didactique au lecteur. Ce petit livret, de par sa couleur systématique de couverture et son format, a très vite été désigné sous le nom de « petit livre vert du chasseur » – un livre de consignes, loin tout de même du petit livre rouge de Mao, livre, lui, de propagande. Le vert est une couleur qui a au moins le talent de conjuguer chasseurs, non-chasseurs et antichasseurs. À ne pas confondre avec le livre vert, guide de la révolution libyenne qui, lui, n'avait rien de petit ni d'annuel, et qui était le livre d'un autre propagandiste, le colonel Kadhafi.

Voir aussi : Fédé, livres.

LIVRES

Argument de poids toujours en « courre ». Met les bouchées doubles au bois. Le kilo, les veneurs s'en balancent.

Chasse à courre – Grand gibier – Sociologie

La livre est une ancienne unité de mesure de la masse. Il faut deux livres pour faire l'équivalent d'un kilo (livre métrique depuis 1812). En vénerie, il est de coutume de qualifier l'animal vivant que l'on chasse par son poids, particulièrement lorsqu'il s'agit du sanglier. Ainsi, les veneurs multiplient par deux la pesée. Cette habitude de définir un gibier par rapport à son poids existe encore pour les défenses d'éléphants lors des grands safaris africains. Les Romains utilisaient aussi la livre (327,36 grammes). La livre anglaise ne pèse que 453,59 grammes. Cette unité était autrefois divisée en onces. Au Moyen Âge, la livre française variait de 380 à 552 grammes, ce qui rendait plus lourds ou plus légers les sangliers d'une province à l'autre ! Quant aux livres que l'on lit, ils ont aussi leurs poids, mais hautement variable celui-là, en étroite dépendance avec les connaissances qu'ils diffusent. Quand ils sont « de poids », c'est que leur contenu vaut le coup.

Voir aussi : vénerie, veneur, sanglier.

LODEN

Tenue de sortie pour chasseur rentrant.

Équipement – Sociologie

Le loden, matière laineuse, feutrée et imperméable en provenance d'Allemagne et d'Autriche, servant à confectionner des vêtements chauds et traditionnels dans ces pays, est devenu une matière noble, chic, déclinée, non plus pour les seuls chasseurs (alsaciens ou non), en manteaux et vestes du meilleur goût, faisant fi de la couleur de base (qui reste le vert). Ces vêtements se déclinent, à la ville, en bleu marine, noir ou gris, qu'il s'agisse de capes, de manteaux, de vestes, de jupes ou de pantalons. On ne va plus à la chasse en loden – on a trouvé d'autres matières plus fonctionnelles –, mais au bureau ! Le loden reste totalement opérationnel, avec le 4 x 4 qui va avec, pour se rendre sur les meilleures chasses en Sologne... entre amis, où l'on ne risque plus ni égratignures, ni éclaboussures. On est loin du tissu pratique et chaud fabriqué par les bergers du Tyrol depuis le Moyen Âge, popularisé par l'empereur François-Joseph. Notre chasseur des villes le porte plus souvent en rentrant, comme tenue d'après-chasse (parfois même d'avant-chasse).

Voir aussi : tenue.

LOF

Institution ayant du cœur à l'ouvrage. Se donne un mal de chien au niveau généalogique *(Livre des origines françaises)*.

Chiens

Le LOF, ou Livre des origines françaises, est le registre de référence pour enregistrer les chiens de races et conserver les lignées. Il doit son existence à la Société centrale canine qui le mit en place en 1885. Grâce aux expositions et au livre généalogique, les souches françaises sont préservées par les éleveurs et tout amateur peut avoir la certitude de l'ascendant des chiots qu'il compte acquérir. Le LOF ne s'occupe pas que de chiens de chasse. Au niveau des instances officielles internationales, les chiens sont classés en dix groupes et seuls les groupes 4 (teckels), 6 (chiens courants et recherche au sang), 7 (chiens d'arrêt) et 8 (chiens leveurs et rapporteurs de gibier) intéressent les chasseurs.

Voir aussi : chien (tout court), chien courant, chien de sang, élevage, pedigree.

LONDON (Jack)

Ses aventures dans le grand nord ne sont pas passées à la trappe.

Personnages célèbres

Écrivain, journaliste, trappeur aux confins du Canada, chasseur de phoques dans sa jeunesse, participant à la ruée vers l'or (le Klondike), John Griffith Chaney, sous le pseudonyme de Jack London (1876-1916), est avec Nicolas Vannier, aujourd'hui, celui qui a su nous faire le mieux découvrir ces immensités glacées, particulièrement américaines, ou survivre est un art et vivre tout court un paramètre toujours remis en question par la météo et ses qualités de chasseur, donc de trappeur. On lui doit L'Appel de la forêt, Croc-Blanc *et plus de 200 nouvelles.*

Voir aussi : Nord, piégeage.

LOUP

Chasseur pour chasseur. Œil pour œil. Dent pour dent. L'homme lui ressemble quand il passe à table avec une faim du même nom. Le meilleur d'entre nous… comprenez le meilleur chasseur.

Faune sauvage

En bref, le loup ressemblerait-il bien à l'homme sur le plan comportemental, ou serait-ce l'inverse ? Les grands auteurs se sont penchés sur cette question depuis l'Antiquité et la maxime latine « homo homini lupus est » *(« l'homme est un loup pour l'homme ») a été reprise sans discontinuer en littérature, de Plaute à Érasme, De Rabelais à Montaigne, en passant par Agrippa d'Aubigné, Francis Bacon ou Arthur Schopenhauer. En revanche, « œil pour œil, dent pour dent » est une maxime issue de la loi du talion au temps de Babylone.*

Voir aussi : espèces protégées, fourrure, lieutenant de louveterie, tanière.

LOUP-GAROU

Chasseur toujours sur les dents.

Personnages célèbres – Sociologie

Le lycanthrope ou loup-garou, bête imaginaire, mi-loup, mi-homme, doté d'une force hors du commun, existe dans la croyance des hommes depuis l'Antiquité grecque, puisqu'il est cité par Hérodote. Il alimente de nombreuses mythologies et légendes, particulièrement populaires au Moyen Âge, époque où les champs de bataille nombreux et les disettes décimaient les populations rurales et où, à cette occasion, les loups (tout court) pullulaient et dévoraient les cadavres. Avant le comte Dracula et ses vampires des Carpates (1897), avant le docteur Jekyll et son Mister Hyde (1886), cette créature maléfique et sanguinaire, particulièrement active à la pleine lune, était considérée comme un chasseur exceptionnel, aux crocs redoutables, ne laissant que peu de chances à ses proies, toutes humaines ou presque. Le mythe est à rapprocher de l'histoire, beaucoup plus concrète, de la bête du Gévaudan.

Voir aussi : bête du Gévaudan, loup.

LOUTRE

Une pécheresse qui n'est rentrée en odeur de sainteté que depuis peu. Autrefois sa pêche autorisait sa chasse. Une capture qui tombe souvent à l'eau. Longtemps traînée dans la boue, mais a su passer « outre ».

Chasse à courre – Faune sauvage – Piégeage

Totalement protégée actuellement, présente discrètement sur une partie des cours d'eau français (marais poitevin, Limousin, bassin de la Loire), la loutre a été longtemps classée comme nuisible et même chassée à courre, notamment dans les pays anglo-saxons et en Bretagne où elle abondait encore au début du XXe siècle. Sa prédation sur les poissons était particulièrement redoutée. Ce mammifère aquatique exclusivement piscivore, qui appartient à la famille des mustélidés (fouine, putois ou martre), était également piégé pour sa fourrure. Elle fut étudiée scientifiquement par le neveu de Napoléon en 1838, Charles-Lucien Bonaparte, éminent naturaliste, mais on sait encore peu de choses tant ces mœurs sont nocturnes et secrètes. L'otterhound (chien à loutre) était un chien courant, de chasse, spécialisé sur ce gibier; aujourd'hui, c'est un excellent chien de compagnie.

Voir aussi : castor.

LUNE

Offre sans compter ses croissants aux affûteurs. Pas de quartier quand elle est pleine. Une des revendications bien souvent des chasseurs qui la demandent sans l'obtenir.

Moment

La chasse de nuit est interdite sauf pour la chasse du gibier d'eau à la hutte; ceux qui font la passe aux canards rentrent souvent avec la lune, et les chasseurs au mirador également. Les affûteurs ont cette chance extraordinaire de voyager et de vivre leur passion entre deux mondes, celui du jour et celui de la nuit où tout est pareil et pourtant si différent.

Voir aussi : gabion, hutte, météo, mirador, nuit, pass(é)e.

LUNETTE

Permet de mieux voir mais que d'un œil. Dispositif élaboré dans l'optique de tirer plus loin et plus précisément. Fait pour grossir en toute impunité. Ne connaît aucun régime à part celui du grossissement. Plus elle est près du chasseur, plus le chasseur est près du gibier.

Armes, munitions, balistique

Il ne faut pas confondre les lunettes (qui servent à voir et que l'on porte sur le nez) et la lunette (qui est un dispositif de tir avec grossissement et réticule de visée). La lunette de tir est indispensable pour bien chasser le grand gibier et pour les tirs lointains. Les sauvaginiers l'utilisent au gibier d'eau à la hutte pour le tir de nuit, ce qui est la seule exception d'utilisation pour chasser le petit gibier.

Voir aussi : crochets, jumelles, optique, réticule.

LYME

Le chasseur n'en fera pas toute une maladie s'il ne l'attrape pas.

Maladies

La maladie de Lyme (qui doit son nom à la ville américaine de Lyme, dans le Connecticut), plus connue sous le nom de borréliose, est une zoonose, c'est-à-dire une maladie transmissible à l'homme par l'animal. L'agent transmetteur en est la tique des bois, parasite bien connu des chasseurs et de leurs chiens. Cette maladie peut s'avérer très invalidante si elle n'est pas diagnostiquée rapidement. Sous-estimée pendant une longue période, la borréliose commence à être reconnue chez les professionnels comme les forestiers.

Voir aussi : aoûtat, mouche, moustique, pou, tique, virus.

LYNX

Son œil d'aigle ne l'empêche pas d'y laisser des plumes. L'homme et le lynx ne sont pas félins pour l'autre.

Faune sauvage

Le lynx, comme le loup, est considéré comme un concurrent direct de l'homme, chasseur ou éleveur, car il prélève avec efficacité les mêmes catégories d'animaux gibiers. La prédation du lynx sur le chevreuil est reconnue comme très importante aujourd'hui. Ce félin, réintroduit il y a peu en France, s'est remarquablement bien adapté et, malgré sa discrétion légendaire, n'en est pas moins présent sur tout l'arc alpin ainsi que dans l'Est (Jura, Franche-Comté et Suisse).

Voir aussi : espèces protégées, félin, fourrure, griffes.

MACAREUX MOINE

Petit frère de mer.

Faune sauvage – Gibier d'eau

Polichinelle de mer pour les Italiens, perroquet plongeur pour les Allemands, Fratercula arctica (petit frère de l'Arctique) est plus connu sur nos côtes bretonnes comme clown de mer, cordonnier et macareux moine. Fratercula (frère), ainsi s'appellent les moines entre eux. Cet oiseau piscivore est un marin confirmé, résolument insulaire, adepte des falaises enherbées, plumage noir dessus, blanc dessous – rappelant la robe de certaines confréries religieuses. Il est rehaussé d'un bec multicolore, qui lui donne son allure clownesque. Animal emblématique de la réserve des Sept-Îles, créée pour sa protection, son fief historique de reproduction en France, l'oiseau a longtemps été gibier et braconné à l'excès. Il est devenu l'oiseau totem de la LPO (Ligue de protection des oiseaux), de Terre-Neuve et de Perros-Guirec. Il est encore chassé et consommé en Islande et aux îles Féroé, où sa viande et ses œufs sont consommés traditionnellement selon la pure tradition viking, la lundaveidar, ou chasse d'été du macareux. La chasse s'effectue au filet et les œufs sont ramassés par des pêcheurs, devenus chasseurs alpinistes pour la circonstance.

Voir aussi : perroquet.

MACNAB

Grand chelem pour braconnier écossais.

Modes de chasse

Challenge écossais pratiqué dans les Highlands et qui consiste, au cours d'une même journée (aujourd'hui d'un même séjour), à prélever un saumon en le pêchant à la mouche, un cerf en le chassant à l'approche, et de tirer une paire (on dit brace) de grouses (ou lagopèdes d'Écosse). À l'origine, il s'agissait d'un défi lancé par un braconnier sur les terres d'un grand seigneur pour lui démontrer son adresse et lui faire un pied de nez. À rapprocher, dans la mesure du possible, du big five africain.

Voir aussi : *big five*, braconnier, cerf, lagopède, tétras.

MACREUSE

Canard noir d'un seul morceau, qui fait un effet bœuf. Plat de côte qui sait rester au large.

Gibier d'eau

La macreuse est un canard marin peu connu des sauvaginiers. On appelle encore macreuse la foulque macroule dans certaines régions de France. La macreuse est enfin un morceau de viande tiré du bœuf. L'oiseau, de même que la viande rouge, sont considérés comme « maigres ». La macreuse est taillée dans l'épaule et se consomme en pot-au-feu.

Voir aussi : canard, foulque macroule, sauvagine.

MADELEINE

Bécassine qui voit double.

Faune sauvage – Gibier d'eau – Noms vernaculaires – Régionalisme

La bécassine double, ou bécassine royale (encore grande demoiselle ou double bécassine) se nomme également familièrement « madeleine » dans le Nord et en Belgique. C'est la plus grande des bécassines, comme on peut aisément le comprendre par sa qualification. Contrairement à ses cousines, la bécassine commune ou bécassine des marais, et la bécassine sourde, qui sont toutes deux des gibiers, la madeleine est entièrement protégée (sauf en Russie et en Afrique où sa chasse opère des prélèvements importants). En revanche, lors de leur migration d'été, les bécassines ordinaires ont tendance à se concentrer vers la fin du mois de juillet, et l'on nomme alors ce moment le « passage de la Madeleine », en référence à la fête (le 22 juillet est le jour de la Sainte-Madeleine). Les oiselles que l'on tire à ce moment de l'année se font parfois appeler « madeleine ». Ces émotions qui marquent le début de saison font un peu penser également à une autre madeleine, cette fois-ci, plus pâtissière, la madeleine de Marcel Proust, célébrée dans sa suite romanesque À la recherche du temps perdu.

Voir aussi : bécassine, bécot, échassiers, sauvagine, sauvaginier.

MAGASIN

Pièce à munitions, réservée aux cartouches.

Armes, munitions, balistique

Le magasin dont il est ici question n'a rien à voir avec une boutique dans laquelle on entrerait pour aller faire ses courses, y compris une armurerie. C'est bien là toute la subtilité de la langue française qui utilise les mêmes mots pour distinguer des choses très différentes. Le magasin d'une arme est son chargeur, amovible ou non, qui sert à rassembler les munitions dans l'attente de leur utilisation. Le plus souvent, il est en métal, parfois en matière synthétique.

Voir aussi : carabine, cartouche, chargeur.

MAGNUM

Mieux vaut abuser du calibre que de la bouteille.

Armes, munitions, balistique

Un calibre magnum est un calibre surpuissant dont on a concentré la charge. En matière de vin, un magnum est une bouteille, qui contient plus que l'ordinaire (75 cl), très exactement le double (150 cl). La marie-jeanne, ou double magnum, correspond à quatre bouteilles, soit trois litres. En œnologie, le terme remonte à 1788, en Angleterre. En armurerie, il date des calibres modernes dont les Américains sont friands depuis le début du XXe siècle.

Voir aussi : calibre, cartouche, chargeur.

MAIRE

À la chasse, toujours de la partie, surtout lorsqu'elle est commune.

Organisation, réglementation, sécurité

Le maire est l'élu de sa commune. À ce titre, il est responsable de la sécurité, de la salubrité et de la tranquillité de ses habitants. À la campagne, il est souvent chasseur et organisateur, de fait, des battues communales.

Voir aussi : battue, chasseur, homme.

MAÏS

Aliment pour fabriquer des sangliers OGM.

Gestion – Aménagements – Territoire

Après le gland, le maïs est l'aliment préféré du sanglier. On plante de plus en plus de maïs transgénique, alors on risque de récolter de plus en plus de sangliers OGM ! Blague à part, sur les territoires en monoculture de type maïs, ou sur des zones de fort agrainage, on constate que les sangliers sont véritablement « engraissés » en un temps record. On tire des bêtes d'1 à 2 ans qui peuvent atteindre cent kilos, mais qui n'ont presque pas de dents.

Voir aussi : agrainage, fusée, poupée.

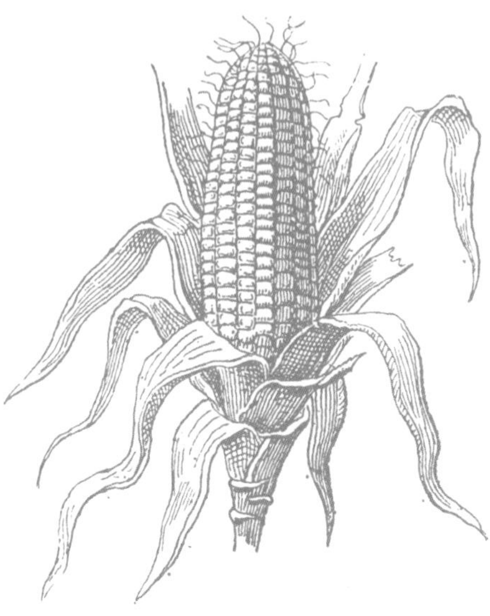

MAÎTRESSE

Gibier de motel qui vous met souvent dans de beaux draps.

Sociologie

À la chasse, on peut rester maître de ses chiens, maître de son tir, mais jamais maître de sa maîtresse. C'est tout du moins ce que j'ai ouï dire par les infidèles, il en reste encore quelques-uns.

Voir aussi : femme, Lady Chatterley.

MALADRESSE

Qualité que le gibier reconnaît bien volontiers au chasseur.

Sociologie – Organisation, réglementation, sécurité

Heureusement que tous les chasseurs ne sont pas de fines carabines ou de bons fusils, cela permet au gibier d'en réchapper...

Voir aussi : bredouille, coup du roi, raté, sécurité, tir.

MAL SEMÉ

Mais bien récolté quand même.

Chasse à courre – Grand gibier

Se dit pour décrire un trophée de cervidés irrégulier, voire une tête bizarde. Les bois sont dits « bien semés » lorsque les pointes ou cors de chaque merrain sont en nombre pair. Dès que les andouillers sont en nombre impair, le trophée est « mal semé ». Ce vocabulaire est issu de la vénerie. Ce n'est pas parce que le trophée est imparfait que l'animal ne sera pas prélevé, tout au contraire, il fera partie d'un plan de chasse qualitatif pour les chasseurs de grand gibier. Le terme de « récolte » s'applique plus facilement aux trophées à leur apogée et qui arrivent à maturité, mais « récolter » peut aussi s'appliquer à toute chasse fructueuse s'agissant des grands animaux.

Voir aussi : andouillers, bois, cerf, trophées.

MAMMOUTH

Gibier encombrant pour un premier chasseur (les premiers hommes). Finissait souvent à la fosse commune.

Faune sauvage – Histoire

Le mammouth laineux a été le gibier de prédilection de nos hommes préhistoriques qui, pour venir à bout de tels mastodontes, les immobilisaient en les faisant tomber dans des fosses. On ne connaît pas le nom que portait, comme gibier de choix, le mammouth à l'époque, puisque son nom lui a été donné bien des millénaires après sa disparition. « Mammouth » signifie « corne de terre » en russe, ce qui témoigne que les premières traces tangibles étaient les défenses d'ivoire fossile qui ont commencé à être recueillies au XVIIe siècle.

Voir aussi : Cro-Magnon, éléphant, piégeage.

MANCHE

Camarade de chasse, écologiste bien malgré lui, qui laisse autant sa chance au chasseur, son voisin de poste, qu'au gibier, sa cible préférée, mais rarement conquise.

Sociologie

On est un manche quand on est maladroit et que l'on rate systématiquement sa cible. Lorsque l'on chasse à plusieurs, le manche, du moment qu'il n'est pas dangereux dans ses angles de tir et la manipulation de son arme, est un heureux personnage que l'on aime côtoyer, soit parce qu'il fait peu de mal aux gibiers, soit parce qu'il vous laisse plus d'options de tir. Dans le sens que l'on entend ici, « manche » vient, selon toutes probabilités, de « manchot », individu privé d'un bras, et par conséquent moins précis et vif. Notre « manche » chasseur a, lui, ses deux bras, mais le tir et la précision ne sont pas sa spécialité et ne le seront jamais.

Voir aussi : merde, chasseur, raté, voisin.

MANIFESTER

Ne revendiquer que de la joie, pour le chien.

Chiens – Sociologie

Pour l'homme, « manifester » signifie le plus souvent exprimer une revendication par la colère, qui s'exprime par une descente dans la rue, avec force de banderoles, slogans, mégaphones et service d'ordre syndical. Chez le chien, « manifester » témoigne d'une tout autre envie, celle du bonheur de retrouver son maître après une absence, celle de partir à la chasse, celle d'insister pour avoir sa gamelle plus rapidement ou une cascade de caresses toujours bienvenues. Par les jappements, par les mouvements, par les frottements, le chien ne montre qu'une joie manifeste, c'est-à-dire exprimée avec démonstration.

Voir aussi : aboiement.

MANTEAU

Peut aussi servir de robe, mais pas au chasseur, plutôt au gibier.

Équipement – Grand gibier

Au poste ou à l'affût, la veste, c'est bien, le manteau, c'est mieux ! À croire que le loden a été inventé spécialement pour remplir cette fonction Dans toutes les situations où le chasseur est longuement statique, il est préférable d'avoir un vêtement ample mais couvrant largement le corps, afin de résister au froid, au vent et à la pluie. Pour les grands animaux, une partie de leur robe (ou pelage) porte également ce même nom et elle est située sur le dos ou les épaules. Ce manteau est souvent de couleur légèrement différente du reste du corps. On employait autrefois le nom de manteau comme synonyme du pelage, y compris chez les chiens.

Voir aussi : affût, froid de canard, poil, poste.

MANUFRANCE

A su mieux que personne cataloguer le chasseur.

Équipement – Armes, munitions, balistique

Quand on catalogue quelqu'un, c'est qu'on le fait rentrer dans une catégorie, on lui met une étiquette sur le dos, du fait de son comportement ou de ses dires. Mais la Manufacture d'armes et de cycles de Saint-Étienne a catalogué autrement le chasseur, en lui offrant tout ce qu'il pouvait désirer, au travers des pages de son célèbre catalogue de vente par correspondance, société devenue Manufrance en 1911, et connue dans le monde entier. Créée en 1885, la Manufacture mettra au point ou commercialisera des armes célèbres comme le fusil Idéal, le fusil Simplex, le fusil Robust, le fusil Rapid, le fusil Falcor, le fusil Perfex, la carabine Buffalo, la carabine Reina, le pistolet Le Français, la bicyclette l'Hirondelle ou la machine à coudre Omnia. Son aventure commerciale est étroitement liée au magazine Le Chasseur français, *créé en même temps. L'aventure s'achèvera avec la liquidation de l'entreprise en 1985. Manufrance a bien été rachetée et relancée depuis, mais sans que la société ne retrouve l'envergure commerciale qui était sienne.*

Voir aussi : Armeville.

MARAIS

Piscine à canards, mal nettoyée, souvent bouchée, mais qui régale ses propriétaires comme ses locataires. Pas besoin de savoir nager, il suffit d'y barboter.

Territoire – Aménagements – Gibier d'eau

Le pire pour un sauvaginier est de se retrouver devant une baignoire quand il part à la passe : un étang bien propre sans végétation, plein à ras bord. Alors, il se met à rêver à ces marais bien sales, bourbeux, sans commencement ni fin, infestés d'insectes, à la végétation luxuriante et qui abritent tant de mystères et d'oiseaux.

Voir aussi : canard, gabion, hutte, mare, pass(é)e, sauvagine.

MARAL

Cerf orienté. Toujours à l'est.

Chasse en montagne – Chasse à l'étranger

Le wapiti américain (à l'ouest) est au cerf élaphe d'Europe, ce que le maral (à l'est) est au wapiti : un grand cerf rouge, mais avec un trophée démesuré, dont l'habitat est circonscrit en Asie centrale, particulièrement abondant au Kazakhstan. Le maral se chasse exclusivement au brame, car il est très difficile d'observer de grands trophées en dehors de cette période. Ce cerf a fait l'objet d'élevage en Russie dès 1840, pour produire en quantité des bois dont les qualités médicinales des velours étaient très prisées en Orient et à l'est. Maral est un prénom féminin d'origine arménienne.

Voir aussi : cerf, Est, Wapiti.

MARCASSIN

Cochon de laie. Sanglier rayé de la liste des espèces gibier et inscrit sur celle des espèces à déguster. Toujours dans son assiette malgré son jeune âge.

Grand gibier

La laie est la femelle du sanglier. Curieusement, le marcassin (sanglier âgé de 0 à 6 mois) se retrouve inscrit fréquemment au menu des restaurateurs alors que sa chasse est totalement interdite. Rappelons à nos lecteurs que ses rayures sur le corps sont le seul moyen de l'identifier indépendamment de sa taille.

Voir aussi : bête rousse, livrée, rayures, sanglier.

MARE

Plus joli que « ras le bol » pour affûter autour. Maintient les canards en forme(s).

Territoire – Aménagements – Gibier d'eau

Pour les chasseurs de l'intérieur, qui ne sont pas toujours des chasseurs de gibier d'eau, la mare n'est rien d'autre qu'un trou d'eau peu profond, en plaine ou en forêt, où viennent s'abreuver les bêtes et les chiens. Elle fait partie du paysage. Pour les sauvaginiers de la côte, la mare est tout autre chose : c'est un espace savamment creusé, bien plus grand qu'il n'y paraît, destiné à chasser le canard de passage et équipé d'une hutte en bordure ou au milieu. On y fait poser des oiseaux grâce à des appelants et des formes. Son fond est plat, son emplacement par rapport aux vents est stratégique, sa profondeur calculée. « En avoir marre » signifie en avoir ras le bol. Jamais un sauvaginier digne de ce nom ne prononcera ces mots, ou alors pour affirmer qu'il est propriétaire de sa mare !

Voir aussi : abreuvoir, eaux, hutte, marais, pass(é)e, sauvagine.

MARGOT

Toutes les pies s'appellent Margot. Toutes les Margot ne sont pas des pies... Quoique...

Faune sauvage – Expression populaire

Margot se traduirait par « perle » en grec ancien ou vieux persan. L'oiseau noir et blanc, jacasseur et à longue queue que nous connaissons bien ne répond certainement pas à cette qualité pour les chasseurs, car c'est un prédateur redoutable pour les œufs et les poussins. Quant au prénom féminin, il peut aussi s'écrire Margaux (en hommage au vin de Bordeaux). Si toutes les Margot ou Margaux ne sont pas des pestes, toutes ne peuvent être des perles... Diminutif de Marguerite en occitan. La France connut sa reine Margot (Marguerite de Valois) à la Renaissance, popularisée par le roman d'Alexandre Dumas et, plus près de nous, par le cinéma. La pie porte ce surnom depuis longtemps en littérature, de La Fontaine (fable L'Aigle et la Pie*) à Louis Pergaud (*De Goupil à Margot. Histoires de bêtes*, prix Goncourt 1910).*

Voir aussi : nuisible, pie.

MARIGOT

Marre à boue. Rendez-vous du gibier africain par excellence. Rafraîchit, mais ne désaltère guère.

Chasse à l'étranger – Grande chasse

Il n'y a pas de marre en Afrique, il n'y a que des marigots, ces trous d'eau le plus souvent boueux, parfois asséchés, se remplissant au rythme des pluies, parfois des bras morts de rivière, ou des queues de marais, mais constituant un point de passage obligatoire, et par conséquent, de rencontre de toute la faune. Sans eau, pas de vie.

Voir aussi : Afrique, marre.

MARMOTTE

Ne siffle jamais plus de trois fois quand son train de sommeil est passé. Dort sur ses deux oreilles même en présence du chasseur.

Faune sauvage

En hommage au célèbre western Le Train sifflera trois fois. *Chacun sait que, lorsque la marmotte hiberne, elle peut se retrouver plongée dans un sommeil profond durant de long mois ; c'est cette stratégie d'adaptation au milieu qui lui permet de passer l'hiver en montagne.*

Voir aussi : Alpes, bouquetin, chamois, montagnes, mouflon, tétras.

MARTIN

On le prend pour un chasseur quand il fait l'ours et pour un pêcheur quand il fait l'oiseau.

Faune sauvage

Beaucoup d'animaux ont reçu, au fil du temps, des prénoms humains, souvent issus des traditions régionalistes. Cependant, peu sont ceux qui ont le même alors qu'ils sont différents : c'est le cas de l'ours et du martin-pêcheur, qui portent tous les deux le nom de Martin. Il n'y a qu'en France que le phénomène existe. En anglais, le martin-pêcheur se traduit kingfisher, *le roi de la pêche, et avouez que cela lui va mieux.*

Voir aussi : ours.

MARTRE

La bête au bois dormant. Aime le jaune, mais pas le jaune d'œuf. Furète, mais ne fouine pas. Se donne un drôle d'« r », parfois deux.

Piégeage

Ce petit mammifère de la famille des mustélidés ressemble à la fouine, mais en plus élégant. Son pelage chocolaté et ses yeux vifs la singularisent. Elle habite le bois et ne rôde guère autour des maisons comme sa consœur, avide d'œufs et de jeunes volailles. La robe de sa gorge est beaucoup plus jaune orangée que celle de la fouine, qui reste d'un blanc cassé. L'animal est mystérieux jusque dans son nom que l'on trouve avec deux versions orthographiques : marte et martre (en latin, Martes martes*). Son nom complet, martre des pins, n'est guère connu que des scientifiques. Longtemps piégée comme nuisible, par confusion avec d'autres représentants de sa famille, la martre est essentiellement forestière et arboricole. Comme l'ours, elle est friande de miel, même si elle reste carnivore. Sa prédation s'effectue sur les ruchers et sur les élevages*

avicoles; dans la nature, c'est un prédateur redoutable pour les tétras, grand et petit. Elle est gibier pour le chasseur et proie circonstanciée pour le piégeur, dans un rayon de 250 m autour des bâtiments et enclos à gibier. Par le passé, la martre était réputée pour sa fourrure et recherchée pour la confection des pinceaux (en poils de martre), car la souplesse et la résistance de ses poils permettaient aux artistes de réaliser au mieux leurs compositions – aquarelles ou gouaches, et plus surprenant, le lavis. La bécasse avait trouvé là une concurrente à la plume du peintre.

Voir aussi : fouine, putois.

MARTYRS

Vanneaux ficelés vivants pour une chasse tirée par la queue.

Modes de chasse – Gibier d'eau – Noms vernaculaires – Régionalisme

On chasse encore, dans les Ardennes françaises, le vanneau huppé, selon une tradition fort ancienne et réservée aux initiés : la tenderie, c'est-à-dire une capture à l'aide de filets posés au sol et qui se referme sur commande lorsqu'une bande d'oiseaux se pose sur la zone humide aménagée à cette fin. Pour leurrer les vanneaux sauvages, les chasseurs (ou « vagnolis »), disposent d'appelants, des vanneaux captifs attachés par la queue et que l'on appelle des martyrs. En tirant sur la ficelle, on oblige les martyrs à s'activer et à attirer l'attention de leurs congénères migrateurs. Les oiseaux ne sont pas particulièrement maltraités, encore moins suppliciés, et ne méritent pas le surnom de martyrs, qui fait appel à une notion sacrificielle. Le vagnoli connaît... toutes les ficelles de ce mode de chasse, à la réglementation très... tendue. Si le vanneau reste le gibier roi de cette chasse traditionnelle, le pluvier doré, différents chevaliers et le courlis font également recette.

Voir aussi : appelant, vanneau.

MÂTIN

Chien de jour, comme de nuit.

Chiens

Le mâtin est un chien de type molosse, dont les espèces les plus connues sont le mâtin de Naples et le mâtin espagnol. C'est un excellent chien de garde, de travail et de compagnie, et de nombreuses races de chiens de chasse ont du sang de mâtin dans leurs veines. Le mâtin espagnol fut longtemps utilisé comme chien à sangliers. La nuit, ces chiens sont des gardiens de troupeaux dissuasifs contre les attaques de loup et d'ours.

Voir aussi : chien.

MASSACRE

Fait pour crâner au mur.

Grand gibier

Parmi les trophées conservés par le chasseur, s'agissant du grand gibier, il en est un qui consiste à garder l'os frontal blanchi, solidaire des cornes ou des bois, et monté sur un écusson. On l'appelle le « massacre ». De là à conclure que l'animal a été massacré, il y a un pas que l'on ne saurait franchir. La langue française est parfois bien injuste malgré elle.

Voir aussi : cape, cotation, écusson, taxidermiste, trophées, *trophy room*.

MASSIF

Territoire dont on se fait toute une montagne et parfois même, une forêt.

Géographie

Le massif désigne un territoire circonscrit géographiquement. On emploie ce terme plus communément lorsqu'il s'agit de massifs montagnards ou forestiers. Le massif forme une entité à part entière, caractérisée par l'attitude, le milieu, la géologie, les étages de peuplements et l'avifaune qu'il abrite : massif des

Écrins, massif de la Vanoise, ou encore massif des Maures, massif des Vosges, Massif central, etc. Les cartes IGN, plus topographiques, sont d'une lecture facile pour l'adjudicataire d'une forêt domaniale ou communale; elles concernent, elles aussi, de nombreux massifs, mis à une plus petite échelle.

Voir aussi : cartes, forêt, montagnes, territoire.

MÉDAILLE

Distinction de taille. À la chasse, reçue par les vivants pour le compte des morts; en d'autres termes, reçue par les chasseurs, pour le compte du gibier.

Grande chasse – Organisation, réglementation, sécurité – Sociologie

La cotation des trophées, c'est-à-dire la prise de leurs mensurations et leur classement, obéit à des critères élaborés par les différents systèmes de référencement en vigueur de par le monde. Elle concerne exclusivement le grand gibier. S'agissant du système français et des animaux français, la Commission nationale de mensuration des trophées, sous l'égide de l'ANCGG, délègue à des cotateurs officiels (les correspondants de la commission) le soin d'établir les fiches de cotation. La taille (longueur, largeur, circonférence, écartement) est un des facteurs d'importance, mais pas le seul. À côté d'autres critères objectifs, existent des critères subjectifs (les points de beauté ou de pénalisation). Un catalogue général des meilleurs trophées paraît de façon épisodique pour compiler les résultats. Pour y figurer, il existe des seuils de cotation en dessous desquels l'homologation n'est pas possible.

Il est ensuite établi un seuil médaillable, distinguant la médaille de bronze, la médaille d'argent et la médaille d'or. Par exemple, pour le sanglier, le bronze est à 110 points CIC, l'argent à 115 et l'or à 120. Chaque espèce dispose d'un seuil particulier.

Comme on peut le constater, les chasseurs ne reçoivent pas de médaille pour eux-mêmes, pour leur action ou leurs engagements, mais pour les résultats obtenus, qui passent obligatoirement par la mise à mort, contrairement aux militaires! Il se peut encore que les chasseurs soient récompensés pour mérite exceptionnel, quand ils sont des professionnels de la nature, mais c'est une autre histoire, de l'ordre de la légion d'honneur, en passant par celui du mérite national ou du mérite agricole.

Voir aussi : trophées.

MÉDECIN

Beaucoup plus utile sur le terrain pour les chasseurs que pour le gibier.

Sociologie

Qu'ils soient dentistes ou chirurgiens, infirmiers ou assistants médicaux, chasser devrait leur apparaître assez paradoxal, car quand on a une vocation humanitaire, on devrait avoir du mal à franchir le pas pour tirer sur des animaux! Et pourtant, ils sont les premiers à être des enragés de chasse.

Voir aussi : chasseur, docteur, homme.

MENÉE

Chiens parlant d'une même voix sur une même voie.

Chiens – Grand gibier – Grande chasse – Chasse à courre

Action d'une meute de chiens courants, en chasse à tir ou en chasse à courre, qui poursuit un animal clairement identifié en le pistant et en aboyant. Les chiens mènent quand ils ont trouvé le gibier et qu'ils sont sur ses traces.

Voir aussi : battue, chien courant, meute, vénerie, voie, voix.

MENEUSE

Bête de revue, en tête, quoi qu'il arrive.

Grand gibier
La bête meneuse, presque exclusivement chez le sanglier, est une femelle, qui garde toujours la tête. On doit l'épargner impérativement car elle guide la compagnie dans bien des situations. Dans les cabarets, la meneuse de revue est le personnage principal autour duquel s'organise le spectacle.

Voir aussi : battue, biche, compagnie, harde, sanglier.

MENSURATIONS

Chacun (et chacune) son tour. Il est vrai que le gibier, tout du moins pour le chasseur, a toujours eu... la cote.

Grand gibier
Il existe plusieurs systèmes pour mesurer ou coter un trophée. Le plus ancien est celui du Rowland Ward, le plus moderne, celui du SCI (Safari Club International). Pour les gibiers européens, la Commission nationale de mensurations des trophées dispose d'un système intermédiaire. La personne responsable de prendre toutes les mesures pour donner un classement, ou cotateur officiel, tient compte de la longueur, de l'écartement, mais aussi de la circonférence des cornes ou des bois, principalement. Si l'on prend l'exemple de la cotation d'une antilope à cornes spiralées, comme le grand koudou, le système du SCI va mesurer la longueur de la corne en suivant le tour de la spirale...

Voir aussi : cotation, mesure, Rowland Ward, trophées.

MENTEUR

Chasseur qui ne fait aucun mal quand il raconte comment et pourquoi il a raté son gibier.

Sociologie
Chasseur ou pêcheurs... autant de menteurs au bord de l'eau ou au bord du bois ! Les deux catégories sont toujours en verve pour narrer leurs aventures malheureuses et justifier l'insuccès qui ne leur est presque jamais imputable. Le mensonge n'est répréhensible que s'il porte préjudice à autrui, ce qui n'est nullement le cas, au contraire. Il n'y a pas mort d'homme, et encore moins mort d'animal !

Voir aussi : chasseur, histoires, pêcheur.

MERDE

Chasseur en mode échec. Gibier en mode chance. Mot vraiment... à la mode.

Sociologie
Avec le vin, le fromage et le béret, voilà bien une spécificité française que le général Cambronne aurait remise au goût du jour à la bataille de Waterloo : le mot « merde » ! Voilà bien un cri du cœur dont tous les émotifs peuvent s'enorgueillir, que l'on rate ou que l'on réussisse. Depuis deux siècles, le mot est toujours aussi populaire et il est loin de passer... de mode.

Voir aussi : fèces, fientes, fumées, laissées, miroir, moquettes.

MERLE

Les plombs lui font toujours une haie d'honneur.

Petit gibier
Le merle est le gibier de poche par excellence que l'on débusque presque toujours le long des haies. Même si ses cris le dénoncent toujours avant l'envol, les cartouches ne font pas toujours mouche car il est rapide, déroutant et profite du moindre obstacle pour s'échapper. Certains le dédaignent à tort car c'est un authentique gibier, comme la grive.

Voir aussi : étourneau, grive.

MERRAIN

Indispensable pour le cor à cor.

Grand gibier
Le bois principal qui pousse chaque année sur la tête des cervidés est la perche ou le merrain, qui se ramifie en andouillers ou cors. D'un cerf, on dira qu'il porte huit, dix ou douze cors mais non autant d'andouillers.

Voir aussi : andouiller, cerf, cor, empaumure, enfourchure, trochure.

MESSE

Bénir les chiens n'est pas très catholique, sauf s'il s'agit d'une messe en Saint-Hubert.

Chiens – Personnages célèbres
À l'occasion de la Saint-Hubert, patron des chasseurs, qui a lieu chaque année le 3 novembre, une très ancienne tradition de vénerie, vieille de plusieurs siècles, veut que le prêtre qui officie bénisse les chiens de l'équipage de chasse à courre à la sortie de l'église. En 2014, pour la première fois en France, un prêtre refusa cette pratique, dans la Sarthe, évoquant non pas un argument antichasse, mais un argument religieux : « Pour moi, on bénit la création de Dieu... je bénis les fils de Dieu, pas les chiens. » Or pour les chrétiens, tout est création de Dieu !

Voir aussi : chien, Dieu, meute, saint Hubert, vénerie.

MESURE

Le chasseur n'en fait preuve que lorsqu'il prend les mensurations de son trophée.

Grand gibier
Le chasseur est plus souvent dans l'excès que dans la mesure : excès de prudence, excès de langage, excès de tableau, excès de gestion et de réglementation... Il n'y a guère que lorsqu'il cote ses trophées qu'il fait preuve de mesure, car lui faut en prendre obligatoirement pour classer son gibier post mortem *(longueur, largeur, circonférence des bois et des cornes).*

Voir aussi : cotation, massacre, mensurations, Rowland Ward, trophées.

MÉTÉO

Avant le chasseur, c'est la météo (ou la nature) qui fait la pluie et le beau temps.

Territoire – Moment
« Faire la pluie et le beau temps » est une expression qui signifie maîtriser la situation et l'orienter à sa guise. En matière de chasse, le chasseur est toujours tributaire de la météo et du temps qu'il fait.

Voir aussi : brouillard, chaud, froid, neige, pluie, vent.

MEUTE

Chorale pour chiens courants qui chassent de concert. Formation de combat chez les loups.

Chiens – Faune sauvage
Formation sociale chez les canidés, sauvages ou domestiques. La meute, c'est le groupe, avec ses hiérarchies et ses fonctions soigneusement établies en fonction du sexe, de l'âge et des caractères spécifiques de chacun. Chez le chien – et le chien de chasse en particulier –, la formation n'a pas d'autre but que de détecter, poursuivre et rattraper le gibier. Sans la voix et ses modulations incroyables, ce travail est impossible. En revanche, chez le loup, ce qui compte, c'est la force du nombre qui permet de venir à bout de proies plus imposantes et de conjuguer une stratégie de survie en milieu hostile.

Voir aussi : chenil, chien courant, fouet, menée, loup, vénerie.

MICKEY

Seule souris à ne pas chasser et à ne pas l'être. Ses oreilles doivent donner l'exemple.

Personnages célèbres

La souris la plus célèbre au monde, bien sûr, c'est Mickey Mouse, créée par Walt Disney en 1928 et rebaptisée ainsi par sa femme, alors que le personnage anthropomorphique s'était d'abord appelé Mortimer. Immortalisé par ses grandes oreilles, icône du dessin animé, Mickey est aussi le nom familier que l'on donne au casque antibruit pour se protéger des coups de feu. Porter des mickeys, c'est porter un casque antibruit! Les oreilles, incontestablement y sont pour quelque chose...

Voir aussi : casque antibruit, Disney (Walt).

MIGRATEURS

Étrangers attendus avec impatience sur le sol français, ce qui devient de plus en plus rare.

Faune sauvage

Les oiseaux migrateurs constituent une manne pour les chasseurs de palombes, de grives, de canards et de bécasses. On les attend avec fébrilité, en fonction de la météo et l'on fait tout, sur le terrain, pour ne pas rater « le passage ». Le gibier migrateur est sans contexte plus important encore, s'agissant du petit gibier, que le gibier sédentaire. Dans des pays comme la France, où l'espace est de plus en plus industrialisé, où l'agriculture a fait disparaître les biotopes favorables aux lièvres, lapins, faisans et perdrix de tous bords, le migrateur n'a pas d'autres prédateurs que l'homme quand il fait une halte sous nos cieux.

Voir aussi : bécasse, canard, échassiers, grive, palombe, sauvagine.

MILAN

Rapace de jour qui vit beaucoup moins longtemps que son nom ne le laisserait supposer.

Faune sauvage

Milan continue de s'écrire « milan » et non « mille ans », contrairement à ce que laisserait supposer la définition du mot. Rapace totalement protégé aujourd'hui, mais que les rois chassaient autrefois avec des faucons, d'où le nom de milan royal donné à l'une des deux espèces qui migrent en France (la seconde étant le milan noir).

Voir aussi : espèces protégées.

MILITAIRE

Contrairement à beaucoup de chasseurs, sait s'armer de patience surtout en temps de paix.

Sociologie

La patience devrait être la vertu première du chasseur; ce n'est pas toujours le cas. Les bons chasseurs seront d'accord avec moi. Toutes les chasses ne demandent pas la même dose de patience, mais l'affût au grand comme au petit gibier exige du calme, de l'immobilité, de la discrétion et du discernement.

Voir aussi : camo, kaki, vert.

MILORD

Pour les chasseurs qui Piaf d'impatience.

Sociologie

Piaf désigne l'oiseau, mais aussi la grande chanteuse, Édith Piaf, dont l'un des plus grands succès fut la chanson Milord. *Cette dernière date de 1959. On doit à Georges Moustaki les paroles et à Marguerite Monnot la musique. « Milord » (provenant de l'anglais* my Lord) *peut se traduire par « mon Seigneur ». À ne pas confondre avec Milou, chien de Tintin et non chasseur, malgré sa race. Dans le langage courant, un milord est un homme riche et Dieu sait s'il faut de l'argent pour chasser dans de bonnes conditions. Malheureusement, tous les chasseurs ne sont pas des milords.*

Voir aussi : chasseur, euro, milou.

MILOU

Chien adapté à la capture exclusivement du yéti, mais pour le reste... Tintin.

Faune sauvage – Personnages célèbres
Milou devrait être, selon toute vraisemblance, un fox-terrier à poil dur. Ce chien, devenu l'inséparable compagnon de Tintin, apparaît en 1929 dans l'album Tintin au pays des soviets. Il fera alors partie de tous les autres albums d'Hergé. Ce que l'on sait moins, c'est qu'Hergé, le père de Tintin, avait sa cousine et une amie d'enfance qui portaient ce surnom de « Milou ». Le diminutif est devenu masculin et l'est resté contre toute attente.
Milou, plus précisément Mi-lou (ou encore « si bu xiang ») est le nom chinois du cerf du père David (Elaphurus davidianus), découvert par le missionnaire lazariste Armand David (1826-1900), grand naturaliste et botaniste de l'Extrême-Orient, dans le parc impérial de chasse de Nanhaiz, proche de Pékin, résidence de l'empereur en 1865.

Voir aussi : chien (tout court), cerf, panda.

MINISTRE DE LA CHASSE

Nous n'avons pas de ministre de la Chasse, en revanche nous avons beaucoup de ministres à la chasse.

Organisation, réglementation, sécurité
À croire que le mot « chasse », comme celui de « pêche », fait peur, ou n'a que peu d'importance au regard des hommes politiques. Depuis la création du ministère de l'Environnement (d'abord modeste ministère de la Protection de la nature et de l'environnement en 1971), la chasse est rattachée à cette entité après avoir longtemps dépendu du ministère de l'Agriculture. Rappelons que l'on doit la création du premier ministère de l'Environnement à l'impulsion d'un chasseur de renom, François Sommer. Ce ministère porte aujourd'hui le nom de ministère de l'Écologie et du Développement durable. Jamais la chasse n'a eu droit à un modeste secrétariat d'État. En revanche, beaucoup de ministres et de politiciens, de droite comme de gauche, ont été ou sont de grands chasseurs : Georges Pompidou, Valéry Giscard d'Estaing, Michel Charasse, François Baroin, Ladislas Poniatowski, Gérard Larcher... Tous ne l'affichent pas ouvertement. Au Sénat, le groupe Chasse et Pêche représentait près de soixante-dix sénateurs en 2012.

Voir aussi : chasser, chasseur, écologiste, fédé.

MINUTE

Bécasseau qui passe à point d'heure... et qui n'a jamais le temps de s'arrêter.

Gibier d'eau
Parmi les bécasseaux que le sauvaginier peut être amené à croiser sur les rivages français, il en est un, le bécasseau minute, qui est totalement protégé depuis 1981. Il est rapide comme l'éclair, mais le qualificatif de « minute » fait plus référence à la petitesse de sa taille qu'à son timing de passage. Tony Burnand l'appelle également le bécasseau minule.

Voir aussi : bécasseau, chevaliers, échassiers, grève, sauvagine.

MIRADOR

Pour chasseur ayant une certaine hauteur de vue. Salle d'attente réservée à un personnel qualifié.

Aménagements – Territoire – Grand gibier
Poste de chasse construit haut perché. La chasse au mirador, exclusivement réservée au grand gibier, constitue un mode de chasse complémentaire de l'approche et de la battue pour bien gérer un territoire. Cette pratique permet l'observation sans le dérangement et la réussite des tirs sélectifs en toute sécurité. Les impatients, comme les fusillots du dimanche, n'aiment pas le mirador : il faut le construire, l'entretenir, s'y geler de longues heures sans beaucoup de résultats. Au contraire, pour l'amateur de chasses silencieuses, responsable de la gestion de son cheptel, rien de mieux que

de s'y rendre régulièrement pour compter, identifier cerfs et chevreuil, repérer les animaux malades ou déficients, réguler les renards, tirer des sangliers, tard le soir ou tôt le matin, qu'il serait improbable de rencontrer autrement.

Voir aussi : affût, approche, grand gibier, poste, sécurité.

MIRE

Juste sur toute la ligne.

Armes, munitions, balistique

Ce dispositif positionné sur le canon permet de prendre la visée et de tirer au mieux dans la direction choisie.

Voir aussi : canon, carabine, fusil, hausse, ligne, tir.

MIRÉ

Sanglier mâle armé.

Grand gibier

Un sanglier est dit « miré » quand les défenses et les grès sont à la même hauteur. Il est « contre-miré » quand les défenses dépassent largement les grès, et se recourbent vers l'arrière en formant un demi-cercle caractéristique. Dans ce dernier cas, les défenses ne s'usent plus normalement sur la table d'aiguisage et la dent qui grandit peut même aller jusqu'à blesser l'animal lui-même.

Voir aussi : armé, défenses, sanglier.

MIRER

(Se) regarder dans le blanc des œufs.

Faune sauvage

On mire un œuf quand, par transparence de la coquille, on vérifie que celui-ci est bien fécondé par la présence de vaisseaux sanguins qui constituent les prémices d'un poussin à venir. Ce n'est pas un mirage, c'est-à-dire une tromperie du regard, si l'œuf est bien miré. Les yeux dans les yeux et le blanc dans les œufs, le poussin est à venir, le gibier aussi...

Voir aussi : œuf.

MIRETTES

Permettent au sanglier de se rincer l'œil.

Grand gibier

Les mirettes désignent les yeux du sanglier et, de manière plus familière, les yeux chez l'homme. De nombreuses expressions font partie du langage courant comme « en avoir plein les mirettes » (pour en avoir plein les yeux). La mirette ou miroir-de-Vénus est encore une espèce de campanule identifiée par le grand botaniste Linnée.

Voir aussi : larmier, sanglier.

MIROIR

La bécasse laisse bien volontiers le sien en otage.

Petit gibier

Fiente expulsée par la bécasse au décollage mais aussi à d'autres moments de son activité. Blanchâtre, brillante et nacrée, avec un petit noyau noir au centre, cette déjection, que l'on trouve très visible sur les feuilles mortes en automne, atteste de la présence de l'oiseau; de là à se voir dedans, il n'y a qu'un pas que les amoureux chasseurs de ce bel oiseau ont franchi. Comme la bécasse se vide à l'envol, le plus souvent à l'arrêt du chien, elle peut être mortifiée plus sereinement puisqu'aucune matière nauséabonde ne vient altérer sa chair. Ainsi, différentes recettes culinaires permettent de préparer ses abats sur tartine sans grand risque d'intoxication alimentaire, conférant tout au contraire un goût inimitable au croûton qui servira de toast porteur.

Voir aussi : alouette, bécasse, fientes.

MISCANTHUS

Met le couvert quand le gibier n'est pas dans son assiette.

Aménagements – Faune sauvage – Territoire

Le miscanthus est une plante herbacée à rhizomes, assurant un couvert à gibier permanent, aux qualités remarquables : coupe-vent, bande abri, piège à insectes, litière une fois coupée annuellement pour les volailles et les chevaux, paillages pour les massifs de fleurs, etc. Tout cela sans avoir à le replanter pendant une quinzaine d'années ! Il suffit de le fortifier en le broyant régulièrement. Arrivée depuis quelques années en France, cette vivace connue également sous le nom d'herbe à éléphant, roseau de chine ou eulalie, offre au petit gibier comme au sanglier, voire au chevreuil, un couvert à la saison où le climat est le plus rude : l'hiver, le miscanthus abrite du froid et de la bise glaciale, l'été, il offre une zone d'ombrage et un refuge. Idéal pour la nidification et pour la nourriture du fait des insectes qu'il favorise.

Voir aussi : cultures.

MISE BAS

En portée par amour, tant bien que mâle.

Faune sauvage

Moment de la gestation où les femelles de mammifères vont mettre au monde leur progéniture. La portée est l'ensemble des nouveau-nés. La mise bas désigne tout autant l'action d'accoucher que la période elle-même.

Voir aussi : gestation, portée.

MITRE

« Cerf-tête » pour chevreuil en ayant ras la casquette. Portée par les brocards, non pas rentrés dans les ordres, mais dans le désordre.

Faune sauvage

La mitre est un velours permanent, appelé encore « perruque », totalement anarchique, poussant en remplacement des bois sur la tête des chevreuils. Cette anomalie du trophée provient d'un dérèglement hormonal ou d'une blessure aux parties génitales. Appelée ainsi par rapprochement avec la coiffe liturgique portée par les évêques des Églises chrétiennes depuis le XIIe siècle. Ce couvre-chef se compose de plusieurs parties dont les différentes pointes se nomment aussi les « cornes »… Ce qui n'est pas sans rappeler les bois de nos brocards ! Ce dernier est dit chevreuil mitré ou chevreuil à perruque.

Voir aussi : bois, brocard, chevreuil, perruque, velours.

MIXTE

Arme qui ne vaut pas le coup. Mariage d'armes entre deux canons que tout oppose et qu'au final, tout rassemble. Le modèle le plus connu est le nini : ni carabine, ni fusil.

Armes, munitions, balistique

Un fusil dit « mixte » se compose d'un coup lisse et d'un coup rayé, permettant de tirer indifféremment petit gibier à plombs et grand gibier à balle. Cette mixité n'offre pas que des avantages, car on a entre les mains une arme qui n'est plus vraiment un fusil et qui n'est vraiment pas une carabine…

Voir aussi : bourrelet, bascule, *drilling*, express, fusil, Kipplauf.

MODES

Plus que toute autre, la chasse a ses modes qui ne se démodent pas.

Sociologie

La mode n'est pas seulement une tendance qui passe selon un cycle défini et renouvelé, c'est aussi une pratique qui dure et s'ancre dans l'histoire : l'approche, l'affût, la battue constituent autant de modes de chasse du grand gibier; la hutte, le trou, la passée, autant de chasses au gibier d'eau; la chasse à tir, la vénerie, la fauconnerie, l'oisellerie représentent autant de modes de chasse... tout court.

Voir aussi : affût, approche, battue, fauconnerie, oisellerie, vénerie.

MODESTE

Nom du chasseur inconnu.

Sociologie

Qui aime bien, châtie bien ! Admettons que nous, chasseurs, ce n'est pas la modestie qui nous étouffe. Le chasseur est plutôt fier : fier d'avoir une belle arme, d'arpenter un superbe territoire, de posséder un chien aux qualités incomparables et de réaliser des coups d'adresse dont il rougit de plaisir parfois. Des modestes, il en existe, mais ils restent minoritaires et discrets.

Voir aussi : chasseur.

MOINE

Croit en l'eau-de-là et en l'eau de ça.

Aménagements – Gibier d'eau – Territoire

Il est des cerfs moines... Ce n'est pas de ces moines-là qu'il est question ici : le moine est le nom donné à l'ouvrage de vidange des étangs, appelée encore thou en Dombes et bonde ailleurs, et en hommage aux religieux à l'origine de la création de nombreux étangs au Moyen Âge.

Voir aussi : bonde, étang, mulet, thou.

MOINEAU

Seul oiseau que l'on tire à la carabine. Gibier d'appentis et d'apprentis.

Faune sauvage – Petite chasse

Tout chasseur, ou presque, avant de passer son permis, a eu, enfant, une petite 9 mm, voire une 12 mm, ces petites carabines à plomb ou à air comprimé dites « de jardin », servant pour tirer les rats, les pigeons de ferme et autres petits nuisibles. Le gibier de prédilection, à cet âge, reste le moineau, que l'on trouvait encore il n'y a pas si longtemps, en grand nombre, vociférant et chapardant les fruitiers. Au potager, il y a toujours un appentis abritant les outils, et nos apprentis Nemrod qui affûteront avec succès ce volatile toujours fort en verve.

Voir aussi : carabine, plombs.

MONTAGNES

Le chasseur n'en déplace que lorsqu'il raconte ses exploits.

Territoire

On rapprochera cette réflexion de celle de La Fontaine qui disait en son temps que « la montagne avait accouché d'une souris », pour symboliser un grand tapage pour peu de résultat, après beaucoup de fanfaronnade. Tous les Tartarin ne sont pas de Tarascon, mais tous les chasseurs sont un peu tartarins.

Voir aussi : bouquetin, chamois, lagopède, marmotte, mouflon, tétras.

MONTERIA

Spécialité espagnole au grand gibier où ce sont aussi bien les chasseurs que les animaux qui dégustent.

Grand gibier – Chasse à l'étranger

Gigantesque battue espagnole pour chasser le grand gibier. Le principe est fort différent de ce que l'on connaît en France. Les Espagnols chassent peu de fois, mais sur d'immenses territoires et sans plan de chasse. On y tire loin, à la course et les balles sifflent de toutes parts. Les meutes de chiens atteignent plusieurs centaines de têtes... tout est dans la démesure.

Voir aussi : battue, grand gibier.

MOORS

Terrain de chasse plus vivant que jamais.

Aménagements – Géographie – Chasse à l'étranger

Les moors, écosystème remarquable et unique façonné par la main de l'homme, sont ces landes de bruyère, combinées aux tourbières, vallonnant à perte de vue le paysage écossais. C'est le terrain privilégié d'un oiseau dépendant entièrement de la régénération de cette plante, la grouse ou lagopède d'Écosse. Biotope unique des Highlands et des vallées mystérieuses, que l'on parcourt comme un désert ou comme la haute mer. Les moors abritent également, en grand nombre, cerfs, lièvres variables, perdrix blanches (ptarmigan) et bécassines, entre autres gibiers recherchés par le chasseur voyageur.

Voir aussi : grouse, lagopède.

MOQUETTES

Le chevreuil ne les achète jamais, mais il en tapisse le sol, ce qui lui procure un grand soulagement digestif.

Grand gibier

Crottes de chevreuil à consistance inégale selon la saison, particulièrement au printemps où elles sont le témoin du changement alimentaire des animaux qui redécouvrent les bienfaits d'une végétation montante. À ce moment, les crottes sont beaucoup plus compactes et solidaires et ne s'égrènent nullement comme un chapelet.

Voir aussi : chevreuil, excréments, fèces, fientes, fumées, laissées.

MORDORÉE

Couleur bécasse. Seul oiseau à avoir inventé un qualificatif exclusif pour désigner à la fois l'espèce, le dessin du plumage et la couleur sans équivalent. Une teinte qui en fait grelotter plus d'un...

Petit gibier

Autre nom de la bécasse dû aux coloris de ses plumes. La bécasse se chasse à l'aide de chiens portant un collier muni d'un grelot permettant de localiser l'animal en sous-bois... qui cesse de grelotter quand ce dernier est à l'arrêt.

Voir aussi : bécasse.

MORT

Don qui se transmet de chasseur à gibier. Cadeau dont se passerait volontiers celui qui le reçoit bien malgré lui.

Sociologie

Un don est une qualité (être doué pour), mais c'est aussi une manière de faire un cadeau (donner) et de gratifier un être qui vous est cher. Toute l'ambiguïté de la chasse tient là. Aucun chasseur n'aime regarder la mort en face; ce qu'il aime, c'est rechercher, se confronter et gagner la partie, voire posséder l'animal. Mais une fois au creux de la main ou couché pour l'éternité dans les feuilles mortes, le gibier lui apparaît avec toute sa noblesse et sa beauté. La pulsion et la passion ont été plus fortes que la raison. Étrange langue française qui « donne la mort » et « donne la vie » en même temps.

Voir aussi : acte, chasseur, coquin de sort.

MOUCHE

On la prend souvent sans l'attraper.

Faune sauvage – Sociologie

Prendre la mouche, c'est marquer sa susceptibilité pour peu de chose. En revanche, attraper une mouche de manière bien réelle ne relève pas du simple caprice, cela demande beaucoup de savoir-faire et de dextérité. Dans la chasse aux insectes, le chasseur est plutôt le chassé, qui subit moustiques, tiques... et mouches sous tous les climats. Les plus petites bêtes ont toujours eu raison des grandes.

Voir aussi : aoûtat, moustique, pou, puce, tique, virus.

MOUFLON

Ovis de recherche. Coté à l'étranger. Mouton sauvage dont le port des cornes lui fait tourner la tête, tout autant qu'au chasseur.

Grand gibier – Chasse en montagne

Les Ovis forment le groupe des grands moutons sauvages, plus connus sous l'appellation de mouflons. Les cornes du mouflon s'enroulent naturellement autour de sa tête et forment un arc de cercle caractéristique. Cette spécificité fait de ce grand gibier de montagne, originaire de Corse et de Sardaigne, réintroduit dans la seconde moitié du xxe siècle en France métropolitaine, la seconde figure emblématique de nos sommets avec le chamois. Si les cornes lui font tourner la tête, c'est au sens figuré qu'il faut comprendre cette définition. En aucun cas le cornage ne gêne sa vision ou ne lui donne le tournis. De très nombreux Ovis (mouflons) sont chassés particulièrement en Amérique du Nord et en Eurasie. Les plus célèbres espèces sont le Bighorn et le Marco Polo.

Voir aussi : Alpes, bouquetin, chamois, corne, montagnes, selle.

MOUSTIQUE

On ne sait jamais quelle mouche le pique. Générique de l'anophèle. Intraitable avec certaines maladies. Meilleur allié du gibier de brousse et des canards au marais.

Faune sauvage – Maladies

Le moustique est un insecte (anophèle) particulièrement imprévisible, qui paraît venir de nulle part et qui semble fait pour contrarier l'homme en général et le chasseur en particulier. En plus de ses désagréments cutanés et sonores, il véhicule bon nombre de maladies gravissimes dont le paludisme. On sait maintenant que seules les femelles moustiques, qui sont hématophages, recherchent le sang et les protéines qu'il contient en période de reproduction.

Voir aussi : anophèle, Lyme, mouche, palu, tique, virus.

MUE

Chute bienheureuse. Bois fréquemment tapis au fond des bois. Celui qui trouve l'un de ces andouillers est loin d'être une andouille.

Grand gibier

Chaque année, les cervidés mâles perdent leurs bois. Quand ces derniers sont à terre, détachés de la tête, ils prennent le nom de « mues ». Il est très difficile de trouver des mues en forêt car leur mimétisme et le travail des rongeurs les font rapidement disparaître à la vue du collectionneur. Les forestiers aiment cette quête qui leur confirme parfois leur première impression fugitive sur un grand cerf vu trop rapidement lors d'une chasse ou d'une observation au mirador.

Voir aussi : andouillers, caribou, cerf, chevreuil, daim, élan(d).

MUETTE

Définition qui laisse sans voix.

Chiens

Autant l'avouer tout de suite, le mot est tombé en désuétude : la muette désignait le chenil hébergeant la meute de chiens, voire le rendez-vous de chasse. Ainsi parlaient nos anciens. Quand même, on est en droit de s'interroger sur le choix du mot : le muet est celui qui, privé de voix, ne saurait faire aucun bruit... On ne saurait plus mal l'utiliser. Le chien de chasse est d'autant plus bruyant qu'il vit en collectivité, au moment des repas et au moment de ses sorties terrain.

Voir aussi : meute, rendez-vous.

MULET

Cerf faisant sa tête de mule. S'entête à perdre ses bois chaque année.

Faune sauvage – Grand gibier

*Quand le cerf ne porte pas de bois, il est dit cerf moine ou cerf mulet. Le cerf mulet est un mâle simplement décoiffé, c'est-à-dire temporairement sans ramure, du fait de la saison. Ses bois, qui tombent chaque année, n'ont pas encore repoussé. Il a la tête très chevaline, on dirait une mule. Le cerf moine est un cerf qui n'a pas de bois de façon permanente, suite à un accident ou à une pathologie particulière. On dit d'une personne qui fait « sa tête de mule » qu'elle témoigne d'un entêtement inutile dans ses prises de position et ses convictions, sans doute après l'observation que les mules (animal hybride entre la jument et l'âne) sont particulièrement têtues. Le cerf mulet n'a rien à voir avec le cerf américain du même nom, mais qui désigne une espèce à part entière de cervidé – mule deer ou cerf hémione, dit encore cerf à queue noire (*Odocoileus hemionus*).*

Voir aussi : bois, cerf, cerf moine, décoiffé, mue.

MULOTER

Renard qui a souri(s). Les renards sont comme les chasseurs : ils aiment parfois abandonner la facilité du tueur de poules pour un vrai gibier, le mulot. On ne dit pas du goupil qui chasse les rats qu'il « rate », mais qu'il « mulote », surtout si ce sont des mulots et qu'il les attrape à chaque fois ou presque.

Faune sauvage

Voilà une expression « en proie » à toutes les admirations, car ne mulote pas qui veut. Le mulotage est un art qui se transmet de renard à renard avec un savoir-faire jamais démenti depuis l'apparition des goupils sur la planète Terre.

Voir aussi : goupil, renard.

MUSÉE

Conservatoire d'espèces pour animaux disparus. On y trouve toutes les curiosités qui n'existent plus dans la nature et on appelle cet endroit un Muséum d'histoire naturelle.

Organisation, réglementation, sécurité – Histoire

Il en faut, des musées, surtout d'histoire naturelle, même si les plus beaux devraient être à ciel ouvert. La nature se raconte et se rencontre d'abord et encore sur le terrain. Pour tous ceux qui n'en ont jamais visité, je recommande bien vivement une journée au Muséum d'histoire naturelle de Paris et la découverte de sa grande galerie de l'Évolution. Tous les animaux y ont droit à une seconde vie, au service de l'éducation de nos enfants qui y apprendront combien ils ont un rôle primordial à jouer pour préserver nos écosystèmes. Le poids de la chasse pèse bien peu dans la disparition des espèces au regard des autres sources de nuisances d'origine démographique ou industrielle. On apprend au moins cela dans les musées qui s'intéressent au vivant.

Voir aussi : histoires.

MUSICIENNE

Grive bien notée. Difficile à portée.

Petit gibier

La grive musicienne fait partie des quatre espèces de grives que l'on peut chasser en France, avec la grive litorne, la grive mauvis et la grive draine. Elle est sans aucun doute la plus populaire et la plus appréciée des chasseurs, au coup de fusil comme au coup de fourchette. Encore appelée vendangeuse, chiqueuse ou tourdre. Son chant est caractéristique et forme une véritable partition musicale. Difficile à tirer, même à portée, car son vol est rapide et déroutant le long des haies.

Voir aussi : grive.

MUTIR

Savoir faire le vide par l'intérieur, pour les rapaces.

Chasse au vol – Faune sauvage

Terminologie ancienne du fauconnier, indiquant l'action de fienter pour les rapaces. On disait également émutir, motir ou excrémenter. À côté de ses déjections, il y a les réjections, ces pelotes caractéristiques des rapaces qui vomissent, sans achever le processus alimentaire, sous une forme compacte, les éléments indigestes de leurs proies (os, poils, plumes, etc.), se vidant ainsi par... l'extérieur !

Voir aussi : pelotes (de rejection), fientes.

MYXOMATOSE

Les chasseurs en ont fait toute une maladie... les lapins aussi.

Maladies

Triste maladie qui a éradiqué le lapin de garenne, pourtant si abondant en France, à cause de l'introduction du virus, étudié en Amérique du Sud et en Australie, par le docteur Armand-Delille en 1952. Cette initiative privée a été lourde de conséquences sur tous les autres gibiers car le lapin constituait un fonds de chasse appréciable sans que les chasseurs se tournent vers d'autres animaux. La quasi-disparition des lapins a profondément changé l'approche de la chasse du petit gibier et du gibier migrateur.

Voir aussi : garenne (lapin de), jeannot, lapin, virus.

NAC

Nouveaux animaux de compagnie. Bêtes risquant de mener une vie de chien. Animaux maison. Espèces périlleuses en péril.

Animaux domestiques – Faune sauvage

Cet acronyme récent (puisqu'il date de 1984) est bien pratique pour désigner une catégorie fourre-tout d'animaux venus concurrencer, dans le cœur des hommes, nos chiens et nos chats. Porteurs de zoonoses et susceptibles de pollutions génétiques en cas d'hybridation, ils comprennent des rongeurs de toutes espèces et de tous pays, des oiseaux, poissons, serpents, tortues dont beaucoup d'animaux exotiques, pris d'abord pour des jouets vivants et destinés à rester en cage toute leur vie. Ni gibiers, ni nuisibles, ni vraiment protégés et encore moins domestiqués, même s'ils vivent au contact du genre humain, malgré eux. La liste est longue et aux noms évocateurs : hamster doré, gerbille de Mongolie, cochon d'Inde, chien de prairie à queue noire, furet, vison d'Amérique, wallaby de Bennet, python royal, caméléon casqué du Yémen, varan à queue épineuse, perruche à collier, gris du Gabon, paons, etc. Les chasseurs y retrouveront la caille de Chine et du Japon, les colins, certains canards, les oies, les cygnes, parfois échappés de leurs enclos naturels.

Voir aussi : CITES, EEE, ESOD.

NAPPE

Quand le cerf est en nappe, c'est qu'il n'a plus que la peau sur les os. Ce n'est grave ni pour lui – parce qu'il est déjà mort – ni pour les chiens qui vont dévorer sa carcasse, car il y en aura pour tout le monde.

Grand gibier – Chasse à courre

Terminologie propre au veneur. Une fois le cerf mort, il est préparé en vue de sa consommation par les chiens ; pour ce faire, il est écorché mais on le recouvre de sa peau solidaire de la tête, que l'on baptise la nappe. L'animal ayant été forcé, c'est-à-dire couru pendant des heures, sa viande n'est plus comestible. On la réserve à la meute. Au moment de rendre les honneurs, qui rappellent en musique le déroulement de la journée, le piqueux attise la convoitise des chiens en secouant la tête du cerf pour leur faire croire qu'il est vivant. Puis, on découvre la nappe et là, c'est la curée. En quelques minutes, il ne reste rien de la carcasse entière du cerf. La vénerie est quand même le seul mode de chasse qui rend le gibier inconsommable pour l'homme. Pas de quoi remettre le couvert.

Voir aussi : dépouiller, table, vénerie.

NATURALISTE

Observateur attentif du gibier mort. Redonne la vie au gibier une fois qu'on la lui a ôtée. Met le gibier en conserve, mais le rend impropre à la consommation.

Techniques – Faune sauvage – Trophées

Le naturaliste qui nous intéresse ici n'est ni l'écrivain adepte d'un mouvement littéraire, le naturalisme, ni l'amateur éclairé en zoologie ou en botanique. Pour tout chasseur, le naturaliste est en fait un taxidermiste, c'est-à-dire un professionnel de la préparation et de la conservation des trophées. Beaucoup disent encore « empailler » pour « naturaliser » et « naturaliste » pour « taxidermiste » !

Voir aussi : taxidermiste, trophées.

NEIGE

Temps à ne pas mettre un chasseur sur des skis.

Moment – Territoire
Précisons que les chasseurs alpins ne sont pas des chasseurs armés à ski mais des militaires. En principe, la chasse est interdite par temps de neige. Elle reste autorisée pour le gibier de passage et les grands animaux sauf en cas de froid persistant – le préfet peut alors la suspendre pendant une période dont il apprécie souverainement la durée. Dans certains pays nordiques, on chasse avec des raquettes ou à ski sur une neige épaisse et persistante, comme au Québec (pour trapper les animaux à fourrure) ou en Scandinavie (pour tirer le lagopède, notamment).

Voir aussi : brouillard, chaud, froid, météo, pluie, vent.

NEMROD

Bon chasseur ne veut pas dire bon fusil, ce serait plutôt le contraire.

Histoire – Personnages célèbres
Nemrod ou Nimrod, descendant de Noé, fut le premier roi d'Assyrie après le déluge, et le fondateur de Babylone. Célèbre chasseur, on sait moins qu'il fut à l'origine de la construction de la fameuse tour de Babel et également un personnage clé dans la naissance de la franc-maçonnerie. D'aucuns prétendent que l'étymologie de son nom peut se traduire par « celui qui a vaincu ou dompté le tigre ». L'orthographe de Nemrod (et non pas Nimrod comme dans la Bible) est consacrée par de grands auteurs de la littérature comme Jules Verne ou Alexandre Dumas. Les saintes Écritures sont assez discrètes sur la position à adopter face à la chasse, mais incontestablement, Nimrod est glorifié comme un grand souverain, guerrier hors pair et « chasseur devant l'Éternel ». La mythologie et les religions juive et musulmane font peu de cas du personnage, qualifié de tyran, et souvent associé au mal dans sa vie politique. Pour son époque, Nimrod aurait chassé beaucoup de grands gibiers différents et son habileté à l'arc serait incontestée. De nos jours, qualifier de Nemrod un chasseur est flatteur : c'est le considérer comme un sage de la chasse. Ce nom propre est devenu au fil du temps un nom commun distinguant les meilleurs.

Voir aussi : Actéon, Artémis, chasseur, Diane, saint Eustache, saint Hubert.

NERF

Être sur les nerfs est un vilain défaut; être sur le nerf est un joli défi.

Chasse à courre – Faune sauvage
Les nerfs jouent un rôle fondamental dans la distribution de l'énergie de chacun d'entre nous. Beaucoup d'expressions sont issues ou dérivent de ce mot : être énervé, passer ses nerfs, être sur les nerfs, etc. Autant de situations peu enviables, alors que chez le cerf, le « nerf » désigne, dans le langage de la vénerie, le pinceau ou la verge elle-même. On voit que quand le cerf est sur le nerf, c'est qu'il est au meilleur de sa forme, prêt à saillir les biches. On ne saurait en dire autant de l'homme.

Voir aussi : cerf, rut.

NEZ

Ceux qui en ont ne manquent pas d'air. Appendice terminal commun au chien et à son maître, sauf que l'un sait s'en servir, l'autre pas.

Chiens
Quand un chasseur a du nez, c'est qu'il a de la chance. Quand un chien a du nez, c'est qu'il fait son boulot ! On dit d'un homme qui connaît le vin ou qui crée des parfums qu'il est « un nez », mais cela nous éloigne de la chasse.

Voir aussi : chien (tout court), chien courant, chien de sang, sentiments.

NIAIS

Futur chasseur tombé du nid.

Chasse au vol

Chacun connaît le sens du mot « niais », qui désigne une jeune personne peu dégourdie... Ce que l'on sait moins, c'est que le niais est l'oiseau que les fauconniers autrefois prenaient, alors qu'il était encore au nid, pour en faire un rapace de chasse, et donc un futur chasseur.

Voir aussi : dénicher, fauconnerie, nid.

NICHE

Abri de jardin à porté(e) pour chien dénicheur...

Chiens

Seuls les chiens de meute, ou alors les petits chiens courants qui sentent fortement le renard, continuent de partager le chenil, et seuls quelques chasseurs inconscients laissent encore à la niche leurs braves compagnons à quatre pattes. La majorité d'entre deux occupe l'intérieur de la maison, plus que l'extérieur, confortablement avachis dans des canapés partagés ou des panières confortables au coin de la cheminée... Mais pour ceux qui sont encore à la niche, celle-ci n'est guère éloignée du maître, tout au plus au fond du jardin, surtout quand il s'agit de chiens savants, sachant à la perfection dénicher le gibier.

Voir aussi : chenil, chiens.

NID

Piège à œufs. Le nid est à l'œuf ce que la poêle est à l'omelette, la différence étant le temps de cuisson.

Faune sauvage – Modes de chasse

L'expression populaire « ne pas mettre tous ses œufs dans le même panier » ne s'applique assurément pas aux oiseaux qui, eux, concentrent tous leurs avoirs dans le même nid. Ce dernier est une construction éphémère destinée à la couvaison; il n'est protecteur que si l'adulte couve ou reste sur place. C'est un formidable piège en cas de repérage par la corneille noire ou d'autres prédateurs ailés, voire les fouines, qui se délectent du contenu. Les parents voient rouge quand les voleurs voient « le jaune », mais c'est souvent trop tard.

Voir aussi : aire, couvée, dénicher, gîte, niais, œuf.

NIOLE

En prendre risque de vous mettre à l'eau.

Gibier d'eau – Équipement – Noms vernaculaires – Régionalisme

La niole (on dit également « niaule » ou « yole ») est une petite barque à fond plat, utilisée par les sauvaginiers pour glisser sans bruit dans les marais (en Poitou ou en Vendée), à l'aide d'une perche, pour chasser les canards. Son origine est hollandaise. La niôle (on dit aussi « gnôle », « gniole », ou « gnaule ») est aussi cette boisson indéfinissable fortement alcoolisée, servant de remontant au chasseur par grand froid... Dans tous les cas d'imprudence ou d'abus, vos projets, et même plus, risquent de tomber à l'eau.

Voir aussi : barque, flasque, punt, sauvaginier.

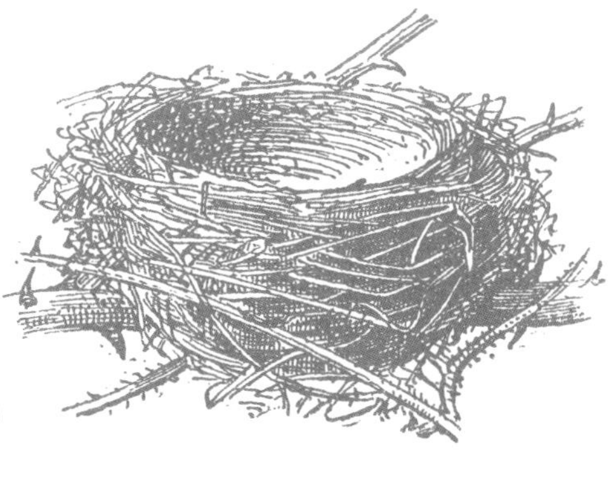

NOBEL (Alfred)

S'en tire bien pour un non-chasseur. Fabricant de munitions, prix de remords (prix Nobel).

Armes, munitions, balistique – Personnages célèbres

Alfred Nobel (1833-1896), de nationalité suédoise, est plus connu pour le prix qui porte son nom (le prix Nobel, qui existe dans différentes disciplines depuis 1901), que pour son invention de la dynamite, de la poudre sans fumée, la balistite, et l'amélioration de la nitroglycérine. Cet industriel, resté célibataire et devenu immensément riche grâce à ses inventions (plus de 350 brevets déposés), particulièrement actif dans le domaine de la chimie, des poudres, des explosifs et des armes à feu en général, fut pris de remords, à la fin de sa vie, du nombre de morts que ses inventions avaient provoquées et laissa son immense fortune pour faire le bien de l'humanité après lui, et constituer ce qui allait devenir la fondation Nobel. Le prix Nobel le plus connu est celui de la paix. Aucun prix ne concerne l'environnement et la nature, alors que cela avait été envisagé en 1968.

Voir aussi : cartouche, Journée, poudre.

NOCES

Seuls les canards y laissent des plumes.

Gibier d'eau

Les chasseurs distinguent les canards de surface et les canards plongeurs. Le critère est lié à la ligne de flottaison et au mode alimentaire. Ces oiseaux arborent au cours de l'année deux plumages différents, l'un qualifié de « plumage de noces », pendant la période de reproduction, où les mâles ont leurs plus belles couleurs, et l'autre, le restant de l'année, dit encore « plumage d'éclipse ».

Voir aussi : bouquinage, brame, croule, parade, plumage de noces, rut.

NO KILL

Le chasseur pêche de ne pas pouvoir la pratiquer.

Sociologie

Les pêcheurs peuvent relâcher le poisson attrapé, c'est ce que les pêcheurs sportifs font de plus en plus. Le plaisir du combat leur suffit. Cette pratique est qualifiée de no kill (en anglais « non tué »). Le poisson est remis à l'eau après la petite photo d'usage. Il est pris, mais on ne lui a pas pris sa vie. Il n'en est pas de même à la chasse, où l'animal capturé ne peut pas être relâché. Certaines tentatives à l'étranger se font jour pour instituer la même pratique à la chasse, notamment en Afrique du Sud, où la chasse du rhinocéros peut se pratiquer avec un fusil à seringue hypodermique. Cette chasse reçoit le doux nom de green hunt (« chasse verte »).

Voir aussi : mort, pêcheur.

NOM D'UN CHIEN...

Appellation contrôlée, préférable à « nom de D... » profane !

Sociologie

Les jurons n'ont pas bonne presse... dans les églises et auprès des grenouilles de bénitier. Heureusement, sur le terrain, entre chasseurs, on se comprend. « Nom de Dieu » et « nom d'un chien » sont synonymes. Le second reste préférable au premier pour ne pas offenser le ciel, mais à bien y réfléchir, Dieu, pas plus que le chien, n'y sont pour quelque chose dans l'énervement et l'emportement issus des situations de terrain.

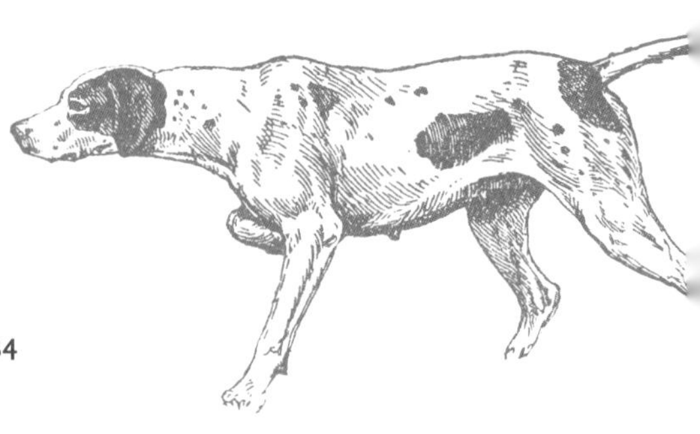

Voir aussi : chasseur, chien (tout court), Dieu, Médor.

NON-CHASSEUR

Personnage qui pratique l'ouverture toute l'année.

Sociologie

Le chasseur chasse en saison. L'écologiste est antichasse et totalement fermé à cette pratique qu'il veut voir disparaître. Le non-chasseur, lui, n'a pas d'opinion préconçue, il est souvent ignorant des enjeux et du monde de la nature mais reste ouvert sur le dialogue et c'est par lui que peut passer l'avenir de la chasse.

Voir aussi : antichasse, Brigitte Bardot, écologiste.

NORD

Pour les trappeurs, plus encore que pour les chasseurs, le Nord ne peut être que le grand.

Géographie

Au risque de froisser les Ch'tis, le nord (de la France) ne fait pas rêver les foules – à tort, sans doute, car il y fait bon vivre, en définitive. Mais le « grand Nord » évoque les aventuriers d'un autre temps, les récits exaltants de Jack London à Nicolas Vannier, ces immensités enneigées où la vie est au prix d'un bon feu ou d'une cabane de trappeur solidement construite ; on y vit du piégeage du castor, on s'y défend d'un grizzli menaçant, on y tire un caribou ou un orignal. Et, quand vient la nuit, ce sont les hurlements des loups qui rappellent que la vraie nature existe encore, même à l'ère du tout-nucléaire et d'Internet.

Voir aussi : Est, Ouest, Sud.

NOYAU

Seules les balles peuvent avoir un double noyau. Comme quoi, la recherche en balistique porte toujours ses fruits.

Armes, munitions, balistique

Partie centrale du projectile et partie centrale du fruit.

Voir aussi : cartouche, carabine, douille.

NUAGE

Le chasseur préférera un nuage d'oiseaux à un nuage de lait, les plus audacieux ne redouteront pas une pluie d'oiseaux.

Moment

Il arrive aux oiseaux migrateurs de se concentrer en grande quantité lors de leurs migrations hivernales. En ce cas, certaines espèces chassables peuvent former des vols compacts, impressionnants, voire irréels quand ils arrivent sur votre tête ; c'est d'ailleurs un stratagème redoutable car le chasseur ne sait plus où tirer. Ce ne sont que des ailes qui se frôlent, des cris qui résonnent, des froissements de corps que l'on voudrait éviter.

Voir aussi : brouillard, météo, migrateurs, pluie, vent.

NUISIBLE

Concurrent au chasseur, à l'agriculteur, au forestier, bref, à l'homme de terrain qui ne voit en lui qu'un animal à abattre sans même penser à sa consommation. Liste noire des animaux réservés aux chasseurs de primes.

Faune sauvage – Organisation, réglementation, sécurité

Soyons honnêtes : aucun animal n'est nuisible en soi et chacun a sa place dans la pyramide du vivant. Le critère de nuisibilité est lié à la concurrence d'une espèce par rapport aux activités de l'homme, que celles-ci soient professionnelles (agriculture, sylviculture), sociales (réseaux routiers, dortoirs urbains, aéroports...) ou passionnelles (la chasse). Le nuisible est un prédateur dont la chair est incomestible, sauf exceptions (sanglier, lapin, étourneau ou pigeon). Sa seule démographie peut lui valoir d'être classé sur la liste noire des espèces à « détruire » sans se poser trop de questions. Pourtant, les renards ne mangent que les poules de ferme ou les poules faisanes, les corneilles ne s'attaquent qu'aux œufs et petits oiseaux... Seulement voilà, si l'on veut que faisans, perdrix, lièvres et canards soient encore présents à l'ouverture, il faut bien s'occuper des chasseurs naturels qui vont les croquer avant nous ! Il en va de même en matière de grand gibier : on crie haro sur le lynx ou sur le loup (pourtant totalement protégés) parce qu'ils trouvent à leur goût nos chevreuils et qu'ils nous en laissent moins... Mais au fond, chacun a sa place, il faudrait aussi en prendre conscience, tout est une question d'équilibre.

Voir aussi : corbeau, cormoran, épouvantail, geai, pie, renard.

NUIT

Pause syndicale pour chasseur vivant au jour le jour sa passion.

Moment

La chasse de nuit est interdite, sauf exception comme la chasse à la hutte pour le gibier d'eau. Quand on est parti de bon matin et que l'on a passé une journée au grand air, on peut laisser se reposer hommes et bêtes quand vient le soir.

Voir aussi : hutte, gabion, lune, mirador, pass(é)e.

OBÉLIX

Chasseur gaulois aimant son sanglier à poing.

Personnages célèbres

Crée en 1961 par Goscinny, Obélix est l'incomparable compagnon d'Astérix le Gaulois, grand chasseur et dévoreur de sanglier à la broche. Obélix chasse sans arme, et seulement à l'aide de ses poings, car depuis qu'il est tombé dans un chaudron de potion magique étant petit, sa force est herculéenne. Son métier de tailleur de menhirs lui laisse suffisamment de temps pour se consacrer à sa passion favorite.

Voir aussi : histoires, Idéfix, Milou, sanglier.

OBERTHÜR (comte Joseph)

Comte ayant croqué à dessein (à dessin) presque toutes les espèces animales.

Personnages célèbres

Joseph Oberthür (1872-1956) a été un des plus célèbres illustrateurs animaliers de son époque; ses talents d'écrivains sont moindres. On lui doit la collection d'ouvrages Le Monde merveilleux des bêtes, Gibiers de notre pays *et deux volumes remarquables sur* Le Chien : ses origines et son évolution. *Chasseur impénitent, observateur attentionné de la nature, il était médecin de formation et fils d'imprimeur alsacien. Sa connaissance encyclopédique des animaux, son style si particulier, le firent surnommer « le Buffon du XXe siècle ».*

Voir aussi : Buffon, La Fontaine.

ŒIL-DE-PERDRIX

Cor, mais au pied. Ne trompe personne. Peut sonner le chasseur, mais jamais le gibier.

Expression populaire

Cette déformation du pied, entre les orteils ou à l'extérieur du petit dernier, accumulation de peaux mortes, peut se révéler handicapante pour le chasseur. Ces formations, souvent dues à des frottements, se nomment aussi cors ou durillons. Quant à l'œil de perdrix, grâce à lui, l'oiseau s'en porte mieux pour s'enfuir au loin dès qu'il se sent menacé. Le cor désigne aussi faussement un instrument de chasse, la trompe.

Voir aussi : cor, pied, sonneries, trompe.

ŒSTRUS

On dit que l'argent n'a pas d'odeur, en revanche, l'amour, oui. En période de reproduction, ce sont les femelles qui font le mâle.

Faune sauvage

Période courte pendant laquelle la femelle est réceptive et fécondable une fois l'an durant l'époque de la reproduction. Le terme s'applique particulièrement aux cervidés où le comportement et les effluves de la femelle guident les ardeurs du mâle. Cette odeur peut être perçue de très loin par le cerf et le chevreuil, qui semblent comme envoûtés par ce fumet amoureux auquel ils ne peuvent résister.

Voir aussi : gestation.

ŒUF

Couvé par le chasseur autant que par le gibier.

Faune sauvage

Avant d'avoir des plumes, le petit gibier, le gibier migrateur ou le gibier d'eau apparaît comme un simple œuf, dont on ne fait d'omelette qu'avec ceux des cailles. Si l'œuf appartient à une espèce chassable, il a une forte probabilité de finir dans l'assiette du chasseur sous forme de volatile. La gestion du gibier commence par la protection des nids et par le piégeage des trois principaux prédateurs amateurs de coquilles : le rat, la corneille et la fouine.

Voir aussi : couvée, élevage, fouine, nid, ponte.

OIE

Pas si bête que cela et authentique bête de chasse.

Gibier d'eau – Faune sauvage

Comme pour la bécasse, qui ne mérite pas son nom, l'oie ne mérite pas plus son qualificatif (« bête comme une oie »). Rien n'est plus injuste pour ce bel oiseau, qu'il soit domestique ou sauvage. Les oies du Capitole sont là pour témoigner de leurs qualités de gardiennes, et les oies sauvages, de leurs qualités exceptionnelles de migratrices. Le pays de la chasse des oies reste bien sûr le Québec, avec les oies blanches et les fameuses bernaches du Canada ; en Europe, nous côtoyons l'oie cendrée, l'oie des moissons et l'oie rieuse, toutes gibiers, et ceux qui vont près du mont Saint-Michel, en Bretagne comme en Normandie, admireront les vols impressionnants de bernaches cravant ou nonnettes, pour le seul plaisir des yeux et des oreilles.

Voir aussi : baie du Mont-Saint-Michel, bécasse.

OISELLERIE

Chasse au fil de la plume.

Modes de chasse

À côté de la chasse à courre (vénerie), de la chasse au vol (fauconnerie) et de la chasse à tir, un autre mode de chasse a longtemps occupé les hommes : la capture des petits oiseaux à l'aide de pièges les plus divers, l'oisellerie. Les filets et fils en tous genres (lacs, lacets, tenderie, gluaux, pipée) y tiennent une large place. Qualifiée aujourd'hui de chasses traditionnelles, leur pratique est pour partie interdite, pour partie fortement encadrée. Elle est réservée localement aux initiés, dont la transmission du savoir se fait de génération en génération.

Voir aussi : appelant, appeau, filet, glu, piège, sifflet.

OKAVANGO

Delta désertico-aquatique où le gibier se met les pieds dans l'eau.

Chasse à l'étranger – Faune sauvage – Géographie

Avec la région des Grands Lacs, la boucle du Niger et le bassin du Congo, le delta de l'Okavango est une des zones humides les plus remarquables d'Afrique subsaharienne. Au Botswana, le fleuve, grossi par les eaux de ses affluents et le déversoir des lacs, vient se perdre dans le désert du Kalahari, ne trouvant aucune embouchure pour rejoindre l'océan, donnant ainsi naissance, par ses inondations ponctuelles et cycliques, à une avifaune et un écosystème exceptionnels (18 000 km²). Presque tous les grands mammifères et des myriades d'oiseaux viennent y patauger d'île en île. L'un des moins connus du continent noir comme fleuve endoréique, le troisième plus long avec 1 600 km, celui-ci traverse l'Angola, la Namibie et le Botswana.

Voir aussi : Afrique, *big five*, safari.

OMNIVORE

Mange de tout quand cela le démange. Chez l'homme, on y trouve deux catégories : les grossivores et les maigrivores.

Sociologie

Les grossivores ne pèsent ni le pour ni le contre quand ils dévorent ; les maigrivores ne comptent que les calories, seuls gibiers de leur estomac.

Voir aussi : carnivore, chassivore, frugivore, herbivore, insectivore.

OPTIQUE
Dans ces conditions (ou dans cette optique), il n'y a jamais un verre de trop.

Équipement
L'optique fait partie des équipements indispensables du chasseur de grand gibier, qu'il s'agisse des jumelles d'observation, des lunettes de tir ou des « points rouges » pour tirer plus rapidement en battue. Ce n'est ni un luxe, ni un moyen déloyal de conquérir les grands animaux, tout au contraire : ces lentilles, ces verres, en bref ces optiques, permettent une identification de la cible et un ajustement du tir.

Voir aussi : crochets, jumelles, lunette.

ORANGE
Contre toute attente, bien vu en battue. Couleur de protection qui confirme, s'il en était besoin, que le chasseur est une espèce protégée.

Équipement
Rien à voir avec le vert chasse! Les chasseurs portent désormais des vêtements à base d'orange fluorescent, pour se faire bien voir des autres lors d'une action commune. Cela évite bien des accidents ou des incidents de chasse.

Voir aussi : battue, camo, chasseur, kaki, picaillon, sécurité.

OREILLES
Un bon chasseur peut dormir sur les deux, d'autant mieux qu'avec le temps, elles ne lui sont plus d'aucune utilité.

Sociologie
On ne saurait chasser sans une certaine éthique et une certaine prudence. Dans ces conditions, le chasseur a sa conscience pour lui et peut trouver un sommeil réparateur. Malheureusement, la chasse n'a pas que des avantages, elle a l'inconvénient d'altérer fortement les facultés auditives de ceux qui ne se protègent pas suffisamment les oreilles.

Voir aussi : acouphènes, audition, casque antibruit, écoutes, sécurité, sourd.

ORTIE
Belle plante qui ne manque pas de piment et qui punit sans discernement celui qui lui manque de respect.

Flore
L'ortie est l'amie des apothicaires et des cuisiniers. Cette plante urticante et velue, aux vertus méconnues de beaucoup, pique un peu quand on a le malheur de s'y frotter par mégarde, mais c'est là un moindre mal. À côté des brûlures qu'elle occasionne en surface, ses préparations comestibles en font un dépuratif puissant, un diurétique efficace, un anti-inflammatoire incontestable.

Voir aussi : buisson, épines, ronce.

ORTOLAN
Nom de scène du bruant. On fait beaucoup de cinéma pour le consommer. Déguste avant que de se déguster. Délicieux gibier, bien menu, même engraissé. Toujours dans son assiette.

Faune sauvage – Petit gibier
Aristide Bruant était un écrivain et chansonnier français (1851-1925), artiste de cabaret, connu pour ses formules populaires et son langage argotique, comme Nini peau d'chien. *L'ortolan est un petit passereau protégé appartenant à la famille des bruants. Il fait encore l'objet d'une chasse traditionnelle, chasse dite « aux matoles » dans le Sud-Ouest, où sa dégustation obéit à un rite très spécial. On capture l'oiseau migrateur lors de son passage à l'aide d'une petite cage. On le garde un certain temps afin de l'engraisser au millet blanc et le rendre savoureux. Enfin, on le noie dans un verre*

d'alcool (si possible un bon armagnac) avant de le cuisiner et on le consomme entièrement en respirant le fumet sous un mouchoir mis au préalable sur la tête! Cela relève désormais du passé, mais avouez qu'il y a là beaucoup de civilités (voire de barbarie) à un tel accommodement.

Voir aussi : migrateurs, oisellerie, piège, table.

OUF

Exclamation de soulagement que le chasseur posté s'interdit de prononcer à voix haute lorsqu'il entend sonner la fin de traque.

Sociologie

À la chasse, le temps peut paraître long, surtout quand on est posté et que rien ne se passe : ni une vision fugitive d'un animal se dérobant, ni la voix des chiens au loin. Alors, quand les traqueurs arrivent devant vous ou que la fin de chasse est matérialisée par le bon coup de trompe, le chasseur peut pousser un « grand ouf ». On va passer enfin à autre chose. Une autre traque, d'autres espoirs et la chasse continue.

Voir aussi : battue, poste, traque.

OUEST

Tout chasseur peut se retrouver à l'ouest, sans pour autant être un cow-boy.

Géographie – Sociologie

L'Ouest évoque sans nul doute possible des grandes plaines américaines où l'on trouve encore le bison, mais aussi la seule antilope chassable aux États-Unis, l'antilope pronghorn. On dit encore de quelqu'un qui a un comportement décalé qu'il est totalement « à l'ouest », cela arrive aussi au chasseur sous le coup de l'émotion.

Voir aussi : Est, Nord, Sud.

OURS

Ours blanc, ours brun, ours noir, l'animal vous en fera voir de toutes les couleurs. Précision d'importance : les oursins ne sont pas les petits de l'ourse... Dire que l'ours est rare chez nous est d'une mauvaise foi totale! On peut l'observer tous les jours, ou plutôt chaque nuit en levant les yeux et en contemplant, quand le temps le permet... la Grande Ourse.

Faune sauvage

L'ours est un personnage, qui change de nom et de fonction, au gré des générations, des pays : de Teddy-Bear à Winnie l'ourson, de Baloo à Frère des Ours, en passant par le panda du WWF. Mais au-delà de son apparence bon enfant et de ses rassurantes rondeurs, c'est un prédateur redoutable, imprévisible et remarquablement intelligent qu'il vaut mieux ne pas croiser par hasard et désarmé dans son milieu d'origine. Non seulement c'est un grand pêcheur (de saumons), mais c'est aussi un grand chasseur. N'est pas grizzli qui veut.

Voir aussi : espèces protégées, fourrure, martin, montagnes, Phœbus, tanière.

OUVERTURE

Jour sans fin à part celle du gibier.

Moment

L'ouverture est toujours attendue avec grande impatience et donne lieu à moult préparatifs festifs. Si le chasseur pouvait chasser toute l'année, la magie de ce jour J perdrait tout son panache. Aucune ouverture ne ressemble à une autre. Mais l'ouverture dure aussi jusqu'à la fermeture, de nombreux mois plus tard et en cela, elle est authentiquement un jour sans fin, ou presque.

Voir aussi : dimanche, fermeture, septembre.

P

PAC

Les optimistes pourraient penser que les initiales de ce sigle signifient « priorité aux chasseurs ». Il n'en est rien. C'est plutôt l'inverse dont il s'agit : avec la PAC (Politique agricole commune), c'est l'Europe qui a réussi à faire agoniser en même temps les agriculteurs et le gibier.

Territoire

Cette politique européenne a fait beaucoup de mal aux territoires, en orientant les productions, en rationalisant les exploitations, en incitant à la destruction des habitats naturels garants de la dynamique de notre petite faune. Et pour quel résultat ? La disparition programmée des « terriens », gibiers et paysans.

Voir aussi : cultures, fermier, paysan.

PAGE

Cerf à la mode. Ce serait excessif de dire cerf à la page. Fait la paire sans le père. Compagnon de route.

Grand gibier – Chasse à courre

Un grand cerf est souvent accompagné de son page, un cerf plus jeune, mais adulte; le page ne fait pas d'ombre à celui qui l'accompagne. On le dit aussi pour le sanglier sur ces vieux jours qui quitte son statut de solitaire pour vivre en paire avec un plus jeune. Seuls les veneurs utilisent encore ce mot.

Voir aussi : cerf, écuyer.

PAILLASSON

Pour essuyer les tirs des chasseurs en battue.

Aménagements – Organisation, réglementation, sécurité

Le paillasson n'est pas uniquement ce tapis qui, à l'entrée de nos maisons et de nos appartements, nous permet d'essuyer nos pieds crottés et mouillés. C'est aussi un « cache-poste », un paravent de tir, bien pratique en battue, en plaine comme au bois, qui dissimule le chasseur sur la ligne. Poste matérialisé, ouvert, au sol, sans toit, il peut comporter trois volets, mais le plus souvent un seul suffit. De la hauteur d'un homme, il se compose d'un filet de camouflage ou d'une bande de brande de bruyère, formant comme un balcon derrière lequel le chasseur vient prendre place et le dissimule jusqu'au dernier moment à la vue du gibier.

Voir aussi : battue, poste, tir.

PAILLE

On y lève beaucoup plus de gibier quand on y chasse que quand on s'y couche.

Territoire – Aménagements

La paille est le tuteur végétal qui porte le grain des céréales. Une fois le grain récolté, on rassemble la paille séparément pour servir de litière au bétail. Il ne demeure au sol, après moisson, que la racine et la tige sur quelques centimètres. Ce chaume restant est ensuite passé au grappin pour lui enlever toute résistance et préparer le labour ultérieur. En attendant, à l'ouverture, ces chaumes encore paillés offrent un couvert minimal pour le lièvre, la caille ou les perdrix. Et puis il reste toujours un peu de grain oublié qui fait le délice des hôtes voisins. En Afrique, on chasse dans les pailles, mais ce ne sont pas celles issues de la culture. Il s'agit d'un couvert herbacé sauvage, de grande taille, grillé par le soleil et qui abrite de nombreux oiseaux, à commencer par les francolins et de grands animaux comme le buffle.

Voir aussi : caille, chaume, cultures, labour, safari.

PAIRON

Bécasse à paire unique.

Petit gibier

Le mot « paire » ou « couple » est proscrit du langage cynégétique quand il s'agit de deux bécasses, soit vues soit tirées en même temps ou presque. Usage unique pour notre belle des bois. Cela ne veut pas dire par ailleurs qu'il s'agit obligatoirement d'une bécasse mâle et d'une bécasse femelle.

Voir aussi : bécasse, bécassier, récidive, tir.

PALETTES

Bois qui poussent au large.

Grand gibier

Les palettes désignent les bois des daims et des élans, voire des caribous, quand la partie terminale est particulièrement évasée et forme presque comme une pelle. Jamais le mot n'est employé pour la ramure du cerf ou du chevreuil.

Voir aussi : andouillers, bois, caribou, daim, élan(d), palmes.

PALMES

Un chasseur décoré des palmes (académiques) ne devient pas forcément un palmipède.

Faune sauvage

Les palmes académiques sont une décoration bien française pour récompenser les enseignants méritants. Rien n'empêche un chasseur de les recevoir s'il fait partie de la profession...

Voir aussi : canard, palettes, palmipèdes.

PALMIPÈDES

Oiseaux toujours en nage.

Gibier d'eau

La plupart de nos oiseaux aquatiques (canards, grèbes, oies et cygnes) ont des pattes palmées, leur permettant ainsi de faciliter leurs déplacements dans l'eau. Certains ont des pattes lobées, comme les foulques, appartenant à la famille des rallidés, et non plus des palmipèdes.

Voir : canard, palmes.

PALOMBE

Pigeon ramier changeant de nom quand il arrive dans l'assiette. Porteur d'une maladie contagieuse, la fièvre bleue, qui, à tout prendre, est préférable à la fièvre jaune.

Petit gibier

Le pigeon ramier reçoit le doux nom de palombe dans le sud-ouest de la France, où sa chasse est une véritable religion. On y déploie des trésors de malices pour le capturer, et pendant la saison du passage, on dit que les chasseurs sont atteints de cette maladie, « la fièvre bleue », qui n'est autre que la passion pour ce volatile aux reflets gris bleuté. La fièvre jaune est une maladie grave, commune en Afrique et transmise par les insectes. Les amateurs de safari peuvent s'en protéger car un vaccin efficace est disponible sur le marché.

Voir aussi : biset, migrateurs, pigeon, ramier.

PALU

Fièvre de chasse dont le chasseur se passerait bien.

Maladies

Le paludisme ou malaria, maladie transmise par les moustiques en zones tropicales, est particulièrement redouté et redoutable pour les amateurs de safari. Pour l'aventurier de

brousse, on n'attrape pas le paludisme, on « chope le palu ». Les moustiques ont toujours arrêté les grands hommes, à commencer par Alexandre. En certains endroits de la planète, il est préférable d'entendre siffler le train que les moustiques ; les deux, il est vrai, arrivent toujours à l'heure.

Voir aussi : anophèle, moustique, safari, virus.

PAN

Cri du fusil de jour comme de nuit, enfin quand c'est le chasseur qui raconte ses exploits de chasse... Devient facilement « Baoum » quand il s'agit d'une carabine.Détonation qui détonne. Plus littéraire que littérale. Un bruit qui court...

Armes, munitions, balistique – Sociologie

Rien n'est plus difficile que de qualifier un son pour en rendre toute la vérité ressentie, surtout dans le récit : le bruit du fusil est devenu « pan » et celui de la carabine, plus déchirant pour l'oreille, « baoum ». Rien d'étonnant pour une détonation. Cette onomatopée fait partie de l'imaginaire fructueux des conteurs, comme « bing », « toc toc », « crac », « ding dong » ou « badaboum », etc.

Voir aussi : carabine, fusil, tir.

PANCARTES

Pour chien ayant perdu son maître et sachant lire.

Organisation, réglementation, sécurité

Les chasseurs ne raffolent pas des pancartes ou des panneaux car nombreux sont ceux troués par des plombs ou des balles le long des routes. Cependant, avec le développement du tourisme rural d'une part, et l'explosion des populations de grand gibier d'autre part, les chasseurs ont de plus en plus recours à la pose temporaire ou définitive de pancartes pour informer des propriétés privées, des battues en cours, des zones avec des pièges... Malheureusement, ces indications ne sont pas d'une grande utilité aux chiens courants égarés lors de telles chasses et qui continuent d'errer au bord des chemins à la recherche de leur meute. Ce serait un grand progrès si l'on arrivait à apprendre à lire à nos compagnons à quatre pattes !

Voir aussi : battue, sécurité.

PANSE

La remplir évite de penser.

Faune sauvage

Fait partie du système digestif des ruminants. Une fois la panse pleine, l'animal doit se caler pour entamer sa digestion et se consacrer à l'absorption des aliments. Pendant cette phase de rumination, il est au repos.

Voir aussi : caillette, table.

PANTES

Pour pigeonner au sol les palombes.

Aménagements – Faune sauvage – Modes de chasse – Petit gibier

Chasse traditionnelle du pigeon ramier à l'aide de filets dans le Sud-Ouest. Les pantes, contrairement aux pantières, sont des filets de plus petite taille, posés horizontalement et dissimulés au sol sur une aire de pose, en forêt, où l'on amène les oiseaux sauvages à l'aide d'appelants. Ces palombières se situent dans les pays de l'Adour et de la Garonne, sur quelques départements seulement : Gers, Gironde, Landes, Lot-et-Garonne.

Voir aussi : filet, oisellerie, palombe, pantières.

PANTIÈRES

Pour pigeonner au col les palombes.

Aménagements – Faune sauvage – Modes de chasse – Petit gibier

Chasse traditionnelle du pigeon ramier à l'aide de filet dans le Sud-Ouest (Pays basque et Béarn). Les pantières, à ne pas confondre avec les pantes, sont des immenses filets verticaux dressés dans différents cols pyrénéens, destinés à capturer vivantes les palombes lors de leur migration. Dans cette chasse collective par essence, chacun a un rôle bien déterminé pour guider les vols dès leur localisation et les conduire jusqu'aux dispositifs de capture. « Pigeonner » s'entend là comme synonyme de « se faire avoir ».

Voir aussi : filet, oisellerie, palombe, pantes.

PAON

Faisan sauvé par sa queue. Inventeur de la grande roue.

Faune sauvage – Sociologie

Beaucoup de gallinacés et de phasianidés sont originaires d'Orient et du sous-continent indien, et restent des oiseaux d'ornement, échappant au chasseur. Le faisan est une exception, puisque, selon les espèces, il est tantôt domestique, tantôt gibier. Le paon, quant à lui, sans doute par sa taille et son vol presque improbable, n'a pas été ajouté sur la liste des oiseaux chassables. Le dindon sauvage, en Amérique, lui, n'a pas connu un sort aussi enviable. Enlevez-lui sa queue et les ocelles envoûtantes de ses longues plumes, et il vous reste pourtant le faisan qui sommeille en lui. Seulement voilà, cette immense roue que lui seul est capable de faire sur Terre, avec des couleurs et des dessins hors du commun, l'a rangé au niveau des animaux vénérés (normal pour un genre de faisan). Il s'est fait un « sacré » prénom avec son cri, plus que son chant : « Léon » ! Considéré comme immortel, symbole de la fertilité et du renouveau, c'est un Indien et un hindou par nature et par culture. La langue française fait prononcer « pan » (pour « paon »), et fait de la femelle la « panne » (« paonne ») ! Beaucoup tombent dans le panneau (« paonneau »)... Favorisant l'imaginaire des hommes, on lui doit une autre « grande roue », celle des manèges forains, imitant la queue de l'oiseau et qui fit son apparition dans les parcs d'attractions à l'Exposition universelle de Chicago en 1893. Londres est célèbre pour son fameux London Eye, grande roue permanente de la capitale du Royaume-Uni, mise en place pour commémorer l'an 2000.

Voir aussi : faisan, pan.

PAPILLON

On oublie trop souvent qu'on les chasse aussi mais seulement avec un filet.

Faune sauvage

La chasse aux papillons n'a jamais été assimilée aux chasses classiques avec fusils, arc et chiens ! Et pourtant, rien ne l'en distingue, si ce n'est que le chasseur est un solitaire sans auxiliaire et sans arme, exception faite de son filet ; le but reste la capture en vue de collection ; le papillon peut aussi être considéré comme un trophée. Il faut pour cela un peu d'imagination...

Voir aussi : espèces protégées, filet.

PARADE

Couple (d'oiseaux) en formation.

Faune sauvage

Chez les oiseaux, la parade nuptiale correspond aux comportements spécifiques à la saison des amours. Ne pas confondre avec la pariade qui, elle, est la saison des amours.

Voir aussi : noces, pariade.

PARADIS

Y être est une chose. Y monter en est une autre.

Sociologie

Une belle journée de chasse, un tir improbable et nous voilà au Paradis ! Un chasseur se contente de peu et un rien va embellir sa sortie : une bécasse partie sous sa barbe, un sanglier qui déboule dans ses bottes, un lièvre de dernière minute et voilà tous les tracas du matin comme disparus par enchantement. En revanche, selon les saintes Écritures (de quelque religion que ce soit), le Paradis se gagne sur Terre par sa moralité et le respect des commandements. Gageons que celui qui intime : « Tu ne tueras point » ne s'applique pas au chasseur et à son gibier. Quant au « Grand Paradis », qui était autrefois le domaine de chasse réservé du roi d'Italie Victor-Emmanuel, il est depuis longtemps Parc national français, où toute activité cynégétique y est totalement interdite. On peut toujours y monter pour observer, dans toute sa diversité, la faune de montagne et particulièrement le bouquetin des Alpes, sauvé de la disparition grâce à cet endroit.

Voir aussi : ciel, montagnes, parc.

PARAPLUIE

Utile pour chasser les demoiselles, dans les environs de Cherbourg.

Sociologie

Les cinéphiles et les autres se reporteront au film Les Parapluies de Cherbourg *de Jacques Demy, avec Catherine Deneuve et datant de 1964. Si on laisse de côté cette allusion, la région de Cherbourg abrite des marais à bécassines qu'affectionnent les chasseurs de gibier d'eau, amateurs de demoiselles (autre nom de la bécassine).*

Voir aussi : bécassine, demoiselle, pluie.

PARC

Quand il clôture la chasse, il n'y a plus d'ouverture ou de fermeture.

Territoire – Aménagements

La chasse en enclos fait changer de statut le gibier qui s'y trouve, celui-ci passant de res nullius (n'appartenant à personne) à res propria (gibier appartenant à son propriétaire). La réglementation de la chasse ne peut donc pas s'y appliquer et le propriétaire de l'enclos est libre d'y chasser comme il l'entend ; bien sûr, il devra respecter les espèces protégées, il devra être assuré et porteur d'un permis de chasser, mais il n'aura aucune contrainte, à part celles de la raison, pour limiter ses périodes de chasse.

Voir aussi : enclos, paradis, territoire.

PARCOURS DE CHASSE

Terrain vide de gibier où on vous sert des pigeons sur un plateau.

Armes, munitions, balistique

Le parcours de chasse est l'une des disciplines du ball-trap, avec le skeet et la fosse. Au parcours, le tireur se déplace pour aborder les pigeons d'argile (appelés encore « plateaux ») sous tous les angles de tir que peut rencontrer un chasseur dans la réalité de terrain. C'est un excellent entraînement pour la chasse du petit gibier, permettant d'acquérir la vitesse et l'anticipation, qui sont les clés de la réussite en la matière.

Voir aussi : ball-trap, pigeons d'argile.

PARIADE

Toujours nuptiale et souvent martiale. L'une chasse l'autre, histoire de se voler dans les plumes.

Faune sauvage

Période de reproduction et de séduction au cours de laquelle les oiseaux déploient toutes leurs forces et leur beauté pour se séduire mutuellement. Les mâles font preuve d'une combativité assez surprenante, notamment chez les gallinacés (faisans et tétras). En pariade, les oiseaux paradent.

Voir aussi : croule, faisan, noces, plumage de noces, parade, tétras.

PASSAGE

Celui de vie à trépas se fait toute l'année, point n'est besoin d'attendre les grandes migrations.

Sociologie

Il y a les passages à gibier, les passages de gibier et le passage de la vie à la mort. Le gibier est un passager malgré lui dans ces trois situations qui s'imposent à lui.

Voir aussi : bécasse, canard, coulée, grive, migrateurs, palombe.

PASS(É)E

Moment de plaisir loin des siens où l'on ne trompe que l'ennui quand elle devient inoubliable. Une autre manière de mettre à l'ombre le gibier.

Moment – Gibier d'eau

Passe et passée sont synonymes. Affût aux canards qui consiste à attendre la tombée ou le lever du jour auprès d'un plan d'eau pour profiter des déplacements des oiseaux qui, à ces moments précis, vont d'une zone de gagnage à une zone de repos ou se trouvent en pleine migration. Le matin, on emploie encore le terme d'« espère » ou de « volée » pour désigner ce moment. La passe est également le laps de temps (beaucoup plus court et tarifé) accordé à son client par une prostituée.

Voir aussi : aube, crépuscule, canard, marais, mare sauvaginier.

PATAUGAS

Bien fait pour les pieds des chasseurs.

Équipement

S'il est un modèle de légende pour tous les marcheurs de l'ancien temps, c'est bien la Pataugas, chaussure de marche mythique, déclinée en multiples versions, ayant gardé un charme nostalgique immortel. Tous ceux qui ont posé le pied en Afrique avant l'an 2000 l'ont fait en portant ce genre de chaussures. La Pataugas est à la brousse ce que la Land Rover est au safari : une façon de vivre. Inventée en 1950 par René Elissabide (1899-1967), elle dérive de la chaussure toilée que l'on trouve au Pays basque. L'idée était de l'équiper d'une semelle caoutchouc, à l'époque obtenue en la chauffant à l'aide d'un réchaud à gaz, ce qui explique le nom de « pataugas » (pâte au gaz), devenu une marque. Des scouts aux militaires, des randonneurs aux montagnards, la Pataugas reste indémodable, même si aujourd'hui, des chaussures plus techniques, faites de matériaux de synthèse, tendent à la remplacer.

Voir aussi : bottes, randonnée.

PÂTÉ

Fin de l'histoire pour le gibier, faim de l'histoire pour le chasseur. Une autre façon de mettre en boîte le gibier.

Gastronomie

S'agissant du grand gibier, la meilleure façon d'accommoder les bas morceaux ou certains morceaux peu consommables en l'état consiste à les transformer en pâtés. S'agissant du petit gibier, l'ensemble de l'animal peut faire l'objet d'une transformation en terrine ou pâté, plat qui se sert généralement froid et qui se garde plus longtemps. Les pâtés sont issus de viande hachée et épicée, additionnée ou non de pâte, et sont toujours cuits. Les abats entrent également dans leur composition. Le gibier se décline en de nombreuses recettes savoureuses, allant des tourtes aux mousses, en passant par les pâtés en croûte, les galantines ou les farcis.

Si le chasseur ne se tient pas toujours bien au bois, il sait bien se tenir à table et la fin du gibier devient ici le début de l'histoire.

Voir aussi : chevreuil, lapin, faisan, lièvre, sanglier, table.

PATRON

À la chasse, c'est toujours un saint. Boss de la chasse, pour ceux qui ont la bosse de la chasse.

Sociologie – Chiens

Le saint patron des chasseurs fut saint Eustache puis saint Hubert, que l'on fête le 3 novembre. Sa légende date du milieu du VIIe siècle, quand ce noble chasseur, affilié à la famille royale franque, fils du duc d'Aquitaine, commit l'imprudence de chasser un Vendredi saint. Seul, il eut une vision et tomba nez à nez, en pleine forêt, sur un cerf blanc portant une croix entre les bois. Il gracia l'animal, entreprit de mener une vie pieuse au service des indigents et devint évêque de Liège. Sa passion de la chasse lui valut d'être choisi par les chasseurs pour les représenter. Le patron est également le nom que le chien peut donner à son maître qui, par principe, a toujours raison, et celui donné aux chiens qui travaillent de concert (on dit qu'ils « patronnent » quand l'un d'eux se met à l'arrêt en suivant simplement l'exemple d'un autre sans pour autant que l'odeur du gibier lui soit parvenue).

Voir aussi : chien (tout court), liège, saint Eustache, saint Hubert.

PAVILLON

Mieux vaut un pavillon de chasse qu'un pavillon de banlieue, même et surtout au fond des bois. Permet au chasseur de reprendre son souffle, ou, au contraire, de le perdre totalement.

Équipement – Territoire

Pudiquement appelé encore « le rendez-vous » (où les chasseurs ne sont jamais à l'heure) ou encore la cabane (même si elle n'est pas située au Canada). Que deviendraient les chasseurs sans leur rendez-vous de chasse ? Il est le lieu des préparatifs, le lieu des festivités, le lieu de toutes les rencontres et celui du partage du gibier. Sans lui, pas de chasse collective qui tienne. L'emploi du mot « pavillon » est historiquement réservé à la chasse à courre et celui de « lodge » ou de « camp » aux safaris africains (qui, eux, s'effectuent plutôt en solitaire). N'oublions pas non plus un tout autre pavillon qui intéresse, lui, le sonneur de trompe et qui est constitué de l'extrémité évasée de l'instrument, qui joue le rôle de caisse de résonance. N'est pas sonneur qui veut, il faut beaucoup de souffle.

Voir aussi : abri, gîte, cabane, rendez-vous, trompe.

PAYSAN

Homme de terrain, resté par nature très terre à terre avec le monde animal. Chasse en priorité les mauvaises herbes, accessoirement les retourneurs de prés et les oiseaux gourmands. Aime tout autant le cochon à la ferme qu'au ferme.

Territoire – Sociologie

Pour le paysan, les animaux appartiennent à deux catégories : ceux qui sont utiles (le plus souvent domestiques ou d'élevage) et ceux qui sont inutiles (pour ne pas dire nuisibles) à son activité. La terre passe avant les bêtes qui vivent dessus à l'état sauvage. En remembrant les parcelles, en faisant disparaître haies et fossés, en utilisant des pesticides et des herbicides puissants, en épuisant ou en polluant les nappes phréatiques, le monde agricole moderne n'a pas encore totalement mesuré l'impact environnemental de sa stratégie de production. À la décharge des exploitants, ceux-ci sont poussés à produire toujours plus, à s'endetter à l'extrême, devant faire passer leur propre survie avant celle du gibier en général. Reconnaissons encore que là où il y a de la culture, de l'agriculture, de l'élevage, certains gibiers prospèrent, comme le sanglier, friand de maïs.

Voir aussi : écobuage, cultures, fermier, labour, PAC.

PÉCHÉ

Comportement répréhensible à traquer puis à chasser... de nos mémoires. Tout chasseur est-il préalablement un pécheur ? Question capitale... comme les péchés du même nom.

Sociologie

Inventoriés au XIIe siècle par Saint Thomas d'Aquin (concile de Latran en 1215), les sept péchés capitaux dans l'Église catholique, considérés comme vices humains, sont : l'orgueil, la gourmandise, la luxure, l'avarice, l'envie, la colère et la paresse. Reconnaissons-le, il arrive au chasseur d'être orgueilleux quand il se vante de ses tirs ou qu'il présente sa collection de trophées ; il lui arrive, beaucoup plus souvent encore, d'être gourmand, car la bonne chère passe par la bonne chair, et le critère du gibier est d'abord sa comestibilité. La luxure ? Sujet délicat, mais l'alibi de la chasse, comme de la pêche, est bien pratique parfois pour certains infidèles. L'avarice ? Le chasseur garde secrètement ses bons coins, comme le ramasseur de champignons : il est, par certains côtés, avare d'informations. Envieux ? Assurément, quand il réussit moins bien que son voisin... Coléreux ? Plus que colérique, il peut s'emporter quand une manœuvre tourne court. Paresseux ? Pas le chasseur de montagne, mais le chasseur en battue au bois, oui, celui-là est paresseux, son embonpoint en témoigne. Mais chasser les péchés capitaux reviendrait à ne plus chasser. Alors... contentons-nous de les traquer, de les débusquer, de leur faire la chasse, et d'en laisser vivre quelques-uns. Et puis rapprochons-les des vertus, non pas capitales, elles, mais sans aucun doute cardinales, dont le chasseur témoigne presque toujours : la justice, la prudence, la tempérance et le courage.

Voir aussi : chasseur.

PÊCHEUR

Chasseur de poissons. Garde la ligne quand il va à la chasse. Tout chasseur est un pêcheur, l'inverse est moins vrai.

Sociologie

Longtemps, les activités de chasse et pêche ont été liées. Tout chasseur était pêcheur et inversement. La proximité de la nature faisait que l'on pratiquait cumulativement ces deux sports. Cela est beaucoup moins vrai aujourd'hui. Au sens figuré, le chasseur pèche par sa vantardise et parfois quelques mensonges bien intentionnés.

Voir aussi : chasseur, golfeur, *no kill*.

PÊCHIVORE

Ancien chassivore changeant de régime tous les 1er avril.

Sociologie

Allusion au poisson d'avril du premier jour du mois. Vous ne trouverez ni « pêchivore » ni « chassivore » dans le dictionnaire... ils sont issus de néologismes de circonstance auxquels l'auteur n'a pas pu résister.

Voir aussi : chassivore.

PEDIGREE

Chien en familles.

Chiens

Tous les chiens de race pure ont un pedigree, c'est-à-dire un document attestant de leurs origines et de leur lignée. En France, c'est la

Société centrale canine qui centralise ces informations et atteste de leur authenticité. Et puis, à côté de tous ces « pur-sang », il y a les bâtards, les croisés « porte et fenêtre », les corniauds, qui font également merveille à la chasse et qui, sans les avoir, méritent eux aussi toutes leurs lettres de noblesse.

Voir aussi : chien (tout court), chien courant, chien de sang, *LOF*, standard.

PÈLERIN

Faucon s'étant converti à la religion en plein aire.

Faune sauvage

Le faucon pèlerin est l'oiseau par excellence utilisé en fauconnerie pour le haut vol. Comme tous les rapaces, son nid s'appelle une aire. Le pèlerin est également ce voyageur qui accomplit un voyage initiatique à pied.

Voir aussi : aire, fauconnerie, gerfaut.

PELOTES (de réjection)

Reliefs assez chouettes à détricoter.

Faune sauvage

Les oiseaux de proie n'ont pas de dents, ils n'ont que leur bec pour déchiqueter leurs captures. Pour rejeter les parties indigestes (poils, os, pattes, plumes, etc.), ils n'ont pas d'autre moyen que de les régurgiter sous forme de pelotes, semblables par ailleurs à des excréments de mammifères : les pelotes de réjection, ainsi constituées des reliefs, c'est-à-dire des restes de la proie. Les pelotes constituent un enchevêtrement qui pourrait faire penser à une pelote de laine, et celles que l'on trouve le plus fréquemment sont celles des chouettes et des chouettes effraies, qui sont nos voisines de maison. Leur examen est toujours passionnant, même s'il faut « détricoter » un peu !

Voir aussi : chat-huant, fientes, mutir.

PÉNARD

Pratique le Brassens aussi bien que la brasse ! Il naviguait en père peinard, sur la grand mare des canards, les copains d'abord...

Gibier d'eau – Noms vernaculaires – Régionalisme

Le pénard est le nom vernaculaire du canard pilet. « Pénard » vient sans doute de « pennes », ces grandes plumes qui le caractérisent jusqu'au bout de la queue. Certains l'appellent encore le canard faisan ou le paille-en-queue, c'est dire ! Le pilet est un oiseau que l'on trouve plus facilement sur le littoral qu'à l'intérieur des terres. Il forme avec le souchet, le chipeau, le siffleur, le colvert et les sarcelles la grande famille des canards de surface tirables en France. Ce sont des canards barboteurs, qui brassent l'eau et qui ne plongent pas au fond pour se nourrir. Le poète et chanteur Georges Brassens (1921-1981) a si bien chanté la camaraderie qui caractérise les chasseurs dans son hymne Les copains d'abord *sorti en 1964 !*

Voir aussi : canard.

PENNES

Pour prendre l'air sans peiner. Condamnent les oiseaux à voler, pour leur plus grand bien et celui du chasseur. Sur le terrain, le gibier n'est jamais au bout de ses pennes.

Faune sauvage

Les plumes d'un oiseau reçoivent plusieurs noms en fonction de leur emplacement, de leur utilité et de leurs caractéristiques : les rectrices (plumes de la queue), les rémiges et tectrices (plumes des ailes), le duvet (isolation thermique) et les plumes de couverture. Les pennes sont les plus grandes plumes, les plus rigides, qui se trouvent aux ailes et à la queue. Des rectrices comme des rémiges sont des pennes.

Voir aussi : plumes, rectrices, rémiges.

PENTE

Lui chercher des crosses est un mal pour un bien. La remonter permet de mieux descendre le gibier.

Armes, munitions, balistique

Angle donné à la crosse par rapport aux canons. Permet au fusil de mieux s'ajuster rapidement et sûrement à l'épaule.

Voir aussi : canons, carabine, crosse, fusil.

PERCUTEUR

Chien (de l'intérieur) utilisé à la chasse (chien de fusil).

Armes, munitions, balistique

Pièce métallique servant à actionner la mise à feu d'une cartouche en venant frapper l'amorce, qui à son tour enflammera la poudre et propulsera le ou les projectiles. Pendant longtemps, le percuteur était une pièce située à l'extérieur du fusil et que l'on « armait ». Ces pièces étaient ouvragées et portaient le nom de « chiens ». Avec le progrès technique, le percuteur fut incorporé à l'intérieur de l'arme. Nous vivons encore sous cette génération hammerless (littéralement « sans marteau », c'est-à-dire sans chien visible). L'expression « dormir en chien de fusil » fait référence à la forme antique des percuteurs extérieurs : vu de dessus, quelqu'un qui dort dans cette position se trouve sur le côté, les jambes repliées. De loin, la silhouette ressemble à la fameuse pièce de l'arme.

Voir aussi : amorce, carabine, cartouche, culot, fusil, sécurité.

PERDREAU

Perdrix sans âge ni sexe, mais que l'on tire sans remords et que l'on consomme sans modération. Si chou quand il est dans l'assiette.

Petit gibier – Expressions populaires

Surnom populaire de la perdrix, si possible, grise. Le perdreau n'est pas que la perdrix de l'année, c'est aussi un terme générique pour désigner l'espèce, spécialement à la chasse. Historiquement, l'explication vient sans doute du fait qu'à l'ouverture, les compagnies de perdrix sont essentiellement composées de jeunes oiseaux.

Voir aussi : bartavelle, bourdon chanterelle, chaudron, pouillard.

PERMIS

Droit de passage... de vie à trépas. Toujours à portée... de main. Heureusement, léger car d'un poids plume.

Organisation, réglementation, sécurité

Le permis de chasse (instauré par la loi du 2 mars 1844), simple taxe fiscale jusqu'en 1975, est devenu depuis le permis de chasser, avec examen théorique puis pratique. Tout chasseur doit, chaque année, le faire valider et souscrire une assurance pour les risques qu'il encourt ou peut faire encourir aux autres. Il doit en être porteur pendant l'action de chasse. Depuis peu, le permis (titre permanent) a changé de format, passant d'un document comportant trois volets en papier à une carte plastique ressemblant à une carte de crédit. Le chasseur n'a plus aucune excuse pour ne pas l'avoir sur lui étant donné son faible encombrement.

Voir aussi : brevet, éthique, fédé, sécurité, timbré, validation.

PERROQUET

Sert à monter au ciel, en se faisant la courte échelle, sans se faire pigeonner.

Noms vernaculaires – Régionalisme

L'oiseau est connu de tous (perruches, cacatoès, aras, gris du Gabon, etc.), l'échelle à un seul montant du même nom (le perroquet), utilisée dans les palombières, beaucoup moins. Sans doute surnommée ainsi car elle permet, comme l'oiseau, d'accéder aux plus hautes branches, où le paloumayre (entendez par là le chasseur de palombe ou pigeon ramier dans le Sud-Ouest) installera sa cabane pour se poster. Cette échelle n'est pas sans rappeler les échelles africaines, taillées à même un tronc d'arbre pour accéder aux habitations et aux greniers à grains, particulièrement chez les Dogons.

Voir aussi : échelle, palombe.

PERRUQUE

Chevreuil qui n'en fait qu'à sa tête. En tout cas, toujours mal coiffé.

Grand gibier

La perruque consiste en une masse de velours permanent, correspondant à un désordre hormonal, souvent handicapant, qui pousse sur la tête des brocards, empêchant le cycle normal de la repousse des bois. L'animal devient stérile car il s'agit fréquemment d'un phénomène intervenant après une castration accidentelle. Il existe quelques chevrettes dans le même cas, mais cela reste exceptionnel. L'expression « mitré » ou « mitre d'évêque » était employée par le passé pour désigner ce phénomène.

Voir aussi : chevreuil, mue, velours, tête.

PESER

Le plus lourd à peser, pour le chasseur, est le pour et le contre.

Moment – Sociologie

En toutes choses, le poids, à la chasse, a son importance : le poids du chasseur tout d'abord – s'il est trop gros, il se condamne les milieux difficiles et accidentés –, le poids du gibier ensuite – on cherche celui qui aura le plus de viande ou celui qui aura le trophée le plus lourd (pour les cervidés par exemple) –, enfin, le poids de la décision, de tirer ou non, bref de l'acte de chasse lui-même. C'est sans doute ce qui pèse le plus lourd dans la balance pour celui qui doit, en toute sécurité, donner une mort certaine, rapide et surtout ne pas perdre l'animal convoité, qui risquerait parce que la nuit arrive, parce que le buisson est épais, parce que le versant est trop abrupt, parce que les rabatteurs ou les chiens arrivent dans le voisinage, d'être abandonné à son triste sort...

Voir aussi : tir.

PÉTARD

Chasse le gibier pour le faire tuer par quelqu'un d'autre. Fait pour rabattre, pas pour abattre le gros gibier.

Équipement – Grand gibier

Les pétards sont fréquemment utilisés par les traqueurs pour débusquer les sangliers dans des buissons très épais. En Afrique du Nord (Tunisie ou Maroc), c'est monnaie courante, pour des rabatteurs qui n'aiment pas prendre de risque, qui plus est, avec des animaux considérés par leur tradition comme impurs. Les peuples hispaniques ont également recours à de tels artifices, quand le biotope le requiert et que la météo le permet. Le chasseur inexpérimenté risque bien des surprises quand, pour la première fois, il entendra pétarader dans la traque ! Qu'il se rassure, ces bruits-là ne sont pas des balles qui lui siffleront aux oreilles, mais de simples pétards qui permettront de... « chasser » – de faire sortir – le gibier de sa remise la plus dense.

Voir aussi : battue, rabatteur.

PETIT COQ

Noble oiseau. Toujours « de bruyère ».

Petit gibier – Chasse en montagne

Le nom qui lui correspond le plus est « tétras-lyre », mais ce n'est pas le plus employé; il fait référence à la forme des plumes de la queue qui le caractérise totalement. L'appellation commune de petit tétras est beaucoup moins élogieuse que celle de petit coq de bruyère. Les montagnards le nomment également « gros noir », ce qui est plus rustique. La langue française porte prioritairement son attention sur la taille des tétras, en distinguant le « petit » du « grand » coq de bruyère. Il est toujours « de bruyère », même si ce qualificatif ne correspond pas vraiment à son biotope de prédilection, qui serait plutôt les arcosses (aulnes verts). Les Anglais font quant à eux d'abord référence à la couleur : le petit coq est le black grouse *tandis que le lagopède d'Écosse est le* red grouse. *Le grand coq est le capercaillie. Aucune référence à la végétation de bruyère, alors que l'Écosse et les Highlands en sont couvertes et que les coqs en question y trouvent refuge !*

Voir aussi : arène, grand coq, place de chant, montagnes, rousse, tétras.

PETITE BÊTE

Le chasseur la cherche souvent, mais ne la trouve pas toujours. Il chasse aussi la grosse bête, mais avec moins de querelles !

Expressions populaires – Sociologie

L'expression populaire « chercher la petite bête » évoque les esprits querelleurs et critiques, et Dieu sait s'ils sont en grand nombre, ceux qui vont vous chercher des noises pour tout, pour rien. D'autres diraient « chercher le poil dans l'œuf », ce qui est encore plus imagé. Il arrive au chasseur d'être tatillon... La petite bête dont il est question pourrait être les poux que les singes s'ingénient à chercher entre eux avec une grande méticulosité. Pour d'autres, l'expression proviendrait du monde du théâtre et du comportement des acteurs, toujours à la recherche d'un effet de manche. Par les temps qui courent, les chasseurs sont plutôt à la recherche de la grosse bête – cerf, chevreuil ou sanglier –, dont les populations ne se sont jamais aussi bien portées qu'aujourd'hui.

Voir aussi : bête.

PÉTOIRE

Fusil sans réelle efficacité mais qui fait grand bruit.

Armes, munitions, balistique – Expressions populaires

Comme son nom l'indique, une pétoire « pète », c'est-à-dire fait un bruit assourdissant lorsqu'elle libère son énergie. Le terme est tout à la fois populaire et péjoratif pour désigner une arme de chasse pas vraiment adaptée au terrain ou au gibier convoité.

Voir aussi : fusil.

PEUR

Donne des ailes à ceux qui n'en ont pas et qui ne veulent pas y laisser des plumes.

Sociologie

La peur est utile si elle n'est pas paralysante. Au lieu de faire perdre ses moyens au chasseur, la peur, naturelle et maîtrisée, engendre de bons réflexes à la chasse : faire un bond de côté pour ne pas se retrouver bousculé par un cerf, grimper dans un arbre en cas de charge d'un gibier dangereux blessé, faire le mort (avec certains prédateurs comme l'ours)... Ce n'est pas parce que l'on est armé que l'on ne risque rien. Ce n'est parce que l'on est sûr de soi que l'on maîtrise la météo ou un milieu hostile, accidentogène.

Voir aussi : accident, dangers, sécurité.

PHŒBUS (Gaston)

Comte ayant Foix dans la chasse. Ses écrits valaient tous ses cris (frère d'Artémis également).

Histoire – Personnages célèbres

Plusieurs écritures sont possibles, Phœbus, Phébus ou Fébus, pour désigner Gaston III (1331-1391), comte de Foix, vicomte de Béarn au XIVe siècle. On lui doit le premier ouvrage de référence en matière de chasse avec des illustrations exceptionnelles et très didactiques, Le Livre de la chasse, recopié en français à son époque. Veneur avant tout, ce seigneur a consacré sa vie entière à la chasse et à la guerre. Il a beaucoup voyagé et ses écrits cynégétiques font encore autorité aujourd'hui. Dans la mythologie grecque, Artémis est la déesse de la chasse et a comme frère Apollon, encore appelé parfois Phœbus. Le surnom de « Phœbus » donné au comte de Foix provient de sa chevelure blonde semblable au soleil et qui était très remarquable en son temps.

Voir aussi : Buffon, écrivain cynégétique, ours.

PHOTO

Pour chasseur… sage comme une image.

Équipement

La chasse photo est injustement considérée comme peu cynégétique. À part le tir, rien ne la distingue de la vraie chasse. Les chasseurs oublient trop souvent d'emmener leur matériel au poste ou en voyage. Les plus belles captures restent celles réalisées par l'objectif. L'immense avantage de la chasse photo, c'est que l'on peut chasser toute l'année, à n'importe quel endroit et « shooter » tous les animaux de la Création…

Voir aussi : non-chasseur.

PHOTOGRAPHE

Chasseur d'images.

Sociologie

La chasse photographique s'apparente fortement aux chasses à tir silencieuses. L'approche et l'affût, les deux techniques qui permettent de réussir de belles images, sont communs et leurs qualités semblables. Le photographe est en quête d'un moment, d'un animal, capturé par l'objectif à un instant précis. Un preneur de son reste un preneur de son. Un chercheur d'images reste un chasseur… d'images.

Voir aussi : photo.

PIBOLE

Corne d'appel pour chasseur essoufflé et chiens perdus.

Équipement – Grande chasse – Grand gibier

Petit instrument à vent et à son unique, pour chasseurs en battue. Cette « corne » n'est ni une trompe, ni un cor de chasse. La trompe est réservée aux veneurs, le cor, aux musiciens d'orchestre. La trompette ou pibole permet de faire les annonces et de répéter les consignes convenues, au bois. La codification est simple : le nombre de coups signale l'animal vu (par exemple, trois coups pour le chevreuil); la même annonce suivie d'un rigodon (succession de petits coups brefs) informe de la mort de l'animal; un coup long indique le début de la traque; un coup long suivi d'un coup court sonne le rappel des chiens, et ainsi de suite. Quand on s'en sert, on dit indifféremment annoncer, sonner ou corner, car ces piboles sont parfois en corne de vache, quoique de plus en plus en laiton.

Voir aussi : annonces, rigodon, sonneries, trompe.

PICAILLON

Mis au piquet pour ne pas risquer d'être mis à l'index.

Organisation, réglementation, sécurité

Le picaillon est le premier angulateur de tir qui matérialise l'angle des trente degrés afin d'assurer un tir sécurisé en battue. Il est de fabrication française. Avant lui, il existait des jalons d'horticulture pour matérialiser l'angle de chaque côté du chasseur posté en battue. Ces bâtonnets orange fluorescent commencent à essaimer un peu partout dans nos chasses. Ne pas les utiliser quand on les a en main constitue une négligence coupable pour tout chasseur, qui peut ainsi se trouver montré du doigt comme imprudent, bref, être mis à l'index.

Voir aussi : accident, angle, battue, poste, sécurité, tir.

PIE

Un petit bijou à longue queue qui se contente de voir la vie en noir et blanc.

Faune sauvage

La pie aime tout ce qui brille, mais elle reste également un redoutable prédateur pour les œufs, les fruits et les nichées. C'est un oiseau remarquablement intelligent, rapide, élégant, que l'on croirait habillé d'un smoking en permanence.

Voir aussi : geai, margot, nuisible.

PIÈCE

Gibier en morceau ou à l'unité. Espèce unique en son genre, puisque sans nom, de sexe indéterminé, sans taille et sans poids.

Sociologie

La pièce, à la chasse, n'est ni la pièce de monnaie (sauf celle que l'on donne au garde), ni la pièce de théâtre, ni une pièce détachée d'un quelconque engin. Il reste que la pièce fait partie d'un tout. Le gibier, une fois prélevé, n'appartient plus qu'à une catégorie : celle des morts, celle des objets et non plus des sujets, des êtres vivants. On présente le tableau de chasse en nombre de pièces, et il importe peu d'identifier mâles et femelles, jeunes ou vieux, bêtes à plumes ou à poils, grands ou petits gibiers, genres ou espèces. Cette loi du nombre, qui se réfugie derrière une certaine forme d'anonymat, témoigne d'un temps où la quantité l'emportait sur la qualité. Heureusement, les temps changent.

Voir aussi : *brace*, gibier, tableau.

PIED

Pied de nez à la nature, voilà les pattes qui deviennent des pieds quand elles empruntent les sentiers bourbeux. Le garde le fait de bon matin et, quand il ne le trouve pas, ce qui est parfois un juste retour des choses, et bien cela lui fait... les pieds !

Sociologie

Mot bien singulier (on emploie rarement le pluriel pour l'action de faire le pied) qui n'est pas sans laisser de traces dans toute la littérature cynégétique.

Voir aussi : battue, garde, lieutenant de louveterie, pied d'honneur, vénerie, voie.

PIED D'HONNEUR

À l'opposé du doigt du même nom. L'un est tressé, l'autre est stressé. Il faut espérer que l'un chasse l'autre.

Chasse à courre – Grand gibier

Faire un doigt d'honneur voire un bras est une grossièreté ; offrir un pied d'honneur (ou pied de Diane) est une courtoisie. La tradition de faire les honneurs du pied est totalement propre au monde de la chasse à courre. À la fin de la journée, une fois l'animal capturé, on prélève l'une de ses pattes dont on tresse sommairement la peau et on l'offre à un invité de marque ayant suivi pour le distinguer.

Voir aussi : honneurs, pied, vénerie.

PIÈGE

Tombe à retardement des plus malins.

Modes de chasse

Beaucoup de pièges sont basés sur la capture du prédateur vivant, simplement rendu captif par l'habitat (par exemple cage, piège, boîte...) ou retenu prisonnier par un membre, le plus souvent une patte (pièges à mâchoires). Une fois attrapé, si le sujet correspond au nuisible recherché, le piégeur ne pourra que l'achever en venant relever ses engins, obligation qui lui est faite tous les jours. La vie du piégé lui est comptée.

Voir aussi : bourse, collet, filet, nuisible, oisellerie, piégeage.

PIÉGEAGE

Authentique procédé de chasse qui passe souvent à la trappe. Chasse en différé. Suppose l'absence du gibier pendant la présence du piégeur et l'absence du piégeur pendant la présence du gibier. Consiste en définitive à créer un terrain accidenté en espérant que les lois du hasard ou de la nécessité favoriseront la prise de contact.

Modes de chasse

Le piégeage, sorte de chasse aux engins, est un authentique mode de chasse qui n'est pourtant pas retenu comme tel. Quand on capture des grives avec des gluaux, des merles avec des pierres tombantes, des pigeons ou des vanneaux avec des filets, on parle de chasses traditionnelles mais non de chasse aux pièges. Quand on met en boîte un ragondin ou une fouine, alors on n'est plus chasseur, on devient piégeur.

Voir aussi : bourse, collet, filet, nuisible, piégeage, modes.

PIÉTER

Refuser de voler de ses propres ailes. Le gibier n'est pas en odeur de sainteté quand il se met à piéter.

Faune sauvage – Petit gibier

Les oiseaux piètent par défense, non pas par difficulté de voler, refusant de décoller, et par conséquent d'être cueillis par le coup de fusil. Tant qu'ils ne sont pas en plein ciel, ils ne constituent pas une cible vivante pour le chasseur. Ce dernier maudit souvent le gibier qui développe cette stratégie, car il sait qu'il a toutes les chances d'en réchapper, du moment que le chien ne tient pas l'arrêt.

Voir aussi : arrêt, chien.

PIG STICKING

Cochon d'Inde bien lancé.

Chasse à l'étranger – Grande chasse – Sociologie

Le pig sticking, pratiqué traditionnellement aux Indes par les Britanniques, du temps du grand empire de la reine Victoria, consistait à poursuivre un sanglier à vue, à cheval et sans chien, et à le chasser à l'aide d'une longue lance. Voilà une forme de vénerie originale, assez loin tout de même du fox hunting. Les Anglais n'ont rien inventé en la circonstance, ils ont adapté une pratique de chasse à pied à la lance, traditionnelle au Bengale. On comprendra ici que le cochon d'Inde qui nous préoccupe n'est pas celui que l'on qualifie aujourd'hui de NAC (nouveaux animaux de compagnie), mais bien un cochon sauvage, un sanglier, lui aussi peuplant cette région du monde. Ainsi, entre le polo et la corrida, les militaires anglais avaient trouvé dans cette pratique un divertissement cynégétique très particulier, qui donnait lieu également à des tournois sportifs entre régiments de lanciers (les fameux « lanciers du Bengale »).

Voir aussi : *beagling*, chien courant, cochon, cochon d'Inde, colonies, *coursing*, *fox hunting*, sanglier, *stalking*, vénerie.

PIGACHE

Sanglier qui en pince pour ses pieds.

Grand gibier

Sanglier dont les ongles du même pied sont de longueur différente, ce qui le rend très distinguable pour faire le pied et suivre sa trace. Les doigts du sanglier forment une pince. On estime que l'origine du mot viendrait de la contraction des mots « pied » et « gâché ». Terme de vénerie exclusivement.

Voir aussi : empreintes, pied, pince(s), sanglier.

PIGEON

Chasseur marié à une maîtresse passagère.

Sociologie – Petit gibier

Le pigeon est celui qui se fait avoir, et l'homme à femmes est un pigeon par excellence. On ne saurait porter le même jugement sur le pigeon sauvage, ramier ou palombe, grand migrateur devant l'Éternel, qui fait preuve en toutes circonstances de ruse et de méfiance. Seul le côté passager peut réunir les deux.

Voir aussi : biset, migrateurs, palombe, passage, pigeons d'argile, ramier.

PIGEONS D'ARGILE

Cibles servies sur un plateau. Économisent le gibier mais pas les cartouches. Avant la saison de chasse, ouvre le bal(l)-trap.

Armes, munitions, balistique

Les pigeons d'argile n'ont jamais existé en tant que tels. Quand le tir aux pigeons vivants a été interdit, il fut remplacé par des épreuves d'adresse sur des cibles rondes, les plateaux en argile, que certains baptisèrent « pigeons d'argile ». Beaucoup sont ceux qui croient que participer à différents ball-traps aide à mieux tirer à la chasse. Rien n'est moins sûr, car sur le terrain, il faut faire avec la surprise, la végétation, la luminosité, la fatigue, et généralement un autre fusil... autant de paramètres inconnus à l'entraînement. En revanche, qui veut se ruiner en cartouches peut s'y inscrire toute l'année.

Voir aussi : ball-trap, cible, fosse, pigeon, tireur.

PILET

Queue de beauté chez ce canard qui refait surface.

Gibier d'eau

Seul canard de surface à posséder une longue queue et un long cou. Sa tête est marron uni et le dessous du corps est blanc. On l'appelle encore le paille-en-cul, la queue fourchue ou le canard faisan dans certaines régions. Présent surtout sur l'Atlantique Nord et en Camargue. De la taille d'un petit colvert, il peut s'hybrider avec ce dernier et donner naissance à un « pilet agace ».

Voir aussi : canard.

PINCE(S)

Marquant pour certains gibiers.

Faune sauvage

La pince désigne le dessous du pied des cervidés et du sanglier. La pince est aussi l'instrument permettant, lors du déterrage du blaireau ou du renard, de capturer vivant l'animal sans se faire mordre ou griffer. Les pinces marquent plus ou moins le sol lors du déplacement du gibier et leur usure est un signe donnant des indications sur l'âge et l'état de l'animal.

Voir aussi : blaireau, cerf, chevreuil, déterrer, pied, sanglier.

PINCEAU

Appendice masculin visible de profil chez la plupart des grands gibiers. Si, solitaires, brocard et grand cerf ne sont pas toujours de grands peintres, ils restent de grands artistes dans l'art de manier le pinceau.

Grand gibier

Pénis gainé de son fourreau particulièrement reconnaissable chez un animal vu par travers sans qu'il soit besoin d'être en érection. Ce terme concerne tous les ongulés sauvages, de plaine et de montagne, ainsi que les suidés (sangliers). Si pinceau signifie « petite queue », il désigne aussi la touffe de poils terminaux qui héberge l'organe sexuel des mâles de ces différentes espèces.

Voir aussi : chamois, cerf, chevreuil, mouflon, sanglier.

PIQUEUX

Chef de meute. Garde menant une vie de chien(s). Métier de rapport pour chasse qui ne l'est pas. Accourt toujours lorsqu'il s'agit de chasse.

Chasse à courre – Grande chasse

Le piqueux est au départ l'homme qui s'occupe des chiens de meute, qui fait le pied, qui s'occupe d'une certaine forme d'intendance, dans le cadre d'un équipage de chasse à courre (valet de chiens). Il accompagne la meute à cheval et encadre ses initiatives. Issu du vocabulaire de la vénerie, le piqueux désigne plus largement aujourd'hui le garde, voire l'homme qui a les chiens et qui vient avec eux pour participer à une battue aux chiens courants. Le piqueux fait son rapport sur ce qu'il a vu en faisant le tour des enceintes que l'on envisage de traquer. Entretenir un équipage de vénerie est fort coûteux et de peu de rapport (au sens gain d'argent). Piqueux se dit encore « piqueur », celui qui pique, non pas le gibier, mais les chiens, dans le sens de les appuyer, de les encourager, de les diriger. Tous ont un surnom évoquant leur passion : la feuille, la brisée, la forêt, etc.

Voir aussi : garde, vénerie.

PIQÛRE(S)

Avec elle, les unes rouillent, les autres dérouillent.

Armes, munitions, balistique – Maladies

Le plus grand danger d'une arme de chasse est son défaut d'entretien, particulièrement lorsqu'elle a été mouillée. Les parties métalliques ont beau être traitées contre la corrosion, sur les fusils plus anciens, les canons se piquent (la rouille attaque la surface du métal). D'autres piqûres posent également des problèmes au chasseur, celles des insectes, comme les moustiques, les mouches, les taons, les aoûtats qui, outre la douleur et l'irritation qu'elles procurent, sont responsables de nombreuses transmissions à l'homme de maladies graves, dont la plus commune est la maladie de Lyme. Là, le chasseur dérouille.

Voir aussi : canons, carabine, fusil, Lyme, zoonose.

PIRSCH

Une autre approche de la chasse et du gibier.

Grand gibier

Terme allemand pour désigner la chasse à l'approche. Est passé dans le langage courant (à partir de l'Alsace) et a été francisé en l'état. Parmi les chasses à tir du grand gibier, les modes silencieux (approche et affût) s'opposent aux modes bruyants (poussées et battues). Tous sont pourtant complémentaires pour arriver à réaliser son plan de tir. L'approche, quant à elle, fait appel à une authentique philosophie de la chasse. Elle est exigeante, solitaire et ne réalise que de faibles prélèvements. On trouve le terme parfois orthographié « pirche ».

Voir aussi : approche, bâton de *pirsch*, modes.

PISTEUR

Chasse le gibier avant et après qu'il a été tiré. Nez pour ça. Chasseur désarmant parce que désarmé. Assure le suivi à l'œil.

Chasse à l'étranger – Grande chasse – Sociologie

Dans de nombreux pays, particulièrement en Afrique, le chien n'est presque pas utilisé à la chasse des grands animaux, sauf en forêt. Il est remplacé par un homme connaissant bien la brousse et qui peut lire le sol comme dans un livre ouvert. Pour traquer, trouver, rechercher le gibier – blessé ou non –, le pisteur est un authentique chasseur, qui se sert de tous ses sens et de tous les indices pour mener à bien sa quête, quels que soient la température, le milieu, l'ancienneté de la trace. Certains habitants des villages sont nés pour ça et comme ça, avec des qualités hors du commun, sans qui rien ne serait possible pour pratiquer une chasse au pistage.

Voir aussi : Afrique, *big five*.

PIVERT

Oiseau appartenant à la famille des francs-maçons, du genre conciergerie et aimant l'opéra. Toujours aux premières loges.

Faune sauvage

Le trou pratiqué dans le cœur des arbres pour héberger son nid se nomme une « loge ». Ce mot désigne également une formation de francs-maçons et le local d'habitation des concierges. On fait toujours de faux procès aux picidés (piverts et autres pics) en les rendant responsables de la détérioration des arbres. Or, il faut savoir que les oiseaux ne font que forer les écorces déjà malades, qui abritent des insectes pour en faire leur repas. Ils ne font que révéler les arbres déjà parasités. Le pivert ne passe jamais inaperçu, c'est un oiseau qui aime se faire voir et entendre.

Voir aussi : espèces protégées.

PIVOT

Permet aux cervidés de tenir le bon bout.

Grand gibier

Le pivot est la base osseuse située en haut du crâne à partir de laquelle le bois va repousser et s'ancrer. Chaque année, quand les cervidés tombent leur tête, une fraction de cette protubérance part également. Plus les années passent et plus les pivots se raccourcissent, ce qui constitue un signe d'âge, chez le chevreuil particulièrement.

Voir aussi : bois, merrain, tête.

PLACE DE CHANT

Endroit où les coqs s'égosillent de concert.

Petit gibier – Faune sauvage – Chasse en montagne

Lieu de parade nuptiale des tétras. Pour le petit coq, la place est généralement au sol et les mâles s'affrontent pour conquérir les femelles qui attendent autour; pour le grand coq, le chant s'effectue aussi au branché et c'est d'abord un seul mâle qui se signale aux bons offices de la poule.

Voir aussi : chant, grand coq, petit coq, montagnes, rousse, tétras.

PLAINE

Le chasseur devant soi en fait souvent tout un plat alors qu'elle est souvent vide.

Modes de chasse – Petit gibier

La chasse dite devant soi se pratique le plus souvent en plaine, où l'on parcourt d'immenses territoires à perte de vue, peu arborés, souvent cultivés, mais presque toujours sans grand dénivelé (plats). Le chasseur de plaine aime aller ainsi à la billebaude avec son chien, et plus il arpente le territoire, plus le sentiment de voir du gibier est lié à la surface traversée. Avec un bon chien et un peu d'expérience, on fera le « plein », sans aller bien loin.

Voir aussi : chasser devant soi.

PLAN DE CHASSE

Gibier en stock, sans tenir compte des importations.

Grand gibier – Gestion

Quota maximal d'animaux à prélever, déterminé chaque année pour un territoire donné. La généralisation du plan de chasse en 1979 pour le cerf, le chevreuil, le daim et le mouflon, puis en 1989 pour le chamois et l'isard instaure une gestion quantitative et qualitative du grand gibier. Désormais, ce n'est pas parce que l'on est détenteur du droit de chasse et titulaire de son permis que l'on peut prélever en période d'ouverture le gibier que l'on veut. Après comptage et appréciation du « stock » existant, l'administration autorise le chasseur à tirer un nombre de bêtes déterminées, sexées et identifiées par classes d'âge.

Voir aussi : *bag limit*, bracelet, fédé, prélèvement, tableau.

PLATINE(S)

Fusil pour chasseur qui roule sur l'or.

Armes, munitions, balistique

Un fusil à platines est un fusil doté d'un double mécanisme de mise à feu, facilement démontable et positionné de chaque côté de l'arme, recouvert par une plaque métallique décorative, la platine désignant le mécanisme lui-même. Le fusil à platines s'oppose au « faux corps » qui, lui, n'a que l'apparence d'un fusil à platines. Ce genre d'armes, qui nécessite un savoir-faire ancestral, une fabrication artisanale, peut valoir une véritable petite fortune. Le platine est également un métal précieux, mais le mécanisme à platine ne lui emprunte aucune origine étymologique.

Voir aussi : faux corps, fusil.

PLIANT

Saint-Siège pour qui veut y célébrer une sieste.

Équipement – Grand gibier

Siège de battue, pliable et porté sur l'épaule qui permet d'améliorer le confort et l'attente du chasseur posté pendant les traques.

Voir aussi : battue, poste, sieste, traque.

PLOMBS

À la chasse, il en faut et dans la cervelle, et dans son fusil.

Armes, munitions, balistique

Sans munition, point de résultat à la chasse et sans un peu de jugeote non plus ! « Avoir du plomb dans la cervelle » signifie que l'expérience a fait de vous un chasseur raisonnable, consciencieux et prudent. On continue d'utiliser comme générique le mot « plombs » alors que ce métal a tendance à être remplacé pour cause de pollution par des munitions chargées au bismuth, à la grenaille de fer ou à l'acier, obligatoire pour le gibier d'eau...

Voir aussi : bourre, cartouche, chevrotines, croisillons, jupe, ricochets.

PLONGEON

Oiseau élevé sous la mer (mère).

Faune sauvage

Le plongeon est un oiseau de mer, rare sur nos côtes et qui peut être observé sporadiquement sur l'Atlantique Nord, dans la Manche et en Bretagne. Sa silhouette est caractéristique de tous les plongeurs ; il possède un bec pointu et son fuselage ressemble à celui d'un sous-marin quand il est posé sur l'eau. Les espèces que l'on connaît (bien peu) chez nous sont le plongeon arctique et le plongeon catmarin, parfois le plongeon imbrin, qui viennent hiverner en provenance de la Scandinavie, de la Russie ou d'Islande. Sur les lacs canadiens et américains, les plongeons sont nombreux, leurs cris lugubres résonnent sur la surface sombre des eaux froides. On les nomme « huards ».

Voir aussi : canard.

PLUIE

Mieux vaut chanter que chasser sous la pluie. Et pour que le chasseur se mouille, il faut du gros gibier. Dans ce cas, on chasse au compte-gouttes.

Moment

La pluie comme le brouillard constituent deux situations météo des plus regrettables. Autant on peut se défendre contre le froid, autant on ne peut rien contre l'humidité permanente, surtout au poste. La pluie non seulement vous pénètre, mais masque de nombreux bruits, elle rend plus difficile le tir, elle rend parfois inutilisables les systèmes optiques de visée et, pire que tout, elle rend impatient. Or un chasseur impatient est un chasseur bruyant et dangereux.

Voir aussi : météo, nuage, parapluie, soleil, vent.

PLUMAGE DE NOCES

Éclipse tous les autres et marie bien les plumes.

Gibier d'eau

Les canards changent de plumage chaque année, alternant un plumage d'éclipse avec un plumage de noces. Dans le premier cas, il est difficile de distinguer mâle et femelle à l'exception du miroir de l'aile, qui reste un identifiant fiable de l'espèce ; dans le second cas, le plumage dit « de noces » est arboré par les mâles qui se parent de leurs plus belles couleurs au moment de la saison des amours pour séduire les femelles. Ce dernier plumage dure une bonne partie de l'année. Il est alors impossible de faire la confusion entre les sexes. Tandis que les femelles restent avec un plumage terne, oscillant du beige au marron, les mâles jouent à fond la carte de la couleur : tête vert sapin et poitrail marron pour le colvert, tête vert bouteille pour le souchet, tête chocolat pour le pilet avec un jabot blanc, tête rousse pour le siffleur... Et que dire des sarcelles et de leurs sourcils !

Voir aussi : canard, noces, parade, pariade, plumes.

PLUMARD

Canard lie (de vin)

Noms vernaculaires – Régionalisme

Nom vernaculaire du fuligule milouin, dont la tête est rouge bordeaux. Lie-de-vin est une couleur, tirée du dépôt que l'on trouve au fond des bouteilles de vin.

Voir aussi : canard, plongeurs.

PLUME DU PEINTRE

Chez la bécasse, jamais sans aile. Plus qu'une plume, moins qu'un pinceau. Pièce de collection pour bécassier récoltant. Aile vaut mieux que cela (première rémige d'aile de la bécasse).

Petit gibier

Le trophée du bécassier tient en une plume de trois centimètres : celle que l'on trouve à l'articulation de l'aile de l'oiseau et qui est totalement différente des autres. Elle est courte, en forme de lance, dure et souple à la fois et on lui a prêté des qualités artistiques pour confectionner les pinceaux des grands maîtres d'autrefois, d'où son nom. Cette plume est une rémige, c'est sûr, et une surrémige pour les uns, une première rémige ou une onzième rémige atrophiée pour les autres. L'appellation scientifique de cette plume si particulière est « épiptère ». On sait moins qu'elle existe aussi chez la bécassine. On sait encore moins que cette plume a servi et sert toujours aux horlogers et aux orfèvres pour la remise en état de différents mécanismes.

Voir aussi : bécasse, plumes.

PLUMES

Permettent aux oiseaux de voler leur liberté. Cent pour cent naturelles. Habillage isolant de son vivant, emballage amortissant, une fois mort, permettant son transport sans dommage en cas de livraison par chien de chasse à dent dure.

Faune sauvage

Le mot « plume » fait partie de notre humanité. Il suffit pour nous en convaincre de voir combien le langage courant y fait référence : la plume est serve mais la parole est libre, un poids plume, un trait de plume, sous la plume de quelqu'un, un stylo-plume, être léger comme une plume, tailler la plume, voler dans les plumes de quelqu'un, se faire plumer...

Voir aussi : duvet, pennes, plumage de noces, plume du peintre, rectrices, rémiges.

PLUVIER(S)

Migrants médaillables.

Gibier d'eau – Histoire – Sociologie

Les pluviers sont des petits échassiers migrateurs dans l'âme qui ne tiennent pas en place et dont un grand nombre d'espèces sillonnent le monde dans l'hémisphère nord. Ils seraient annonciateurs de pluie, d'où leur nom. En France, certains ne portent pas ce qualificatif, même s'ils sont de la famille – c'est le cas des gravelots –, mais d'autres sont essentiellement qualifiés en fonction de la couleur de leur plumage, et curieusement, il existe un pluvier bronzé, un pluvier argenté et un pluvier doré ! Bronze, argent et or, les trois couleurs des médailles remises lors des olympiades ou encore pour la cotation des grands trophées de chasse. Ces petits oiseaux de grèves et de marais sont tellement magnifiques qu'ils méritent sans contestation possible leur médaille.

Voir aussi : échassiers, grève, migrateurs.

PMA

À l'opposé de la Procréation médicalement assistée puisqu'il s'agit d'un Prélèvement maximum autorisé.

Gestion – Faune sauvage – Organisation, réglementation, sécurité

Parmi les nombreux outils de gestion de la faune sauvage dont dispose le chasseur, celui de limiter le prélèvement en déterminant un nombre maximal de gibiers est à la fois simple et efficace. On emploie le terme de PMA pour le petit gibier, particulièrement pour les migrateurs comme la bécasse, on parle aussi de « bag limit ». Pour le grand gibier, le plan de chasse remplit cet office, mais à la différence que le PMA est journalier, alors que le plan de chasse est annuel ou triennal.

Voir aussi : *bag limit*, plan de chasse.

POIL

Il faut rassurer les non-chasseurs quelque peu naïfs sur ce point : le gibier à poil ne vit pas entièrement nu.

Faune sauvage

Dans un langage populaire, « vivre à poil » signifie vivre nu, pour un être humain.

Curieusement, les poils de l'homme ne sont pas assez denses, ni assez nombreux et longs pour cacher son anatomie, faisant en quelque sorte mentir l'expression. Les animaux, eux, ont tout ce qu'il faut là où il faut.

Voir aussi : félin, fourrure, grand gibier, puants.

POINTARD

À la passe, peut aussi venir point tôt.

Gibier d'eau – Noms vernaculaires – Régionalisme

Nom vernaculaire du canard pilet. Comme tous les canards, le crépuscule est un moment où les oiseaux changent de place, passant d'une aire de repos à une aire de nourrissage ou l'inverse. Les oiseaux se font souvent attendre et peuvent passer dans des conditions de luminosité très difficiles.

Voir aussi : barboteurs, canard, pénard.

POINTER

Chien dans le vent.

Chiens – Petit gibier

Race de chien d'arrêt au nez exceptionnel et aux arrêts spectaculaires, particulièrement à la mode pour chasser en plaine et la bécasse au bois. Historiquement utilisé pour chasser le lièvre. Le pointer que l'on connaît actuellement chez nous est le pointer anglais. Celui-ci s'est formé à partir de races plus anciennes, originaires de France et d'Espagne, avec sans doute un peu de sang italien et portugais, et la race britannique, plus légère, telle que nous la connaissons, est fixée depuis le début du XVIIIe siècle. Son nom vient du profil de statue qu'il présente quand il tient l'arrêt. À côté du pointer anglais, il existe aujourd'hui le pointer danois et le pointer allemand ou pudelpointer.

Voir aussi : chien, chien couchant.

POIRE (à poudre)

Fruit d'une longue évolution balistique conjuguée à une grande tradition armurière.

Armes, munitions, balistique

Les poires à poudre ont la forme du fruit qui porte le même nom.

Voir aussi : carabine, cartouche, fusil, poudre.

POISON

Nuisible substance pour nuisible qui ne l'est pas tant que cela et que l'on devrait définitivement chasser de nos mémoires.

Sociologie

Le poison a été un procédé utilisé pendant longtemps pour venir à bout de certains animaux indésirables. C'est encore le cas aujourd'hui pour les taupicides ou les raticides. Cela l'était il y a peu encore pour le renard. Le recours à de telles substances n'aurait jamais dû être autorisé. On peut considérer que la régulation des espèces nuisibles est indispensable, mais on peut tuer proprement, rapidement et sans douleur.

Voir aussi : nuisible, renard.

POLO (Marco)

Curieusement, pas blanc comme neige. Bête de sommets.

Chasse en montagne – Chasse à l'étranger – Personnages célèbres

Le célèbre marchand de Venise (1254-1324), à l'origine de la route de la soie, a laissé son nom à un mouton sauvage dont le trophée fait rêver tous les chasseurs de grand gibier de montagne lors de leur séjour chez les petits-fils de Gengis Khan : le mouflon de Marco Polo (Ovis ammon polii), plus simplement désigné sous « Marco polo ». On trouve cet ovidé sur les plus hauts sommets du monde (jusqu'à 5500 m d'altitude), en Asie centrale. Il est l'animal emblématique du Pamir et du Tadjikistan. C'est le

plus grand mouflon terrestre, appartenant à la réputée famille des argalis, au cornage spiralé massif et fortement développé.
L'homme, Marco Polo, n'est pas blanc comme neige, ses redoutables qualités de commerçant et de diplomate sont à l'origine d'une grande richesse et ses récits ont été enjolivés dans son ouvrage Le Devisement du monde *appelé encore* Le Livre des merveilles. *Le mouflon du même nom, lui aussi, n'est pas entièrement blanc, comme pourrait le laisser supposer son habitat au milieu des neiges éternelles.*

Voir aussi : bélier, mouflon.

POLYGAME

Animal à la conquête de l'espèce après la conquête de l'espace.

Faune sauvage

Le polygame est le mâle qui couvre plusieurs femelles à la fois, qu'il soit mammifère ou oiseau. Son infidélité, mais aussi son activité sexuelle intense, assurent la survie et la dynamique de l'espèce. L'inverse est beaucoup plus rare (polyandrie). Un grand nombre de petits comme de grands gibiers pratiquent la polygamie, la monogamie étant plutôt l'exception. Les mâles se donnent beaucoup de peine pour éliminer leurs concurrents et séduire leurs futures compagnes au moment des parades nuptiales. Les plus persévérants, les plus courageux, les plus forts assureront la survivance de l'espèce, après avoir conquis l'espace pour le faire (lek, place de chant, place de brame, rond de sorcière, etc.).

Voir aussi : brame, lek, parade, pariade, place de chant, rond de sorcière, rut.

PONTE

Contrairement au chasseur, le gibier met tous ses œufs dans le même panier.

Petit gibier

Action de pondre. Les oiseaux sont des ovipares. Le nid abrite la couvée en devenir. Le chasseur doit veiller aux prédateurs actifs à la saison de la couvaison, la plus fragile pour le gibier en devenir. Le chasseur, lui, ne met jamais tous ses œufs dans le même panier : il est prévoyant, ce que malheureusement l'oiseau ne saurait faire.

Voir aussi : couvée, élevage, nid, œuf.

PORCELAINE

Chien courant moins fragile que son nom ne le laisse supposer et pas toujours originaire de Limoges.

Chiens

Race de chien français de vénerie, excellent sur lièvre et chevreuil et remis au goût du jour sur sanglier. Son nom proviendrait de sa robe presque blanche légèrement mouchetée d'orange et dont la transparence est semblable à l'émail de la porcelaine. Moins connu sous l'appellation de « briquet franc-comtois » ou « chien de Franche-Comté ». Il serait originaire de Lunéville. Le qualificatif de porcelaine lui a été donné par le marquis de Foudras. Cette race particulièrement ancienne et rustique est très résistante et solide.

Voir aussi : battue, chien courant, vénerie.

PORTÉE

Chez les animaux, la portée multiplie le gibier, tandis que chez le chasseur, elle le divise.

Armes, munitions, balistique – Faune sauvage

La portée est constituée de tous les petits mis au monde en une seule fois par la femelle s'agissant des mammifères. Pour les oiseaux, le mot de nichée est plus judicieux. La portée, une fois adulte, accroîtra le cheptel gibier que le chasseur aura à gérer pour maintenir ses effectifs. Mais la portée désigne aussi la distance où la munition est encore performante et peut tuer l'animal. En cela, la portée ne va pas multiplier, mais plutôt diviser les effectifs, si le tireur est adroit et ne tire pas trop loin, bref, s'il tire à portée.

Voir aussi : cheptel, distance.

POSÉ

Entre le juxta et le super, la bonne question mérite toujours de l'être (posée).

Armes, munitions, balistique

Les fusils de chasse se présentent sous forme superposée ou juxtaposée. Dans le premier cas, les canons sont situés l'un au-dessus de l'autre ; dans le second, les canons sont côte à côte. Ce positionnement explique que le superposé soit une arme d'abord de tireur, au niveau de la prise en main, de la rapidité du geste, de la cadence de tir, tandis que le juxtaposé est une arme de chasseur. Le choix de l'un ou l'autre est avant tout une histoire de goût et d'affinité avec son fusil.

Voir aussi : appelants, canons, formes, fusil, juxtaposé, superposé.

POSTE

Endroit où il vaut mieux ne pas y mettre un timbré, mais quelqu'un qui y respectera les consignes au pied de la lettre.

Territoire – Modes de chasse

Le poste est l'endroit où le chasseur matérialise sa place de tir. Il est toujours fixe et souvent identifiable par un entretien, un aménagement, un numéro ou une construction particulière (mirador, poste de battue...). Bien qu'utile au petit gibier quand il se trouve sur un lieu de passage, le poste, tel qu'on l'entend dans le langage courant, est surtout lié à la pratique de la chasse du grand gibier en battue. Dans ce cas, il est essentiel que le chasseur ne bouge pas du lieu où son chef de ligne l'a posté et soit rigoureux sur les angles de tir et la reconnaissance de ses voisins. La sécurité est à ce prix.

Voir aussi : affût, battue, ligne, mirador, pliant, poste de fuite.

POSTE DE FUITE

Mieux vaut y rester.

Territoire – Grand gibier – Grande chasse

Quand on chasse sur de grands massifs forestiers, on place parfois des tireurs à l'extérieur des enceintes battues, car le gibier peut se défiler avant la chasse ou entre les traques. Celui qui garde ce poste y reste souvent toute la journée et devra tirer loin en plaine. Assez pratique et pratiqué en Bourgogne.

Voir aussi : battue, enceinte, grand gibier, poste.

POU

Seul insecte à tenir tête au chasseur.

Maladies

Les puces et les tiques ne sont pas les seuls insectes indésirables qui peuvent parasiter le chasseur et son chien. Le pou est beaucoup plus insidieux car on ne le repère pas à l'œil nu et il se loge dans les cheveux, où il pond en grande quantité ses œufs.

Voir aussi : aoûtat, mouche, moustique, puce, tique, virus.

POUCE

Doigt de taille. Mesure calibrée.

Armes, munitions, balistique

Le pouce est le plus gros doigt de la main et c'est lui qui, de tout temps, a servi de référence de taille, avec le pied, pour différentes mesures, à commencer par l'expression des calibres anglo-saxons. Un pouce vaut 2,54 cm. En anglais, pouce se dit inch. Les valeurs ont varié selon les pays et selon les époques, mais le pouce est identique dans les différences pays ayant adopté le système métrique international.

Le pouce, plus exactement une fraction de celui-ci, sert encore à identifier les calibres anglais et américains des carabines de chasse à canons rayés : .22 Long rifle, .270 Winchester, .280 Remington, .300 Weatherby, .375 Holland and Holland...

Voir aussi : calibre, carabine, inch.

POUDRE

Sait partir en fumée quand elle rend l'âme.

Armes, munitions, balistique

Historiquement, la poudre originelle est d'origine chinoise et se compose de salpêtre, de charbon de bois et de soufre. Elle est connue sous l'appellation « poudre noire », à cause de sa couleur et sa fumée opaque. Elle est le premier explosif utilisé dans les armes à feu. Les Américains continuent de chasser à la poudre noire encore aujourd'hui et le SCI (Safari club international) répertorie dans une catégorie à part ceux qui prélèvent des animaux avec ce type de poudre. Heureusement, les progrès techniques ont fait naître des poudres sans fumée de grande qualité, comme les poudres pyroxylées (lamelles de cellulose additionnées d'acide sulfurique ou nitrique) ou les poudres à double base (grains obtenus à partir de nitrocellulose et de nitroglycérine). On désigne par « âme » l'intérieur d'un canon.

Voir aussi : bourre, cartouche, culot, poire (à poudre).

POUDRER

Se servir d'une poudre qui soigne, pas d'une poudre qui tue.

Armes, munitions, balistique – Faune sauvage

Afin de se déparasiter, et pour faciliter l'entretien de leur plumage, certains oiseaux, notamment les perdrix, aiment se rouler dans la terre sèche et poudreuse, comme s'ils prenaient un bain ou une douche. Cette poudre qui prend soin des plumes n'est pas celle qui permet aux cartouches de propulser une gerbe de plombs, cette dernière a toute vocation à tuer, non à soigner.

Voir aussi : perdreau, poudre.

POUILLARD

Volatile en formation prêt à mourir de peur au moindre coup de feu.

Petit gibier – Expressions populaires

Jeune faisan ou jeune perdrix, à peine volant à l'ouverture, et dont il serait un crime que de le mettre dans le carnier. D'aspect assez malingre et déplumé, le pouillard n'a en rien la prestance ou la beauté de ses parents, encore moins la ruse.

Voir aussi : faisan, perdreau.

POULE

Maman à plumes n'aimant que les coqs.

Animaux domestiques – Faune sauvage

Plutôt que de féminiser le mot masculin pour désigner la femelle des oiseaux, la langue française préfère rajouter parfois le mot « poule » devant : une poule tétras. Parfois on fait les deux, pour bien mettre en valeur le côté féminin de la chose : une poule faisane... Pour les canards, le mot « cane » est préféré : une cane colvert, une cane chipeau... La poule reste surtout employée pour les gallinacés, domestiques ou sauvages, les phasianidés et les tétraonidés en particulier. Et comme les poules sont d'abord des mamans (nous-mêmes, nous avons nos « mamans poules »), elles sont à la recherche de leurs mâles reproducteurs, qui seront nécessairement des « coqs » : coq faisan, coq tétras, etc.

Voir aussi : coq, faisan, femelle, tétras.

POUPÉE

Les cochons adorent jouer à la poupée, mais c'est pour mieux les manger. Toujours le jouet du sanglier.

Territoire – Gestion – Grand gibier

Les grains de maïs tiennent dans un épi que l'on appelle « poupée » ou « fusée ». Qu'il soit sous forme de grains extraits et en vrac, ou complet en épis, le maïs reste la friandise préférée des sangliers, qui ne le dédaignent pas non plus quand il est « en lait », c'est-à-dire dans sa première croissance.

Voir aussi : agrainage, fusée, maïs, sanglier.

POURBOIRE

Au garde à vous, ou pour celui des autres quand on est invité. Toujours en liquide, rarement pour boire.

Organisation, réglementation, sécurité – Sociologie

Le garde-chasse, qu'il soit bénévole et souvent logé gratuitement ou employé professionnel avec un salaire fixe, mérite toujours une gratification lorsque la journée de chasse s'est bien déroulée. Ce pourboire, en cash, rend hommage à sa participation active, au rabat, au placement des invités, au travail de ses chiens, au ramassage du gibier, à la présentation du tableau, etc. Tout du moins dans les « grandes chasses », ce qui se fait de plus en plus rare. À l'étranger, il en va de même des guides et des pisteurs. En ce domaine, la carte bancaire n'est pas près de remplacer un bon vieux billet de banque... J'oubliais : du liquide, mais jamais de pièces !

Voir aussi : garde.

PRÉLÈVEMENT

Tableau bien comme il faut.

Gestion

La chasse moderne, du fait de ses territoires qui s'urbanisent, de ses sols pollués et de sa démographie en hausse, ne peut consister en un prélèvement aveugle des espèces sauvages, passagères ou sédentaires. La gestion quantitative et qualitative, les plans de chasse œuvrent en ce sens. Dans de nombreux cas, il a été mis en place un quota de gibier à prélever, ni plus, ni moins. Cette notion est largement appliquée pour le grand gibier (soumis à plan de chasse, sauf le sanglier), et pour certains oiseaux de passage, comme la bécasse. On emploie alors le terme de PMA ou Prélèvement maximum autorisé.

Voir aussi : *bag limit*, bracelet, plan de chasse, tableau.

PRENDRE LE PIED

Ne pas confondre avec « prendre son pied », expression réservée à une tout autre chasse. Expression tout de même... à suivre.

Chiens – Grand gibier – Grande chasse – Chasse à courre

Suivre une piste, une voie identifiée de l'animal de chasse convoité. « Prendre son pied » est une expression beaucoup plus vulgaire et triviale qui signifie, au bas mot, se faire plaisir, dans tous les sens du terme.

Voir aussi : battue, lieutenant de louveterie, pied, traque, vénerie, voie.

PRUDENCE

À observer et à n'en tirer... que des enseignements.

Organisation, réglementation, sécurité

Qui dit prudence dit sécurité. La prudence consiste à respecter les consignes, faire preuve de bon sens et de sang-froid, et surtout comprendre que l'on n'est pas seul au monde quand on se promène avec un fusil et un chien, surtout le dimanche.

Voir aussi : angle, dangers, éthique, ricochets, sécurité.

PUANTS

Prédateurs de marque (l'odeur vient du musc de l'animal qui marque son territoire). Le chasseur devrait aussi s'inclure dans cette catégorie en fin de journée passée à arpenter plaines et bois, qui laisse ainsi des traces odorantes non négligeables.

Faune sauvage – Expressions populaires

Les puants sont tous des petits mammifères croqueurs de gibier que l'on n'aime pas voir proliférer sur son territoire. Ces porteurs de dents n'aiment pas les porteurs de fusils et réciproquement. Entre eux, ce n'est pas de la chasse mais de la guerre.

Voir aussi : fouine, nuisible, piégeage, putois, renard, sauvagine.

PUCE

Animal de compagnie pour animaux de compagnie. Il y a celles qui piquent le chien et celles qui empêchent le chien d'être piqué (volé). Existe aussi en version électronique, qui n'est pas moins dangereuse puisqu'attirant de nombreux parasites.

Chiens – Équipement – Maladies

La puce est un animal dont on se passerait bien de la compagnie, car vectrice de nombreuses maladies. La technique d'identification des chiens grâce à l'implantation de puces électroniques sous-cutanées lui a redonné quelques lettres de noblesse. Heureusement, les chiens portent plus de puces que leur maître ! Quoique de nos jours, elles viennent même se cacher dans nos ordinateurs, nos cartes bancaires, nos voitures, nos téléphones, etc.

Voir aussi : chien, tatouage, zoonose.

PUNT

Sert à mener les canards en bateau.

Équipement – Gibier d'eau

Embarcation à fond plat, destinée à chasser le canard dans les marais et dans les estuaires. Ce bateau où le chasseur est allongé permet d'approcher les bandes d'oiseaux stationnées au large et de les tirer d'abord au posé, ensuite en vol.

Voir aussi : barque, canard, marais, sauvaginier.

PUTOIS

On lui prête de mauvais sentiments, d'où son nom.

Faune sauvage

À mi-chemin entre la fouine et le furet, le putois est un mustélidé jamais bien loin des habitations agricoles où il vit de rapine dans les poulaillers. C'est un remarquable chasseur de lapins et un amateur d'œufs de premier choix. Il se rencontre difficilement de jour. Son nom est dû à sa forte odeur.

Voir aussi : fauves, fouine, furet, nuisible, piégeage, puants.

PV

Pour chasseur trop bien gardé et regardé.

Organisation, réglementation, sécurité

Une infraction, de chasse ou non, est constatée par un agent assermenté de la force publique et consignée par écrit dans un PV ou procès-verbal. C'est le rôle des gardes-chasse que de dresser des PV quand ils constatent des irrégularités.

Voir aussi : garde, sécurité.

QUATRE CENTS COUPS

Établissement de nuit bien arrosé. Lieu de perdition pour les canards.

Aménagements – Gibier d'eau

« Faire les quatre cents coups », c'est faire la fête tout le temps et avoir un comportement déraisonnable, vivre en grande partie la nuit, ne plus avoir d'hygiène de vie, bref, mener une vie de « patachon ». À côté de cette première version de l'expression, il en est une autre qui désigne un lieu de chasse mythique pour les sauvaginiers, la hutte dite des « 400 coups ». Cette construction spacieuse et confortable se situe à Noyelles-sur-Mer, (département de la Somme), dans le marais de Sailly Bray et fut construite par le vicomte Henri de Brossin de Méré en 1904. On peut encore y louer des tours de hutte sur le site officiel réservé à cet effet, via Internet. On dit que son heureux propriétaire de l'époque y fit tirer quatre cents coups de fusil pour son inauguration, d'où son nom. Cette construction de chasse est unique en son genre par son confort, ses aménagements extérieurs et sa situation géographique. Excellente pour les canards, elle est encore plus réputée pour ses bécassines. Hors saison, on peut louer les lieux comme gîte.

Voir aussi : gabion, hutte, sauvaginier.

QUATRE-QUATRE (4 X 4)

Transport de troupes, en toutes lettres pour entrer dans un dictionnaire (4 x 4).

Équipement

Le 4 x 4 désigne n'importe quel véhicule tout-terrain muni de quatre roues motrices. Les militaires, mais aussi les chasseurs sont friands de ces voitures hautes sur pattes, encombrantes, aux suspensions aléatoires, mais qui passent partout, qui grimpent en haut des montagnes et qui transportent les chiens et le gibier... Depuis quelques années, on assiste à l'apparition de véhicules mixtes, sortes de 4 x 4 routiers, sous le nom de SUV (Sport Utility Vehicle), VUS en français (Véhicule utilitaire de sport). Des marques et des modèles de légende existent dans ce domaine, de la Jeep Willys, Wrangler ou Cherokee au Land Rover, du Toyota Land Cruiser au Hummer, en passant par le Suzuki Samurai Nairobi.

Voir aussi : chemin, randonnée.

QUÊTE

Dans le cadre de l'enquête, on cherche le meurtrier; dans celui de la quête, l'innocent... Et quand on dit que c'est une vie de chien, ce n'est pas si désagréable que cela. Laisse de bons souvenirs aux chiens sans mémoire à part celle de leurs rhumatismes. Rapporte plus souvent à la chasse qu'à la messe. Toujours une affaire de pièces.

Chiens – Modes de chasse

Un chien qui chasse qui cherche le gibier est un chien qui quête. La quête n'est pas l'art de trouver le gibier, mais celui de battre la campagne à sa découverte. Selon les qualités olfactives, les races utilisées et le nombre de chiens sur le terrain, la quête sera qualifiée de grande quête, de quête vive ou haute, ou encore de quête croisée.

Voir aussi : chien (tout court), chien courant, voie, voix.

QUEUE DE DÉTENTE

À tendre, plus qu'à détendre pour assurer le coup.

Armes, munitions, balistique

Beaucoup de chasseurs « appuient sur la gâchette ». J'avoue que je ne sais pas comment ils font, car la gâchette est une pièce mécanique intérieure de l'arme, inaccessible au doigt ! Ils feraient mieux de presser la queue de détente (pour être précis) et acceptons qu'ils appuient simplement sur la détente, même si cela est un peu exagéré ! La gâchette est effectivement une pièce d'acier reliant la détente au chien ou percuteur, elle ne participe qu'indirectement au coup de feu.

Voir aussi : arme, gâchette, index, tir.

RABAT

Pousser jusqu'au bout, quitte à accoucher d'une souris « marocaine ».

Modes de chasse

Rabat est la capitale du Maroc. L'action de rabattre, ou rabat, consiste à pousser le gibier hors de l'enceinte chassée. On y fait parfois buisson creux, c'est-à-dire qu'il arrive qu'il n'y ait rien sur la parcelle ainsi battue. Dans ce cas, on fera le parallèle avec la fable de La Fontaine, où il est dit que « la montagne a accouché d'une souris ».

Voir aussi : battue, enceinte, haaaa, rabatteur, traque.

RABATTEUR

Cousin du videur de boîte de nuit, il est videur de bois le jour. Tyran forestier haut en couleur. Aime se faire bien voir. Pratique la politique du champignon et du bâton.

Organisation, réglementation, sécurité

Traqueur mais pas froussard. Promeneur du dimanche expressément autorisé, baladeur agréé, accompagnateur de chiens, leveur de plumes, effaroucheur de poils...

Voir aussi : bâton, battue, haaaa, rabat, traqueur.

RÂBLE

Lièvre qui en a plein le dos.

Gastronomie

Partie charnue et muscle du dos chez le lièvre qui constitue un morceau de choix dans la gastronomie du lièvre. On utilise aussi le mot pour le lapin.

Voir aussi : lièvre, recettes, table.

RABOLIOT

Nom propre du braconnier en Sologne.

Personnages célèbres

Héros braconnier, qui finira mal, dans le roman de Maurice Genevoix, Raboliot. De son vrai nom, le personnage se nomme Pierre Fouques, forestier de métier. Ce livre a obtenu le prix Goncourt en 1925.

Voir aussi : braconnier, garde, képi, Sologne.

RAGE

Tous les enragés de la chasse ne meurent pas de la rage mais beaucoup plus de renards vaccinés meurent de la maladie du chasseur que de chasseurs meurent de la maladie du renard.

Maladies

Maladie qui vous en fait baver, surtout si vous êtes né goupil.

Voir aussi : renard, virus.

RAGONDIN

Gibier d'eau nageant à poil.

Faune sauvage

Le ragondin est le plus gros de nos rongeurs exotiques et a fait souche un peu partout en France le long des cours d'eau, des marais et des étangs. C'est un constructeur et un démolisseur hors pair des ouvrages hydrauliques, qu'il perce sans état d'âme. Avec le rat musqué ou ondatra, ce nuisible porte grand préjudice aux chaussées et à la végétation des étangs.

Voir aussi : castor, marais, nuisible, piège, piégeage.

RAGOT

Nom bien mal choisi du sanglier, car lorsqu'il devient ragot, il ne saurait en colporter, du moment qu'il n'a plus de compagnie. À tout prendre, il vaut mieux ragoter que radoter.

Grand gibier

Les ragots sont des informations infondées, imaginaires, colportées par le bouche-à-oreille. Le ragot est un sanglier mâle de 2 à 3 ans d'âge qui ne vit plus en compagnie. Le sanglier, au cours de sa vie, porte une succession de noms correspondant aux étapes sociales de son existence : marcassin, bête rousse, bête de compagnie, ragot, tiers an, quartannier, solitaire, vieux sanglier, grand vieux sanglier, etc. Et trophée au mur s'il a été prélevé entre-temps !

Voir aussi : sanglier.

RAGOÛT

Grand gibier ayant fini de se viander.

Gastronomie

Recette culinaire de viande en sauce qui permet d'accommoder parfois des bas morceaux. Une large part est laissée aux légumes. « Ragoûter » signifiait rehausser le goût, avant que le procédé ne devienne un plat à part entière. La viande de gibier se prête particulièrement aux ragoûts de toutes sortes. Tous les pays ont leur spécialité : le navarin d'agneau (France), le waterzooï (Belgique), le Schweinepfeffer (Allemagne), l'irish stew (Irlande), le stufato (Italie), les tajines (Maroc), le curry (Inde)... Tous ces exemples sont préparés à base de viande domestique, mais rien n'empêche de préparer certains gibiers de la sorte.

Voir aussi : pâté, recettes, table.

RAIRE

Cri qui fait mâle (chez le cerf).

Grand gibier

Nom du cri du cerf pendant le brame (période de reproduction). Vient d'un mot latin signifiant beugler ou mugir. Connu dès le XIIIe siècle. Le raire est le cri, mais aussi un verbe qui se conjugue ; par exemple : des cerfs raient en forêt ce matin.

Voir aussi : brame, cerf, larmier, rut.

RÂLE

Les râleurs sont moins discrets que lui, qu'il soit d'eau ou des genêts.

Gibier d'eau – Faune sauvage – Petite chasse

Les râles sont de menus gibiers dont le chasseur se désintéresse aujourd'hui. Le râle d'eau est souvent confondu avec la poule d'eau. Le râle des genêts était autrefois appelé le roi de caille, et également confondu avec la caille des blés, dont il précédait la migration. Les râles émettent des raclements de gorge, des grognements, des couinements, des sifflements qui leur ont donné leur nom. Dans le langage des hommes, le râleur est celui qui se plaint tout le temps, pour tout et pour rien. Lui, on l'entend plus que l'on ne devrait, un peu comme un bruit de fond. C'est aussi la manifestation d'une gêne respiratoire. Rien de tel avec nos oiseaux, si discrets, et devenus plus rares. Le râle d'eau fait encore l'objet d'une chasse traditionnelle, notamment en Égypte où il est capturé à l'aide de filets. Sa chair était très appréciée autrefois, dans l'Antiquité et au Moyen Âge. Le râle des genêts, lui, fait partie des espèces protégées.

Voir aussi : caille, gibier d'eau, roi de caille.

RALLYE

Équipages sans voiture mais pas sans chasseur. À force d'y chasser, on peut y attraper des boutons.

Chasse à courre

Association de chasse à courre. Origine anglo-saxonne. Synonyme d'équipage. Les membres s'appellent des boutons.

Voir aussi : bouton, chien courant, équipage, meute, vautrait, vénerie.

RAMBOUILLET

Côté grande chasse, dernier salon où l'on cause.

Grande chasse – Monde associatif

En France, depuis quelques décennies, deux manifestations cynégétiques sont devenues incontournables pour les chasseurs : au printemps, le salon de Rambouillet, dit salon de la chasse et de la faune sauvage, et au début de l'été, le Game Fair (autrefois à Chambord). Rambouillet est célèbre pour son château datant du XVe siècle, situé dans les Yvelines, résidence impériale et présidentielle réputée pour ses chasses d'État instituées par Napoléon III. Rambouillet, salon du grand gibier par excellence, n'est plus à Rambouillet, sa ville de naissance, mais à Mantes-la-Jolie. Il accueille près de 40 000 visiteurs et 400 exposants. Plus spécialisé, réservé aux passionnés et aux voyageurs, il rassemble les décideurs et les gestionnaires des espaces naturels.

Voir aussi : Chambord, *Game Fair*.

RAMIER

Palombe ayant été prise pour un pigeon.

Petit gibier

Les mots « Ramier », « palombe » et « pigeon » désignent le même oiseau, mais dans le Sud-Ouest, la palombe est l'unique appellation de ce migrateur. Vient du latin et de la francisation du gascon. Cette région est l'axe principal de passage de l'oiseau qui y est chassé et cuisiné à la folie.

Voir aussi : biset, migrateurs, palombe, pigeon.

RANDONNEUR

Chasseur de paysages.

Monde associatif – Sociologie

Même s'il n'a pas d'arme à la bretelle ou dans le sac à dos, le randonneur est un chasseur dans l'âme : un chasseur d'émotions, un chasseur photographique, un chasseur de paysages. Il mène sa quête, comme les meilleurs chiens, arpente sans relâche le dénivelé, la corniche, le sentier sinueux, suivant avec ténacité et obéissance le moindre indice signalétique. S'il n'est pas un grand « courant », c'est un grand « marchant »...

Voir aussi : chemin, photographe, quête, randonnée.

RAPPEL

Au théâtre comme aux champs, il ne faut pas être un perdreau de l'année pour le provoquer.

Faune sauvage – Petit gibier

Les cages de rappel sont des petites volières, portatives ou non, démontables le plus souvent, provisoires toujours, qui sont mises en place au moment du lâcher des oiseaux au printemps (particulièrement pour la perdrix) où l'on maintient captifs quelques oiseaux chanteurs qui vont rappeler la compagnie dispersée lors de sa réintroduction et favoriser la territorialité de celle-ci. Seules des oiseaux adultes (pour la perdrix, on l'appelle la chanterelle) sont capables de cette tâche. Au théâtre, les spectateurs, contents de la représentation à laquelle ils viennent d'assister, applaudissent fort et longtemps, déclenchant

un rappel des acteurs sur la scène. Là encore, les meilleurs et ceux d'expérience bénéficient de cette consécration.
En matière de chasse au grand gibier, au moment du brame des cervidés, on pratique le call (appel) au Québec, pour l'élan. En Amérique, pour le wapiti, en Asie pour le maral, en Europe pour le cerf élaphe et le chevreuil, on utilise des appeaux, qui rappellent des mâles territoriaux. Mais le rappel n'est pas totalement un call, puisqu'il concerne un appel de gibier à gibier et non pas d'homme à gibier. L'objectif n'est pas le même non plus, le rappel n'est pas un piège pour attirer et tuer, mais pour fixer les oiseaux à un endroit donné.

Voir aussi : appeau, appelant, cage, chant, chanterelle, jabiole, perdreau.

RAPPORT (de chasse)

Rapporter est un bien vilain défaut, sauf à la chasse où c'est une obligation pour savoir ce qui va se passer ou ce qui s'y est passé.

Organisation, réglementation, sécurité

Discours du capitaine ou du président de chasse qui intervient avant la chasse et qui, quelquefois, est complété par un compte rendu oral après la chasse pour relater les événements de la journée et le tableau réalisé. C'est en principe le mot de bienvenue qui prédomine avant le départ le matin. Le responsable donne les consignes de tir, rappelle les consignes de sécurité, vérifie les permis et distribue les postes. Le rapport est toujours oral. Les comptes rendus de journées de chasse peuvent être écrits et consignés.

Voir aussi : battue, chasseur, sécurité, vice-président, zident.

RAPPORT (dressage)

Pour chien détective privé.

Chiens

Action du chien de chasse qui rapporte le gibier tiré sur ordre de son maître.

Voir aussi : apporte, chien (tout court), labrador, retriever.

RAPPORTER

Vilain défaut chez l'homme, belle qualité chez le chien (de chasse).

Chiens – Sociologie

Voici une définition humoristique qui parle d'elle-même et qui n'appelle pas de grandes explications de texte. Rapporter, c'est colporter bien souvent des rumeurs injustifiées, et le chasseur doit, comme tout être humain, se méfier des ragots en tous genres. Il lui faut dire et échanger des faits et des situations vérifiées, fiables, sûres, etc. Qu'il s'agisse du comportement dangereux ou de l'absence d'éthique des uns, de l'ignorance ou de l'inexpérience des autres. Quant au chien, retriever si possible, rapporter est son métier, et il a toutes les qualités pour l'exercer au mieux. Des concours cynophiles sont même organisés – les Fields Trial pour distinguer les plus remarquables... rapporteurs.

Voir aussi : labrador, rapport (de chasse), rapport (dressage), retriever.

RATÉ

C'est un raté ! Certains gibiers adorent se faire traiter de la sorte !

Sociologie

Quand on dit de quelqu'un que « c'est un raté », on marque le peu d'estime que l'on a pour lui, considérant que la nature aurait pu mieux faire. En revanche, rater un gibier arrive souvent, et c'est tant mieux pour lui : il n'est même pas blessé, c'est tout ce qui compte. La honte du chasseur, c'est quand le gibier est perdu, mort ou vivant.

Voir aussi : bide, bredouille, tir.

RÂTELIER

Même si le chasseur ou le gibier a de bonnes dents, il leur faut quand même un râtelier (râtelier d'armes pour les uns, râtelier à foin pour les autres).

Gestion – Équipement – Aménagements – Grand gibier

Râtelier et dentier sont synonymes. Le mot « râtelier » est employé dans deux sens bien différents pour les chasseurs : il désigne le meuble où l'on range les armes (râtelier à fusils) et le poste d'affouragement où l'on donne de la nourriture aux cervidés (râtelier à foin). L'un comme l'autre sont indispensables au chasseur de grand gibier.

Voir aussi : affouragement, carabine, fusil, grand gibier.

RATON LAVEUR

Prédateur nouvellement arrivé, jamais lavé de tous soupçons.

Faune sauvage – Piégeage

Avec le chien viverrin et le vison d'Amérique, le raton laveur fait partie de ces espèces retournées à l'état sauvage, alors qu'elles étaient domestiquées ou élevées en Europe. Outre son introduction pour des raisons d'élevage pour sa fourrure, on doit sa présence en France aux militaires américains stationnés dans l'Aisne (base aérienne de Laon-Couvron) et qui avaient cet animal comme mascotte. L'implantation durable de ce carnivore à l'allure sympathique n'est pas sans poser des problèmes aux chasseurs et aux piégeurs qui le prélèvent régulièrement dans le nord et l'est de notre pays. Ce raton, que l'on qualifie abusivement de laveur, est en fait un mammifère ayant l'habitude de nettoyer ses aliments avant de les manger. Mérite son EEE.

Voir aussi : chien viverrin, EEE, piégeage.

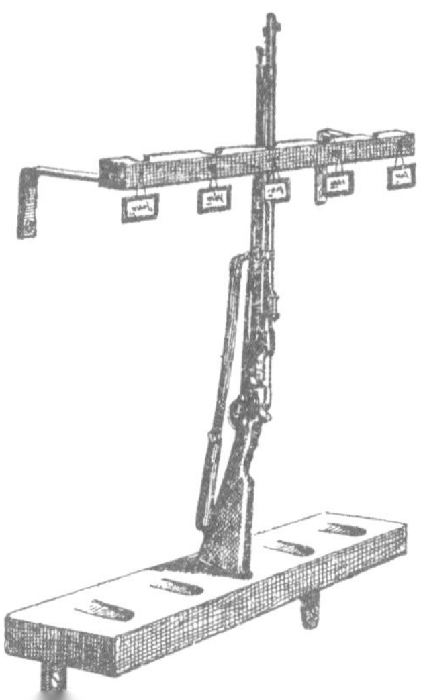

RAVALER

Fonte des bois. Les cervidés ne ravalent ni leur salive, ni leur mauvaise humeur; en revanche, bien malgré eux, ils ravalent leurs bois. Avec l'âge, perd de son panache.

Grand gibier

Les bois des cervidés ravalent quand, une fois arrivés au sommet de leur vigueur, ils déclinent d'année en année. Ce phénomène est particulièrement visible chez le cerf, moins chez le chevreuil; on peut suivre ce déclin quand on collectionne les mues successives de l'animal. On a parfois l'impression que les bois font leur croissance à l'envers. Le panache est le nom donné par les Canadiens aux bois de caribou. Par extension, « avoir du panache » sous-entend avoir de jolis bois, bien développés.

Voir aussi : bois, cerf, chevreuil, mue.

RAYURES

Canon qui fait express de tourner en rond. Même quand elles n'ont rien à dire, elles apportent systématiquement leurs précisions aux circonstances du tir.

Armes, munitions, balistique

Les carabines de grande chasse sont des armes à canon rayé. Les rayures internes forment un pas emprunté par la balle qui, ainsi guidée, prend de la vitesse, gagne en précision et conserve un maximum d'énergie.

Voir aussi : âme, carabine, livrée, marcassin, tir.

RECETTES

Celles de cuisine ne rapportent que du bonheur et pour les réaliser au mieux, on se dépense sans compter.

Gastronomie – Organisation, réglementation, sécurité

Les recettes et les dépenses constituent les deux plateaux de la balance pour toute activité, qu'elle soit de loisir ou professionnelle. On appelle également recettes les indications culinaires nécessaires à la préparation d'un bon petit plat. Tout bon chasseur est un cuisinier qui s'ignore.

Voir aussi : casse-croûte, pâté, table.

RÉCIDIVE

Le chasseur est un récidiviste dans l'âme.

Organisation, réglementation, sécurité

Le chasseur ne se contente jamais du coup unique, il aime le doublé, comme pour se prouver à lui-même qu'il est le meilleur. La deuxième cartouche est souvent nécessaire pour bien rattraper le coup ou royalement enfumer le gibier. Le chasseur de petit gibier chasse avec un fusil à deux coups, il ne lui viendrait pas à l'idée de chasser avec une arme chargée d'une seule munition. Le chasseur de grand gibier a évolué et il lui arrive de chasser avec une Kipplauf, ou arme basculante à un coup. Dans tous les cas, les automatiques sont encore trop nombreux sur les chasses, même limités à trois coups.

Voir aussi : accident, coup du roi, pairon, sécurité, tir.

RÉCOLTE

Avec la notion de tir de récolte, le chasseur est devenu paysan des bois.

Grand gibier

La gestion qualitative et quantitative du grand gibier a fait naître la notion de tir de récolte. L'animal prélevé à ce titre correspond à un gibier que l'on a laissé se reproduire et bien vieillir parce qu'il avait de l'avenir et qu'il est temps de prélever avant qu'il ne disparaisse de lui-même ou qu'il ravale. Le tir de récolte se fait prioritairement sur les cervidés et les ongulés de montagne. Cette notion est impossible à appliquer au sanglier. Cette exploitation du cheptel sauvage n'est pas sans rappeler celle d'un forestier ou d'un agriculteur. La notion de récolte considère le fruit d'un long et patient travail.

Voir aussi : éthique, gestionnaire, plan de chasse, prélèvement, tableau.

RECORD(S)

Rend malheureusement immortel le gibier mort, tombé au(x) champ(s) d'honneurs.

Colonies – Faune sauvage – Grande chasse – Trophées

Parmi les motivations de chasse, il en est une que l'on doit souligner, sans pour autant porter de jugement sur son bien-fondé, c'est la chasse au trophée, plus qu'à l'animal lui-même. Il existe un certain nombre de chasseurs, particulièrement américains, qui ne veulent prélever qu'un animal record ou recordable. Cette compétition aboutit à rendre inaccessibles pour le commun des mortels beaucoup de gibiers rares, dont les taxes de tir s'envolent d'année en année au fur et à mesure que les gouvernements délivrent ou non les permis de chasse. Autrefois, les records, particulièrement en Afrique et dans différentes colonies, étaient le fait du hasard, obtenus sur des territoires très peu chassés. Tous ces records se retrouvent dans les livres qui compilent leurs mensurations et sur le mur des trophy rooms.

Voir aussi : Boone and Crockett Club, médaille, Rowland Ward, trophées, trophéiste, *trophy room*.

RECTRICES

Que de plumes ! Plumes de queue !

Faune sauvage

Plumes de la queue chez les oiseaux, contrairement aux rémiges, qui sont celles des ailes. Les rectrices n'ont pas seulement un rôle dans la navigation (déplacement aérien de l'oiseau), elles ont aussi un rôle dans son alimentation (les canards plongeurs s'en servent de gouvernail pour aller chercher au fond de l'eau leur nourriture), dans ses parades amoureuses (par exemple celle du tétras-lyre ou du paon) ou encore dans sa locomotion (la queue des pics leur permet de tenir à la verticale pour monter et descendre les troncs d'arbre). Plus que diriger leur vol, les rectrices dirigent la vie des oiseaux.

Voir aussi : pennes, plumes, rémiges.

RECUL

Coup de feu dont la première victime est toujours le chasseur, même s'il est bien épaulé.

Armes, munitions, balistique

La mise à feu de la munition provoque un gaz qui, associé au départ du ou des projectiles, provoque une violente poussée arrière que le chasseur ressent à l'épaule en même temps que la détonation. L'appréhension du coup de feu (recul + bruit) est à l'origine du fameux « coup de doigt ». Le recul peut être minoré si l'arme est bien calée à l'épaule, aux bonnes mesures du chasseur, si elle dispose d'un sabot antirecul voire d'un dispositif interne qui en absorbe une bonne partie. Quelques constructeurs d'armes modernes se sont penchés sur la question et, pour les carabines, ont apporté des éléments de réponse, à commencer par les freins de bouche.

Voir aussi : carabine, crosse, fusil, sabot, tir.

REDINGOTE

Tenue qui est tunique lorsque l'on « courre » à la chasse.

Chasse à courre

Grande et longue veste boutonnée aux couleurs de l'équipage de chasse à courre, la redingote, en drap de laine, symbolise la tenue de vénerie à cheval. La couleur dominante permet de reconnaître de loin les chasseurs, et la palette est imagée : jonquille (jaune), ventre-de-biche (beige), cerise (rouge), bleu de France, etc. Son origine est ancienne puisqu'elle est issue de la tunique des Romains. Habit de sortie très en vue sous l'Ancien Régime, réservé aux hommes, ce vêtement long a survécu à toutes les modes puisque le prêt-à-porter actuel le propose toujours, mais sous la forme d'un manteau beaucoup plus près du corps et réservé aux femmes ! Certains longs manteaux en coton huilé, réservés aux cavaliers, sont commercialisés sous cette appellation technique. « Redingote » emprunte son origine étymologique au monde de l'équitation, rejoignant en cela le monde de la vénerie à cheval : riding-coat *(en anglais, le vêtement pour monter à cheval) a vite été francisé en « redingote ».*

Voir aussi : gilet, tenue, vénerie, veneur.

RÉFLÉCHIR

Les miroirs aux alouettes ne devraient pas être les seuls à réfléchir à la chasse.

Équipement – Modes de chasse – Petit gibier

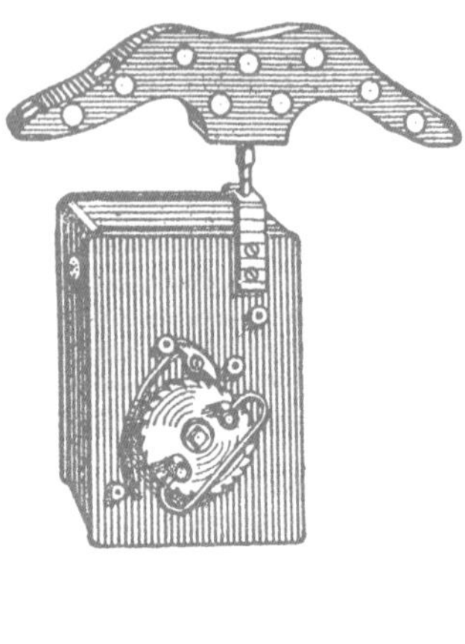

La chasse au miroir est un mode de capture permettant, à l'aide d'un dispositif réfléchissant et animé, d'attirer l'attention des oiseaux et de les tirer à poste fixe. Les éclats de miroir réfléchissent la lumière et créent des signaux visuels qui intriguent les alouettes et les font voleter à la verticale au-dessus du leurre. Réfléchir, ce n'est pas seulement renvoyer (une image ou un rayon), mais c'est aussi prendre le temps de la réflexion. À la chasse, on doit agir vite et bien, mais jamais dans la précipitation, source d'erreur de tir et d'imprudence. Bref, on doit également réfléchir avant de tirer pour ne pas faire n'importe quoi, ne pas se laisser envahir ni submerger par l'émotion ou l'excitation.

Voir aussi : alouette, bécasse, miroir.

RÉMIGES

Plumes à voler.

Faune sauvage

Nom générique pour désigner les plumes de l'aile des oiseaux. Il existe des rémiges primaires, secondaires, tertiaires (appelées encore scapulaires, ou celles au plus près de l'articulation de l'aile et du corps) et même, chez certaines espèces, des surrémiges ou épiptères, comme celle que l'on nomme « plume du peintre » chez la bécasse. Les rémiges jouent un rôle primordial dans le vol, c'est-à-dire pour la migration mais aussi pour la défense, la quête de nourriture et pendant les parades nuptiales. Leur code couleur souvent unique chez les deux sexes permet d'identifier l'espèce, comme chez les canards où cette bande de plumes est connue sous le nom de « miroir ».

Voir aussi : pennes, plumes rectrices.

REMISE

Magasin à gibier sans soldes. Endroit où le gibier n'est plus à la solde du chasseur.

Faune sauvage

Place où le gibier est censé se trouver. Ce lieu et ses caractéristiques varient selon les espèces animales. Les remises à grand gibier sont des espaces calmes, impénétrables, boisés où le gibier se retire pour sa tranquillité. Ce n'est pas seulement un refuge, mais un endroit où il a ses habitudes. On évite généralement de le traquer à l'intérieur pour ne pas le décantonner. La remise désigne aussi l'offre promotionnelle faite sur un produit pendant la période des soldes dans les magasins. On est à la solde de quelqu'un quand on est à sa merci ou dans sa dépendance.

Voir aussi : buisson, enceinte, futaie, territoire.

REMORDS

En vocabulaire cynégétique, remords s'écrit « re-morts », ou mort deux fois.

Sociologie

La langue française n'a pas deux écritures pour le mot « remords ». En revanche, l'écrire différemment pour faire réfléchir le chasseur nous est apparu salutaire.

Voir aussi : acte, chasseur, éthique, mort.

REMORQUE

Supporte le gibier et les chiens quand la roue tourne, et parfois les chasseurs.

Équipement – Grande chasse

Les véhicules de chasse ont beau être 4 x 4, pick-up, double cabine, avec caisson aménagé ou hard-top, ils ne sont jamais assez grands ni pratiques pour emporter les chiens et le gibier, surtout quand il s'agit de grands animaux, en fin de journée. Beaucoup de participants actifs, propriétaires de meute, piqueux, rabatteurs, gardes en tous genres, s'équipent d'une petite remorque, qu'ils attellent derrière la voiture : l'espace ainsi gagné donne aux chiens du confort et quand la remorque emporte le gibier mort, elle évite de salir le véhicule de tête. La remorque a une garde au sol et des ridelles amovibles qui facilitent grandement le chargement. L'expression « en remorque » est souvent criée pour annoncer le départ vers le lieu de chasse ou le retour au pavillon.

Voir aussi : quatre-quatre.

RENARD

Ne fait jamais la queue devant un garde-manger.

Faune sauvage

La queue donne au renard toute sa prestance et sa fluidité. Faire la queue signifie attendre son tour, or le renard, qui est un chapardeur né, se sert toujours le premier.

Voir aussi : charbonnier, déterrer, enfumer, goupil, rage, terrier.

RENDEZ-VOUS

Plus une question de lieu que d'heure. Toujours unique et à plusieurs. Lieu où l'on croise des inconnu(e)s venu(e)s le dimanche ou en week-end pour tirer leurs coups.

Organisation, réglementation, sécurité

Le rendez-vous fait référence aussi bien à l'horaire qu'à l'endroit où les chasseurs doivent se retrouver. La ponctualité n'est pas seulement la politesse des rois, mais aussi celle de tous ceux qui, même le dimanche, considèrent que faire perdre son temps aux autres, surtout s'ils sont amis et partagent la même passion que vous, reste peu compatible avec la convivialité et la rigueur de l'acte de chasse.

Voir aussi : abri, cabane, gîte, pavillon.

RENNE

Traîne avec le père Noël quand il s'agit de livrer les cadeaux. On l'attelle quand il est domestique, mais on le prend en chasse quand il est sauvage (le caribou).

Faune sauvage – Grande chasse – Personnages célèbres – Sociologie

Curieux cervidé, inféodé au grand Nord, que cet animal, tantôt attelé et tantôt chassé, et dont les mâles comme les femelles portent des bois ! Le nom de caribou, qui provient du langage des Indiens Micmacs, est spécifique au Canada, et l'on voit mal le traîneau du père avec des caribous... tandis qu'avec des rennes... Les premières publications américaines relatives à saint Nicolas, en 1821, avant que la légende du père Noël ne connaisse le succès commercial actuel, laisse entendre que le traîneau n'était tiré que par un seul animal. Très vite, dès 1823, le chariot en comporte huit. Les quatre mâles et les quatre femelles n'ont pas changé de noms depuis lors, même s'ils ont été francisés : Tornade, Danseuse, Furie, Éclair pour les femelles et Fringant, Comète, Cupidon et Tonnerre pour les mâles. Un neuvième renne apparaîtra dans l'imaginaire populaire, Rudolph, le renne au nez rouge, mais bien plus tard (d'abord en 1939, puis en 1949, dans la littérature puis la chanson). Ce fameux nez rouge permettra d'éclairer le père Noël dans la nuit pour la distribution des cadeaux.

Voir aussi : caribou.

RÉSERVE

Le bon chasseur doit être sur la réserve sans être dans la réserve. Le gibier n'y vit pas plus longtemps, il y meurt moins vite...

Territoire – Gestion

La vie dans la nature est rude. La longévité d'un animal sauvage, domestiqué ou captif n'est pas la même. La chasse ne fait que l'abréger accidentellement en prélevant, en principe, des animaux sains et en pleine force de l'âge. On ne va pas dire que le chasseur leur rend service, ce serait déplacé, mais au moins ceux-ci auront vécu libres et en bonne santé jusqu'à leur mort. Qu'en serait-il sans la chasse? Une fin longue, douloureuse et solitaire. Être sur la réserve, c'est faire preuve de mesure et d'attentisme afin de bien cerner les situations. Être dans la réserve, c'est braconner, car il est interdit de chasser sur les territoires protégés. Ces derniers sont de plusieurs natures : parcs nationaux, réserves naturelles, réserves nationales de chasse et de faune sauvage...

Voir aussi : domaine, éthique, territoire.

RÉTICULE

Point de croix qui demande des lunettes.

Armes, munitions, balistique

Le réticule est une partie de l'optique de chasse. L'intérieur des lunettes de tir des carabines est équipé d'un dispositif en forme de croix, de « T » ou sous forme de rond matérialisant l'endroit visé. En fermant un œil, on vise à l'intérieur et on affine son point d'impact.

Voir aussi : lunette, optique.

RETRAITE

Sonne la fin de la journée, mais pas du chasseur. Toujours à la retraite lorsqu'il a été actif à la chasse.

Chasse à courre – Organisation, réglementation, sécurité

En fin de journée de chasse, les veneurs sonnent la retraite. Chaque être humain est amené à vivre plusieurs vies successives au cours de son existence terrestre et la retraite, c'est-à-dire l'inactivité professionnelle, peut lui donner des ailes pour aller à la chasse ou au contraire lui faire raccrocher son fusil. Dans un domaine plus militaire, la retraite est le signe de repli de l'armée battue sur le champ de bataille.

Voir aussi : chasseur, sonneries, traque.

RETRIEVER

Rapporter est un vilain défaut, sauf chez les chiens qui retrouvent votre gibier.

Chiens

Le terme de « retriever » est anglais et désigne un chien rapporteur de gibier, comme le labrador. On peut rapporter du gibier sans rapporter des ragots ou colporter des mensonges. Les humains devraient prendre exemple sur leur chien et ne rapporter que... le gibier!

Voir aussi : apporte, chien (tout court), labrador, rapport (dressage).

REVUE (de chasse)

Vu, revu, et en plus, à corriger. Magazine qui porte bien son nom, notamment en matière d'actualité cynégétique. De même qu'il y a les cultures à gibier, il y a la culture des chasseurs. On peut trouver les deux dans des magazines spécialisés.

Organisation, réglementation, sécurité

Il existe de nombreuses revues spécialisées de chasse en France, mais on a toujours l'impression d'y lire la même chose au fil des saisons et des années. Il est vrai que la culture est indispensable au chasseur, qu'il s'agisse de son information générale ou des plantations et semis destinés à abriter son gibier.

Voir aussi : cultures, histoires.

RICOCHETS

Plombs ayant mal tourné. Arrive également aux cartouches qui ont pété les plombs. Plombs indisciplinés.

Armes, munitions, balistique

L'angle de tir, de même que la surface sur laquelle arrivent les plombs, conditionnent le ricochet, cette nouvelle direction prise par la charge, bien involontaire de la part du chasseur et source de tous les dangers. En évitant de tirer sur l'eau ou sur une surface en pierre, sur un sol gelé ou sur les troncs d'arbre, on limite déjà beaucoup l'imprudence. Historiquement, c'est parce que le risque de ricochet était trop important que les chevrotines ont été interdites sur la majorité du territoire.

Voir aussi : accidents, angle, chevrotines, dangers, plombs, sécurité.

RIDES

Tant qu'elles permettent au sanglier de prendre son pied, on ne va pas l'en priver. Pied de nez à l'âge.

Chasse à courre – Faune sauvage

Le dessous du pied du sanglier comporte une peau dure composée de lignes transversales, comme des empreintes digitales, qui deviennent plus faciles à identifier sur sol mou dès la deuxième année et que l'on appelle « rides ». Ces plis apparaissent beaucoup plus visibles chez les vieux sujets. C'est là un terme de vénerie.

Voir aussi : pied, sanglier.

RIDICULE

Le ridicule ne tue pas, c'est bien connu, et c'est sans doute pour cela que le chasseur rate souvent.

Sociologie

Voilà un argument que les écologistes n'utilisent pas contre les chasseurs. Finalement, les mauvais tireurs sont des écolos qui s'ignorent. Être blessé dans son amour-propre n'a que peu d'importance du moment que l'on n'a pas blessé le gibier.

Voir aussi : bredouille, chasseur.

RIGODON

Répond aux petites annonces dans la rubrique nécrologique.

Grand gibier

En battue, il existe des règles précises pour signaler à tous qu'un animal a été vu ou tiré. Il est sonné et annoncé par des coups de trompette. Ainsi, dans la plupart des cas, trois coups indiquent le chevreuil, quatre coups, le sanglier, cinq coups, le cerf... et ainsi de suite. Ces sonneries sont appuyées et espacées pour que chacun puisse les entendre et les répéter. Quand elles sont suivies d'une succession de coups brefs complémentaires (ou rigodon), cela signifie que l'animal est mort. Parfois, on sonne le rigodon avant l'annonce pour indiquer le gibier qui rentre dans la traque.

Voir aussi : annonces, battue, pibole, sonneries, trompe.

ROBE

Habille le gibier à poil, mais pas que...

Animaux domestiques – Faune sauvage

La peau des mammifères, recouverte de poils, est appelée pelage, mais plus fréquemment « robe » dans le langage des chasseurs, pour décrire leurs gibiers, mais aussi leurs chiens et leurs chevaux. Cette « robe » est portée par les mâles comme par les femelles, alors que chez les humains, mammifères eux aussi, mais beaucoup moins poilus, la robe n'est portée... que par les femmes pour se vêtir. Certains hommes de métier, les magistrats, les avocats, les juristes en général, mais aussi les ecclésiastiques et les membres de confréries portent la robe, mais dans un cadre professionnel, comme habit de fonction. Nos animaux n'ont pas besoin de garde-robe, le phénomène de mue dont ils sont dotés leur suffit.

Voir aussi : fourrure, poil.

ROBINET (être sous)

Rien à voir avec les plombiers chasseurs ou encore les chasseurs qui plomberaient tous les gibiers. C'est tout simplement être au bon endroit au bon moment sans rien avoir fait pour cela.

Moment

La chance est un facteur primordial à la chasse. On a beau être connaisseur, patient, attentif, bien équipé, ce n'est pas pour autant que l'on aura l'opportunité de tirer le grand cerf du massif ou de se retrouver, lors d'une levée d'étang, sous une escadrille de canards dont le bruit des ailes vous fait rentrer la tête dans les épaules. On appelle aussi cela le flair ou la veine des débutants. Cette quantité de gibiers imméritée qui défilent sous vos yeux forme comme un flux, un jet irrésistible, intense, éphémère, comme une pluie dont chaque goutte pourrait être prélevée. Finalement, on en laisse passer le plus grand nombre et on garde pour soi l'émotion intense et profonde d'avoir été, pour un seul instant, l'élu.

Voir aussi : poste, tir.

ROI DE CAILLE

Râle pour être reconnu en tant que tel (râle des genêts).

Faune sauvage – Petit gibier

Le râle des genêts est un petit oiseau assez discret, qui se fait de plus en plus rare en France et qui autrefois passait en même temps que les cailles, d'où son surnom. On dit encore « roi caille » et « roi des cailles ».

Voir aussi : caille, râle des genêts.

ROI DE LA CHASSE

Chasseur qui s'en tire bien.

Organisation, réglementation, sécurité – Chasse à l'étranger

Dans les certains pays de l'Est, comme la Pologne, particulièrement pour la chasse au grand gibier, en battue ou lors de chasses silencieuses, il est d'usage de distinguer (lors de la présentation du tableau lorsqu'il s'agit de battue) celui qui a le mieux réussi et celui qui a tout raté. Il y a ainsi un roi de la chasse (Król polowania) *et un roi des malchanceux* (Król pudlarzy)*, qui reçoivent chacun une médaille gravée à cet effet. Même le plus mauvais des chasseurs se voit ainsi distingué ! Finalement, il s'en tire bien...*

Voir aussi : chasseur, ego, manche.

RONCE

Enlève une épine du pied au gibier en la mettant dans celui du chasseur. Plante avec laquelle il vaut mieux être face au mur (aux mûres).

Territoire – Flore

La ronce produit de délicieux petits fruits sauvages, les mûres, qui arrivent à maturité en fin d'été. La ronce constitue des buissons hostiles et impénétrables du fait de ses épines qui piquent et s'accrochent partout. Les sangliers adorent creuser des tunnels sous les ronciers et s'y abriter. Les chiens ne sont pas toujours bien téméraires pour y dénicher les lapins alors que ces derniers adorent y trouver refuge. La ronce est solide, vigoureuse, ses feuilles apportent un complément indispensable à bon nombre d'espèces, à commencer par le chevreuil, quand il n'y a plus grand-chose à manger.

Voir aussi : buisson, épines, orties.

ROND
Cercle d'amis chasseurs pour qu'ils puissent en connaître un rayon.

Organisation, réglementation, sécurité.
« Faire le rond », dans le cadre d'une chasse collective, désigne le moment où le responsable souhaite la bienvenue à ses invités et donne ses instructions, le matin. Les participants s'assemblent en demi-cercle autour de lui, formant, avec beaucoup d'imagination... un rond. C'est le moment du rappel des consignes de sécurité, de l'affectation des postes, du déroulé de la chasse, du rapport du garde ou du piqueux. Le discours, ou rapport, est toujours un peu répétitif pour les habitués, mais donne l'essentiel des informations nécessaires au bon déroulement de la journée. Plus qu'obligatoire, il est indispensable.

Voir aussi : battue, rapport (de chasse), zident.

ROND DE SORCIÈRE
Indispensable à tout brocard endiablé qui veut faire le malin.

Grand gibier
Petits cercles répétés autour d'un arbrisseau ou à un endroit donné, fait par le brocard en train de poursuivre la chevrette au moment du rut. Cette poursuite peut durer un bon moment avec de petits cris, comme un préliminaire à la saillie. Certains auteurs emploient aussi l'expression de « rond de fée », beaucoup plus rare et qui n'a pas fait recette dans la littérature spécialisée.

Voir aussi : chevreuil, rut.

ROSE
Fleur d'arrière-train. La fausse sent plus que la vraie, tant il est vrai que la fausse ne sent pas la rose.

Grand gibier
La rose, roze ou miroir est la tache blanche qui se situe sur les fesses des chevreuils. Elle est en forme de cœur chez les femelles et en forme de haricot chez les mâles. Elle permet, théoriquement, une identification, « par cul », de l'espèce. Tout est relatif.

Voir aussi : chevreuil, cul.

ROSEAU
Forêt à canards. On s'y perd plus sûrement que dans la jungle de Sumatra. Le roseau est en fait un imposteur, car celui dont on parle le plus souvent se nomme en réalité phragmite.

Territoire – Flore – Gibier d'eau
Même les chasseurs s'y trompent : le roseau est comme un bambou, d'aspect. C'est un « phragmite » tandis que ce que l'on appelle « roseau », plante possédant un long tube marron en pointe, est en fait une « massette ».

Voir aussi : canard, marais, sauvagine, sauvaginier.

ROTER
Cerf en appétit.

Faune sauvage
Le rot est un phénomène digestif qui, chez l'homme, atteste de sa bonne digestion. Chez le cerf, le rot est un témoignage d'activité de rut au moment du brame. Pour attester de sa présence et de sa volonté de participer aux parades amoureuses, le mâle pousse de petits cris courts et brefs, qualifiés de « rots » par les naturalistes et les chasseurs. Rauque, grave, il peut se répéter à intervalles plus ou moins réguliers, montrant ainsi les prémices de l'appétit sexuel... du cerf.

Voir aussi : brame, cerf.

ROUBIGNOLES

Vont toujours par paire chez le père. Font le bien chez le mâle.

Grand gibier

Testicules des mâles des espèces de grand gibier dans un langage populaire et non précis. Terme générique qui se décline dans un vocabulaire choisi et châtié. On ne parle pas des « couilles » du gibier mais des daintiers du cerf ou des suites du sanglier... Les chasseurs disent encore « roustons » ou « roupettes », mais jamais « valseuses » ou « burnes », jugées trop vulgaires et peu cynégétiques.

Voir aussi : bourses, couilles, daintiers, suites.

ROUCOULER

Chasser à coups de baisers.

Sociologie – Faune sauvage

Les pigeons et des tourterelles roucoulent... Chez nous, les tourtereaux aussi. Chez l'oiseau, ce mode de communication n'est pas réservé à la période de reproduction, il est opérationnel toute l'année.

Voir aussi : pigeon.

ROUGE

Avec le vert, couleur préférée des chasseurs.

Sociologie

Chien de rouge, gros rouge, voir rouge, rouge sang... Les chasseurs qui ne se sont pas mis au vert me comprendront.

Voir aussi : camo, kaki, orange, sang, vert.

ROUILLE

Sanction financière imposée au chasseur peu respectueux de la consigne. C'est sans doute pour cela que l'on dit qu'il dérouille. Dans ce cas, dérouiller, ce n'est pas ne pas payer, mais payer encore plus.

Organisation, réglementation, sécurité

Le terme d'amende est relativement banni des sociétés de chasse, il est trop évocateur des contraintes légales déjà lourdes qui pèsent sur tout chasseur en exercice. En revanche, le principe d'une contravention privée est assez largement répandu, délivrée au gré de l'humeur du président et de façon quelquefois arbitraire, selon le comportement des chasseurs, allant d'une consigne mal respectée ou insuffisamment appliquée, à l'erreur de tir, le tir non autorisé d'un animal, en passant par l'oubli de sa trompette ou une indiscipline remarquée lors d'un chahut au repas ou pendant le rapport... Les sommes ainsi collectées permettent d'arrondir le budget de fin d'année qui en a toujours grand besoin.

Voir aussi : chasseur, dangers, sécurité, zident.

ROUSSE

Poule de coqs.

Faune sauvage – Chasse en montagne

Nom donné à la poule ou femelle du grand coq de bruyère ou grand tétras, voire du petit coq de bruyère ou petit tétras, sans doute du fait de sa couleur. Les coqs n'ont pas le choix, la nature leur interdit les blondes.

Voir aussi : montagnes, grand coq, petit coq, tétras.

ROUSSEAU

Ni roux, ni rouquin, mais rousseau, ne chipotons pas.

Faune sauvage – Noms vernaculaires – Régionalisme

Nom vernaculaire du canard chipeau en Vendée. Le qualificatif de rousseau évoque timidement la couleur rousse, à mi-chemin entre le jaune et le rouge, sans la définir vraiment. Cet anatidé de surface ne mérite que partiellement ce qualificatif, car le plumage fauve n'est présent que sur les ailes, et par endroits, évoque cette couleur gris-brun. Le chipeau est riche d'autres qualificatifs régionaux, plus d'une vingtaine, souvent en rapport avec sa couleur : rousset, ridelle ou ridenne, brunasse, mais aussi bourriquet, tierce, alablanc, arcane ou méjengris.

Voir aussi : chipeau.

ROUTARD

Ses déplacements ne tombent jamais à l'eau. Poule qui ne migre pas, mais voyage beaucoup.

Faune sauvage – Noms vernaculaires – Régionalisme

Autre nom de la poule d'eau. Il est vrai que la poule d'eau est migratrice et qu'elle marche sur l'eau plus qu'elle ne vole, ceci explique sans doute cela... Beaucoup confondent trois espèces très différentes, la poule d'eau, le râle d'eau et la foulque macroule; attention à l'assimilation... Le routard est ce marcheur invétéré, inépuisable, toujours en mouvement, sac au dos, arpentant le monde et aux guides reconnus du même nom (guide du Routard).

Voir aussi : foulque, poule, râle.

ROWLAND WARD

Taxidermiste anglais (1848-1912) qui a toujours eu la cote. Les chasseurs l'aiment sans mesure. Passé maître (mètre) incontesté dans l'art de la mesure.

Organisation, réglementation, sécurité – Personnages célèbres

Ce taxidermiste de talent a su se rendre célèbre en établissant les premières fiches de cotation pour mesurer les trophées de grand gibier et les classer en publiant régulièrement un annuaire à son nom, qui paraît encore aujourd'hui, le Records of Big Game. *Publié pour la première fois en 1892, l'ouvrage est régulièrement mis à jour.*

Voir aussi : cotation, massacre, mensurations, taxidermiste, trophées, *trophy room*.

RUT

Maladie d'amour sexuellement transmissible.

Grand gibier

N'arrive qu'une fois par an chez les grands animaux (sous réserve du sanglier). Particulièrement épuisant, c'est pourquoi les mâles passent à autre chose une fois le moment passé.

Voir aussi : bouquinage, brame, raire.

S

SABOT

Si l'homme ne doit pas avoir les deux pieds dedans, il vaut mieux, pour le cerf, qu'il en soit autrement.

Faune sauvage – Grand gibier

De même qu'il ne faut pas avoir « tous ses œufs dans le même panier », il ne faut pas avoir « les deux pieds dans le même sabot ». Ces expressions populaires témoignent du bon sens, de la prudence et du pragmatisme dont on devrait faire preuve dans bon nombre de situations de vie. Le sabot ne désigne pas seulement un chaussant, mais directement la terminaison cornée du pied chez les animaux « à sabots » : il y a ceux qui marchent sur un seul doigt, comme le cheval, et il y a ceux qui marchent sur deux doigts comme les ongulés (tous nos grands gibiers). Les uns sont dits « périssodactyles » (doigts impairs ou doigt unique), les autres, « artiodactyles » (doigts pairs). Le cerf, comme tout ongulé, s'appuie sur un « sabot » fendu, constitué de plusieurs doigts, que l'on nomme aussi « pince ».

Voir aussi : carabine, crosse, fusil, pied, pince(s), recul.

SAC (à dos)

Le chasseur peut se le mettre à dos sans crier gare.

Équipement

Pour les chasseurs de montagne, le sac à dos est un accessoire aussi important, voire plus, que le fusil ou la carabine. On ne s'aventure pas en milieu hostile sans un minimum de précautions. Bien sûr, il ne faut pas emporter sa maison sur son dos, mais le minimum vital pour faire face au quotidien et à l'imprévu. Le sac à dos est le sac des sacs : il contient aussi le sac de couchage, les sacs d'aliments, etc. Tout y est mis en sacs pour éviter l'humidité et faciliter le repérage des objets. « Se mettre à dos quelqu'un » est se faire un ennemi. Tout au contraire, ici, le sac est votre ami, pour le meilleur et surtout pour le pire.

Voir aussi : casse-croûte, montagnes.

SAFARI

Jeu de piste... africain.

Modes de chasse – Chasse à l'étranger

Safari signifie « grand voyage » en swahili, ce qui, à l'origine, n'évoque pas la chasse, mais le déplacement. Les premiers safaris se déroulaient à pied et c'étaient de véritables expéditions de longue durée. Actuellement, le mot est étroitement lié à l'observation et à la découverte des animaux africains, qu'il s'agisse de safaris -photos ou de safaris de chasse.

Voir aussi : Afrique, antilope, *big five*, chasses coloniales, moustique, Selous.

SAISON

Chasse en campagne. Se met en quatre pour faire plaisir au chasseur.

Organisation, réglementation, sécurité

La saison de chasse est dite « campagne de chasse ». La saison est un terme vague et peu juridique. Il évoque les moments de l'année où la végétation évolue : printemps, été, automne, hiver. Dans le langage courant, on emploie indifféremment l'un comme l'autre, mais l'arrêté préfectoral qui, lui, détermine les dates d'ouverture et de fermeture spécifiques, utilise le terme « campagne de chasse ».

À chaque saison, la nature offre au chasseur des possibilités, selon le mode de chasse, le piégeage, les tirs de destruction des nuisibles, le tir d'été de certains grands animaux, etc. Qu'il s'agisse de l'automne ou de l'hiver (saisons traditionnelles), du printemps ou de l'été (saisons complémentaires), le chasseur a l'opportunité de battre le terrain tout au long de l'année.

Voir aussi : campagne, fermeture, ouverture, territoire.

SAILLIE

Les animaux aussi ont le droit de tirer leur coup.

Chiens – Faune sauvage

Acte sexuel, toujours lié à la reproduction chez les animaux. L'homme est une espèce à part en cela qu'elle distingue besoin et plaisir, reproduction et copulation, sexe et amour.

Voir aussi : rut, sexe.

SAINT-ESPRIT

Rapace à l'altitude pas très catholique.

Faune sauvage

Certains rapaces, comme les faucons, prennent une position géostationnaire en vol avant de fondre sur leur proie. On dit alors qu'ils font le Saint-Esprit.

Voir aussi : fauconnerie.

SAINT EUSTACHE

Saint à qui on donnerait la chasse sans confession.

Histoire – Personnages célèbres

Notre saint Hubert avant saint Hubert ! Avant d'être saint Eustache, un chasseur nommé Placide tomba sur un cerf magnifique qu'il voulut tuer. Le cerf lui parla et portait un crucifix entre ses bois. Suite à ce miracle, et après avoir épargné l'animal, Placide devint un fervent chrétien, prenant le nom d'Eustache, et fut martyrisé sous le règne d'Adrien, au IIe siècle après Jésus-Christ. Ce miracle en fit le saint patron des chasseurs jusqu'à l'arrivée de saint Hubert qui le détrôna en imposant sensiblement la même légende du cerf illuminé.

Voir aussi : chasseur, patron, saint Hubert.

SAINT HUBERT

Premier évêque écologiste du Moyen Âge dont les chasseurs ont fait leur saint patron. Comme quoi, les chasseurs font preuve d'ouverture d'esprit et de beaucoup... d'humour.

Histoire – Personnages célèbres

On oublie trop souvent que le saint patron des chasseurs s'est arrêté de chasser suite à sa rencontre avec un cerf qu'il épargna car c'était la réincarnation de l'esprit saint. Noble de naissance, peu versé dans la religion, Hubert fut un chasseur invétéré avant sa conversion et sa rédemption. Abandonnant toutes richesses et toutes charges, il fut par la suite évêque de Liège au VIIe siècle de notre ère. La Saint-Hubert se fête le 3 novembre. À notre connaissance, les écologistes n'ont pas de saint... cela voudrait-il dire que les écologistes ne sont pas des saints ?

Voir aussi : chasseur, patron, saint Eustache.

SALUER

Chasseur ayant préparé un mauvais coup.

Expressions populaires – Sociologie

Par pudeur, par orgueil, par respect, sans doute un peu des trois à la fois, on dit d'un chasseur qui rate son gibier qu'il le salue. Il y a une pointe d'humour également dans l'expression car le tireur, au départ, n'a pas l'intention de seulement dire bonjour à son gibier, mais bien de se l'approprier. On ne salue pas là son exploit, mais sa maladresse et la ruse ou la rapidité de sa proie qui a réussi à lui échapper. Saluer, c'est également rendre honneur au courage, à la réactivité, au sens de la situation, et rester vivant le mérite grandement.

Voir aussi : manche, raté.

SANG

Ne pas sang faire, est bon signe.

Grand gibier

La recherche au sang fait partie intégrante de l'éthique de la chasse. On ne laisse pas un animal blessé, mourir dans de terribles souffrances sans avoir tenté de le retrouver. Certaines races de chiens sont spécialisées dans cet acte courageux et désintéressé : le rouge de Bavière, le rouge de Hanovre, le teckel à poil dur, pour ne citer que les plus emblématiques. Leurs maîtres sont appelés conducteurs et interviennent sur demande, gracieusement. Tout chasseur doit vérifier son coup de carabine, même si l'animal, emporté par sa course, n'est pas resté sur place. À la moindre trace de sang, au moindre indice de type esquilles d'os, muscles ou particules digestives, il ne faut surtout pas remonter la piste mais bien faire appel à nos conducteurs de chiens de sang. Pas de sang est en général bon signe, cela veut dire que l'on a raté l'animal. Attention cependant au comportement de ce dernier : s'il marque au coup de feu, il se peut qu'il ne fasse pas de sang, tout dépendra des circonstances. Au chasseur de juger.

Voir aussi : *anschuss*, chien de sang, indices, rouge.

SANGLIER

Bien qu'avec lui, le chasseur soit toujours en bonne compagnie et qu'il lui permette de garder la ligne, il reste sa bête noire. Imbattable en battue. Sait en découdre avec les chiens.

Grand gibier

Seul représentant de la famille des cochons sauvages, le sanglier est devenu au chasseur de grand gibier ce que le lapin était autrefois au chasseur de petit gibier : un animal de fonds de chasse, populaire, se reproduisant en grand nombre, passionnant à traquer et adaptable à tous les terrains. Les passionnés de chiens en tous genres y trouvent leur compte, les chasseurs un peu moins sportifs apprécient le poste en battue où l'animal se défend remarquablement bien, suscitant enthousiasme et convivialité. Le seul revers de la médaille est que ce gibier roi, baptisé bête noire (par opposition au gibier rouge désignant les cervidés) reste particulièrement dangereux – pour les chiens lorsqu'il est mis au ferme et, une fois blessé, pour l'homme.

Voir aussi : armé, bauge, housures, laie suitée, marcassin, ragot.

SANGLIER COURANT

Sanglier qui court toujours. Touché sans pour autant être touchant. Silhouette, assez bête, dont on se raille à juste titre quand elle enclenche la marche arrière. Bien qu'étant la cible de nombreux commentaires, indispensable pour accepter de bien rater son cochon.

Équipement – Armes, munitions, balistique

Le sanglier courant est un dispositif mobile d'entraînement au tir sur grand gibier. Une cible au format d'un sanglier en course est guidée sur un rail traversant à une distance convenue et fait l'aller et le retour sur le même axe. Cet équipement permet d'apprendre à tirer rapidement un animal à la course dans des conditions proches de la réalité de terrain. Le succès du dispositif, assez récent, donne naissance à différents concours et challenges qui deviennent maintenant nationaux.

Voir aussi : ball-trap, cible, tireur.

SANSONNET

Même au régime qu'il subit, finit fréquemment « en pâté ».

Faune sauvage

L'étourneau de chez nous est l'étourneau sansonnet. C'est un oiseau-gibier, au même titre que le merle ou la grive dont il a la taille. Quand il est préparé en terrine ou pâté, il est présenté souvent sur la seule appellation de sansonnet.

Voir aussi : grive, merle, pâté.

SAPIN

Salue le gibier rendu à sa dernière extrémité. Branché, et pas qu'à Noël.

Sociologie – Grand gibier

Quand on rend les honneurs au gibier, on le fait avec un rameau d'essence forestière noble, ou tout du moins représentative du milieu dans lequel évoluait l'animal puisqu'il s'agit symboliquement de la dernière bouchée, de son dernier repas. Les résineux, comme le sapin, le Douglas ou le mélèze sont utilisés comme litière pour présenter le tableau, mais aussi comme brisées.

Voir aussi : brisée, charme, chêne, feuille, hêtre, honneurs.

SARCELLES

Nains de saison. Sarcelles d'hiver, sarcelles d'été, autant d'oiseaux plumés.

Gibier d'eau

Les sarcelles – en France coexistent la sarcelle d'hiver et la sarcelle d'été – sont les plus petits canards chassables, et sans doute les plus beaux. Outre leur taille, ces palmipèdes se distinguent très clairement de tous les autres par un sourcil coloré qui habille le tour de l'œil. Chez la sarcelle d'hiver, le sourcil est vert, bordé de jaune sur une tête marron ; chez la sarcelle d'été, le sourcil est blanc avec tête noire sur le dessus.

Voir aussi : canard.

SATURNISME

Plombage à retardement. Maladie difficile à digérer. Gerbe qui ne fait plus « marais ».

Gibier d'eau – Maladies – Organisation, réglementation, sécurité

Depuis 1986, en France, les munitions utilisées pour tirer le canard ne doivent plus comporter de plomb, mais des matériaux de substitution comme l'acier, le cuivre, le bismuth ou le tungstène.
Quand on parle des zoonoses, on envisage les maladies que l'animal peut transmettre à l'homme, et non l'inverse. Le saturnisme, à sa manière, est une pathologie issue directement de l'action de l'homme, et spécialement du chasseur de gibier d'eau. Comme chacun sait, les cartouches servant au tir du gibier sont chargées de plombs. Les plombs ne sont pas seulement ces petites billes en quantité que l'on trouve à l'intérieur, mais c'est aussi une matière toxique, provoquant une maladie mortelle chez ceux qui l'ingèrent en grande quantité : le saturnisme. C'est le cas des canards qui en avalent beaucoup dans les zones humides pour compléter leur alimentation. Ces plombs en plomb sont exclusivement déposés au fond de la vase par les reliquats de tir au marais.

Voir aussi : canard, plombs, sauvaginier, zoonose.

SAUCE GRAND VENEUR

Expression surfaite à mon goût, car la vénerie et la venaison ne font pas cuisine commune.

Gastronomie – Chasse à courre

Alors que la viande de gibier issue de la vénerie n'est jamais consommée par le chasseur, une des plus grandes et nobles recettes pour préparer, par exemple, une épaule ou une gigue, est de l'accompagner d'une sauce grand veneur. Contrairement à ce que l'on pourrait imaginer, cette sauce ne contient pas de sang, bien qu'elle soit épaisse, liée et assez rouge, puisqu'il s'agit d'une sauce au vin rouge additionnée de nombreux ingrédients : oignons, échalotes, bouquet garni, vinaigre, farine, beurre et surtout... fond de gibier et gelée de groseille. Les gibiers qui se marient le mieux avec cette préparation sont le cuissot de chevreuil et le rôti de biche, voire la selle ou le cuissot de sanglier.

Voir aussi : ragoût, recettes, table, veneur.

SAUT DE CRAPAUD

Bécasse qui cherche à grenouiller.

Faune sauvage – Petit gibier

Ruse de la bécasse qui, se sachant chassée, trompe la vigilance du chien, en se déplaçant par petits bonds, à la manière des batraciens. Le même comportement est observé chez d'autres oiseaux, pour attirer l'attention du prédateur ailleurs et le détourner du nid ou de la nichée. On dit que ce sont les femelles qui excellent dans ce genre de stratagème. Les bécassiers connaissent bien cette feinte, pratiquée en milieu fermé, et qui déroute les meilleurs.

Voir aussi : bécasse, mordorée.

SAUVAGE

Gibier rare ou chasseur commun en grand nombre. Qualité du gibier qui n'a pas vu l'homme. Défaut de l'homme qui tue trop de gibier. La maxime « Chassez le naturel, il revient au galop » est malheureusement loin de s'appliquer dans les deux cas.

Faune sauvage – Sociologie

Être sauvage demeure une qualité de plus en plus rare chez le gibier tandis que cela reste un défaut, de moins en moins admis, chez les hommes. Il est vrai que nous avons cessé, tout du moins officiellement, d'être cannibales.

Voir aussi : enclos, gibier, lâcher.

SAUVAGINE

Canards confondus. Fréquemment décorés des palmes cynégétiques.

Faune sauvage – Gibier d'eau

Le terme de sauvagine désigne aussi bien les nuisibles soumis à piégeage que le gibier d'eau. Un sauvaginier, en revanche, peut n'être qu'un chasseur de canards. La majorité des gibiers d'eau possède des pattes palmées, mais tous ne sont pas palmipèdes (par exemple, tous les petits échassiers tirables, à commencer par la bécassine).

Voir aussi : canard, hutte, marais, migrateurs, puants, sauvaginier.

SAUVAGINIER

Chasseur aimant canarder.

Gibier d'eau

Le sauvaginier est un chasseur de gibier d'eau, et les canards sont sa cible favorite. Par « canarder », il faut comprendre « tirer ».

Voir aussi : canard, cuissardes, gabion, grève, marais, sauvagine.

SÉCURITÉ

Assure la survie de la chasse.

Organisation, réglementation, sécurité

La sécurité, la gestion des territoires et la sauvegarde des espèces sauvages sont les piliers sur lesquels la chasse moderne trouve toute sa légitimité. Améliorer la formation des chasseurs, les former aux modes de chasse collectifs, les doter d'outils et d'équipements efficaces, ne pas hésiter à établir des règles contraignantes pour le bien de tous : tout ceci fait partie de la sécurité.

Voir aussi : accident, angle, assurance, discipline, éthique, picaillon.

SEL

Contrairement à ce que peut recommander le corps médical ou les régimes qui vous en privent, très utile pour sauver sa peau.

Équipement

Tous les médecins vous le diront : on vit mieux et plus longtemps si l'on réduit sa consommation de sel. À la chasse, le sel est une denrée qu'il ne faut pas économiser pour conserver les peaux des trophées que l'on vient de récolter, particulièrement dans les pays chauds où cet ingrédient assure une protection efficace contre les bactéries, les insectes et prépare au tannage ultérieur du cuir.

Voir aussi : recette, table, trophées.

SELLE

Renvoie le cheval et le mouflon dos à dos.

Faune sauvage – Chasse en montagne

La selle peut être soit la tache blanche que l'on observe sur le dos des mouflons, soit le siège dans lequel on s'assoit quand on monte à cheval.

Voir aussi : mouflon.

SELOUS (Frederick Courtney)

Chasseur resté sur la réserve, tout au long de ses exploits africains.

Personnages célèbres

Peu de chasseurs passionnés ont donné leur nom à un territoire africain : c'est le cas de Frederick Courtney Selous (1851-1917) en Tanzanie. Le Selous, au sud du pays, est une des plus vastes réserves de chasse où l'on peut, outre les antilopes, observer les big five. *Selous fut le guide de chasse du président américain Theodore Roosevelt et de son fils, Kermit, lors de leur grand safari de 1909. La création de la « Selous Game Reserve » lui rend hommage dès 1905. Elle couvre actuellement plus de 50 000 km². Contrairement aux réserves françaises, on y chasse, avec mesure et délice.*

Voir aussi : Afrique, antilope, *big five*, écrivain cynégétique, Hemingway, ivoire, safari.

SENTIMENTS

À la chasse, beaucoup plus une question de nez à nez que de bouche-à-bouche, ou de bouche-à-oreille.

Chiens

On oublie trop souvent que le sentiment, avant d'être amoureux, est d'abord olfactif. Le sentiment fait d'abord appel au senti avant le ressenti. Faculté du chien à sentir la piste du gibier.

Voir aussi : à bon vent, flair, nez, vent.

SEPTEMBRE

Mois où les chasseurs et le gibier font preuve d'ouverture.

Moment

Le mois de l'ouverture générale de la chasse se situe au mois de septembre.

Voir aussi : dimanche, ouverture.

SERF
Espèce disparue qui serait aujourd'hui protégée.

Sociologie
Sous l'Ancien Régime, esclave, ou presque (doté quand même de la personnalité juridique). Le serf (l'homme) n'a rien à voir avec le cerf (la bête), même si les mots sont voisins et leur sonorité, identique.

Voir aussi : cerf, homme.

SERTISSAGE
Fait de la cartouche un vrai petit bijou.

Armes, munitions, balistique
Le sertissage est l'opération qui permet de fermer la cartouche de chasse une fois remplie de sa charge de plombs, soit en recourant au sertissage en étoile (fait de plusieurs plis du bout de la douille), soit en utilisant la technique du demi-rond sur disque de fermeture (ce disque en carton ou en plastique est alors maintenu par les bords repliés de la douille).
En joaillerie, le sertissage est une technique de grande précision qui permet non seulement d'assembler les pierres précieuses à leur support (bague, bracelet, collier), mais de les mettre en valeur tout en évitant leur perte.

Voir aussi : cartouche, douille, plombs.

SERVIETTE
Le chevreuil y fait toujours une tache.

Grand gibier
Tache de poils plus claire que le reste du pelage du chevreuil, située sous le cou et particulièrement visible quand l'animal a son pelage d'hiver. Présente chez les deux sexes.

Voir aussi : chevreuil, écharpe, table.

SERVIR
C'est en servant le gibier que le chasseur se met à table.

Grande chasse – Grand gibier
Outre sa connotation culinaire (servir un plat à table), le verbe est aussi employé comme synonyme d'achever à l'arme blanche un grand gibier. Mot emprunté au vocabulaire des veneurs mais utilisé couramment dans les autres chasses du grand gibier.

Voir aussi : dague, mort, table, vénerie.

SETTER
Chien d'arrêt qui chasse en courant.

Chiens
Le setter est le chien d'arrêt anglo-saxon par excellence, souvent utilisé en binôme pour chasser les oiseaux de plaine et la bécasse au bois. Le plus connu est le setter anglais. Mais les Écossais ont leur setter Gordon et les Irlandais, leur setter rouge. Ces chiens ont besoin de prendre le vent et sont en permanence en mouvement, parfois loin devant, pour remonter les odeurs et capter les émanations du gibier. Bref, ils courent tout le temps, mais ne sont pas pour autant des « chiens courants ».

Voir aussi : chien couchant, chien courant.

SEXE
En en parlant le plus, les chasseurs ne trompent personne. Sur le terrain, ce sont les mâles qui trinquent.

Sociologie
Tromper, c'est, en amour, être infidèle. À la chasse au grand gibier, les mâles sont préférés aux femelles car ils portent un trophée.

Voir aussi : bouquinage, brame, croule, pariade, rut, saillie.

SIESTE

Marque d'intérêt que le chasseur porte à son activité. Fait partie intégrante de l'entraînement sportif. Permet à celui qui la pratique de trouver le temps moins long, de mieux digérer le repas de midi et de rêver au superbe coup de carabine qu'il ne fera jamais.

Sociologie

La sieste n'est aucunement dangereuse au bois ou au mirador, du moment que l'arme est mise en sécurité. Ce « temps mort » est du « tant mieux » pour le gibier.

Voir aussi : battue, mirador, poste.

SIFFLET

Le chien bien dressé n'attend pas que le chasseur siffle trois fois pour revenir à fond de train.

Chiens – Équipement

Le sifflet, qui peut être à ultrasons, est un accessoire à utiliser avec modération quand on ne chasse pas seul. La voix est aussi efficace et entretient une relation plus proche avec votre fidèle compagnon, à condition, bien sûr, de ne pas vociférer. Quand le binôme maître-chien est bien constitué, le sifflet reste un moyen de communiquer des ordres brefs et discrets.

Voir aussi : appeau, appelant, chien (tout court), forme, oisellerie.

SIFFLEUR

Canard qui connaît la musique.

Gibier d'eau

L'un de nos canards de surface que l'on croise plus sûrement sur le littoral qu'à l'intérieur. Le cri du mâle fait penser à un coup de sifflet, d'où son nom. Élégant, rapide, excellent dans l'assiette, le petit canard coloré plonge remarquablement bien. Migrateur infatigable. Il apprend vite la signification des coups de feu et acquiert rapidement de la méfiance.

Voir aussi : canard.

SIGLE

Il suffira d'un sigle... un matin... Le chasseur n'en est pas avare : ACCA, ONF, ONCFS, ANCGE, ANCGG...

Organisation, réglementation, sécurité

Abréviation de mots donnant naissance à d'autres mots... « Il suffira d'un signe... un matin » fait référence à la chanson de J.-J. Goldman qui a lancé sa carrière.

Voir aussi : ACCA, IKA, *LOF*, PV, Vo.

SIKA

Cerf chiné au Japon.

Faune sauvage

Natif d'Asie, particulièrement de Chine et du Japon, mais également présent en Corée, en Mandchourie ou en Sibérie, ce petit cervidé a été acclimaté en Europe par les Irlandais et les Anglais, qui en ont fait un animal d'ornement dans leurs domaines au XIX*e siècle. Son élevage facile explique son introduction très ancienne hors de son aire géographique naturelle, en Europe centrale, en Nouvelle-Zélande ou aux États-Unis. Décrit par le zoologiste hollandais Temminck (1778-1858) en 1838, ce petit cerf s'est particulièrement bien adapté à la vie sauvage et on le retrouve, comme gibier potentiellement nuisible (pour ses dégâts forestiers et les risques d'hybridation avec le cerf élaphe), en Grande-Bretagne et en France, où il peuple* *dix-neuf départements (2018). Les premiers cerfs sika (un mâle et trois biches) ont été offerts par l'empereur du Japon, le mikado, au président de la République Sadi Carnot en 1890 et lâchés à Marly-le-Roi. Cette souche est toujours présente dans l'enceinte de Rambouillet. Il est EEE depuis 2018 en France. « Chiner » est un terme d'antiquaires, de brocanteurs et d'amateurs d'objets anciens, ce verbe désigne l'action de les rechercher hors de leur contexte.*

Voir aussi : cerf, EEE.

SILENCIEUSES

Chasses à la mode.

Modes de chasse

Les trois principaux modes de chasse à tir du grand gibier sont la battue, l'approche et l'affût. Ces deux dernières techniques constituent les chasses silencieuses, puisque pratiquées en solitaire et sans chien. Ces modes de chasse, qui nous viennent de l'Est, sont devenues très... à la mode, dans un pays traditionnellement de chasse aux chiens courants (battue ou vénerie).

Voir aussi : affût, approche, battue, vénerie.

SOIE

Au poil pour vivre à la hure. Carré hercule plus que carré Hermès.

Faune sauvage

Au poil aussi pour vivre à la dure! Les soies sont ces longs poils qui recouvrent la peau du sanglier. Durs et raides, ils sont très présents et hérissés autour de la tête ou « hure » de la bête noire. Ils étaient utilisés au Moyen Âge comme brosse à dents et sont toujours utilisés pour fabriquer des brosses à cheveux, à ongles ou à chaussures. Dans la mythologie grecque, les douze travaux d'Hercule font référence à la capture d'un sanglier gigantesque, le sanglier d'Érymanthe. Quant au carré Hermès, ce foulard créé en 1937 par la célèbre maison de luxe française, doit son nom à sa forme... carrée (90 cm x 90 cm, plus récemment une déclinaison « homme », pour les 70 ans de sa sortie mesurait 70 cm x 70 cm).

Voir aussi : Hercule, hure, poil, sanglier.

SOLE (la)

Prend son pied avec le... sol.

Faune sauvage

La partie souple et molle du dessous des pieds des ongulés s'appelle la sole. Elle permet, outre la morphologie du sabot ou de la patte, une meilleure adhérence... au sol, et améliore le déplacement, quelle que soit l'allure. Les pattes des chiens ont aussi une sole, mais elle n'est pas située exactement au même endroit.

Voir aussi : pied.

SOLEIL

Le fait que le chasseur ne brille pas sur le terrain ne l'empêche pas, lui, de briller sans chasser.

Moment

On dit que le soleil brille; on devrait plutôt dire qu'il brûle, car cette étoile lointaine est en feu et ne fait que se consumer. Pour caractériser un comportement humain méritant des compliments, on utilisera aussi le verbe « briller », au point de trouver brillant quelqu'un qui vous a ébloui, par sa culture, son action ou ses prouesses.

Voir aussi : météo, neige, nuage, pluie, vent.

SOLITAIRE

Jamais vu en bonne compagnie.

Grand gibier

Le sanglier, en prenant de l'âge, aime la solitude, sauf au moment du rut, où il recherchera la compagnie des femelles. Chez l'homme, « être vu en bonne compagnie » signifie que l'on est accompagné par une ou des personnes de qualité, si possible de sexe féminin.

Voir aussi : sanglier.

SOLOGNE

Genevoix qu'elle.

Géographie

Maurice Genevoix, écrivain français et auteur de Raboliot*, a célébré, mieux que quiconque, la Sologne, cette région de France située au sud de Paris et se composant du Cher, du Loir-et-Cher et du Loiret, autour de Bourges, de Chambord et d'Orléans, pays de chasse et de braconnage par excellence. Sur ce registre, Paul Vialar n'est pas mal non plus.*

Voir aussi : Alsace, Bourgogne, braconnier, Camargue, *Raboliot*.

SOMMIÈRES

Partagent le bois sans pour autant en offrir les trésors.

Territoire – Grande chasse

Larges allées forestières ouvertes en forêt pour le débardage des bois, entretenues pour la chasse aux chiens courants et la chasse à courre. Elles sont utiles pour l'aménagement du territoire et l'implantation des postes de battue, mais le gibier ne les emprunte pas de jour, sauf poussé par les chiens.

Voir aussi : battue, futaie, ligne, vénerie.

SONNERIES

Alphabet sonore qui ne trompe personne. Effets d'annonces. Petite musique de poste jouée par des musiciens malgré eux.

Organisation, réglementation, sécurité – Grande chasse – Chasse à courre – Grand gibier

Les sonneries permettent aux chasseurs en battue de communiquer entre eux et de se raconter la chasse à distance à l'aide de petites trompettes. On sonne, selon un code préétabli et rappelé au moment du rapport, les animaux vus, rentrant et sortant, les animaux morts, le rappel des chiens et les débuts et fins de traques. Malheureusement, celles que l'on entend à la chasse aujourd'hui sont plus souvent celles des téléphones que des piboles.

Voir aussi : annonces, circonstances, fanfares, pibole, téléphone portable, trompe.

SONNEUR

Musicien de chasse qui trompe encore et en cor...

Chasse à courre – Équipement

On confond souvent deux instruments à vent, pris comme synonymes respectifs alors que le cor de chasse et la trompe de chasse appartiennent à deux univers différents : le premier n'est pas ou peu utilisé à la chasse (sauf dans les pays de l'Est), le second est l'attribut musical des veneurs pour communiquer entre eux. Ces « cuivres » sont aussi utilisés dans les fanfares et les orchestres. Le corniste joue du cor, le sonneur est celui qui joue de la trompe. On emploie aussi « sonner » pour les cloches, la cornemuse ou le clairon. Curiosité de la langue française : la chasse à courre, à cor et à cri devrait plutôt être appelée « chasse à courre, à trompe et à cri ».

Voir aussi : circonstances, cor, fanfare, trompe.

SOTTE

Pas bécassine pour autant.

Gibier d'eau – Noms vernaculaires – Régionalisme

En langage vernaculaire, la sotte est la femelle du chevalier combattant, en Picardie. Ce limicole est loin d'être sot, c'est-à-dire peu intelligent et sans grand jugement. On dit encore « bécassine », pour une personne peu futée.

Voir aussi : bécassine, chevaliers.

SOUILLE

Baignoire à sanglier où celui-ci considère que l'eau y est un accessoire bienvenu mais pas indispensable à plein temps.

Grand gibier – Aménagements

Il ne faut pas confondre souille et bauge. La souille est un creux humide, voire un trou d'eau, où l'animal vient s'enduire d'argile qui, en séchant, l'aidera à se déparasiter. La bauge est son aire de repos au sol, souvent difficile d'accès.

Voir aussi : bauge, boue, cerf, sanglier.

SOUPE

Populaire même chez les chasseurs. Repas solide qui se boit liquide. Alimente le chien comme le maître lorsqu'ils sont tous deux à ramasser à la petite cuillère. Se mange en se buvant, fume aussi pour la bonne cause.

Sociologie

Tous les chasseurs de battue vous le diront en fin de journée : rien ne vaut une bonne soupe avant de reprendre la route ! On y trouve de tout en un seul bol. Ce n'est pas la soupe populaire, car elle ne s'adresse pas aux indigents, tout au contraire. Et quand elle fume, elle, au moins ne provoque pas de cancer du poumon.

Voir aussi : casse-croûte.

SOURD

Certains chasseurs qui n'entendent rien à la chasse le sont pour de bonnes raisons, d'autres pour de mauvaises.

Maladies – Sociologie

À force de tirer des coups de feu sans se protéger les oreilles, nombreux sont les chasseurs qui ont perdu l'ouïe, totalement ou en partie. On peut être malentendant et bon chasseur. Il y en a d'autres, avec d'excellentes oreilles, qui, malheureusement, ne comprennent pas la chasse. Ceux-là n'y entendent rien...

Voir aussi : acouphènes, audition, bécassine, casque antibruit, oreilles.

SOURDE (bécassine)

N'entend pas se tirer trop vite.

Gibier d'eau

La plus petite de nos bécassines, la bécassine sourde, porte son nom du fait qu'elle attend le dernier moment pour décoller et s'envole bien souvent dans les bottes du sauvaginier.

Voir aussi : bécassine, bécot.

SOUVENIRS

On les garde encore plus précieusement que le gibier qui, lui, n'est pas immortel.

Sociologie

Tout chasseur est un nostalgique qui s'ignore. Les histoires qu'il raconte, les trophées qu'il conserve, les émotions qu'il revit en rêves, les discours qu'il tient, en tête à tête à son chien, sont autant de témoignages de ses souvenirs, qui appartiendront toujours au « bon vieux temps ».

Voir aussi : histoires.

SPORT

Harcèlement constructif pour chasser les idées noires.

Sociologie

La chasse est-elle un sport ? Il semble malvenu aujourd'hui de la qualifier ainsi, même si, en de nombreuses circonstances de terrain, il en est ainsi. « Activité de plein air » est plus neutre et « outil de gestion de la faune sauvage » est encore mieux pour ses détracteurs ou les indécis. Une chose est certaine, au temps des harcèlements en tous genres, la chasse redonne le moral, vide la tête, permet de côtoyer intimement la nature. Tous ceux qui ne l'ont pas vécue ne sauraient la qualifier. En tout cas, elle possède toutes les qualités que l'on demande à un sportif.

STALKING

Harcèlement à l'anglaise, une autre approche…

Chasse à l'étranger – Grand gibier – Modes de chasse

La chasse à l'approche du grand gibier au Royaume-Uni s'appelle le stalking. Ce qui est intéressant dans ce mot, c'est que sa traduction signifie d'abord « harceler », avant même que « traquer ». L'approche, en tant que telle, ne peut se concevoir mieux que comme une « traque furtive ». Ainsi les Britanniques considèrent, contrairement aux autres Européens, que l'approche est une forme de harcèlement, c'est-à-dire quelque part dérangeante pour le gibier, tandis que chez nous, nous prenons l'approche comme un mode de chasse silencieux, respectueux, par conséquent sans dérangement pour l'animal, et surtout le résultat de celle-ci importe peu. Dans la notion de harcèlement, il y a, sous-jacent, l'idée de résultat, celle d'arriver à ses fins. On ne fait pas une sortie de chasse pour rien. Cette interprétation stricte de la langue est juste le fruit d'une réflexion à partager avec le lecteur, au siècle où la notion même de harcèlement fait couler beaucoup d'encre.

Voir aussi : approche, *beagling*, *coursing*, *fox hunting*, *pig sticking*.

STANDARD

Il faut appeler un chat, un chat, et un chien, un chien. Un sacré numéro quand même, ce pedigree !

Chiens

Définit un type caractéristique d'une race de chien. Le standard permet de conserver les spécificités aux lignes canines grâce à l'action et à la vigilance des clubs de chiens de race.

Voir aussi : chien (tout court), chien courant, chien de sang, *LOF*, pedigree.

STECHER

Pour carabine crispée qui serait trop longue à la détente. Attention, une détente peut en cacher une autre.

Armes, munitions, balistique

Dispositif dangereux permettant d'ultrasensibiliser la détente et de se faire ainsi surprendre par le coup de feu. On estime que la surprise évite le fameux « coup de doigt », qui est source de nombreux ratés. Cette option devrait être totalement interdite, car elle n'apporte que de l'insécurité à l'arme. Le Stecher existe sous deux formes : dans un cas, on avance la détente unique pour lui donner une nouvelle position, dans l'autre cas, on l'arme à l'aide d'une seconde détente qui ne sert qu'à ça.

Voir aussi : carabine, détente.

SUD

Il n'y a pas de grand Sud, comme il existe un grand Nord. Chez nous, il existe un petit Sud mais avec un grand accent, et cela s'appelle le Midi.

Géographie

On y chasse la grive avec économie de cartouches et le sanglier avec renfort de chevrotines.

Voir aussi : Est, Nord, Ouest.

SUITÉE
Laie qui n'est pas si mal (mâle) que cela.

Grand gibier
Une laie suitée est accompagnée de sa progéniture en bas âge, c'est pour cela que l'on déconseille son tir. On devrait d'ailleurs utiliser la terminologie de « laie suivie », plus appropriée en pareil cas. Les suites sont les testicules du sanglier... Une laie suitée a donc fait connaissance avec les suites d'un mâle... La suite ne nous regarde pas.

Voir aussi : laie suitée, sanglier, suites.

SUITES
Assurent chez le sanglier la suite, c'est-à-dire sa progéniture. On les taxe encore de roubignoles quand on est ignorant ou simplement gastronome. Sert de carburant pour alimenter le pinceau.

Grand gibier
Testicules du sanglier... qui en a dans les idées (de la suite...).

Voir aussi : bourses, couilles, daintiers, roubignoles, sanglier, suitée.

SUIVEUR
Court après la chasse à courre, avant et pendant.

Chasse à courre
Les sympathisants de la vénerie peuvent suivre une chasse à courre. Elle se déroule sur de grands massifs forestiers sillonnés de routes et de chemins, que vélos et voitures peuvent emprunter. Ces sympathisants de terrain sont les suiveurs. Ils n'appartiennent pas à l'équipage, mais sont des observateurs attentifs du déroulé de la journée, par passion. Bien plus nombreux qu'on le croit généralement, ils sont aussi des aides précieux pour la défense des équipages contre les groupuscules antichasse de tout poil.

Voir aussi : équipage, vénerie.

SUPERPOSÉ
Fusil à canons sens dessus dessous.

Armes, munitions, balistique
Les fusils de chasse sont tantôt juxtaposés, tantôt superposés. Les tireurs qui pratiquent des disciplines sportives comme le ball-trap, la fosse, le skeet, le parcours de chasse, préfèrent une arme avec des canons alignés l'un au-dessus de l'autre. La visée est plus rapide et la prise en main plus sûre, selon certains. Le choix reste une affaire de goût, de générations et de marques.

Voir aussi : express, fusil, mixte, juxtaposé.

SÛRETÉ
Arme qui a du cran.

Armes, munitions, balistique
La sûreté ou le cran de sûreté, voire le cran de sécurité pour certains, est un dispositif bloquant le départ du coup de feu en immobilisant la queue de détente. Il est actionné par un bouton-poussoir situé à l'extérieur de l'arme. En aucun cas il ne faut s'y fier. La meilleure des sûretés est de ne pas avoir de munition dans la chambre ou d'avoir son fusil ouvert.

Voir aussi : cran, détente, sécurité.

SWING
Mouvement d'extrême droite ou d'extrême gauche...

Armes, munitions, balistique
Le tir sur cible mouvante, ce qui est le cas sur un oiseau en plein vol ou un animal en pleine course, nécessite, pour être efficace, une correction de tir. Si le chasseur vise le corps de l'animal, selon la distance et la vitesse de celui-ci, et malgré une gerbe de plombs qui ratisse large, la charge arrivera bien en arrière.

Le swing est ce mouvement instinctif de correction qui fait lâcher son coup bien devant, en balayant sans s'arrêter le gibier et en le dépassant (queue, tête, pan) avant d'appuyer sur la queue de détente. Ce balancement balaye large, de la droite à la gauche, selon la position de l'animal, pour le suivre sur toute sa trajectoire.

Voir aussi : tir.

SYLVILAGUS

Lapin sans particule fine (« de garenne »).

Faune sauvage – Petite chasse

Notre lapin de garenne, si rare par endroits, est aujourd'hui scientifiquement Oryctolagus cuniculus. *On le confond parfois, avec le* Sylvilagus floridanus, *qui lui ressemble fortement, et qu'on a tenté, sans grand succès, de réintroduire pour pallier la disparition du premier. Il lui ressemble à s'y méprendre, mais c'est un lapin « exotique », un lointain cousin d'Amérique. Avoir une particule est aussi l'attribut d'un signe de noblesse. Notre lapin sauvage endémique « de garenne », bien que lapin commun, a su gagner ses titres en servant le chasseur français depuis des siècles, toujours fidèle à son terrier. Quant aux autres particules, les « particules fines », tant d'actualité du fait de la pollution grandissante de nos villes, gageons qu'elles n'envahissent pas trop encore nos campagnes.*

Voir aussi : lapin, garenne.

TABLE

Le chasseur en tire le meilleur, qu'il s'agisse de cuisine ou de balistique.

Gastronomie – Armes, munitions, balistique

Le chasseur est un bon vivant et un fin gastronome. Être à table est un moment de partage important durant la saison de chasse. On appelle encore « tables balistiques » les tableaux synthétiques qui affichent et résument les performances des munitions par calibre, en fonction des distances, des marques et de la structure des projectiles. Le chasseur peut ainsi comparer et analyser le matériel qu'il souhaite acquérir ou qu'il utilise déjà.

Voir aussi : bouteille, café, casse-croûte, pâté, ragoût, recettes.

TABLEAU

Cimetière des gibiers morts pour la traque.

Organisation, réglementation, sécurité

Le gibier prélevé lors d'une journée de chasse collective est toujours présenté aux invités en fin de journée, en fin de chasse. Cet ordonnancement au sol et au rendez-vous de chasse constitue un rituel préalable au partage, qui permet de rassembler tout le monde et de rendre les honneurs. Les grands gibiers sont présentés avec leurs brisées et en hiérarchie de leur race. Les petits gibiers sont rassemblés par espèce et par sexe.

Voir aussi : *bag limit*, bourriche, bredouille, bracelet, honneurs, plan de chasse.

TACT

Art de chasser le gibier sans chasser le voisin.

Sociologie

La nature a beau être immense, le terrain de chasse est toujours trop petit quand on y chasse à plusieurs, notamment quand il s'agit d'ACCA.

Voir aussi : ACCA, voisin.

TAÏAUT

Grand cerf s'étant taillé dans les taillis...

Grand gibier – Grande chasse – Expressions populaires

Autre surnom du cerf, particulièrement quand il est chassé en battue. Interpellation du veneur à la vue de l'animal, et par extension cri poussé par les chasseurs dans la même circonstance. Cette interjection, ce cri du cœur et d'émotion est devenu un nom commun.

Voir aussi : battue, cerf, vénerie.

TAILLIS

Bois qui pousse sans cor(ps), mais pas sans branches.

Aménagements – Territoire

Le taillis est une repousse de petits arbres et arbrisseaux au bois très ramifié (branchus), souvent sur d'anciennes souches, formant une végétation dense, pas très haute et sous laquelle le gibier trouve refuge et nourriture, particulièrement les cervidés. Il s'oppose à la futaie, une forêt composée d'arbres de récolte de fort diamètre, plus espacés. Nos cerfs et nos chevreuils portent des bois, les branches principales sont les merrains et les ramifications, les andouillers ou cors (terminologie plus cynégétique).

Voir aussi : bois, cor, forêt.

TALKIE-WALKIE

Pour mettre les chasseurs à portée, non pas du gibier, mais entre eux.

Équipement – Grand gibier

Talkie-walkie en France, walkie-talkie au Canada (son pays d'invention en 1937), ces postes radio portatifs, émetteurs et récepteurs en même temps, permettent de relier les chasseurs entre eux, sur de faibles distances, lorsqu'aucun téléphone ne passe, pour s'assurer de leur positionnement ou du bon déroulé lors de la chasse collective du grand gibier, seule hypothèse où ces appareils sont autorisés à des fins de sécurité depuis 1986. Ce sont les rabatteurs et les organisateurs qui sont susceptibles d'en être munis, non les postés. La portée définit une distance maximale, entre chasseurs, ou entre le chasseur et son gibier, au-delà de laquelle on ne peut s'atteindre. Un anglicisme passé dans le langage courant qui vient des deux verbes to walk *(marcher) et* to talk *(parler).*

Voir aussi : battue, téléphone portable, traque.

TANIÈRE

Conteneur à ours.

Faune sauvage

Endroit où l'ours trouve refuge pour dormir, se reproduire, élever ses petits et hiberner. La tanière est comme un immense terrier creusé dans la terre, plus ou moins dissimulé, selon le biotope, dans des pierriers, des éboulis, sur une pente forestière. Les renards, les loups et les blaireaux ont également des tanières et le mot lui-même serait dérivé de « taisson », qui désigne encore, en certains endroits de France, le blaireau.

Voir aussi : blaireau, gîte, loup, ours, renard, terrier.

TARTARIN (de Tarascon)

Chasseur désarmant et à particule (de Tarascon). Beaucoup plus dangereux pour sa race que pour les espèces convoitées. À tout prendre, il vaut mieux qu'il ait été de Tarascon que de Condetaras.

Histoire – Personnages célèbres

Héros malgré lui du livre d'Alphonse Daudet (1840-1897) Les Aventures prodigieuses de Tartarin de Tarascon*, publié en 1872 et vantant, tout en les ridiculisant, les exploits d'un chasseur provençal allant jusqu'à traquer le lion en Algérie. À rapprocher du sketch des Inconnus sur la « galinette cendrée ». Ce roman d'aventures donne une piètre image du chasseur, mais il faut le lire au second degré et y découvrir toutes les notes d'humour que l'auteur y a glissées à l'attention des initiés. Au final, il y a ceux qui ont détesté et ceux qui ont adoré l'ouvrage, car il est tellement caricatural qu'on doit se détacher de la réalité qu'il raconte pour mieux réfléchir sur la portée du message qu'il véhicule : oui, le chasseur est un peu menteur, il exagère toujours, il aime se glorifier. Et alors ? Il faut bien avoir de petits défauts, surtout quand on les reconnaît ! Tartarin eut deux suites :* Tartarin sur les Alpes *(1885) et* Port-Tarascon – Dernières aventures de l'illustre Tartarin *(1890).*

Voir aussi : Afrique, Bombonnel, bredouille, chasseur, modeste, raté.

TARZAN

Personnage plus connu comme seigneur que comme saigneur de la jungle. Premier chasseur à porter une tenue camouflage minimaliste en léopard.

Personnages célèbres

Personnage de fiction né en 1912 de l'imagination du romancier américain Edgar Rice Burroughs (1875-1950), ayant rencontré un vif succès dès sa parution en langue française en 1926. Tarzan, le seigneur de la jungle, mais aussi Lord Greystoke, est un chasseur-né. La bande dessinée, les films au cinéma ont popularisé son histoire, mais on ne saurait trop recommander à nos lecteurs de lire dans le texte les aventures extraordinaires de cet aventurier chasseur hors normes, qui couvrent... pas moins de 26 tomes !

Voir aussi : Afrique.

TAS

Endroit où il ne vaut mieux pas tirer. Ne jamais tirer dedans quand on est dehors.

Organisation, réglementation, sécurité

C'est à peine croyable, mais il existe encore des accidents mortels où un chasseur va tirer dans un buisson ou au travers sans avoir identifié sa cible ! Il ne faut jamais tirer dans le tas, cela impose de choisir un oiseau dans un vol compact et de ne pas tirer au hasard ; cela impose de placer sa balle dans le haut poitrail d'un grand gibier et ne pas se contenter de lâcher son coup au jugé dans la mouvance de la bête.

Voir aussi : accident, buisson, dangers, sécurité.

TATOUAGE

Quête d'identité encrée au creux de l'oreille.

Chiens

Le tatouage est un moyen d'identifier le propriétaire des chiens de chasse (et les autres), quoique les puces électroniques sous-cutanées aient tendance à les concurrencer ces dernières années. Les chiens de chasse, malheureusement, se perdent et, plus encore, se volent. Le numéro inscrit à l'encre indélébile au creux de l'oreille permet de lever le doute sur l'animal et son détenteur légal. L'identification de nos chers compagnons est d'ailleurs obligatoire depuis 1999, dès l'âge de quatre mois. En 2018, 93 % des chiens identifiés étaient porteurs d'une puce électronique, contre 7 % munis d'un tatouage, selon le ministère de l'Agriculture. Plus de dix millions de chiens seraient présents sur le territoire en 2019.

Voir aussi : chien, LOF.

TAXIDERMISTE

Naturaliste qui peut vous mettre sur la paille. Parfois, il en fait trop, et parfois, il en a trophées. Immortaliseur de gloire. Rend présentables les morts que l'on a sur la conscience et surtout dans le carnier.

Organisation, réglementation, sécurité – Faune sauvage

Les taxidermistes, appelés à tort naturalistes, sont tout à la fois des artisans et des artistes qui permettent la conservation du gibier et des trophées. Pendant longtemps, ils ont utilisé de la paille pour reconstituer les silhouettes et remplir les dépouilles, d'où le verbe employé pour décrire leur métier : empailler.

Voir aussi : cape, écusson, massacre, Rowland Ward, trophées, *trophy room*.

TÉLÉPHONE PORTABLE

Reconnu inutile en action pour traquer le gibier. Pour appeler les chiens, le chasseur doit se souvenir qu'il a une trompette ou un sifflet. De même pour indiquer qu'il a vu tel ou tel animal.

Équipement

La chasse doit rester un moment de détente, de communion avec la nature, de déconnexion avec la vie quotidienne et professionnelle ; le téléphone portable est l'arme la plus dangereuse qu'un chasseur puisse emporter sur le terrain. Il faut accepter de ne plus être relié aux autres et d'assumer pleinement sa solitude pour se ressourcer. Bien sûr, en cas d'accident, on est content d'avoir son mobile à portée de mains, mais osons le risque calculé, osons la chasse sans portable...

Voir aussi : accident, dangers, éthique, sonneries, sécurité.

TENTE

Permet au chasseur parfois de camper sur sa position.

Sociologie – Équipement

Les chasseurs préfèrent dormir avec tout leur confort, mais il peut arriver que l'on soit amené à recourir à un abri mobile pour passer la nuit sur place. C'est le cas de nombreux gibiers éloignés des camps de base lorsque l'on recherche certains animaux difficiles d'accès, surtout en milieu montagnard. Le chasseur pratiquera alors un camping forcé, assez rudimentaire. Sur un tout autre registre, il arrivera aussi au chasseur de ne pas toujours écouter les autres et par voie de conséquence de... « camper sur sa position »...

Voir aussi : abri, chasses coloniales, montagnes, safari.

TENUE

Fait la peau au chasseur.

Équipement

La chasse a ses tenues pour ceux qui la pratiquent avec passion et respectent ses traditions. Il y a la tenue fonctionnelle moderne, faite de matières synthétiques, respirantes, coupe-vent, voire des vêtements type militaire sans grande classe... Il y a les tenues obligatoires selon les circonstances (gilet et veste fluo ou orange pour la sécurité, vêtements camo pour l'approche ou le gibier d'eau)... Et il y a les tenues traditionnelles : celle de la vénerie, avec ses redingotes, celle des pirscheurs avec leur culotte tyrolienne en peau de cerf, et combien d'autres... Avant que tous fassent la peau au gibier, la tenue, c'est sûr, fait d'abord la peau au chasseur.

Voir aussi : culotte, camo, fluo, gilet, redingote.

TERRIER

Cave à gibier dont le furet a la clé. Tunnel sous le manche (du déterreur). Ne craint pas les trous d'air. Pour tous ceux qui aiment la mise en terre avant l'heure et pour amuser la galerie.

Faune sauvage

Le terrier a la même fonction que la tanière. Il est le chef-d'œuvre du lapin de garenne qui y creuse de savantes galeries dignes des plus grands musées. Ceux du renard ou du blaireau ne sont pas mal non plus.

Voir aussi : blaireau, déterrer, lapin, renard, tanière, tesson.

TERRINE

Contenant et contenu permettant au gibier de se mettre à table.

Gastronomie

La terrine est une recette, mais c'est aussi un récipient de cuisine. Les terrines sont au gibier ce que le barbecue est au bœuf, un mode culinaire pratique, convivial et simple. Ces pâtés fourre-tout permettent de mélanger, de ne pas gaspiller les bas morceaux, de stocker la viande de chasse et de la rendre plus agréable à déguster, parfois. Ces authentiques pâtés de campagne se dégustent aussi bien à table que sur le terrain.

Voir aussi : belle Aurore (oreiller de la), Brillat-Savarin, cuisinier, Dumas (Alexandre).

TERRITOIRE

Pays de chasse sans nationalité.

Géographie

Pour désigner le lieu effectif où se déroule la chasse, on n'utilise pas de mots comme « terrains de chasse » ou « surfaces de chasse » mais bien « territoires de chasse », qu'il s'agisse de la France ou de l'étranger. L'appellation laisse place au rêve et à l'aménagement.

Voir aussi : biotope, domaine, enclos, cartes.

TESSON

Blaireau qui a pris de la bouteille.

Faune sauvage

Autre nom du blaireau, « tesson » ou « taisson » était couramment employé en vieux français.

Actuellement, cette désignation de l'animal ne subsiste plus que dans certaines régions, et en littérature. Ce qualificatif populaire rend plutôt sympathique un animal pourtant classé comme nuisible.

Voir aussi : blaireau, déterrer, donjon, terrier.

TÊTE

Le cerf la perd deux fois par an : quand les bois lui tombent et quand le brame arrive. Le veneur, lui, n'en fait qu'à sa tête quand il s'agit de lui.

Chasse à courre – Grand gibier

Chaque année, les cervidés perdent leur bois et ceux-ci repoussent au printemps ou en été. À chaque fois, ils refont leur tête. La tête devient synonyme d'année pour les désigner en âge ; ainsi, on parle de cerfs de troisième, quatrième, cinquième tête pour désigner des cerfs entrés dans leur quatrième, cinquième ou sixième année. Ce comptage par « tête », en lieu et place des années, appartient historiquement et sociologiquement au monde de la vénerie à cheval. On peut également considérer que le cerf perd sa tête, au sens figuré cette fois, au moment de la reproduction (période du brame), où la saison des amours lui fait abandonner toute prudence et où l'instinct de saillie domine son être tout entier.

Voir aussi : andouiller, cerf, chevreuil, mue, vénerie.

TÉTRAS

Oiseau gibier de taille (grand ou petit) à se défendre en montagne.

Chasse en montagne

Les coqs de bruyère sont moins connus sous leurs vrais noms scientifiques de tétras : le grand coq de bruyère ou grand tétras et le petit coq de bruyère ou petit tétras, dit encore tétras-lyre.

Voir aussi : gelinotte, grand coq, lagopède, petit coq, place de chant, rousse.

THOMMIE

Seule gazelle qui a su se faire un prénom (de garçon).

Chasse à l'étranger – Noms vernaculaires – Régionalisme – Trophées

Les gibiers reçoivent fréquemment des noms vernaculaires, mais peu reçoivent des prénoms. C'est le cas d'une gazelle d'Afrique, la gazelle de Thomson, que l'on nomme affectueusement « Thommie ». Certes, « Tom », en anglais, a une autre orthographe, et Thommie est plus proche du « Thomas » français. Cette gazelle, très nombreuse et très populaire auprès des aventuriers chasseurs en Afrique de l'Est, doit son appellation à Joseph Thomson, explorateur naturaliste écossais (1858-1895). Les tommies étaient aussi ces soldats anglais morts pour la France pendant la Première Guerre mondiale.

Voir aussi : Afrique, antilope, gazelle, Hemingway (Ernest), Selous (Frederick Courtney).

THOU

Moine dombiste.

Aménagements – Gibier d'eau – Noms vernaculaires – Régionalisme

Le thou est le nom vernaculaire utilisé en Dombes (région riche en étangs située dans le département de l'Ain, proche de Lyon, aux portes de la Bresse) pour désigner l'ouvrage

de vidange d'un étang. Cet ouvrage reçoit également le nom de moine, en hommage aux religieux du Moyen Âge ayant participé à sa conception.

Voir aussi : bonde, étang, moine.

TIGRE

Chat suffisamment gros pour avoir été chassé à dos d'éléphant.

Faune sauvage
Le tigre est le félin emblématique de l'Inde, mais il existe aussi en Chine ou en Sibérie. Il bénéficie aujourd'hui d'une protection totale et n'est plus le gibier de choix que les maharajahs chassaient lors d'immenses battues à dos d'éléphant encore au début du xxe siècle. L'animal n'en est pas moins en danger d'extinction du fait de son braconnage accru. Il n'est plus tué pour sa peau mais pour les vertus aphrodisiaques de ses os selon les Asiatiques.

Voir aussi : chasses coloniales, colonies, félin.

TIMBRÉ

Il est permis et même recommandé à tout bon chasseur de l'être une fois par an.

Organisation, réglementation, sécurité – Sociologie
La validation annuelle du permis de chasser est passée pendant très longtemps par l'achat de timbres, magnifiquement illustrés, que l'on collait sur le volet temporaire du document. Actuellement, cette validation est un document complémentaire au permis lui-même, et les jolis timbres n'existent plus. Quel dommage.

Voir aussi : permis, validation.

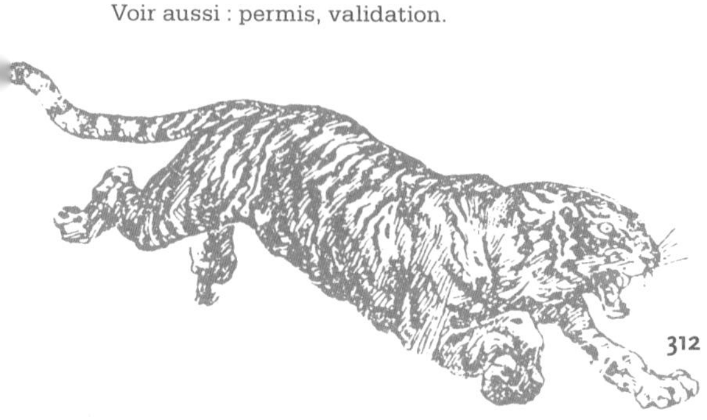

TIQUE

Se donne un mal de chien pour soigner son maître. Receveur universel. Insecte sang pour sang naturel.

Maladies
Les tiques sont des parasites qui menacent au premier rang le chasseur et son chien, car ces insectes discrets et accrocheurs véhiculent de graves maladies : la maladie de Lyme ou borréliose chez l'homme, la piroplasmose chez le chien et bien d'autres pathologies graves. Seules les femelles, comme chez les moustiques, sont hématophages et se nourrissent de sang pendant leur période de reproduction.

Voir aussi : aoûtat, Lyme, mouche, moustique, pou, puce.

TIR

Mode de chasse à voir sous plus d'un angle (tir fichant ou tir rasant).

Modes de chasse
La chasse à tir s'oppose à d'autres modes de chasse : la chasse au vol, la chasse à courre, la chasse à l'arc, les chasses traditionnelles sans fusil... Le critère est celui de l'arme à feu. On appelle tir fichant un tir effectué de telle sorte que le projectile, s'il traverse l'animal, se fichera rapidement dans la terre et ne poursuivra pas une trajectoire dangereuse, contrairement à un tir rasant. Cette notion d'angles de tir est cruciale pour chasser en toute sécurité le grand gibier.

Voir aussi : ball-trap, angle, cible, pigeon d'argile, sanglier courant, sécurité.

TIRAGE AU SORT

Ligne de chance pour chasseurs en ligne.

Organisation, réglementation, sécurité
Dans de nombreuses chasses, le tirage au sort des postes occupés en battue devient la règle, évitant ainsi tout favoritisme et toute jalousie.

Cette mesure est une tradition ancienne dans les pays de l'Est, où un carton de battue vous assigne, selon le numéro tiré le matin, et en fonction d'une grille préétablie, les postes sur les différentes traques. Les Espagnols procèdent également ainsi lors des monterías. La chasse étant la résultante de nombreux aléas, le tirage au sort permet d'équilibrer les chances de chacun.

Voir aussi : battue, montería.

TIRE-BOTTE

Permet de rentrer à pied à la maison.

Équipement

La botte reste le chaussant le plus utilisé par le chasseur. En fin de journée, surtout en automne et en hiver lorsque le sol est spongieux et gras, elle se charge d'une boue tenace susceptible d'envahir la maison. Le tire-botte, on ne le dira jamais assez, est un instrument au service de la paix des ménages, deux pieds nus à l'intérieur valent mieux que deux pieds nus à l'extérieur !

Voir aussi : bottes.

TIRE-BOUCHON

Les chasseurs ayant de la bouteille sauront l'utiliser avec modérateur de son.

Gastronomie – Organisation, réglementation, sécurité – Sociologie

On ne le rappellera jamais assez : l'alcool tue, au volant comme au bois. Cependant, cela ne transforme pas tous les chasseurs en buveurs d'eau. Avec l'expérience (on dit encore « quand on prend de la bouteille »), la modération est de mise, même si le bruit des bouchons est toujours sympathique à entendre et reste indispensable pour fêter une journée réussie ou un animal exceptionnel, après, bien sûr, avoir rangé armes et munitions, et en étant sûrs de ne pas avoir trop de route à faire.

Voir aussi : casse-croûte, flasque.

TIREUR

Fait un carton, mais pas toujours à la chasse.

Sociologie

Tireurs et chasseurs appartiennent à deux mondes différents, même si beaucoup de tireurs sont aussi des chasseurs. Les qualités exigées par les uns peuvent être considérées comme des défauts pour les autres : maîtrise de soi et absence d'émotion, quantité de munitions tirées, exigence du résultat... À la chasse, le tireur, habitué des stands de tir, rate rarement sa cible, mais ce qu'il gagne en efficacité, il le perd sans doute en émotion.

Voir aussi : à vous, carreau, coup du roi, tir.

TOILES

Ne servent pas à faire les tableaux que l'on croit.

Modes de chasse

La chasse aux toiles était en fait une chasse à l'aide d'un filet de grande envergure. Cette pratique est interdite de nos jours et n'a qu'un intérêt historique. Le gibier était rabattu par de nombreux participants et venait se prendre en bout de course dans les mailles. Le mot « toile » désigne également le support sur lequel on peint un tableau (toile sur châssis).

Voir aussi : filet, oisellerie.

TOMBAC

Mène la vie dure aux balles, et par la même occasion, au grand gibier.

Armes, munitions, balistique – Grande chasse

Le tombac est un alliage semblable au laiton, fait de cuivre majoritaire et de zinc minoritaire, utilisé pour confectionner les balles des carabines de grande chasse, procurant une alternative au plomb. Les ogives en tombac permettent d'allier expansion et pénétration, avec des résultats supérieurs aux munitions classiques. Les fabricants n'en sont qu'à leurs débuts, mais les grandes marques du marché recherchent des solutions plus écologiques, sans perdre en efficacité. Cet alliage, ayant comporté de l'or à certaines époques, est connu depuis l'Antiquité, où de nombreux objets et bijoux étaient réalisés dans cette matière.

Voir aussi : balles, plombs.

TOMBE

Lieu où les canards (se) reposent, pas toujours en paix.

Gibier d'eau

Surface d'eau où les canards ont décidé de passer la nuit. Heureusement, voilà une tombe pour rester bien vivants, à moins d'être tirés par le huttier de garde, tout du moins quand on est un gibier d'eau.

Voir aussi : canard, gabion, hutte, marais.

TOMBER

Faire une pose (pause).

Gibier d'eau

Le verbe n'évoque pas, pour les chasseurs un événement malheureux, telle une chute, mais bien la rencontre, soit avec l'animal de son choix dans des conditions optimales (« je suis tombé nez à nez avec... »), soit avec une concentration exceptionnelle d'oiseaux venant se poser à côté de son poste. Cette manière de dire est propre aux sauvaginiers, car ce sont les canards ou les bécassines qui tombent sur l'étang, pas les pigeons qui tombent sur le champ. Le mot « pause », orthographié différemment, suggère de prendre son temps... ce qu'il vaut mieux éviter en cas de... pose.

Voir aussi : canard, gabion, hutte, marais.

TONNE

Barrique de vin pour gibier d'eau. Abri de nuit pour chasseur de canards en ayant « marre ».

Équipement – Modes de chasse – Gibier d'eau

Dans la région de Bordeaux, les grosses barriques à vin servaient à la fabrication des abris pour la chasse d'affût des canards du genre gabions ou huttes. On les appelle des tonnes (vient de « tonneaux »). Le nom est resté sur cette partie du littoral même si ces constructions ne sont plus en bois ni circulaire.

Voir aussi : hutte, gabion, sauvagine, sauvaginier.

TOQUE

Bombe humaine qui porte toujours le chapeau en équipage.

Chasse à courre

La toque est au veneur ce que la bombe est au cavalier ou ce que le casque est au motard. Par endroits, le mot « bombe » est aussi utilisé pour ceux qui coiffent ce couvre-chef sécuritaire pour suivre une chasse à courre.

Voir aussi : bombe, équipage, lampion, veneur.

TORERO

Chasseur de taureaux en enclos.

Sociologie

La corrida est un face-à-face avec un taureau, comme la chasse peut être un face-à-face avec un animal dangereux. Il ne faut pas amalgamer les deux pratiques, car le gibier souffre moins que le taureau et il a plus de chance de s'en sortir. Toutefois, le torero se comporte partiellement en chasseur d'arène : il se prépare au duel, il connaît le terrain, il observe l'adversaire et le contraint à venir sur son terrain. On ne peut que regretter que tout cela se passe en enclos et fasse l'objet d'un voyeurisme certain et lucratif.

Voir aussi : arène, enclos.

TOUPET

Les sangliers n'en manquent pas au sens propre, comme au sens figuré.

Grand gibier

Extrémité poilue de la queue du sanglier. Cette partie de l'anatomie de notre cochon s'appelle encore la vrille. « Avoir du toupet » est synonyme d'avoir du culot, d'oser les choses ; le sanglier est un fonceur qui ne recule ni devant le danger ni devant la difficulté.

Voir aussi : sanglier, vrille.

TOURNESOL

Professeur adorant se faire pigeonner.

Personnages célèbres – Flore – Aménagements

Le professeur Tournesol fait partie des personnages incontournables des albums de Tintin. Il apparaît sous les traits d'un savant brillant mais toujours dans la lune et qui se fait avoir à la moindre occasion. Il apparaît pour la première fois en 1944 dans Le Trésor de Rackham le Rouge. *Le tournesol est aussi le nom donné à une plante cultivée pour ses graines dont raffolent les oiseaux, à commencer par les pigeons. Excellente culture à gibier offrant gîte et couvert, y compris au grand gibier.*

Voir aussi : cultures, maïs, pigeon.

TOUR OPERATOR

En matière de voyages de chasse, vous mène de moins en moins en bateau et de plus en plus en avion.

Chasse à l'étranger

Les voyagistes spécialisés (tour operators) dans les chasses à l'étranger ont fleuri avant l'an 2000. Ils sont aujourd'hui moins nombreux et ceux qui restent sont les plus sérieux. De nos jours, en avion, on traverse le ciel en quelques heures seulement pour se rendre à l'autre bout du monde, chasser sur une montagne ou au fin fond de la forêt équatoriale. Autrefois, quand on partait en safari, on prenait d'abord le bateau et l'on naviguait un petit mois avant de poser le pied sur la terre ferme… Autres temps. Dans un sens plus pragmatique, certains tour operators vous mènent encore « en bateau », soit qu'ils vous vendent des gibiers introuvables, soit des conditions de voyage inacceptables.

Voir aussi : safari, voyages.

TOURTERELLE

Colombe qui s'est fait pigeonner (puisqu'ouverte à la chasse).

Modes de chasse – Petit gibier

On chasse toujours, en France, la tourterelle turque (ou à collier) et la tourterelle des bois, migratrice. Ces petits colombidés n'ont pas la chance, comme la colombe, leur cousine, d'être un symbole de paix et d'harmonie nécessitant une protection renforcée. Les tourterelles des bois, dans le Médoc, particulièrement en Gironde, ont fait l'objet d'une chasse à tir traditionnelle, intensive, dite « au pylône » lors des passages de printemps, au fameux mois de mai. Cette chasse a été tolérée jusqu'en 1984.

Voir aussi : colombe, palombe, pigeon, ramier.

TRACES

Autographes involontaires du gibier, par lesquels il signe souvent son arrêt de mort.

Faune sauvage

Permet d'identifier, de repérer et de suivre le gibier convoité. En principe, les traces sont essentiellement des marquages au sol sous forme d'empreintes, mais il existe d'autres indicateurs de présence qui attestent de la présence des animaux sur un territoire : frottis, régalis, boutis, housures, souilles, bauges, pillage de cultures…

Voir aussi : boutis, empreintes, frottis, housures, indices, pied.

TRADITION

Comportement perpétré par l'habitude du « c'est ainsi » et du « c'est comme ça ». En cas de doute ou de contestation, on peut encore ajouter en guise de conclusion « et pas autrement ». Trouve un terrain de prédilection à la chasse.

Organisation, réglementation, sécurité – Sociologie

Les chasses traditionnelles sont nombreuses et très contestées au sein des mouvements antichasse ainsi qu'auprès des instances de l'Europe, au titre de l'exception culturelle. Il est vrai que notre pays connaît une multitude de procédés – en dehors du fusil ou de la carabine – pour capturer des animaux, qui ne sont pas toujours des gibiers : ces méthodes puisent leurs origines dans un lointain passé. De la vénerie au déterrage, de la chasse aux gluaux et aux matoles pour les grives, en passant par les pantes et pantières pour attraper aux filets les palombes dans le Sud-Ouest. La tradition, indépendamment du mode de chasse, existe dans la présentation des tableaux, dans les modes de construction, dans les us et coutumes liés à la convivialité de ce sport et au respect du gibier.

Voir aussi : déterrer, fauconnerie, hutte, modes, oisellerie, vénerie.

TRANCHÉES

Pratique l'ouverture avec les poilus du type renards ou blaireaux.

Modes de chasse – Techniques – Piégeage

Les déterreurs, soit ceux qui pratiquent la chasse sous terre (on dit encore « vénerie sous terre »), creusent de profondes tranchées sur le terrier repéré, afin d'atteindre les galeries souterraines de l'antre du renard ou du blaireau, d'assurer sa capture et la récupération éventuelle d'un chien qui y serait coincé. Ce terme de « tranchée » n'est pas sans évoquer les souvenirs de la Grande Guerre, où, en 1914, d'autres poilus tenaient bon face à l'ennemi.

Voir aussi : blaireau, déterrer, renard.

TRAPPEUR

Chasseur, passé à la trappe, piégé par le froid…, mais qui ne perd pas le nord.

Modes de chasse – Techniques – Piégeage

Le trappeur est à mi-chemin entre le chasseur et le piégeur. C'est un chasseur professionnel, mais qui utilise uniquement des pièges, pour capturer des animaux à fourrure l'hiver. On voit bien que seuls les grands espaces nordiques, particulièrement le Canada, offrent ses possibilités. Ce fut un métier rude, mais hautement rentable aux siècles passés. Trap, en anglais, « trapper », en français du Canada, désigne le piégeage.

Voir aussi : London (Jack), Nord.

TRAQUE

Espace où non seulement le gibier, mais aussi les chasseurs et les traqueurs ont raison d'avoir peur.

Modes de chasse

Le territoire de chasse est morcelé en petites surfaces appelées « traques », successivement traversées et battues par les rabatteurs et les chiens pour faire fuir le gibier. La traque est un concept lié aux chasses en battue applicables au grand et au petit gibier. Ces derniers sont poussés vers une ligne de tireurs postés qui les attendent au passage. Être dans la traque est toujours dangereux, que l'on soit armé ou non.

Voir aussi : chef de ligne, battue, enceinte, pied, rabat, rabatteur.

TRICOLORE

Chien d'ordre qui court avant et non pas après les honneurs. Sa robe n'a rien de patriotique, contrairement à son nom.

Chiens

Les amateurs de chiens ne seront pas déçus, puisqu'ils savent qu'aucun chien n'est bleu, blanc, rouge ! Le tricolore désigne une race récente de chien d'ordre, le français tricolore (noir, blanc et feu), l'un des chiens de meute les plus utilisés en vénerie française. Créé en 1957, reconnu officiellement en 1965, à partir de croisements entre les anglo-français, poitevins, billy et même bleu de Gascogne, cette race spécialisée sur le cerf, voire le chevreuil, fait preuve d'une grande résistance et d'un bon tempérament. On désigne encore comme tricolores d'autres races (les grands anglo-français tricolores par exemple) ou d'autres robes de chiens, mais toutes, ou presque, ont trait au monde de la chasse aux chiens courants et de la chasse à courre.

Voir aussi : chien courant, vénerie.

TROCHURE

Perdu ou trouvé au milieu des bois.

Grand gibier

La trochure est l'andouiller situé à mi-parcours sur le merrain (ou bois du cerf). En partant de la base du crâne, nous trouvons un premier andouiller dit « andouiller de massacre » puis, quand il est présent, un « surandouiller » (qui n'est pas systématique), enfin la « chevillure » puis la « trochure ». Après cette dernière, le merrain se termine sans se ramifier ou, s'il se ramifie, les andouillers deviennent une « enfourchure » ou une « empaumure ».

Voir aussi : andouiller, cerf, cor, empaumure, enfourchure, merrain.

TROMPE

Instrument de musique qui a cours et qui accourt au cours d'une chasse à courre. Fanfaronne en sous-bois.

Chasse à courre

La trompe est l'instrument qui raconte la chasse en fanfares et circonstances musicales. Son usage est réservé aux veneurs. On la confond avec la trompette ou la pibole, qui ne sont que des « cornes » de chasse de petit gabarit servant à annoncer le gibier vu ou mort en battue.

Voir aussi : annonces, circonstances, fanfares, pibole, sonnerie, vénerie.

TROPHÉES

Permettent au chasseur de rester en tête à tête.

Grand gibier

La plupart des trophées de grand gibier sont montés en massacre (écusson comportant crânes avec bois, cornes ou dents) ou en cape (tête naturalisée en entier) et se retrouvent accrochés au mur.

Voir aussi : cape, cotation, écusson, massacre, taxidermiste, *trophy room*.

TROPHÉISTE

Chasseur de têtes.

Sociologie – Trophées

Certaines peuplades reculées d'Amazonie ont été des chasseurs de têtes, mais dans le monde moderne actuel, le chasseur de têtes est la personne chargée du recrutement des meilleurs éléments pour l'entreprise. Le chasseur, amateur de trophées, qu'il collectionne et dont il recouvre ses murs est, à sa manière, un autre chasseur de tête, de têtes naturalisées ou de massacres.

Voir aussi : trophées, *trophy room*.

TROPHY ROOM

Musée d'histoire naturelle à visiteur unique.

Grand gibier – Sociologie

Tous les chasseurs en rêvent : avoir, chez soi, une pièce consacrée à l'exposition de ses trophées. Les Américains ont un temps d'avance et construisent de véritables musées chez eux; il ne faut pas tomber dans l'excès.

Voir aussi : cape, écusson, massacre, taxidermiste, trophées.

TROU

On s'y colle toujours pour le meilleur comme pour le pire. C'est en l'utilisant que l'on réussit le mieux. Orifice dont l'utilité, tant pour le chasseur que pour le chassé, n'est plus à démontrer. On s'en tire toujours mieux en y rentrant qu'en en sortant.

Gibier d'eau – Petit gibier – Petite chasse

Le trou évoque plusieurs choses pour le chasseur : le terrier du lapin et un mode de chasse au gibier d'eau. En ce qui concerne le lapin, la chasse à l'aide d'un furet reste très efficace, à moins que le furet ayant saigné la bête sous terre ne s'endorme et ne « colle au trou ». Les lapins y trouvent refuge lorsqu'ils y rentrent, échappant ainsi au chasseur qui les débusque à l'extérieur; en revanche, quand ils en sortent contraints et forcés, les chances de survie s'inversent. En ce qui concerne le mode de chasse, « la chasse au trou » consiste, pour le sauvaginier, en bord de mer, à creuser un trou dans le sable, de le cacher à l'aide des déchets rejetés par les flots, et d'attendre la marée montante dont le fil de l'eau est suivi par une multitude de petits limicoles que l'on pourra tirer à cette occasion.

Voir aussi : lapin, sauvaginier, terrier.

TROUPEAU

Animaux en formation(s).

Animaux domestiques – Faune sauvage

Les hommes s'assemblent en troupe (les militaires) pour faire la guerre, en attroupement pour assister à des événements (badauds, fans), en cortège pour témoigner ou revendiquer (cérémonies, manifestations); les animaux, eux, forment des troupeaux. Le terme de « troupeau » est générique pour les bêtes domestiques comme pour les bêtes sauvages, avec une préférence pour les premières. Le troupeau témoigne de la grégarité d'une espèce dans les périodes où le groupe est là pour assurer la survie de l'individu.

Voir aussi : chevrée, compagnie, harde, horde.

TRUFFE

Nez pour arrêter. Elle restera toujours en « odeur de sainteté ».

Chiens

Le bout du nez du chien porte le nom de truffe, comme le champignon. Il est particulièrement sensible au vent, aux odeurs et effluves que celui-ci peut lui apporter. Cette hypersensibilité de l'odorat, quarante fois supérieure à celle de l'homme, entretenue savamment par les éleveurs de lignées de chiens de chasse, fait qu'aujourd'hui, le chasseur au chien d'arrêt, comme le chasseur aux chiens courants, dispose d'auxiliaires remarquables.

Voir aussi : nez, chien.

TU

Chasse le vous.

Sociologie

En action de chasse, le vouvoiement reste parfois de mise quand on rencontre pour la première fois un nouveau chasseur, mais le tutoiement l'emporte bien vite. Il reste une exception : quand on dit « à vous » car on dit rarement « à toi »... Ainsi voilà le « tu » chassé avec succès par le « vous ».

Voir aussi : chasseur.

TUER

La seule chose que le chasseur tue, c'est le temps. Pour le reste, il récolte ou il prélève.

Sociologie

Un chasseur ne tue pas le gibier. Le verbe est banni du vocabulaire. En revanche, il tue le temps en allant à la chasse. Là, il a le droit !

Voir aussi : acte, chasseur, éthique, mort.

TULARÉMIE

Le lièvre en fait toute une maladie. Il ne s'en sort pas mieux lorsqu'il fait le mort.

Maladies

Chacun de nos gibiers a été, est ou sera frappé d'une maladie terrible qui lui est propre et qui ne doit rien à l'homme ; c'est même souvent cette épizootie qui met en péril l'espèce, bien plus que la chasse, car elle frappe sans discernement : kératoconjonctivite chez le chamois, MAC (mortalité anormale du chevreuil) chez le chevreuil, myxomatose chez le lapin, tularémie chez le lièvre...

Voir aussi : bouquin, capucin, hase, lièvre.

VALIDATION

S'en tamponner n'est pas toujours permis.

Organisation, réglementation, sécurité

Chaque année, le chasseur titulaire d'un permis de chasser doit obtenir la validation de sa saison de chasse. Cet acte payant détermine la zone géographique et les gibiers qu'il peut prélever légalement. Il existe une validation annuelle départementale ou nationale, et une validation temporaire pour trois ou neuf jours, également départementale ou nationale. Pour les chasseurs de grand gibier, une cotisation spéciale est demandée en supplément, le « timbre grand gibier ». Les fédérations départementales de chasseurs centralisent et traitent les demandes de validation. Celles-ci peuvent être faites directement sur Internet, ce qui facilite la vie des usagers.

Voir aussi : permis, timbré.

VANNEAU

Oiseau de chasse jamais vanné de voler.

Petit gibier – Gibier d'eau

Limicole à ailes larges et rondes, avec une huppe noire sur la tête (d'où son nom complet de « vanneau huppé »). Toujours sur le qui-vive, il s'envole à la moindre occasion. Sa méfiance est légendaire et il est excessivement difficile à approcher. En revanche, un seul plomb suffit à le faire tomber. Le ciel semble être fait pour lui et l'air a pour lui la légèreté d'un papillon. Dans les Ardennes, il fait l'objet d'une chasse traditionnelle au filet. Autant le dire tout de suite, l'affirmation selon laquelle « qui n'a pas mangé de vanneau n'a pas mangé de bon morceau » est totalement surfaite.

Voir aussi : échassiers, filet, sauvaginier.

VAUTOUR

Ce ne sont pas ceux qui ont des ailes qui sont les plus grands voleurs.

Faune sauvage

Chacun connaît les grands rapaces charognards au bec crochu qui survolent les Pyrénées ou les Cévennes. Notre pays abrite trois espèces : le vautour fauve (réintroduit dans les Causses), le vautour moine et le percnoptère (présents dans les Pyrénées). Il en est d'autres, humains ceux-ci, qui ne reculent devant rien ni personne, et qui sont en attente d'une opportunité malsaine, à la chasse ou dans la vie de tous les jours, et ces vautours-là vous plumeront en moins de deux.

Voir aussi : espèces protégées.

VAUTRAIT

Association d'amateurs de cochons vivants.

Chasse à courre – Grand gibier

Nom donné à un équipage de chasse à courre spécialisé sur le sanglier.

Voir aussi : bouton, équipage, rallye, sanglier, vénerie.

VELOURS

Peau de bois. Paquet-cadeau pour merrain gracié. Habille la tête des cervidés mais ne se trouve ni chez le tailleur, ni chez le chapelier.

Grand gibier

Peau de protection, fortement vascularisée, qui protège le bois en formation lors de la repousse chaque année sur la tête des cervidés.

Voir aussi : bois, caribou, cerf, chevreuil, daim, élan(d).

VENAISON

Gibier en chair et en os, fréquemment mis en pièces.

Gastronomie – Grand gibier

Nom générique pour la viande du grand gibier.

Voir aussi : recettes, table.

VÉNÉRÉ

Faisan branché, mais de là à être vénéré comme tel...

Petit gibier

Le faisan vénéré est un faisan beaucoup plus rare que le faisan de chasse traditionnel. C'est avant tout un oiseau de bois, qui aime se brancher. Sa couleur jaune dorée, parsemée de noir et blanc, ainsi que son immense queue, ont fait sa réputation dans les grandes chasses. Il reste toujours un oiseau recherché. Ceci étant dit, notre faisan, que nous devons nous résoudre à appeler « commun », est aussi agréable à chasser et mérite lui aussi une certaine forme de vénération, car on oublie un peu vite, sans doute à cause de mauvais lâchers, qu'il s'agit là d'un oiseau de haut vol.

Voir aussi : faisan.

VÉNERIE

Chasse qui consiste à faire la courre, non pas aux femelles, mais aux mâles en sous-bois.

Chasse à courre – Modes de chasse

La chasse à courre ou vénerie est un mode de chasse sans fusil, aux chiens courants. La grande vénerie se pratique à cheval et se consacre au cerf, au chevreuil et au sanglier. La petite vénerie s'occupe du lièvre. Il existe aussi une vénerie sous terre pour le déterrage du renard et du blaireau. La vénerie la plus pratiquée et la plus connue reste la grande vénerie : pour la chasse des grands animaux, seuls les mâles sont recherchés.

Voir aussi : bouton, équipage, fanfares, hallali, rallye, veneur.

VENEUR

Sonneur se trompant régulièrement.

Chasse à courre

Un veneur fait partie d'un équipage de vénerie. Quand il est sonneur, c'est-à-dire qu'il sait jouer d'un instrument à vent, il communique, entre autres, par trompe interposée avec les autres membres de son rallye lors du déroulé de la chasse.

Voir aussi : bouton, chasseur, vénerie.

VENT

Porteur de sentiments. Chasseur de nuages qui ne s'arrête jamais pour souffler.

Organisation, réglementation, sécurité

Comme le marin qui ne saurait s'aventurer sur l'eau sans regarder le ciel, le chasseur doit tenir compte du vent qui apportera son odeur au gibier et le fera fuir, ou au contraire, qui lui permettra de manœuvrer en en faisant son ami. Le vent est un chasseur qui s'ignore (il chasse au moins les nuages) et qui n'est soumis à aucune réglementation contraignante.

Voir aussi : à bon vent, brouillard, météo, neige, pluie, sentiments.

VENTRE AU BOIS

Position inconnue du *Kama-Sutra*, assez inconfortable pour faire la sieste. Parfaite pour garder la ligne. Table sur une bonne sécurité. Avec de la chance, enceinte jusqu'au cou ou presque.

Organisation, réglementation, sécurité – Grande chasse

La position « ventre au bois » est une position de sécurité qui impose à chaque chasseur présent sur une même ligne de battue de se trouver du même côté et de coller à l'enceinte (c'est-à-dire à la partie du territoire que l'on rabat) et d'éviter ainsi de tirer dans un axe dangereux pour ses voisins. Encore faut-il également respecter d'autres consignes complémentaires que sont l'angle de trente degrés et l'absence de tir devant soi quand cela s'avère trop dangereux.

Voir aussi : battue, enceinte, picaillon, traque.

VERDEILLE (loi)

A dit « y a qu'à »... A fait... ACCA (loi de 1964 sur les Associations communales de chasse agréées).

Organisation, réglementation, sécurité – Personnages célèbres

Le sénateur Verdeille est à l'origine de la création des ACCA. La loi qui porte son nom fut promulguée le 10 juillet 1964. Elle fut modifiée par la loi du 26 juillet 2000. L'idée était de mutualiser sous forme associative le droit de chasse pour une meilleure gestion des territoires et un accès partagé à la chasse. Ces associations n'existent que sur une partie de la France; les propriétaires d'une surface déterminée (variable de vingt à soixante hectares) sont obligés d'y adhérer. En contrepartie, ils bénéficient du droit de chasse étendu sur tout le territoire de l'ACCA.

Voir aussi : ACCA.

VERMILLIS

Sanglier qui se prend pour un paysan mais sans que l'effort soit « à boutis » (abouti).

Grand gibier

Quand il recherche sa nourriture en fouillant le sol, le sanglier laisse des traces de ses dégâts qui, selon leur importance, portent le nom de vermillis ou de boutis. Les vermillis sont de simples sillons pour sonder et récupérer les vers, les glands, les grains, les fruits sauvages plus ou moins enfouis sous la surface. Les boutis sont des trous beaucoup plus importants, parfois profonds, où l'animal est allé chercher des tubercules, des racines, des nids de mulot, jusqu'à les trouver.

Voir aussi : boutis, sanglier.

VERT

Couleur de prédilection des écologistes et des chasseurs. Pour une fois qu'ils sont d'accord sur quelque chose !

Sociologie

Espérons qu'un jour, ces deux passions que sont l'écologie et la chasse se retrouveront sur un terrain neutre, celui de la gestion des espèces et des espaces sauvages; le chasseur y participe au quotidien même si le prix qu'il demande pour cela, la mort de quelques gibiers, semble encore trop cher payé pour les intégristes, adeptes d'une utopie où « tout le monde il est beau, tout le monde il est gentil ».

Voir aussi : camo, kaki, orange, rouge.

VÉTO

Tire d'affaire le chien et tire tout court le gibier.

Sociologie

On peut être vétérinaire et chasseur, entérinant le paradoxe de l'animal sauvé la semaine et de celui tué par le même le week-end. Bien sûr, il y a d'un côté les animaux domestiques, et de l'autre, les animaux sauvages...

Voir aussi : chasseur, médecin.

VIANDARD

Personnage peu recommandable qui tue du gibier, mais ne le chasse pas. À chasser de nos mémoires.

Gastronomie – Sociologie

Il y a encore trop de viandards à la chasse, soit que ces « chasseurs » tirent sur tout ce qui bouge, soit qu'ils chassent exclusivement pour la viande. La chasse, c'est aussi autre chose : de la balade dans la nature au trophée, en passant par la camaraderie et l'activité sportive ou la gestion des territoires.

Voir aussi : cuisseau, gibier gigue.

VIANDE

Gibier à poil, même quand il est à plumes. Chair au chasseur gastronome. Sang pour sang naturel. Alimente non seulement la conversation, mais aussi la table de ce dernier.

Gastronomie – Sociologie

Le critère du gibier est sa comestibilité, on a tendance à l'oublier. Qu'il s'agisse d'oiseaux ou de mammifères, toutes les bêtes à plumes et à poils que le chasseur peut s'approprier correspondent à ce critère, devenu gastronomique avec la civilisation de l'homme. Même si l'être humain est omnivore, il reste encore quelques carnivores, perdus au milieu des végétariens, et pour ceux-là, la viande sauvage reste un critère de choix. À la campagne, on utilise plus souvent « gros gibier » que « grand gibier », car la quantité est là pour valoir le coup de fusil. Pour le petit gibier, on va jusqu'à employer les termes de « menus gibiers » ou « gibiers de poche » pour les poids plumes...

Voir aussi : cuisseau, gibier gigue.

VICE-PRÉSIDENT

Personnage effacé qui n'a qu'un vice officiel, celui de vouloir devenir président.

Organisation, réglementation, sécurité

Il en faut, des vice-présidents, pour remplacer les présidents défaillants. Malheureusement, ou heureusement, le pouvoir conserve et le vice-président reste pendant tout son mandat un homme de l'ombre. Il est le joker du président, mais celui-ci n'abat que rarement cette carte.

Voir aussi : zident.

VIDER

Moment où il faut s'en mettre plein les mains, à défaut de s'en mettre plein les poches.

Grand gibier – Grande chasse

La partie la plus délicate de la chasse (au grand gibier) est sans doute l'éviscération de l'animal. Tout chasseur qui se respecte doit y participer activement pour bien prendre conscience de son geste et aussi pour examiner cliniquement le gibier, comprendre sa balle, trouver d'autres indices de blessures ou traces de maladies ou d'anomalies. Une fois les mains plongées dans le ventre encore chaud d'une superbe bête vite basculée d'un coup de carabine sur la ligne, le chasseur va prendre conscience de la vie qu'il vient de prendre.

Voir aussi : éthique, sécurité, table.

VIE

Ce qui reste au gibier, une fois que le chasseur l'a raté.

Sociologie

Rien n'est plus précieux que la vie, que l'on soit chasseur ou chassé. Le chasseur a sans doute une meilleure connaissance de son prix car il sait qu'elle n'est pas éternelle.

Voir aussi : mort.

VIEUX

Chasseur en âge qui n'a pas toujours pied.

Sociologie

La chasse conserve mais impose une discipline sportive pour résister aux variations climatiques, pour pouvoir marcher dans des terrains difficiles, pour rester de longues heures dehors, assis, perchés, à moitié dans l'eau, de jour comme de nuit. La motricité est en fin de compte le plus important, car elle est le gage de l'autonomie. Force est de reconnaître que les vieux gibiers sont parfois en meilleur état que les vieux chasseurs.

Voir aussi : pied.

VIRUS

Celui de la chasse est le moins dangereux de ceux que l'on peut côtoyer en exercice.

Maladies

La chasse est une activité à risque pour le chasseur, mais ce n'est pas seulement le risque d'accident qu'il faut prendre en compte, mais surtout le risque sanitaire. De nombreuses maladies se transmettent à l'homme par le gibier, vivant ou mort, par la manipulation des dépouilles, par la consommation de la viande, par les parasites rencontrés dans la végétation à l'occasion d'une sortie sur le terrain. À ce titre, mouches, moustiques, puces, poux et tiques sont des vecteurs redoutables, sans oublier la rage, même si elle est en voie d'extinction.

Voir aussi : agent, Lyme, myxomatose, palu, rage, tularémie.

VISON

Toujours mal dans sa peau lorsqu'il croise une jolie femme.

Faune sauvage

Le vison est ce petit mustélidé, semi-aquatique, considéré comme nuisible, piégé comme son cousin le putois et qui commet des actes de prédation non négligeables sur le petit gibier car c'est un carnivore discret et nocturne. Il existe, en France, deux espèces de visons : le vison d'Europe et le vison d'Amérique, importé et élevé pour sa fourrure (depuis 1920). À l'époque où les manteaux en fourrure étaient à la mode, « porter un vison » faisait rêver bien des femmes. Classé ESOD.

Voir aussi : ESOD, puants, putois, sauvagine.

VITESSE

Tue peut-être sur la route, mais pas au bois. Facteur de survie sous-estimé.

Sociologie

On dit que la vitesse tue, mais à la chasse, elle est une chance inestimable pour le gibier. Si le chasseur est trop lent à tirer, si l'animal chassé réagit vite, se met à couvert, s'envole bien au loin, prend la fuite en début de traque, il a toutes ses chances. Dans ces circonstances, on a le droit de confondre vitesse et précipitation.

Voir aussi : portée.

VLÔO

Sanglier bien vu en vénerie.

Chasse à courre

Taïaut pour le cerf, vlôo pour le sanglier : ainsi s'expriment les veneurs à la vue de l'animal.

Voir aussi : sanglier, vénerie, veneur.

V0

Initiales à la bouche. Aucun rapport avec la version originale. Simplement une question de vitesse de projectile à la sortie du canon.

Armes, munitions, balistique

Vitesse de la balle à la sortie du canon. Il faut lire non pas « VO » mais « V zéro » pour « vitesse à zéro mètre ». Ce Vo n'a rien à voir avec la version originale des films cinématographiques (V.O., qui respecte la langue du pays de création).

Voir aussi : bouche, calibre, canons, cartouche, table, tableau.

VOIE

À suivre...

Chiens – Grand gibier – Grande chasse – Chasse à courre

Une voie n'est pas une vocation mais avant toute chose, une piste, faite d'odeurs pour le chien et de traces au sol pour l'homme. Elle est à suivre, même si elle ne mène pas au gibier dans tous les cas. Elle comporte ses pièges, ses interruptions, ses défauts, qui feront toute la différence entre les chiens que l'on ne trompe pas et les maîtres que l'on ne décourage pas.

Voir aussi : chien courant, empreintes, indices, quête, pied, voix.

VOLERIE

Lieu où l'on apprend à bien voler sans être pris en chasse.

Chasse au vol

La volerie est un lieu d'élevage des rapaces en captivité, destinés à constituer le cheptel d'un parc ornithologique ouvert au public ou à servir d'espace reproducteur et de repos pour tous ceux qui pratiquent la chasse au vol (fauconnerie ou autourserie). Quelques voleries célèbres en France font le plein de visiteurs : la Volerie des aigles à Kintzheim en Alsace, le Rocher des aigles à Rocamadour, le Donjon des aigles à Beaucens dans les Pyrénées, le Parc de Courzieu dans le Rhône, la Volerie du Forez, à Marcilly-le-Châtel, dans la Loire... Une volerie n'est pas une volière. Autrefois, la volerie était aussi synonyme de fauconnerie.

Voir aussi : fauconnerie, volière.

VOILIER

Aime prendre l'air et vous mener en bateau. On dit aussi volier.

Faune sauvage

Un voilier est un vol d'oiseau... ou un bateau à voile !

Voir aussi : échassiers, sauvagine, vol.

VOLIÈRE

Lieu où l'on apprend à mal voler pour être pris en chasse. Camp de prisonniers pour volatiles condamnés à apprendre à voler une fois sortis et dont le sort ne tient qu'à un fil.

Faune sauvage – Petit gibier – Aménagements

Espace confiné et grillagé servant à l'élevage et à la réacclimatation du gibier avant son lâcher dans la nature. Un bien curieux nom car l'espace n'est pas toujours suffisant pour justement y voler ou s'entraîner au vol pour de jeunes oiseaux.

Voir aussi : élevage, faisan, jabiole, perdreau.

VOISIN

Celui qui malheureusement tire à côté.

Sociologie

Par voisin, il faut entendre deux genres d'individus : le voisin de poste ou de ligne, que vous pouvez voir et entendre en action de chasse et qui n'est que momentanément à vos côtés, et le voisin de territoire, qui est le titulaire du droit de chasse qui jouxte votre propriété. Les deux vous sont préjudiciables, mais le second, plus encore que le premier.

Voir aussi : à vous, autrui, battue, poste, tact.

VOIX

Les chiens donnent de la voix mais ne tiennent pas forcément parole.

Chiens – Grande chasse

Si les chiens pouvaient parler, c'est sûr, bien souvent ils parleraient pour ne rien dire ! Combien de jappements inutiles pour exprimer simplement la joie, l'excitation, l'impatience, la peur... Plus encore, quand ils sont sur une voie, il suffit qu'un confrère soit passé par là pour que notre fidèle compagnon s'époumone de toutes ses forces ; parfois perdu, il va gueuler sporadiquement sans se fatiguer et sans chercher à se retrouver... Alors si chaque fois qu'il donnait de la voix, le chien tenait parole et nous amenait droit au gibier convoité, cela serait trop beau... Ou trop dommage ! Ce qui est vrai pour le chien courant est aussi vrai pour le chien d'arrêt, beaucoup plus discret, mais qui se fait avoir en beauté sur des places chaudes en tenant en haleine notre chasseur alors que le gibier a fui depuis peu sans qu'il s'en aperçoive. Là encore, le chien ne tient pas parole et finalement, heureusement qu'il est muet !

Voir aussi : aboiement, aboyer, chien courant, menée, meute, voie.

VOL

Comportement (parfois planant) des oiseaux même les plus honnêtes pour échapper au chasseur. Une bonne application de la maxime de Pierre-Joseph Proudhon trouve ici toute sa signification : « La propriété, c'est le vol. »

Faune sauvage

Autant l'avouer tout de suite, l'homme n'est pas un oiseau, mais il est parfois un voleur capable de vous « plumer ». Les fauconniers distinguent les oiseaux de haut vol (comme les faucons) et ceux de bas vol (comme les autours). Pour les chasseurs à tir, un oiseau de « haut vol » est un oiseau (généralement un faisan) qui vole vite, haut et bien. Des volières de haut vol équipent les territoires soucieux de la qualité de leurs oiseaux gibiers. On les appelle encore volières à l'anglaise, car les Anglais ont beaucoup à nous apprendre sur ce terrain-là.

Voir aussi : autour, buse, faisan, fauconnerie, voilier, volière.

VOLIÈRE

Camp de prisonniers pour volatiles condamnés à apprendre à voler une fois sortis et dont le sort ne tient qu'à un fil.

Faune sauvage – Petit gibier – Aménagements

Espace confiné et grillagé servant à l'élevage et à la réacclimatation du gibier avant son lâcher dans la nature. Un bien curieux nom car l'espace n'est pas toujours suffisant pour justement y voler ou s'entraîner au vol pour de jeunes oiseaux.

Voir aussi : élevage, faisan, jabiole, perdreau.

VOYAGES

On dit qu'ils forment la jeunesse et qu'ils déforment le chasseur tant il peut voir du gibier ailleurs que chez lui.

Chasse à l'étranger

Voyager est la meilleure et la pire des choses qui puisse arriver à un chasseur. Au-delà de l'émerveillement de l'inconnu, il va prendre conscience que la chasse en France se réduit à peu de choses et a beaucoup de contraintes. Il se peut qu'il se fasse mal à cette découverte, ou bien alors qu'il la transforme à son profit et qu'il en tire le meilleur. Soyons optimistes.

Voir aussi : bagages, chassé-croisé, safari, week-end.

VRILLE

Queue de cochon qui ne tire ni ne bouchonne.

Grand gibier

Toupet ou vrille sont les autres noms pour désigner la queue du sanglier. On croit à tort que nos petits cochons roses ont la queue en tire-bouchon. Rien n'est moins sûr.

Voir aussi : sanglier, toupet.

WADERS

Pantalon de pêche pour la chasse.

Équipement

Les chasseurs de gibier d'eau disposaient depuis longtemps de cuissardes. Depuis quelques décennies, ils utilisent des pantalons de pêche appelés waders qui leur permettent de prendre l'eau jusque sous les bras sans se mouiller. Curieusement, ces pantalons étanches, parfois trop chauds et encombrants quand ils sont en néoprène, n'ont jamais été considérés comme des « pantalons de chasse ». Ces derniers restent des vêtements classiques sans étanchéité particulière. Ainsi va la langue française.

Voir aussi : bottes, cuissardes, sauvaginier.

WAPITI

Cerf atypique, voire « watipik ». Toujours à l'ouest.

Chasse à l'étranger – Faune sauvage – Grande chasse

Le cerf élaphe, version américaine, en plus impressionnant est le wapiti, dont le nom provient du langage des Indiens de la tribu shawnee (waapiti) et des Algonquins (wapitik). Le mot vernaculaire, qui signifie « croupion blanc », a été anglicisé en 1806 et est resté « wapiti » dans de nombreuses langues, dont le français. Toujours à l'Ouest, quand on le regarde d'Europe, mais au Nord, quand on le regarde d'Amérique. En Asie, le wapiti a un équivalent : le cerf maral. Le brame du wapiti n'a rien à voir avec sa corpulence, encore moins avec les sons gutturaux émis par notre cerf national. Il pousse de petits cris pointus, aux résonances métalliques, qualifiés par les naturalistes de « son glacial ».

Voir aussi : brame, cerf, maral.

WC (water-closet)

Chasse obligatoire, que l'on soit chasseur ou pas. Un monde sans chasse (d'eau), n'est pas possible dans un monde avec toilettes.

Équipement

Jeu de mots un peu facile, on vous l'accordera, mais le terme de « chasse d'eau » s'y prêtait. En plus, on « tire » la chasse ! La langue française est parfois confondante...

Voir aussi : pisser.

WEEK-END

Chasse deux jours comme deux nuits.

Sociologie

Pour les mordus de la chasse, la semaine est rythmée par l'attente du vendredi. À compter de ce jour et jusqu'au dimanche soir, pendant la saison d'ouverture, le chasseur va se consacrer pleinement à sa quête.

Voir aussi : bagages, chassé-croisé, voyages.

ZÈBRE

Un drôle de zèbre peut être gibier et chasseur en même temps.

Faune sauvage – Chasse à l'étranger

Le zèbre est un équidé sauvage qui se chasse en Afrique et dont l'espèce n'est pas menacée, tout du moins s'agissant du zèbre de Burchell, majoritaire dans la savane. Un « drôle de zèbre » est une expression qui s'applique à un individu du genre humain qui paraît un peu bizarre dans son comportement, et pour le moins folklorique.

Voir aussi : Afrique, chasses coloniales, safari, Selous.

ZIDENT

Surnom familier du président (de chasse) que l'on se garderait bien d'employer en sa présence. Préside aux destinées de la société qui

l'a élu. A parfois un terrain de chasse différent de celui de ses actionnaires. Il est pour l'action et surtout... pour l'actionnaire.

Organisation, réglementation, sécurité

Il en a des talents, le président d'une société de chasse, à commencer par celui de faire preuve de surdité diplomatique quand on écorche son titre. Plus que familier, ce surnom de « zident » est aussi affectueux et témoigne également de l'ancienneté de ses camarades qui se permettent de l'appeler de la sorte.

Voir aussi : ACCA, actionnaire, dirigeant, rapport (de chasse), vice-président, sécurité.

ZIGZAG

Échappatoire, ou plutôt, échappe pétoire.

Gibier d'eau

Le vol des bécassines est un vol en zigzag qui rend encore plus difficile et aléatoire son tir à l'arrêt du chien pour le chasseur de gibier d'eau. Cette caractéristique du vol donne aux demoiselles (on les traite ainsi) une échappatoire. La pétoire n'est autre qu'un vieux fusil.

Voir aussi : bécassine, vol.

ZONE HUMIDE

Réserve à malards et malaria.

Gibier d'eau

Les zones humides ont eu mauvaise presse pendant très longtemps, car vectrices de toutes les maladies, à commencer par le paludisme. Leur assèchement fut même l'une des premières revendications que l'on trouvait dans les cahiers de doléances au moment de la Révolution française. Mais depuis, de l'eau est passée sous les ponts, et les étangs se sont remplis, pour l'agriculture, pour l'irrigation, pour l'avifaune migratrice. Si la malaria n'est pas de retour, les malards (canards colverts), eux, le sont, et c'est tant mieux.

Voir aussi : canard, colvert, étang, marais, mare, palu.

ZOO

Zone interdite aux chasseurs.

Faune sauvage – Territoire

Affirmation quand même un peu exagérée ! L'idée est que certains mauvais chasseurs ne font pas toujours la distinction entre la vraie chasse et celle pratiquée sur des animaux d'élevage ou tirés en parc de petite superficie. Les zoos, aussi tristes parfois dans leur vétusté que pour les mauvaises conditions d'évolution des animaux qui les peuplent, sont toujours une source de connaissance et d'observation pour les curieux de nature.

Voir aussi : réserve.

ZOONOSE

Les plus petites créatures savent transformer en gibier le plus grand des chasseurs.

Maladies

Les zoonoses désignent les maladies transmissibles à l'homme par les animaux et vice versa. Il y a celles qui sont visibles et reconnues depuis longtemps, comme la rage, et il y a celles qui se propagent par des hôtes intermédiaires minuscules, porteurs sains, d'un autre gabarit que le renard, comme le sont les tiques, les mouches, les moustiques, les puces ou les vers. La plus dramatiquement médiatisée est la maladie de Lyme ou borréliose. Mais n'oublions pas tous les virus, les bactéries et autres parasites, d'autant plus petits qu'ils sont dangereux. Citons pour mémoire la leptospirose, l'échinococcose, la toxoplasmose, la brucellose, la tularémie, les encéphalites à tiques, la trichine, le paludisme, et la plus récente, la Covid-19.

Voir aussi : Lyme, rage.

CONCLUSION
De l'humour, de l'humour, de l'humour...

L'humour est un mécanisme linguistique largement sous-évalué : on le limite aux histoires courtes, aux blagues de comptoir et, dans le meilleur des cas, aux traits d'esprit qu'ont pu avoir les grands hommes. Mais l'humour relève la tête : il y a presque désormais plus d'humoristes en France que de cabarets pour les accueillir ! La tendance à la hausse mérite quelques explications :

• L'humour est une langue diplomatique nouvelle : les mots, mis dans un certain ordre, prennent un sens nouveau, qui dispense du dialogue et qui évite une violence verbale, souvent dégénérative. Bref, l'humour est un instrument de paix sociale.

• L'humour est une approche pédagogique des événements et de la connaissance : il permet d'interpeller dans la bonne humeur, de susciter l'intérêt, de faciliter la concentration. En cela, l'humour est un vecteur d'apprentissage et de réflexion.

• L'humour est un art, osons le mot, il fait sortir de terre, comme d'un bloc d'argile, une forme nouvelle, une forme originale, une forme durable de la pensée.

Mais la question fondamentale est : l'humour peut-il sauver la planète ? Car c'est bien la question que chacun d'entre nous se pose. Pour y répondre, il faut passer en revue les différents paramètres à prendre en ligne de compte :

• L'humour ne laisse pas d'empreinte carbone, de ce côté-là, on est soulagé.

• L'humour ne nuit pas à la santé, il n'est cause d'aucun facteur de comorbidité. Il ne se fume pas, il ne se boit pas... en fait, il se conduit bien, sans risque de collision, et ne tombe jamais en panne. Jusque-là, tout va pour le mieux.

L'humour est-il compatible avec les grands enjeux de société ? La démocratie, la religion, la science, le bien vivre ensemble ? On peut, sans grand risque, répondre positivement à ces interrogations. Il est, par essence même, tolérant, l'humoriste se moquant d'abord de lui-même.

Mais, que diable, pourquoi n'existe-t-il pas un prix Nobel de l'humour ? Cela dynamiterait bien des préjugés ! Autrefois, le rire était considéré comme malsain. Aujourd'hui, le rire est une thérapie, mais que l'on ne peut pas appliquer à n'importe quel organisme vivant avec droit de vote et abonné aux réseaux sociaux, particulièrement aux immunodépresseurs victimaires...

Alors l'humour étant en marche, à quand son propre parti politique ? Certains s'y sont essayés... ils ont eu des problèmes, de Le Luron à Coluche, de Desproges à Bigard.

Alors, pauvres humoristes que nous sommes, restons à notre place, faisons changer le monde avec quelques pages de papier imprimé, et prenons le parti... Le parti d'en rire.

Illustration de couverture : Thibault de Witte,
www.thibault-de-witte.com

Toutes les illustrations reproduites sont extraites du *Larousse du xxe siècle*, avec l'aimable autorisation des éditions Larousse © Larousse 1931.

Sauf Shutterstock : pp. 72, 119, 126, 137, 139, 140, 143, 145, 167, 172, 189, 193, 194, 198, 201, 212, 311, 240, 298, 302, 305, 315, 321.

Sauf Adobe Stock : pp. 133, 149, 169, 262, 275, 289.

Éditions du Gerfaut
16, rue du Petit Change 28000 Chartres
www.editionsdugerfaut.com

Coordination éditoriale : lunedit.com
Création graphique et mise en pages :
Aurélia Monnier pour Lunedit

Relecture et corrections de l'auteur :
Frédérique Roland, Aliénor Duc,
Madeleine Vincent, Augusta Virlogeux.

Dépôt légal : octobre 2021
ISBN : 978.2.35191.261.4

Les éditions du Gerfaut bénéficient du soutien de la Région Centre-Val de Loire, de l'État (DRAC Centre-Val de Loire) et de Ciclic.

Imprimé par Graphycems en Espagne.